教育经济学理论与实践问题研究

——范先佐自选集

范先佐　著

華中師範大学出版社

新出图证(鄂)字 10 号

图书在版编目(CIP)数据

教育经济学理论与实践问题研究——范先佐自选集/范先佐著. —武汉:华中师范大学出版社,2012.3

ISBN 978-7-5622-5379-2

Ⅰ.①教…　Ⅱ.①范…　Ⅲ.①教育经济学—研究　Ⅳ.①G40-054

中国版本图书馆 CIP 数据核字(2012)第 021703 号

教育经济学理论与实践问题研究

——范先佐自选集

责任编辑:张红梅　　**责任校对**:易　雯　　**封面设计**:甘英

出版发行:华中师范大学出版社

编辑室:文字编辑室　　**电话**:027－67863220

社址:湖北省武汉市珞喻路 152 号　　**邮编**:430079

电话:027－67863040(发行部)　　027－67861321(邮购)

传真:027－67863291

网址:http://www.ccnupress.com　　**电子信箱**:hscbs@public.wh.hb.cn

印刷:湖北恒泰印务有限公司　　**督印**:章光琼

字数:450 千字

开本:710mm×1000mm　1/16　　**印张**:24.5

版次:2012 年 3 月第 1 版　　**印次**:2012 年 3 月第 1 次印刷

印数:1－1200　　**定价**:46.00 元

欢迎上网查询、购书

作者的话

从内心讲，从没想出版什么论文集，将自己的一些陈词滥调拿出来炒来炒去，所以发文章时，也很少留底稿。在即将迈进60岁门槛的时候，我的一些学生千方百计劝我出一本论文集，并想方设法将我历年发的文章基本都收集到了，令我十分感动，只好听从他们的劝告，否则，太对不起他们。同时，也借以将自己60岁之前的科研工作向学校、同事、同行、学生及家人作一汇报。

我毕业于华中师范大学外语系，并留校当老师。1983年，作为30岁的老学生，师从已故著名教育经济学家杨葆焜教授，主攻教育经济学，1987年获硕士学位。1988年又顺利通过了国家公派出国留学人员的考试，随后有幸作为国家公派留学生赴苏联莫斯科国立列宁师范大学，先作访问学者，后应邀攻读博士学位，师从俄罗斯教育科学院院士、苏联著名教育经济学家、国立莫斯科师范大学的M·列维茨基教授，1992年获博士学位，从此开始了教育经济学的学习和研究工作。

教育经济学是从经济增长和经济发展中孕育出来的一门新兴边缘学科，教育经济学致力于经济增长和经济发展中的教育发展问题，阐释经济建设与教育发展两者之间相辅相成的关系，揭示现代经济发展中教育与经济关系之运行规律，提供经济增长中的人力资源配置和教育发展中经济决策与管理技术。所以，教育经济学是集理论与实践研究于一体，兼容规范与实证研究方法论，开拓理论新领域与提供应用技术相结合的新兴学科。因此，教育经济学的研究必须坚持理论与实践相结合的原则，必须密切联系经济、社会和教育发展的实际，从理论和实践的角度探讨经济发展中的一些重大理论与实践问题，我试图为此而努力。

在学习和工作期间，我陆续承担了一些课题，出版了十多部专著和教材，在《教育研究》、《中国教育学刊》、《教育发展研究》、《中国教育政策评论》、《中国教育发展评论》、《中国教育经济评论》、《华中师范大学学报》等重要报刊上发表论文150余篇，其中50余篇先后被《新华文摘》、《中国社会科学文摘》、《高等学校文科学术文摘》、《北京师范大学学报》、《教育文摘报》、《文摘报》、中国人民大学复印报刊资料的相关专辑、《中国教育科学》、《中国教育报》、《光明日报》、《Frontiers of Education in China》、美国的M. E. SHARPE出版社出版的《Chinese Education and Society》等中英文权威报刊转载，有的论文还同时被多家报刊转载，产生了一定的影响。收入本书的主要是部分被转载的论文和近期发表的几篇文章。

本书由三部分组成：第一部分为教育经济学理论问题探讨。收入17篇文章，主要是从理论的角度对教育经济学发展中的一些重大理论问题进行探讨。第二部分为教育经济学现实问题研究。收入11篇文章，主要是从实践的角度对教育经济学发展中的一些重大现实问题进行研究。第三部分为附录。附录1为出版的专著、教材、译著、论文目录（不包括书评、序、咨询报告以及与教育无关的论文）。附录2为《华中师范大学学报》（人文社会科学版）2010年第6期发表、曾新撰写的《范先佐与教育经济学研究》，该文从十个方面对我的教育经济学学术研究进行了归纳和总结，借此用来对本书进行归纳和总结。

收入本书的文章，除近期发表的两篇文章，数据和案例有所补充外（主要是当时发表时限于篇幅而删除的），其余基本均按原件付印，以保持原貌。两个专题的篇目，按发表时间的先后排列。每篇文章的首页有一个背景及转载情况介绍。附录1由于早期撰写的文章目录收集不太全，则按由近及远的方式排列。

本书能够在这么短的时间内出版，与华中师范大学出版社的大力支持是分不开的，特别是责任编辑为本书的出版做了大量的工作，付出了辛勤的劳动，在此，表示衷心感谢！

范先佐

2011年12月15日于武昌桂子山

目　录

第一部分　教育经济学理论问题探讨

第二部分　教育经济学现实问题研究

第三部分　附录

第一部分

教育经济学理论问题探讨

试论教育、劳动力供求与经济发展的关系[①]

【内容摘要】教育、劳动力供求与经济发展的关系是伴随着市场经济发展而产生的现实问题，也是研究市场经济条件下教育与经济关系的重要理论课题。本文从分析劳动力供求关系入手，揭示了教育对劳动力供求的影响，探讨了教育、劳动力供求与经济发展的关系。

【关键词】教育　劳动力供求　经济发展

教育、劳动力供求与经济发展的关系是伴随着市场经济发展而产生的现实问题，也是研究市场经济条件下教育与经济关系的重要理论课题。教育过程是劳动力再生产过程的一个重要的组成部分，从属于社会物质生产过程。在分析教育、劳动力供求与经济发展问题时，首先应从分析劳动力供求关系入手，进而揭示教育对劳动力供求的影响，探讨教育、劳动力供求与经济发展的关系。

一、劳动力的供给与需求

所谓劳动力是指从事生产劳动的能力。马克思曾经指出："我们把劳动力或劳动能力，理解为人的身体即活的人体中存在的，每当人生产某种使用价值时就运用的体力和脑力的总和。"[②] 这就是说劳动力有三个特点：第一，劳动力存在于活的人体之中，它不能与活的人体相分离，每一个生存着的个人都有着不同的特点和经验积累。因此，与其他生产要素相比较，劳动力具有鲜明的个性特征，是一种特殊的生产要素。第二，劳动力不仅包括人的体力，还包括人的智力。劳动者体力与智力支出的比例（一国从事体力与脑力劳动人员比例）反映了劳动力总体的质量。劳动力的质量与数量构成一国劳动力资源。第三，劳动力只有在劳动过程中才能表现出来。即在有目的地运用劳动手段作用于劳动对象的过程中，劳动主体所支出的体力和智力之总和，构成了现实劳动力。

---

① 本文为国家教委"八五"社科基金资助项目《职业技术教育经济学研究》的阶段性成果之一，发表于《江苏教育学院学报》1996 年第 3 期，中国人民大学复印报刊资料《劳动经济与人力资源管理》1996 年第 10 期全文转载。

② 《马克思恩格斯全集》第 23 卷，人民出版社 1972 年版，第 190 页。

劳动力供给一般是指一个国家或地区在一定时期内的劳动力资源总量，它包括现实劳动力资源和潜在劳动力资源。具体说来，它由三部分构成：一是劳动力的数量，二是工作时数，三是劳动效率。劳动力数量又由三部分组成：现在从业人员、正在谋取职业的人员和潜在劳动力中准备进入劳动过程（市场）的人员（各级各类学校的毕业生，等等）。工作时数是指工作日和工作周的多少。劳动效率是指单位时间内的劳动成果量。

在市场经济条件下，如果说劳动力的供给是以劳动力的提供者（出卖者）作为行为人的话，那么，劳动力需求则是以劳动力的雇佣者（购买者）作为行为人的。前者关注的是劳动力的出售价格、数量、质量和条件，后者关注的是劳动力的购买价格、数量、质量和条件。劳动力的需求是资本需求的派生现象，它取决于对商品和劳务的需求。

在我国，随着承认劳动力个人所有、劳动力交换的商品性质，劳动者将作为一个独立的经济利益主体和层次进入市场，从而摆脱原有的行政依附性的劳动人事关系和地位，自主地按照市场法则，实现与生产资料的结合。因此，劳动力市场实际上就是劳动力供给与需求及其运动关系的总和。在劳动力市场上劳动力的供求必须遵循一定的规律，即劳动力的供求规律。所谓劳动力供求规律，是指在既定条件下劳动力供求变化的一般规定性。对于劳动力供求内涵一般有两种理解：一是指劳动力资源量与需求量的关系分析；二是指劳动力使用中劳动能力发挥所能够创造的价值量与劳动过程对劳动能力支出的要求的价值量的关系分析，即所谓劳动力市场上的供求分析。这里涉及的主要是劳动力供给量和需求量。劳动力供给量，即劳动力资源量，具体是指进入劳动力市场，可参与劳动交换的劳动者的数量。影响劳动力供给的因素主要有社会人口规模及其增长速度、人口年龄构成变化、社会劳动年龄规定、劳动力参与率。其中尤其是劳动力参与率，即实际在业的劳动者人数占进入规定劳动年龄的人数的比例。此外，如劳动适龄人口负担系数，当负担系数越小，说明劳动适龄人口负担越轻，在收入水平不断提高的情况下，一部分劳动力便会自愿失业，从而影响劳动力供给量；再如当一个国家社会保险福利水平不断提高时，也会使一部分劳动力“自愿失业”等。劳动力需求量，即社会经济发展对市场上劳动力的需求总和。影响劳动力需求的因素从宏观上来看，主要有国家产业结构政策、基本建设投资规模和速度、劳动力再生产更新规模等。从微观上看，主要有企业劳动生产率的变化、企业经济结构规模变化和企业技术构成变化、劳动力的边际生产率递减规律、劳动力市场价格（工资）变化等。

劳动力供求规律是劳动力市场运行的基本规律，也可以称为劳动力价格规律，因为在市场上供求与价格之间是双向运动、相互作用的。劳动力供求规律的客观必然性是：劳动力需求大于供给时，劳动力价格（工资）呈上升趋势；

劳动力需求小于供给时，劳动力价格呈下降趋势。同样，当劳动力价格提高，劳动力供给增加；当劳动力价格下降，劳动力供给减少。劳动力的市场运行，正是在劳动力价格变化中调节着劳动力的供求，并使之趋向相对平衡。这也就是市场经济中“看不见的手”在对社会劳动力调节方面的作用表现。

然而，需要指出的是，如果说劳动力价格（工资）与劳动力供给是成正比关系，那么，劳动力工资与劳动力需求则成反比关系，工资愈高，劳动力需求愈低。这是因为，在市场经济条件下，企业全部生产经营活动都是以追求最大利润为目的的。而企业的这种利润动机必然对劳动力市场产生具体行为。这就是企业为了追求高额利润、或是为了保持一定的利润水平，往往要控制或把费用趋向零限，特别是在市场劳动力价格（工资）水平上涨时，它必然要裁减劳动力或选用更熟练的劳动力（或选用低工资劳动力）来代替原有劳动力。这时劳动力需求就会受到冲击，影响劳动力供求平衡。但是，当企业加强人力投资而导致边际生产率提高，也就是当劳动力的边际生产率等于或大于劳动力的边际成本，企业对劳动力的需求也可以增加，即在一定限度内劳动力价格提高（工资上涨），也不至于降低劳动力需求和企业利润（如图所示）。

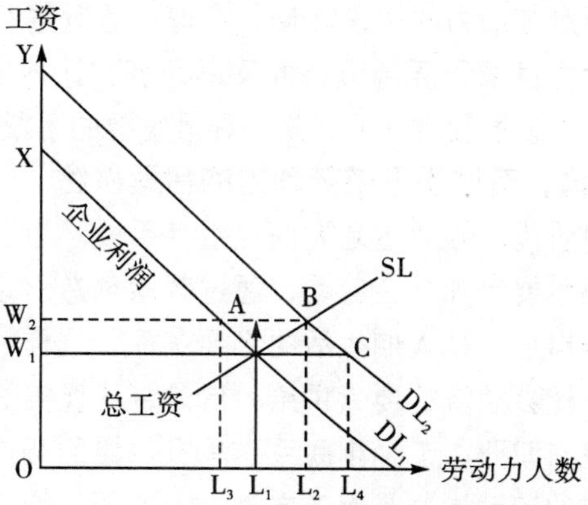

劳动力需求曲线图

图中，当工资为 OW_1 时，劳动力需求量为 OL_1，若劳动力的边际生产率不变，当工资上升为 OW_2 时，劳动力需求量则下降为 OL_3，如因人力投资而使边际生产率提高，劳动力需求曲线可由 DL_1 移向 DL_2，则当工资维持不变时，劳动力需求量可增至 OL_4；但因 C 点劳动力需求大于供给而为非均衡点，因此，势必提高工资到 OW_2 而达到新均衡点 B，与原均衡点 A 比较，工资提高了 W_1W_2，就业量增加了 L_1L_2，故人力投资的结果可能使工资提高而就业量同时增加。从另一方面来看，边际生产率的提高，不但可以增加劳动者的福利，同时也可使企业利润增加。从图中可以看出，原来总生产为 OL_1AX，劳动工资为 OL_1AW_1，企业利润为 W_1AX。但当边际生产率提高后，总生产为 OL_2BY，劳

动工资为 OL_2BW_2，企业利润为 W_2BY。由此可见，人力投资导致边际生产率提高时，可使劳动力工资与企业利润一同上涨，并且增大了对劳动力的需求量。

综上不难看出，在劳动力市场上劳动力的供求必须遵循一定的规律。在像我们这样一个劳动力无限供给的国家里，劳动力的供求更应遵循其规律。因此，一方面企业应注意按边际生产率适时调节劳动力数量，以形成劳动力有进有出，正常流动，提高劳动力的经济效益；另一方面政府应从宏观上采取对策，如用经济政策和法律手段等来调节劳动力供求。

二、教育与劳动力供求

从静态角度看，劳动力存在供求平衡问题。从动态角度看，劳动力的供给与需求都在随时间的变动而变动，二者的方向、速度可能有所不同。这样，就会对劳动力的供求关系进一步产生影响：既可能扩大原有的不平衡状态，也可能减轻供求矛盾，趋向于达到平衡；又可能经过平衡点向新的不平衡状态转化，即由供不应求变为供过于求或者由供过于求变为供不应求；当然，还可能基本维持原有的不平衡状态。由此可见，劳动力供求平衡是相对的，供求不平衡是绝对的。因此，必须对劳动力的供求准确、合理、适时进行调节，以求得它们之间的平衡。对劳动力供求矛盾调节，可采用经济、计划、行政、法律、教育等多种手段。其中大力发展教育事业，是一种最重要的手段。

1. 大力发展教育，有助于形成劳动力的合理供给

在人类历史的现阶段，劳动还是人们的生存手段。为了获取自身生存的物质生活资料，人们必然要参加社会劳动，通过劳动创造财富，获得报酬。在社会上谋得一定的工作岗位，是人们生活的必要条件。这样，劳动力总体中的主要部分，就形成对于社会经济的要素供给。但是，从现实的角度分析劳动力供给，可以看出，它是与职业、工种相联系，具有一定的倾向性。这就是说，劳动力的供给对于特定的劳动岗位具有方向性。一方面，社会劳动体系之中存在着不同种类、不同等级、不同复杂程度、不同劳动强度、不同工作环境的岗位，这相应要求有不同类别的劳动力来从事。对于某个专门的劳动岗位，只有某些类别的劳动力，而不是全部劳动力，能够形成供给。另一方面，劳动力供给总体之中的不同个体，其体力、智力、知识、技能、兴趣爱好各有差异，其就业愿望各有不同。这样，作为劳动力供给个体的人，其职业选择方向也就有所不同。一般来说，具有某种专业技能的人能够从事本专业或相似专业的技能复杂的劳动以及非专业的普通性职业的劳动，但是难于从事其他专业技术工作；无专业技术的人，不可能从事专业技术工作；专业技术水平低的人，难于从事专业技术水平较高的工作；专业技术水平较高的人，又不愿意从事专业技术水平较低的工作和非专业工作。总之，从现实的角度看，在劳动力供给总体内部，不同种类、不同等级的替代性是比较差的。作为现代教育这个系统来讲，它包括普通教育、职业技术教育、高等教育和成人教育这样几个组成部分，每个部分都有各自不同的特点和功能，各个部分之间互相联系、互相影响，组成一个合理的结构，根据国民经济和社会发展的需要，对劳动者进行不同水平的专门职能和专业技能训练，使他们获得某种专门知识技能并成为某一层次劳动力。因此，现代教育的各个组成部分是难以相互替代的。例如，普通教育是基础教育，它能够培养不具备专门技能和技巧的普通劳动者，但一般却培养不出具有专门技能和技巧的技术、管理人才和技术工人。普通高等教育是专业教育的高级层次，它培养学生具有较高的专业理论知识和一定的实际技能，它能够培养出工程师但培养不出技术工人，它能够培养出营养专家但培养不出高级厨师。而经济社会发展所需的大量各类应用型人才，特别是我国目前经济社会发展迫切需要的中级管理、技术人才，则主要靠职业技术教育来培养。由此可见，现代教育的各个组成部分正是通过培养经济社会发展所需的特定劳动力，满足经济社会发展对不同层次劳动力的需求。因此，大力发展教育事业，不断调整其结构，有助于形成劳动力的合理供给。否则，就会造成劳动力市场供需的失调，影响社会经济的发展。

2. 大力发展教育，有助于满足经济社会发展对不同种类劳动力的需求

对劳动力的需求是根源于社会消费、由满足这种消费的生产单位提出的对生产要素的需求。一个社会要进行经济活动，一个企业要从事生产或服务活动，需要具备一定的客观条件——人、财、物要素，这就要对人力资源、物质资源提出需求。但是这种资源的需求，又有着自己的前提——消费。在社会再生产运动过程中，消费既是生产的结果，又是生产的前提。社会上存在着一定的有支付能力的消费需求时，就导致经济单位从事活动，组织一定的生产或劳务。这样，各个经济单位就提出现实的、具体的对于生产要素的需求，各个微观经济单位劳动力需求的总和，就构成劳动力的总需求。而社会的消费需求是各种各样的，要满足社会上各种各样的消费需求，就存在社会劳动分工。一般来说，社会劳动分工包括两个方面：其一是由社会产品种类不同所引起的分工，由此形成不同产业、部门、行业、企业的劳动力需求；其二是由劳动者从事的工作内容不同所引起的分工，由此形成不同职业的劳动力需求。在现实的经济活动中，这两种劳动分工互相交叉、融为一体，二者相比，职业分工及其需求更为重要。这里主要研究职业需求方面。“职业”一词，有着多种含义，从经济角度看，它是指不同性质、不同内容、不同形式、不同方法的专门劳动岗位。同时，不同的职业，不仅包含着劳动内容、劳动形式的差别，而且包含着劳动的体力、脑力消耗量的差别，从而包含着劳动质量的差别。对体力劳动者，一般要考虑其劳动作业的操作程序，使用的工具、设备及原料，所生产的产品，提供服务的种类及服务的对象。对脑力劳动者，一般要考虑其所具备的技能、学识、经历以及职务上的责任。由此可知，不同职业的差别往往很大，它们之间是难以替代的。因此，劳动力需求的职业特定性很强，必须要有相应种类的劳动力供给才能满足，而教育正好能够根据经济对劳动力规格的不同需求，培养出相应种类的劳动力。比如，从科类上看，我国的教育涵盖了理、工、农、林、医、师范、文科、财经、政法、体育、艺术及其他各行各业，教育的分科一般可以与社会现实岗位对劳动力的需求相对应。这就能够保证经济社会发展对不同类别劳动力的需求。再从形式上看，我国现在兴办起来的各级各类学校，有教育部门、劳动部门、业务部门办的；有厂矿企业、农村乡镇办的；有人民团体、民主党派以及私人办的，还有中外合资的；有教育部门和业务部门联办的；有业务部门与业务部门合办的；既有全日制学校，又有半工半读学校；既有就职前的教育，又有就职后的提高，形式多样，渠道多条。这就能满足社会上不同部门、不同所有制单位对劳动力的需求，保证经济社会的协调发展。

3. 大力发展教育，有助于劳动力供求的平衡

在市场经济条件下，劳动力供求平衡主要是通过市场来调节的。这样，在劳动市场上，劳动力作为生产要素应该是自由流动的。马克思认为这是一种规律。“大工业的本性决定了劳动的变换、职能的更动和工人的全面流动性。……承认劳动的变换，从而承认工人尽可能多方面的发展是社会生产的普遍规律”，而必须“使各种关系适应于这个规律的正常实现”①。在一国范围内，劳动力流动包括国内劳动力流动和企业内部劳动力的流动。国内劳动力流动，包括劳动力在一国范围内的行业部门间、地区间、企业间的流动。这一流动的主要特征是以高劳动技能、高熟练劳动程度为主的智力型劳动力的流动。比如从乡村流向城镇，从内地流向沿海，从一般地区流向特殊地区，从生产领域流向非生产领域，从中、高级劳动力密集区流向一般劳动力密集区，从体力劳动过程流向智力劳动过程，等等。国内劳动力流动能够调节行业间、部门间、地区间、企业间劳动力的供求，促进劳动力，尤其是高素质劳动力的合理配置。企业劳动力流动，主要是指企业内部劳动力的流动。这个层次劳动力的流动，是按企业内部生产布局结构，优化组合劳动力，适时调整劳动力，促使企业内部劳动力供求平衡。这一流动的主要目的，是要形成企业内部劳动力流动机制，刺激每个劳动者学文化、钻技术，迫使劳动者产生在岗压力与发奋工作的动力。然而，无论是国内劳动力流动，还是企业内部劳动力流动，其重要前提之一，是要有高质量的教育作保证。如前所述，目前劳动力流动的主要特征是以高劳动技能、高熟练劳动程度为主的智力型劳动力的流动。这类劳动力的培养主要依赖于教

① 《马克思恩格斯全集》第23卷，人民出版社1972年版，第53页。

育，尤其是高质量的职业技术教育。因为教育的主要任务之一，正是要把科学理论和科学技术转化为技能、技巧，直接服务于经济和社会，培养各类技术熟练的劳动者和技术、经济管理人才。可以说，在我国没有高质量的教育，就不会有真正的劳动力自由流动，因而也就不会真正有劳动力供求平衡。因此，大力发展教育，有助于劳动力自由、合理地流动，有助于调节劳动力供求的矛盾，有助于实现社会劳动的合比例分配。

4. 大力发展教育，有助于缓解劳动力供求的矛盾

随着现代科学技术突飞猛进的发展，技术进步因素对劳动力需求所产生的影响最大。改进技术、增加新技术设备、采用新工艺可以提高劳动生产率。生产过程的机械化、自动化水平提高使资本有机构成提高，技术趋于复杂，只需用数量较少、质量较高的劳动力来工作就能生产出较多产品。技术水平提高的结果，使社会对受过较高教育的熟练劳动者和专门人才的需求增加了。此外，随着技术水平的提高，资本密集型、技术密集型企业会排挤劳动密集型企业，从而使产业结构发生变化。如上所述，产业结构的变化又带来对劳动力需求的变动。技术进步使社会在财富增加，闲暇时间增多，人口数量、质量的提高等方面获得了必要条件。但同时会出现劳动力的结构性失业问题，即文化技术水平较低的劳动者难以适应产业技术结构变化而被排斥于就业队伍之外，从而造成劳动力供求矛盾的加剧。教育是使他们获得再训练以便重新获得就业机会和缓和劳动力供求矛盾的必要手段，因为现代教育是一种综合的教育，既包括职业教育，也包括技术教育，既包括职前教育，也包括在职教育。换言之，现代教育是使劳动者获得某种专门的劳动知识和技能，从而达到就业目的或就业后易于提高的一种教育。大力发展教育和培训事业，既可以使劳动者搞好就业前的定向培训，又能使就业者更新知识适应生产发展需要，还能使失业者重新获得新知识、新技能以适应新行业、新部门、新职业的需要，尽快就业，缓解这些行业、部门劳动力供求的矛盾。

三、劳动力供求与经济发展

劳动力供求是产生于市场经济中的一个实际问题，但这并不等于在其他社会经济条件下不存在劳动力供求问题。劳动力供求在不同的社会经济结构、文化传统以及社会政治背景之下都会存在，只不过表现形式不同和表现程度有差异而已。

在传统性农业社会中，其一般生产方法沿用古老的技术经验，所以生产力的发展极为缓慢和有限。而各种资源大部分用于农业，社会的结构亦建立于农业制度之上。因此，在传统性农业社会的经济发展中，社会对劳动力的素质要求不高，劳动力的供求与经济发展的关系亦不密切。

工业社会初期，工业革命改变了生产方式，劳动分工和社会交往日趋复杂和频繁，经济和社会的发展，开始需要接受过一定教育和训练的劳动力。这样，对劳动力的素质要求逐步提高了。在一定时期内，由于某些地区经济的迅速发展，开始出现较高素质劳动力供给不足的现象。

随着科学技术的进步，生产中机械化、自动化程度的提高对劳动者技术和文化素质的要求相应提高。在这种情况下，劳动力素质能否适应工业生产的需要，也就成为经济发展和劳动力供求的核心问题。

当工业进一步向高级和精密阶段发展时，生产过程更加复杂，市场竞争激烈，于是研究发展与技术创新就成为经济发展与工业推进的动力。对高层次劳动力、复杂劳动力、熟练劳动力的需求日益迫切，相反对低层次劳动力、简单劳动力、非熟练劳动力的需求则日益锐减。总之，在经济发展的各个阶段，都存在着劳动力供求问题，但在市场经济条件下，劳动力供求问题在社会中占有更为重要的地位，而且具有丰富的内涵，因为供求机制是市场经济的保证机制，没有供求关系，市场也就不复存在。因此，在市场经济条件下，劳动力供求与经济发展的关系问题始终是一个现实的问题。于此，不得不就劳动力供求与经济发展关系，略作探究。

劳动力供求与经济发展的关系，可从劳动力供给和劳动力需求对经济的影响两个方面研究。

从劳动力与经济运动的关系角度，可以将它划为三个层次：其一，为劳动力的总体，即全部劳动力人口，它是一种理论意义的资源，对于国民经济只构成一种可能条件，其中的一部分（在学人口、家务劳动人口）尚未进入经济活动领域，处于潜在状态。其二，为已经开发出来、可以立即投入经济活动的劳动力部分，即就业人口与求业人口的总和，它已经构成经济活动的现实性资源，从多方面制约着国民经济活动。其三，为已经投入使用的劳动力部分，即就业人口，它正在推动物质资源形成现实的经济活动。这里所说的第二个层次——可以投入经济活动的现实性资源，即我们所要研究的劳动力供给。所谓劳动力供给和劳动力需求对经济发展的影响，主要指的就是这个层次劳动力供求的影响。

就这个层次劳动力供给对于社会经济发展的影响来看，具体有以下几个方面：首先，劳动力供给，作为一种现实的要素，构成国民经济运动的前提条件。缺少它，国民经济运行就无法维持。其次，劳动力供给是国家和地区生产力配置的基本条件。一定的劳动力供给，要求有相应的物质资源供给；反过来看，一定的物质资源供给，也要求着相应的劳动力供给。再次，劳动力的供给状况——数量、质量、结构，直接决定着国家和地区的经济活动状况，决定着经济效益水平。最后，劳动力的供给形成后，要求社会有足够数量的对它的需求来加以吸收，即要求劳动力需求处于对供给的稳定高水平，以保证充分就业。总之，劳动力的供给，对一个国家经济的发展具有重要影响。正因为如此，各国在制定经济政策和长期发展战略时，无不高度重视劳动力的供给问题。

再就劳动力的需求对于社会经济发展的影响来看，经济的发展和劳动生产率的提高，是以增加对受过良好教育的熟练劳动力的需求，降低非熟练劳动力的比例为特征的。换言之，经济是伴随着对熟练劳动力需求的增长而发展的，没有这种需求的增长，一般来讲，也就没有经济的发展。但是，与此同时也应注意到，根据边际生产率理论，企业对劳动力的需求取决于劳动力边际收入与边际成本。当其他生产要素不变时，总产量随劳动力初始需求的增加而增加。在劳动力的增长率达到一定程度后，劳动力的需求与总产量均服从于边际递减规律。当增雇一个劳动力的边际产品收入高于边际成本时，企业对劳动力的需求量就会增加；当边际产品收入低于边际成本时，对劳动力的需求量就会减少。这就是说，尽管经济的发展是以增加熟练劳动力为特征的，但并非是增加得越多越好，而必须使之处于均衡的状态。指出这一点，会使我们的分析更为复杂，但却又接近了现实。

由此可见，在每一个经济发展的阶段，社会与个人都会产生对劳动力的需求问题，能否适时有效地满足这种需求，教育的发展有着深远的影响。于此，教育的发展、劳动力供求与经济发展三者之间的关系明确了。教育的发展对于劳动力供求和经济发展的影响，可从教育的类型、系科专业设置及质与量关系的处理等三个方面来分析。

首先，就教育的类型而言。所谓教育的类型，系指政府与私人团体或企业所提供的教育机会，是以初等教育为重点，还是以中等教育或高等教育为重点，凡此，均足以影响一国劳动力的供求和经济发展。就我国的情况来看，目前生产力的发展对具有一定的、中等的技术水平，掌握中等生产技术的劳动力的需求是大量的，所以必须大力发展中等职业技术教育，以满足经济发展对这类劳动力的大量需求。同时，随着现代科学技术突飞猛进的发展，尤其是高新技术的发展，现代生产正由“劳动密集型”、“资金密集型”朝着“技术密集型”的方向发展，生产的机械化、自动化和劳动技术装备程度日益提高，劳动者必须具有越来越高的科学文化素养，才能适应劳动技术装备发展变化的需要。这就要求不仅要大力发展中等职业技术教育，而且要注重高等职业技术教育的发展，以满足劳动技术装备发展变化对高度熟练劳动力的需求。

其次，就学校教育的系科专业设置而言。在各级职业教育技术教育和专业教育中是以理、工、农、医等技术系科的设置为重点，还是以财经、政法等文法系科专业的设置为重点，也影响一国劳动力的供求与经济发展。当然，这一问题涉及教育本身的功能与价值体系，没有一个绝对的标准。就当前我国劳动力就业情况来看，劳动力70%左右滞留在第一、二产业，第三产业就业的劳动力只占30%左右，而发达国家在第三产业就业的人口比率均在60%～70%以上。随着社会主义市场经济的发展，必将刺激第三产业的发展，并引导劳动力向第三产业转移，这就要求我国的教育要注重设置与第三产业有关的系科专业，为第三产业的发展提供劳动力，保证第一、二、三产业的协调发展。

再次，就教育的质与量而言。从教育的整体发展目标来看，应该是质与量并重的，各级各类教育培养的劳动力，不但在量的方面要能够适应国家经济社会的发展需要，而且，在质的方面亦能适应工作环境的要求。在量的适应方面，一定的经济增长有一定的劳动力需求量，如果教育不能适应经济结构发展变化的需要，便会造成一种过度教育（Orereducated）或教育不足（Undereducated）的现象，从经济的观点来看，就是一种投资的浪费及投资的不当。当教育在量的方面达到一定规模时，质的问题尤为重要。否则，学生素质低下，毕业后在劳动力市场上就难以找到适当的工作，以致不能学用一致。就我国教育发展过程中质与量的关系来看，当前教育的主要问题恐怕就是质量的提高，而不是数量的扩张。

关于职业技术教育发展的动力问题探讨①

【内容摘要】本文认为，从社会经济与职业技术教育相关联的角度来考察，职业技术教育发展的根本动力来自于社会经济发展及个人本身发展对教育的需求。没有社会经济发展及个人本身发展对教育的需求，职业技术教育的发展必然会缺乏动力。我国职业技术教育之所以发展缓慢，除了其他因素的影响外，缺乏实实在在的动力是根本原因之一。

【关键词】职业技术教育　发展　动力问题

所谓职业技术教育发展的动力，是指推动职业技术教育发展的力量。职业技术教育发展的动力是什么呢？纵观人类社会发展，从社会经济与职业技术教育相关联的角度来考察，职业技术教育发展的根本动力来自社会经济发展及个人本身发展对教育的需求。没有社会经济发展及个人本身发展对教育的需求，职业技术教育的发展必然会缺乏动力。我国职业技术教育之所以发展缓慢，除了其他因素的影响外，缺乏实实在在的动力是根本原因之一。

第一，生产力发展水平的限制使职业技术教育缺乏经济上客观需求的动力。我国是一个历史悠久的农业文明古国。由于历史的、社会的、技术的和自然的原因，以及经济发展战略的失误，我国的农业却成了国民经济中的落后部分，成了发展链条上的薄弱环节。这表现在农业生产技术十分落后，生产工具非常原始，农业生产率极为低下，其结果是农业经济发展缓慢和农民普遍贫困。这种状况严重限制了我国农业对熟练劳动力和技术人才的需要，导致农民对教育的需求严重不足。与此同时，我国工业发展和整个经济增长又主要是依靠扩大投资规模，消耗大量原材料、能源和劳动力等生产要素，进行数量扩张来进行的。这种工业发展和经济增长方式的特点是高投入、低产出，因此，它与发达国家相比，差距是十分明显的。例如，发达国家的经济增长，生产要素的贡献率约占 50%，科技贡献率约占 50%。相比之下，我国的科技进步贡献率大约只

① 本文为国家教委“八五”社科基金资助项目《职业技术教育经济学研究》的阶段性成果之一，发表于《职教论坛》1996 年第 3 期，中国人民大学复印报刊资料《职业技术教育》1996 年第 5 期全文转载。

有25%，而在能耗和原材料消耗上却大得多，尤其在投资规模膨胀、重复建设频繁的时期，浪费就更加严重。这种状况，严重制约了我国经济增长的质量，实际上也阻碍了教育的发展，因为这种经济增长方式缺少技术创新，忽视科技进步和劳动力素质的提高，使职业技术教育缺乏经济上客观需求的动力。

第二，二元经济社会结构的并存与冲突是职业技术教育缺乏经济社会发展需求动力的又一重要原因。二元经济结构是发展经济学对发展中国家社会经济特点的一种理论概括。二元经济结构理论认为，在发展中国家工业化的初始阶段，现代工业只能在少数部门或地区率先出现，而其他部门或地区则停留于传统状态，由此形成了现代经济与传统经济、经济发达地区与经济落后地区并存的二元经济结构。传统经济部分或经济发展程度较低的部分，对劳动者教育、文化技术水平要求不高；现代经济部分或发展程度较高的部分，对劳动者教育、文化技术水平要求较高。与二元经济结构相适应，中国的社会结构也是二元并存的。所谓中国二元社会结构是指城乡居民由于经济地位的悬殊而导致社会地位的悬殊。农业部的郭书田同志在研究了中国农村与城市的实际之后，对我国二元社会结构的内涵进行了实证分析，提出了构成我国二元社会结构的14种具体制度，其中主要包括：户籍制度、就业制度、医疗制度、养老保险制度、劳动保护制度、人才制度、婚姻制度等。此外，在粮食供应制度、住宅制度、生产资料供应制度等方面，城乡居民之间也都有较大的差别。这些具体的制度将中国切成了泾渭分明的城、乡两大板块，构成了发展中国家特有的中国式形态。在这种情况下，农村青少年要摆脱农民的身份，过上城里人的生活，唯一的途径是通过教育，进入城市高等学校或中等专业学校，改变农村户口。就是对城镇青少年来说，由于就业的压力，人们要想谋得一个理想的工作岗位，获得较高的预期报酬，教育也是一个重要的途径。但这里所说的教育，主要是指普通中小学教育，而不是职业技术教育。无论是农村、还是城市，对多数家长和学生来说，进入普通中学后考入大学是首要的奋斗目标，上职业技术学校不过是无可奈何，退而求其次的选择。这样，就容易形成对普通教育的需求过分膨胀，而对职业技术教育缺乏需求动力。当然，在这种缺乏需求动力的情况下，政府也可以通过行政力量来强行发展职业技术教育，但须知，仅有政府的“尚方宝剑”，没有社会的客观需求，职业技术教育的发展迟早会陷入困境。“大跃进”期间职业技术教育发展的大起大落就是很好的证明。近十多年来，我国职业技术教育可以说是突飞猛进的发展。但是，应当看到它是20世纪80年代以来政府强行推行中等教育改革的结果，其主要动因并不是经济社会发展的客观需求，而是中学生数量大大超过了高等教育的容量，试图通过发展职业技术教育来起一种“溢洪道”的作用。因此，尽管目前我国职业技术学校学生数占高中阶段学生数的比例已超过50%，但无论其学校质量还是学生质量都不能与普通高中相提并论，除了少数旅游、财会、饮食等专业外，就业情况普遍不好。当然，造成这种状况的原因是多方面的，但缺乏经济社会需求的动力不能不说是一个重要原因。

第三，长期实行的农业劳动力就地转移和限制劳动力流动政策的阻碍也使得职业技术教育的发展缺乏需求的动力。长期以来，我们一直实行“离土不离乡”、“进厂不进城”的农业剩余劳动力就地转移的政策和限制劳动力流动的政策，将大量剩余劳动力人口固化在其原来居住的狭小的空间范围内，实际上妨碍和抑制着人力素质的提高和教育的发展。因为人们禁锢在原来的区域范围内，观念、意识、风俗、习惯等方面墨守成规、闭关自守，对新的生产方式和经营方式接受较慢，甚至加以抵制，同时由于没有知识人力的职业竞争，劳动的知识需求也极低，劳动力人口提高自身素质的愿望和对教育的需求必然不会十分强烈。在这种情况下，许多家庭不注重下一代知识、文化、技术水平的提高，不愿意过多地支付人力投资于下一代，致使人力素质提高缓慢，职业技术教育的发展缺乏需求动力。

第四，劳动者权利的选择与劳动制度安排的严重错位同样使得职业技术教育的发展缺乏需求的动力。高度集中的统包统配的劳动制度，使得用人单位很像一个大家庭，因为劳动者必须依附于单位里。于是，各个用人单位不仅要为每个劳动者提供劳动所得，而且要为劳动者提供住房、子女升学、就业，以及劳动者生老病死等社会保障。劳动者对用人单位的这种依附，严重遏制了劳动者素质的提高及其对职业技术教育的需求，其原因在于：首先，在这种劳动制度下，劳动力产权不明确，谁也不愿意把劳动力作为资本去投资。其次，对劳动者素质的影响还表现在依附、依赖所形成的封闭、攀比、平均主义、不敢竞争的心态和观念。这是一种与现代市场经济严重相悖的观念。这样的观念必然妨碍人们对教育的需求，使得职业技术教育的发展缺乏需求的动力。

综上所述，我国职业技术教育发展缓慢，其根本原因就是缺乏经济社会客观需求的动力。因此，为了使我国的职业技术教育能够长期、稳定、协调发展，其首要任务就是扩大经济社会对职业技术教育的需求，激发职业技术教育发展的动力。而激发职业技术教育发展动力的关键是要解决好以下四个问题：

第一，加快产业的非农业化和人口的城镇化过程。在实现现代化的过程中，必然要求将大量农村剩余劳动力由农业转向非农产业，由农村人口转变为城市人口。伴随着产业的非农化和人口的城镇化过程，就是社会职业的大量分化和高度流动。在这种情况下，一个现代人必须努力学习职业技术，掌握职业技能，同时具有广泛的职业适应性，才能适应这一过程的变化，不为这一过程所抛弃。有学者甚至指出，这是21世纪新人素质培育的立足点，通过劳动技术教育，满足现实社会科技环境和个体技能发展对教育的内在需求。所以，加快产业的非农化和人口的城镇化过程，必然激发起对职业技术教育发展的动力。

第二，加快经济发展的集约化过程。改革开放十多年来，我国经济的快速发展在很大程度上得益于高强度开发资源，具有明显的外延扩张特征，但在外延扩大再生产为主的经济增长方式取得充分进展后，就必须过渡并确认以内涵扩大再生产为主的经济增长方式。无论是外延扩大再生产，还是内涵扩大再生产，都离不开职业技术教育培养和训练的各种层次的劳动力去实现，尤其内涵扩大再生产更与教育密切相关。这是因为：(1) 技术改革、设备更新，是靠职业技术教育培养的各类科学技术人才，把科学技术成果应用于生产过程来实现的。(2) 高效率的先进机器设备需要的高质量的劳动者，要靠职业技术教育来培养和训练。(3) 职业技术教育可以培养大量高水平的管理人才。职业技术教育在这些方面的作用，可以在不增加资源投入量的情况下，使经济能够得到增长。加速经济发展的集约化过程，必然要求包括职业技术教育在内的整个教育有一个较快的发展，普遍提高劳动者素质，培养各级各类人才，从而激发起对职业技术教育发展的动力。

第三，加快劳动就业制度改革的进程。所谓劳动就业制度改革，就是要使劳动者的就业向市场化目标迈进，即通过劳动力市场自主择业。通过劳动力市场自主择业，职业和工作岗位由劳动者根据自己的技能、人力资本含量、文化水平和工作能力等实力去竞争，人们可以根据自己的能力、文化素质去竞争某种职业和工作岗位。这样就能真正引入竞争机制，使劳动者感受到失业的威胁，迫使他们珍惜时间、勤奋学习、努力钻研技术，争取谋得好的职业和获得较好的工作岗位，从而激发起对职业技术教育发展的动力。

第四，加快工资制度改革的进程。不同的工资制度和政策对包括职业技术教育在内的整个教育会产生不同的影响。在传统的计划经济体制下，劳动者的工资水平和其他待遇是由国家统一规定的。在这种工资制度安排下，劳动者不可能、也不允许与单位讨价还价，只能是单位给什么工资及待遇，就承认并接受这种工资及待遇，因此，劳动者的人力资本价值（即劳动者的能力、素质和水平）很难通过工资反映出来。由此就造成受教育者个人收入与其教育成本支出不挂钩，导致教育投资的成本—收益关系扭曲。这种扭曲将会抑制人们对于教育需求的经济动机。在传统的单一收入分配格局中，它的负效应被隐含着。然而，一旦伴随着分配格局的多元化，人们的价值取向逐渐转向经济功利时，它的作用便会显现出来，最终将导致人们对于包括职业教育在内的教育需求和人力投资需求的疲软。因此，工资制度改革的关键就是应当承认每个劳动者的人力资本价值，在就业前，每个劳动者都进行了一定数额的教育投资，劳动者应当在日后的就业中以较高的工资收回这种投资。其中最为重要的是，承认劳动者的知识、技术、能力对生产的实际贡献的差别而导致的利益差别。只有这样才能激励劳动者个人努力把劳动力作为资本去投资，并且在就业前和就业后都去发奋学习与工作，从而对职业技术教育产生实实在在的需求动力。

论教育在解决我国就业问题中的作用[①]

【内容摘要】对各国而言，就业问题不仅是一个经济问题，也是一个敏感的政治问题和社会问题。在我国更是一个不容忽视的社会问题。本文从教育经济学的角度，分析了就业问题存在的客观必然性，探讨了教育在解决一般性就业问题、结构性就业问题和个人职业选择性就业问题中的作用。

【关键词】教育　解决　就业问题　作用

就业问题不仅是一个经济问题，也是一个敏感的政治问题和社会问题，在发达国家如此，在发展中国家亦如此，在我国更是一个不容忽视的社会问题。劳动就业事关亿万劳动群众的切身利益，处理不好就会出现影响全社会的大问题。社会就业问题能在何种程度上得到解决，除其他因素外，不能不依赖于教育，教育和就业之间有着十分密切的关系。在现代经济发展条件下，要妥善地解决社会就业问题，大力发展教育事业是必不可少的重要途径。

一、就业问题存在的客观必然性

教育和就业之间虽然有着密切的关系，但它们毕竟是两个问题，不能把它们简单地混为一谈。就业问题的产生和解决有它自身的规律性。只有对此有比较清楚的认识，才能对教育在解决我国就业问题中的作用有比较深刻的理解。

对就业问题，马克思早就指出："工人人口本身在生产出资本积累的同时，也以日益扩大规模生产出使他们自身成为相对过剩人口的手段。"[②] 马克思实际上从两个方面分析了就业问题的存在：一是从生产的社会形式上分析了资本主义条件下就业问题存在的必然性及其性质；二是从生产力本身的发展，劳动生产率的提高对劳动力的影响中分析了就业问题存在的客观必然性。

在社会化大生产和市场经济条件下，就业问题并不是某一社会经济形态的

① 本文为全国教育科学规划办"九五"规划项目《社会主义市场经济条件下教育供求的矛盾运动及其调节机制研究》的阶段性成果之一，发表于《华中师范大学学报》（人文社会科学版）1996 年第 6 期，《教育文摘报》1997 年第 1 期摘录，第 3 期又作为新观点予以介绍。

② 马克思：《资本论》第 1 卷，人民出版社 1975 年版，第 692 页。

特有现象，而是市场经济和社会化大生产的必然产物。这是因为：第一，社会化大生产的发展，资本有机构成的提高，必然排斥劳动力，客观上形成就业问题。第二，随着生产社会化程度的提高，社会分工不断深化，产业结构的调整必然导致生产要素的重新配置，使一些新兴产业部门逐渐发展起来，一些传统过时的产业部门则逐渐衰落，甚至被淘汰。从这些部门游离出来的劳动者如果不能及时更新技术，不适应新兴产业部门的需要，就会失业，造成新的就业问题。第三，在市场经济条件下，竞争机制发生作用也使就业问题成为必然。因此，市场经济和社会化大生产是产生就业问题的一般社会经济条件。

就我国而言，除上述三个方面的原因外，下述特定的社会经济条件，则是造成现阶段就业问题严重的现实根源。第一，劳动力总量供过于求引起的就业问题。由于我国在过去很长一段时间内，缺乏科学而严格的计划生育政策，使得人口生育失控。从20世纪50年代起，我国每年出生人口都在2000万人以上，进入80年代以来，我国劳动力资源平均每年递增约1500万人①。这必然加大社会就业的负担。在社会对劳动力吸纳有限的情况下，必然有部分人将面临失业的威胁，产生就业问题。第二，劳动力供给结构与需求结构失衡引起的就业问题。我国教育文化落后，劳动力素质普遍较低，据全国第四次人口普查资料，在工业部门职工中，初中以下文化程度的占68%，达到高中和技校程度的占30.4%，大专以上文化程度的仅占2.6%②。如果把文化教育更落后的农村劳动力资源也考虑进去，我国劳动力供给结构的矛盾就会更加尖锐。这个矛盾今后还会存在很长时期，由此必然会产生大量“结构性失业”人员。第三，劳动制度改革的深化引起的就业问题。长期以来，我国根据“低工资，多就业”的方针，尽量把要就业的人员往企事业单位分配，造成大量“隐性失业”人员。随着劳动制度改革的深化，各单位不仅不会再像过去那样随便接纳就业人员，而且还要通过优化劳动组合裁减各种冗员，这就会使大量“隐性失业”人员失去工作。

综上所述，不难发现，在市场经济条件下，就业问题是一种客观存在，不可能完全消灭。相反，在一定条件下，就业问题的适当存在还会有利于经济社会的发展，这主要表现为：第一，有利于促进劳动者之间的竞争和劳动力素质的提高。就业问题的存在必然使劳动力市场上存在着一支具有一定规模的劳动者失业大军，这是一支产业后备军。它的存在，一方面要求失业者必须提高自身素质以适应劳动力市场需求，由此可直接推动整个社会文化水平的提高；另一方面对在业者也会造成一种压力，即必须发奋学习与工作，适应生产技术变化要求，以更好的素质、更高的效率面对失业、谋职人员的挑战与竞争。第二，

① 资料来源：《我国人口出生、死亡和净增情况》，载《光明日报》1995年4月19日。

② 参见吕贤如：《我国企业职工技术素质亟待提高》，载《光明日报》1995年10月22日。

有利于企业提高经济效益，降低成本，增强产品的市场竞争力。在市场经济条件下，企业为了生存和发展，必须使生产资料和劳动力的结合在数量、质量、时间和空间上达到最佳结构状态，并要随着企业经营规模和战略的变化，及时调整劳动力与生产资料的结构比例。这就要求企业及时裁减冗员，吸纳适合企业生产经营的合格的新的劳动者就业，将市场竞争压力转化为企业内部就业者的竞争压力，使其在失业风险制约下，企业在不增加工资费用支出的条件下调动劳动者的积极性、创造性，降低成本，提高劳动生产率，增强产品竞争力。第三，有利于国家宏观配置生产要素，减少社会劳动的浪费。就业问题的存在，使得过去的隐性失业问题显性化，为劳动力的合理流动提供了可能条件，使许多急需劳动力的新兴产业部门可以从劳动力市场获得充足的劳动力，促进了劳动结构、产业结构的调整优化，有利于劳动力资源充分开发和合理利用，避免了整个社会的宏观低效和资源浪费。第四，有利于第三产业的发展。从对劳动力需求看，今后对劳动力需求量的大小主要取决于第三产业的发展。在我国就业的劳动力70%左右滞留在第一、第二产业，第三产业的就业劳动力只占30%左右，而发达国家在第三产业的就业人数比率均在60%～70%以上。在就业问题存在的情况下，失业者为了自身的生存、发展和重新就业，必须选择和开发新产业和新部门。这必将刺激第三产业的发展，引导劳动力向第三产业转移，并将为第三产业的发展提供劳动力。

当然，我们说在一定条件下，就业问题的存在有利于经济和社会的发展，但这并不意味着对这一问题我们可以掉以轻心。这是因为，尽管相比之下，失去工作的人总是少数，但是少数人一旦失去工作，其利益受到损害，其生存受到威胁，就会造成社会治安问题，甚至结成政治上的反对势力。可见，就业问题如果解决不好，其结果会直接影响大局稳定，影响宏观经济的正常运行。因此，对就业问题应正确认识、正确对待，在承认就业问题存在的前提下，努力寻求一条解决就业问题的途径。

二、教育在解决劳动力一般性就业问题中的作用

就业问题，按其性质划分，大致表现为三种类型：一般性就业问题、结构性就业问题、个人职业选择性就业问题。这三种就业问题既有联系又有区别，因而解决的途径也不一样，教育在解决三种就业问题中的作用也各不相同。

一般性就业问题是指缺乏足够的工作岗位而产生的就业问题，它所表现出来的基本特征是“人找事”。在我国，一般性就业问题主要是由于人口众多和经济落后两个基本因素决定的。劳动力总供给相对过剩和人均占有资源相对短缺的矛盾相互交织，这种矛盾在以后相当长时期内仍然无法解决。所以一般性就业问题不仅过去存在，现在和未来也不可能消失。由于市场机制的作用，我国

的一般性就业问题在一定时期仍会相当严重。对一般性就业问题，在两种经济体制下，其解决的途径是不一样的，教育在其中发挥的作用也是大不相同的。

在传统的计划经济体制下，由于在指导思想上否认社会主义社会存在就业问题，各种社会保险和福利都由企业经办，政府为做到人人都有饭吃和保持社会稳定，对社会劳动者的就业往往是不注重国民经济发展和企业生产经营对劳动力的实际需求，而用统包统配的方式往企业安置劳动力，其相当部分的劳动力是国民经济发展和企业生产经营所不需要的。从经济学角度讲，这部分人员的边际生产率为零甚至是负数。由于企业是各级政府的附属物，而不是独立的经济实体，不能自行排放自身不需要的劳动力，超量吸收劳动力不仅于自身的经济利益无损，反而对本企业升级和多提取福利基金等有益处，同时亦不允许劳动者自由流动和自谋职业，因此，在传统经济体制下，绝大部分超过社会经济发展总需求的劳动力只能滞留企业内部，即三个人的活由五个人来干，大家都拿低工资，吃低水平的“大锅饭”。这样好像是基本解决了就业问题，其实这只是用行政手段改变了失业的表现形式，我国的就业问题不可能因此而得到根本性的解决。依靠这个办法解决就业问题也无须发挥教育的作用。

而在市场经济体制下，市场机制的作用，一方面会使隐性失业问题显性化，另一方面又可望使一般性就业问题得到解决。就业问题为什么随着市场经济的发展而能够得到解决呢？这是因为：在劳动力总供给既定的情况下，就业问题的解决主要靠优化经济结构和加快经济发展速度来实现。市场经济体制在这两方面大大优于传统经济体制。在市场经济体制下，国家将始终把优化经济结构和提高经济效益作为全部工作的中心，大力发展容纳劳动力的第三产业；在所有制结构上，坚持以公有制为主体和多种经济成分长期共同发展。这不仅宏观上为优化就业结构和扩大就业规模提供了保证，也为加快国民经济发展速度、增加就业岗位和减少失业创造了条件。市场经济体制不仅能从优化经济结构方面为扩大就业规模和减少失业创造条件，而且重要的是能促使国民经济的快速和协调发展，为增加就业岗位和减少失业提供保证。在市场经济体制下，市场在国家宏观调控下对资源的配置起基础作用，使经济活动遵循价值规律要求，适应供求关系的变化，通过价格杠杆和竞争机制功能，把资源和资金投入到效益好的环节上去，并且使多元的投资主体不仅享受投资利益，而且要承担投资的风险，这就从体制上解决了供给短缺、重复建设和投资效益低下的矛盾。在微观上，企业成为真正的自主经营、自负盈亏、自我发展、自我约束的法人实体和市场竞争者，解决了传统体制下束缚企业生机和活力的问题。在收入分配方面，实行按劳分配为主，其他分配方式为补充的分配制度，能够充分调动劳动者的生产积极性和创造性。这些条件能够保证国民经济在结构合理和效益提高轨道上快速增长。而经济增长就需要劳动力，这就为增加岗位和减少失业提供了保证。同时，经济发展了，人均收入水平提高了，开支中吃的比重下降了，吃以外的钱就多了，消费结构就变化了，第三产业相应也就发展起来了，就可以吸收大量劳动力就业。这就是所谓“发展市场经济—经济发展—扩大就业”的良性循环。

我们讲教育对解决一般性就业问题的作用，主要是指教育在这个循环中是一个重要的前提条件。这具体表现在以下几个方面：

第一，教育是经济发展的保证，是解决劳动力一般性就业问题的基本途径。作为现代教育这个系统来说，它包括普通教育、职业技术教育、高等教育和成人教育这样几个组成部分；每个部分都有各自不同的特点和功能，各个部分之间互相联系、互相影响，组成一个合理的结构，根据国民经济和社会发展的需要，协调发展。因此，现代教育的各个组成部分是难以相互替代的。例如，职业技术教育所承担的任务，普通教育和高等教育都不能代替。普通教育是基础教育，它能够培养不具备专门技能和技巧的普通劳动者，却培养不出具有专门技能和技巧的技术、管理人才和技术工人。高等教育是专业教育的高级层次，它培养学生具有较高的专业理论知识和一定的实际技能。它能够培养出工程师，但培养不出技术工人；它能够培养出营养专家，但培养不出高级厨师。而经济社会发展所需要的大量各类应用型人才，特别是我国目前经济社会发展迫切需要的中级管理、技术人才，则主要靠职业技术教育来培养。由此可见，现代教育的各个组成部分正是通过培养经济发展所需的特定劳动力，促进国民经济中特定产业的发展，从而吸引更多的劳动力就业。这既是现代教育作用于经济的基本功能，也是教育解决劳动力一般性就业问题的基本途径。

第二，教育是科学技术转化为生产力的中介和基础，并使劳动力一般性就业问题的解决成为可能。经济发展靠科技，科技进步靠人才，人才培养靠教育，这是现代经济发展的客观规律。邓小平同志曾指出：“我们要实现现代化，关键是科学技术要能上去。发展科学技术，不抓教育不行。靠空讲不能实现现代化，必须有知识，有人才。”[①] 因此，抓科技必须同时抓教育。现代生产是科学技术的物化。这个性质决定了现代教育是制约现代生产的中间环节和决定性因素。教育通过对生产力中最重要、最活跃的主体因素——人的培养，使科学技术较快地转化为现实生产力。无数事实证明，一方面科学技术的发展有赖于教育，没有教育也就没有科技进步，现代教育可以再生产现代科技。另一方面科学技术的普及、应用，转化为现实的生产力，更有赖于教育的先行。譬如，人类历史上第一架蒸汽机车（火车头）的模型在1797年就由一个叫特勒维西克的人搞成了。他用了10年工夫，最后能拉10吨铁和70个人，可是这种机车一直停留在供人参观的状态。能普遍应用的火车头和世界上第一条铁路的建成并变成现

① 《邓小平文选》(1975—1982年)，人民出版社1983年版，第37页。

实的生产力，那是1825年的事。特勒维西克的火车头为什么没有马上转化成生产力？一个重要的原因就是，因为没有大批受过教育和训练的蒸汽机工程师和技术工人。而后来瓦特等人的发明之所以能用于生产，正如马克思所指出的那样，“只是因为这些发明家找到了相当数量的在工场手工业时期就已经准备好了的熟练的机械工人”①。教育正是通过培养大批能够掌握和运用先进生产工具的技术工人来推动科学技术转化为生产力和促进经济发展的，并以此为契机使劳动力一般性就业问题的解决成为可能。

第三，教育的发展可以为经济发展和一般性就业问题的解决创造良好的社会环境。在现代科学技术革命的条件下，经济的发展实际上是大量科技成果在经济部门中应用的结果，它必然带来劳动力岗位的全面流动和部分失业。而这种变化需要与之相适应的社会环境，否则，这种发展就有可能遭到某种社会抵制。约翰·奈斯比特指出：“每当一种新技术被引进社会，人类必然会产生一种需要加以平衡的反应，也就是说产生一种高情感，否则新技术就会遭到排斥。技术越高级，情感反应也就越强烈。”② 而这种高情感的产生，则取决于社会成员的素质。一是心理素质。即对社会变革的理解和认同，特别是在有可能损失自己的既得利益时，能否跳出自身的狭隘天地，表现出社会责任和社会正义。二是能力素质。心理素质往往是建立在一定的能力素质之上的，社会劳动者迅速适应高技术带来的变化，甚至掌握一定的高技术，就可能在这种变革中处于有利地位。因此，大力发展教育事业，通过教育和培训事业的发展，提高劳动者心理素质和能力素质，培养一定的社会心理、社会意识，创设一种适合于经济发展的社会环境，就有助于一般性就业问题的解决。

三、教育在解决劳动力结构性就业问题中的作用

结构性就业问题与一般性就业问题不同。一般性就业问题是因缺乏足够的工作岗位而产生的就业问题，结构性就业问题则是指由于经济结构和劳动力结构不对应而形成的工作岗位与劳动者文化技术水平不相适应而产生的就业问题。它的基本特征是，一方面是“人找事”，另一方面又是“事找人”。劳动力的结构性就业问题，是社会经济发展过程中不可避免的。从理论和实践上看，任何国家和地区的经济增长，既可以通过增加劳动力数量来实现，也可以不通过增加劳动力数量，而是通过技术改造，采用新技术、新工艺来实现。特别是随着科学技术的不断发展，“现实财富的创造较少取决于劳动时间和已耗费的劳动量，较多地取决于在劳动时间内所运用的动因的力量……取决于一般的科学水

① 《马克思恩格斯全集》第23卷，人民出版社1972年版，第419页。

② ［美］约翰·奈斯比特：《大趋势》，中国社会科学出版社1983年版，第38页。

平和技术进步，或者说取决于科学在生产上的应用”①。在现代生产条件下，各国经济的增长较多的是靠采用新技术、新工艺，而不是依靠增加劳动力数量来实现的。采用新技术，一方面可以节约劳动力，减少对劳动力数量的需求；另一方面还可以引起新的产业部门的兴起和新的经济活动领域的开辟，为劳动者就业增加新的门路。由于这些新兴的物质生产部门和新的经济活动领域所需要的，是具有专门知识的技术人员或熟练劳动力，而在劳动力结构与产业结构、技术结构不相适应的情况下，就找不到适合本部门所需要的各种专业的劳动力。这样，在一个国家的经济增长过程中就会出现如下现象：一方面存在着大量的剩余劳动力，另一方面又有许多部门或地区找不到自己所需要的劳动力；一方面有大量的劳动力找不到工作岗位，另一方面又有许多工作岗位找不到合适的人去做，这就形成了结构性就业问题。

结构性就业问题的解决，不可能停止或减缓劳动力结构的变化。因为停止或减缓这种变化就意味着阻碍科学技术的发展与进步。唯一的出路就在于对劳动力进行再培训、再教育，改善其能力结构，提高其技术熟练程度，以适应新的劳动岗位的要求。如果劳动力的素质、能力、技术熟练程度不能与经济结构的变化相适应，经济发展过程中“人找事”与“事找人”的现象必将不可避免地长期共生，从而造成社会人力资源和物质资源的双重浪费，以致阻碍经济的发展，并严重影响就业问题的解决。既然劳动力的结构性就业问题是由于劳动力的结构不合理所造成的，那么，这个问题的解决也只有通过改变劳动力结构的方式才能实现。要改变劳动力的结构，需要大力发展教育事业，调整教育结构，不断更新教学内容，增加教育机会，加强职业培训，提高劳动者的文化技术水平。因此，无论是劳动者文化技术水平的提高，还是劳动者适应能力的增强，都要有良好的教育来保证。从这个意义上说，发展教育对解决劳动力结构性就业问题具有直接的作用。这具体表现在以下几个方面：

第一，教育的发展影响着劳动者的文化知识水平和教育程度。劳动者的文化知识水平和教育程度是解决劳动力结构性就业问题的基础。由于科学技术日新月异的发展及其在生产中的应用，经济部门的生产设备不断更新，生产工艺经常变革，因而对劳动者的文化知识水平和教育程度的要求越来越高。据苏联学者A·希赫克里莫夫估计：20世纪“30年代，八年制教育可使学生掌握58%的生产知识和其他知识；而在70年代，八年制教育只能使学生掌握6%的生产知识；生产中需要高中等教育程度的知识，这期间由10%提高到68%”②。从

① 《马克思恩格斯全集》第46卷下册，人民出版社1980年版，第217页。

② [苏] A·希赫克里莫夫：《科学技术革命与发达的社会主义》，莫斯科政治书籍出版社1984年俄文版，第202页。

一些国家的经验来看，在现代生产条件下，即使是普通的劳动部门，如果没有中等和中等以上的文化程度，没有比较坚实的文化科学基础知识，劳动者要谋得就业岗位是非常困难的。由此可见，劳动力结构性就业问题的解决与劳动者的教育程度有着直接的关系。事实说明，一个国家的教育越发达，社会成员所受教育程度越高，劳动力的结构性就业问题就越容易解决。

第二，教育的发展有助于劳动者技术水平的提高。劳动力结构性就业问题的解决，在很大程度上取决于劳动者技术水平的提高。一般来讲，在劳动力市场上，技术熟练的劳动者较之半熟练和非熟练的劳动者寻求工作要容易得多。这是因为从整体上看，一个国家在它的经济增长过程中，真正能够提供工作岗位来扩大就业机会的行业和领域，是那些由于科学技术进步所开辟的新行业和新的经济活动领域。但是，这些新行业和新的经济活动领域所需要的劳动者，不是缺乏技术的一般劳动者，而是在技术上达到一定程度的劳动者。因此，寻求工作的劳动者如果掌握了一定的文化和专门技术，就能比较顺利地就业；否则，就很难在劳动力市场上寻求到工作。在现代生产条件下，要提高劳动者的技术水平，关键在于建立结构合理的职业技术教育体系。职业技术教育是对后备劳动者所进行的一种文化技术教育，其目的在于使后备劳动者获得一技之长，以适应经济结构和劳动力市场发展变化的需要。

第三，教育的发展影响着劳动者的劳动适应能力。劳动力的结构性就业问题能否顺利解决，与劳动者的劳动适应能力也有着密切的关系。这是因为：一是随着现代科学技术的发展及其在生产中的广泛应用，新的产业和新的行业将会不断涌现，而某些原有产业、原有行业将会衰落，甚至被淘汰，这样，在趋于衰落或被淘汰的部门与行业中就业的劳动者，就面临着转换工作岗位或另谋职业的问题。在这种情况下，劳动者变换工作岗位的次数就会增加。据统计，日本劳动者平均一生要变换 4 次以上工作岗位，美国平均要变换 6 次以上。在计算机广泛应用后，美国劳动力市场上淘汰了 8000 多种职业，又产生了 6000 多种新职业。我国目前加速调整产业结构、产品结构，也出现了企业职工更换职业、加速流动的趋势。二是在市场经济条件下，要把企业推向市场，参与竞争，一些企业破产倒闭不可避免，在这些企业工作的劳动者也有一个职业的变换问题。他们要顺利实现劳动岗位的转换、职业的更动，就不得不提高自己的劳动适应能力。国际劳工组织在一份报告中指出，凡是重视职业培训、劳动者素质高的国家，劳动力的适应能力就强，就业问题就容易解决。这就要求建立起一贯性的“在岗职业培训”制度，帮助劳动者更新知识，使之适应生产发展的需要；对失业者则组织失业教育，使失业者重新获得知识和新技能，以适应新行业、新部门、新职业的需要，尽快就业。

四、教育在解决个人职业选择性就业问题中的作用

除了一般性就业问题和结构性就业问题以外，还存在着个人职业选择性就业问题。个人职业选择性就业问题是指个人出于对职业的选择而未能就业。个人职业选择性就业问题与结构性就业问题既有相似之处，又有一定的区别。相似之处在于：这两种情况下都存在着职业空位，这些空闲着的工作岗位需要劳动者，同时，劳动者也都期望有工作可做，因此，这两种就业问题都表现为“人找事”与“事找人”之间的矛盾。区别在于：“结构性就业问题表现为，某些工作岗位空闲着，没有工作做的劳动者本人愿意去填补该种工作岗位，但他们由于缺乏必要的文化和技术，不适应该项工作的需要，因此未能如愿；而个人职业选择性就业问题则表现为，尽管某些工作岗位空着，没有工作做的劳动者也并不缺乏为从事该项工作所需要的文化和技术，但他们出于对职业的选择，对该项工作不感兴趣，因此宁肯待业而不愿填补该种工作岗位的缺额。”①

个人职业选择性就业问题产生的原因是多方面的。劳动者个人兴趣和爱好在个人对职业的选择时起着一定的作用。除了劳动者个人兴趣和爱好外，社会舆论的影响，劳动者对于社会上各种职业的评价标准，也使他们对职业产生某种看法。他们可能喜欢从事某一种职业，而不愿意从事另一种职业。例如，目前社会上有不少人喜欢从事流通、商业领域的工作或其他技术性工作，而不喜欢建筑行业、煤炭行业、纺织行业、机械行业、化工行业等部门的工作，就是个人职业选择性就业问题的集中表现。如果由于个人兴趣爱好、社会舆论或评价标准的不同而使劳动者在出现职业空位时不去就业，那么这类就业问题就必须更多地通过教育途径来解决。

教育在解决个人职业选择性就业问题中的作用，主要表现在以下几个方面：

第一，通过教育建立正确的职业社会评价。社会对职业的评价对于个人的职业选择有很大的影响。如社会上对某些职业缺乏应有的尊重，把某些职业看成“低人一等”；对有些劳动条件差、劳动强度大、收入低的职业也评价不公。之所以形成社会对特定职业的评价不公，主要在于传统观念的影响。传统观念不仅直接作用于个人的职业选择，而且作用于有关的职业政策；而职业政策的不公，必然影响劳动者对其职业选择，往往是“走投无路”者才不得已而为之，使得这些职业发展受到制约，带来劳动条件差、收入少等后果，反过来又作用于社会的职业选择，形成恶性循环。教育在建立正确的职业社会评价方面的作用主要表现在：一是通过教育能够改变特定的社会文化，树立良好的社会风气，

① 厉以宁：《教育经济学》，北京出版社1984年版，第57～58页。

逐步改变传统的职业等级观，树立社会分工不同，“行行出状元”的职业平等观。二是通过教育能够提高社会科学文化水平和劳动者素质，从而改善劳动环境和条件。三是通过教育能够提高国民的素质，提高参政议政的水平，促进有关职业政策的改革。

第二，通过教育帮助人们树立起正确的职业观。职业是社会分工的产物，离开社会就没有职业可言。不可否认的是，在社会各种职业之间是存在着差别的，诸如经济收入的多少，劳动条件的好坏，地理位置的优劣，知识构成的繁简，操作技能的难易等。这些差别反映在人们的头脑中，必然会形成他们对职业之优劣的认识和评价，并由此产生或喜或恶的情感。但各行各业都是社会物质生产和精神生产这个总体系的一个部分，不能仅仅考虑主观的个体需要，更要考虑客观的社会需要，这就是职业观和择业观问题。一个人如果没有树立起正确的职业观和择业观，其他方面的素质再好，也很难正确对待职业选择问题。特别是在像我们这样经济文化还不太发达的国家里，职业选择问题显得更为突出。这是由于目前社会生产力发展水平的限制，社会还不能向每个人提供自主选择职业的条件，满足他们择业的愿望，即每个人还不能做到自主自由地选择自己喜爱的职业去工作。同时，也由于人对职业的认识水平受到历史、社会条件的局限，所以人对职业的选择和职业对人的需要之间形成的反差，会在今后相当长的一段时间里存在。而大力发展教育是有助于这一问题的解决的，因为教育担负着为各行各业培养熟练劳动者和各种技术人才的任务，其中的主要职责之一是要帮助学生了解职业和认识自己，使他们热爱所学专业，乐意从事未来的职业，能够自觉地根据社会的需要和自己的特点，确定未来的生活道路。

第三，通过教育提高全社会的劳动生产率。在这个基础上促进工作日的缩短和工作条件的改善，使劳动者有更多的业余时间从事符合自己兴趣爱好的事，减少人们出于兴趣爱好对职业的苛求，从而在一定程度上缓和个人职业选择性就业问题。

总之，劳动力就业问题的出现，是社会化大生产和市场经济条件下不可避免的社会现象。这个问题的解决，在很大程度上取决于劳动力素质的提高、结构的改善和树立正确的职业观。当然，劳动就业问题涉及社会的各个方面，远非单靠教育所能解决。但教育在提高劳动者的素质、改变劳动力的结构和帮助人们树立起正确的择业观等方面所起的作用，是其他方面无法替代的。因此，坚持教育为本的方针，大力发展教育，不断优化教育结构，培养出经济社会发展所需要的劳动力，是解决我国劳动力就业问题的重要措施之一。

论教育成本的分担与补偿①

【内容摘要】本文从揭示教育成本及教育成本分担与补偿的涵义入手，明确了教育成本分担与补偿的范围，指明了实行教育成本分担与补偿的理论依据及其客观必然性，并从各类教育的不同性质和我国的具体国情出发，初步构建起了我国教育成本分担与补偿的模式。

【关键词】教育经济　教育成本　分担与补偿

近年来，随着我国经济体制改革的不断深入，裹挟着计划经济向市场经济全面转型的巨大冲击，有关教育投资短缺、中小学乱收费、高校招生并轨、择校生、私立民办学校的高收费等大大小小、林林总总的问题铺天盖地而来，成为我国教育发展中的热点和难点问题，因而受到社会的广泛关注，不少专家学者为此殚精竭虑，进行了大量研究，提出了不少好的主张和建议。但是纵观这一时期的研究，大多是就上述某一问题所进行的分析和探讨，而很少有人从理论和实践相结合方面进行整体和系统的研究。如果从整体和系统的角度来看，上述诸多问题归结到一点，就是教育成本如何分担与补偿的问题。因此，联系我国社会主义市场经济发展的实际，就这一问题进行研究，既是当前我国教育体制改革亟待解决的问题，也是深入开展教育经济学研究的重要课题。

一、教育成本分担与补偿的涵义

教育经济学中的教育成本概念，是20世纪60年代初随人力资本理论的形成而提出来的。西方教育经济学者试图把经济学中的成本应用到教育方面，英国著名教育经济学家希恩指出："教育部门，同其他经济部门一样，要使用一部分宝

① 本文为国家教委人文社会科学跨世纪优秀人才培养计划基金和国家教委"九五"社科基金资助项目《教育投资体制改革的若干理论与实践问题研究》的阶段性成果之一，发表于《华中师范大学学报》（人文社会科学版）1998年第1期、《北京师范大学学报》1998年第3期，中国人民大学复印报刊资料《教育学》1998年第5期、《教育文摘周报》1998年5月6日、《湖北社会科学》1998年第6期分别全文转载和摘载，并先后获湖北省教育厅优秀科研成果一等奖、湖北省委宣传部优秀论文奖、湖北省人民政府第二届社会科学优秀成果一等奖。本文第二作者为周文良。

贵资源，这些资源，如不用于教育部门，就可以用于别的部门。”① 美国著名经济学家舒尔茨认为：“学校可以视为专门‘生产’学历的厂家，教育机构（包括各种学校在内）可以视为一种工业部门”，“把学校教育视为一种投资进行研究，这便为经济学提供了新知识的重要来源”②。因此，西方教育经济学者是把教育成本视为“生产教育财所投入的资源的价值”③。教育成本即指“学生在学校接受教育期间，所支付的直接与间接教育费用而言”④。它包括教育的社会直接成本和间接成本，教育的个人直接成本和间接成本。教育的间接成本又称机会成本。

教育的社会直接成本是指各级政府通过财政支付的教育费用，企事业单位、慈善机构以及其他社会集团或个人对教育的捐款、捐赠等。社会间接成本是指教育使用的土地、建筑物、设备等如不用于教育而用于其他方面可能获得的利息、租金收入，或用于教育而免除的税收，达到法定劳动年龄段的学生如不上学而就业时国家可能获得的税收。教育的个人直接成本是指学生本人、家庭、亲友为学生受教育直接支付的学费、杂费、书籍文具费、文体费、交通费、住宿费、生活差距费等。个人间接成本是指达到法定劳动年龄段的学生因上学而未就业可能放弃的就业收入。

以上是从教育经济学的一般意义上来考察教育成本。但如果从教育成本分担与补偿的角度来考察教育成本，范围就窄得多。

所谓教育成本分担与补偿是随着教育观念的改进，人们投资教育的意愿增强，教育财政日益紧张而出现的。它指的是教育成本由谁支付、如何支付的问题，即教育成本如何在政府、企业、个人等社会各方之间合理分担并最终实现的问题。随着教育投资生产观的日益深入人心，个人投资教育收益日益丰厚，教育完全由政府当作一种福利事业来兴办，既不合理，而且在日益膨胀的教育需求面前也不太可能。同时随着居民收入的提高，居民对投资教育的意愿也日益加强。而波及世界各国的教育财政危机则更是加快了教育成本分担与补偿的进程，但是教育成本如何分担与补偿又是一个十分棘手的问题。比如，尽管社会、学校、学生、家庭均要为教育付出数额可观的机会成本，但这在实际上并未增加对教育的投资，只是一种非货币成本。因此，机会成本被认为是为能达成最佳选择所花费的成本，而不是对教育所支付的实际费用。这样，在实际操作过程中，机会成本就不应计入教育成本，也难以由各方来进行分担和补偿。再如学生家庭为教育所支付的直接成本尽管也是为教育所支付的货币成本，理

① ［英］J·希恩：《教育经济学》，教育科学出版社1981年版，第1页。

② ［美］西奥多·W·舒尔茨：《教育的经济价值》，吉林人民出版社1982年版，第1页。

③ 林文达：《教育经济学》，台湾三民书局1984年版，第49页。

④ 盖浙生：《教育经济学》，台湾三民书局1982年版，第59页。

应是教育成本的组成部分，但教育经济学家一般认为，“在教育部门应仅计算国家的教育总成本，而不应将某一特定交易的主体，如家庭的成本计算在内”①。所谓国家的教育总成本，是指国家每年在教育上的投入量，其中包括“教师、图书馆人员及学校行政服务人员与维持学校建筑及设备的每年因素成本，以及建校贷款利息、贬值及折旧等每年因素成本”②。在我国，它主要指教育事业费和教育基本建设投资。

二、实行教育成本分担与补偿的理论依据及客观必然性

实行教育成本分担与补偿并不是政府的一项随意政策，而是世界各国教育发展的共同趋势。这种趋势的出现既有其客观的理论依据，又是经济社会发展的客观需要，同时还有其现实可能性。

1. 实行教育成本分担与补偿的理论依据

各国特别是实施市场经济的国家，实行教育成本分担与补偿的最主要理论依据有两条：一是利益获得原则，二是能力支付原则。

所谓利益获得原则，是指为了有效地分担教育成本，使成本负担合乎教育公平的原则，教育成本的支付应与收益相配合，收益多的人应分担较多的成本，收益少的人则分担较少的成本。因而政府、企业与个人在负担教育成本时应依据各自的收益来决定，同时不同的个人在负担教育成本时也应依据收益而定。所谓能力支付原则，是指所有从教育中获得好处和利益的人（无论是直接的还是间接的）都应按其支付能力大小支付教育成本，能力越大，支付越多，能力越小，支付越少。因为依据边际效用递减的规律，能力大的人，其超额财富的效用较低，这样，富有者多支付教育成本是公平的。而且一定的支付能力即对国民收入的占有也决定了负担教育投资的可能。上述两条原则相互关联，缺一不可。但第一条原则无疑是根本的，它集中体现了市场经济中等价交换的原则。那么，谁从教育中获得了好处和利益呢？这无疑是国家、社会、企业、团体和个人。所以根据利益获得原则，获益各方均应分担相应的教育成本。同理，在我国社会主义市场经济条件下，在教育成果由社会各方分享的情况下，片面强调教育成本由某一方单独补偿，在理论上是站不住脚的，在实践上是有害的。比如，我国长期以来由国家包办教育，政府几乎是教育成本的唯一补偿者，导致我国各级各类教育经费短缺，发展缓慢，就是很好的证明。

2. 实行教育成本分担与补偿的客观必然性

当今世界，生产社会化的进程日益加快，一个国家的不同地区、不同部门、

① 盖浙生：《教育财政学》，台湾中华书局 1982 年版，第 100 页。

② 盖浙生：《教育财政学》，台湾中华书局 1982 年版，第 104 页。

不同行业，甚至不同公司和企业，对熟练劳动力和专门人才都有各自的特殊要求。在科技革命迅速发展、社会分工日益加强、产业结构调整步伐大大加快的形势下，经济活动多样化的特点尤为鲜明。然而经济活动的多样化，必须有教育发展的多样化作保证，否则，经济社会发展必然受阻。而教育的多样化又与教育成本的分担与补偿密不可分。这是因为在一定社会经济形态下，投资所有权不仅可以决定投资的性质，而且往往影响到教育事业的特点的形成和发展。假使一个国家的教育成本全由政府分担与补偿，那么，与此相应，整个教育也必然受到政府的严密控制，从而教育的多样化也就难以出现。相反，如果公司和企业、社会集团和个人都对教育成本进行分担与补偿，它们也就获得了影响和控制一部分教育的权力，可以根据自身的需要，培养各级各类人才。例如，美国地区学院的教育成本基本上由地方负担，培养本地所需的各种人才；基本上由州政府出资兴办的州立大学主要面向本州；公司企业出资兴办的各种职业教育学院和培训中心，则负责培养和提高这些单位所需的各级各类人才。事实说明，经济活动的多样化离不开教育的多样化，而教育的多样化又客观上需要实行教育成本的分担与补偿。随着我国社会主义市场经济的发展，以公有制为主体、多种所有制经济共同发展的新格局逐渐形成。因此，我国经济主体的多元化必然要求教育的多样化，这也必然要求教育投资体制作出相应的变革，实行教育成本的分担与补偿。

3. 实行教育成本分担与补偿的现实可能性

实行教育成本分担与补偿不仅有其客观的理论依据和必然性，而且有其现实的可能性。

首先，国民收入分配格局的调整，为实现教育成本分担与补偿创造了条件。实行改革开放政策以来，我国国民收入分配格局发生了重大变化。国家财政收入的份额逐年降低，而国民收入中分配给个人的部分不断增加。据有关部门测算，通过再分配后，1978 年居民可支配总收入为 1796 亿元，占国内生产总值的 49.6%，1995 年分别增至 37930 亿元和 65.7%。与 1978 年相比，居民可支配收入增长 20.1 倍，年均增长 19.7%①。国民收入分配格局的变化导致居民收入的急剧上升，至目前我国城乡居民储蓄存款已超过了 4 万亿元，大约是改革开放初 1978 年 210.6 亿元的 200 倍。如果加上债券、股票等，我国城乡居民金融资产在国家整个金融资产中已占相当大的比重。因此，可以说由家庭、个人分担部分教育成本，是符合我国目前国民收入分配的新格局的。

其次，我国少年抚养指数逐步下降，为实行教育成本分担与补偿提供了现实可能。少年抚养指数是指 0～14 岁人口数与 15～65 岁人口数的比率；比率越

---

① 蔡彦：《对当前我国居民收入分配格局的基本判断》，载《财贸经济》1997 年第 2 期。

低，经济人口负担受教育人口就越容易，对教育的投入也就越大。20 世纪 70 年代末期以来，我国实行的卓有成效的计划生育政策，使我国的少年抚养指数迅速下降，从 1980 年的 63.1%下降到 1995 年的 47.9%，估计到 2000 年将下降到 34.7%①。我国“少年抚养指数”的快速下降说明，我国一般家庭在子女教育方面的负担将由单纯的量的要求向质的要求转变，家庭对教育的投入也必将大幅度增加。

最后，家长对子女受教育程度期望值的提高，为实行教育成本分担与补偿提供了现实动力。由于教育，特别是高质量、高层次的教育能够提高人们的劳动能力，改变人们的社会地位，带来各种经济和非经济收益，相当一部分群众对教育的认识已经发生了质的飞跃，教育是不花钱的福利事业的观念已经在很大程度上得到了扭转，希望通过受教育获得较高的文化素养，通过受教育获得较好的职业和较高的社会地位，已经成为相当一部分家庭的共识。特别是独生子女政策的实施，使“望子成龙”成为人们的普遍心理。在大中城市，绝大多数独生子女家庭希望孩子能进重点中小学，能读大学。据上海市城调队一项专题抽样调查，准备把子女培养成研究生的占 5.4%，大学本科的占 55.5%，大学专科的占 12.8%，也就是想把子女培养上大学的占被调查者的 73.7%。家长对子女受教育程度期望值的升高，无疑为实行教育成本分担与补偿提供了强大的动力。

三、我国教育成本分担与补偿模式的构建

既然实行教育成本分担与补偿，既有其客观的理论依据和必然性，又有现实的可行性，那么，在我国怎样实行教育成本的分担与补偿呢？或者说怎样构建合理的教育成本分担与补偿模式呢？

合理的教育成本分担与补偿模式的构建，既应考虑教育不同阶段的特点，也应考虑现实的国情，具体情况，具体对待。

1. 义务教育成本分担与补偿的模式

教育按其不同阶段的特点，可将其划分为义务教育和非义务教育两个阶段。义务教育是一种依照法律规定，由国家、社会、学校和家庭必须予以保障的国民教育。按照美国著名经济学家米尔顿·费里德曼的说法，义务教育对社会来说是具有“正邻近影响”的教育，即“儿童受到的教育不仅有利于儿童自己或家长，而且社会上其他成员也会从中得到好处，我孩子受到的教育由于能促进一个稳定和民主的社会而有助于你的福利，由于无法识别受到利益的具体的个

① 陈良焜：《我国高等教育实行个人家庭成本补偿的必然性》，载《教育研究》1996 年第 8 期。

人（或家庭），所以不能向他们索取劳务的报酬”①；但对受教育者来说，它却具有外部不经济的特征，即义务教育的个别效益小于社会效益，因而义务教育属于纯公益性事业，属于公共产品的范畴，私人不愿意或不能充分提供，供给不易排除，同时，一个人受义务教育并不以另一个人少受或不接受义务教育为代价，即具有非竞争性。

这样，根据公共产品的特点和利益获得原则，义务教育的教育成本就应主要由政府来补偿。同时由于义务教育外部不经济给教育部门带来的损失，不能通过市场来对受损者进行赔偿，对义务教育外部不经济所造成的损失只能由非市场部分来进行赔偿。非市场部分主要包括政府的拨款、社会组织（团体）和个人的自愿捐赠。由于政府、社会组织（团体）和个人都是义务教育外部不经济的受益者，由它们负担义务教育的成本是合理的，但由于政府是这种外部不经济的最大受益者，因而政府就应是这种外部不经济的最主要补偿者。

以上是就义务教育成本分担与补偿的一般模式而言的，也可以说是世界各国的一般准则。但对于具体国家而言，义务教育成本的分担与补偿又不能脱离具体的国情。否则，理论上再合理的义务教育成本分担与补偿模式在实践中也是难以行得通的。我国是一个发展中的社会主义大国，普及九年制义务教育是当前及今后一个时期我国教育发展的“重中之重”，国家及其各级政府无疑应千方百计加大对义务教育投资的力度，在全国范围内为每个适龄儿童和少年提供最基本的教育设施，使每一个适龄儿童和少年都能接受最起码的义务教育。但基于“穷国办大教育”的基本国情，我国义务教育的成本单纯依靠政府来负担也是不现实的，而必须从各地区经济社会发展的实际和地方本身的特点出发，坚持统一性和多样性相结合的原则。

首先，在经济欠发达地区，特别是经济落后的农村地区，普及九年制义务教育的经费应主要由各级政府负担。我国经济基础薄弱，且 80％的人口分散居住在农村，要在本世纪末、下世纪初基本完成普及九年制义务教育这项极为艰巨的社会改造工程，其难点在经济欠发达地区，特别是经济落后的农村地区。从目前情况看，我国经济发达地区已基本普及初中教育，有些地方甚至提出普及高中教育的口号，而经济落后地区普及初等教育都困难重重。特别是自 80 年代中期财政改革以来，中央和地方财政分灶吃饭，把普及义务教育所需资金几乎都交给地方政府负责筹措与分配。这就使得财政本来就紧张的经济落后的农村地区普及义务教育的经费更加短缺。上海市智力开发研究所对 491 个国家级贫困县的调查统计表明，1995 年这些县农民人均纯收入为 843 元，仅相当于全国平均水平的 53.42％；同年政府对基础教育的拨款人均 45.7 元，仅相当于全

① ［美］米尔顿·费里德曼：《资本主义与自由》，商务印书馆 1986 年版，第 84 页。

国平均水平的一半①。因而大部分经济落后地区、农村都把重点放在提高学杂费和征收教育附加费上，这就导致农村的学杂费比城市高，财政困难的地方学杂费比富裕地区高。因此，为了使经济落后地区的义务教育至少能够随着全国经济和义务教育的发展而发展，从而使这些地区的适龄儿童和少年也能够享受到最起码的义务教育权利，这些地区的学生必须100%免交学杂费，特别贫困的家庭还应有一定补助，以弥补其子女就学的较高机会成本。同时，这些地区的教育附加费也应暂时免征，因为这不能解决贫困地区教育经费紧缺的问题，只是将财政负担转嫁给了贫困地区的群众，这些地区的地方财政应对当地义务教育普及负起力所能及的责任，其不足的部分应该由国家或省级财政来统筹解决。现在，中央已经决定在“九五”期间拨出39亿元作为义务教育专项拨款，加上地方配套资金这项专项拨款将有100亿元②，这表明国家已充分考虑到贫困地区义务教育的发展。

其次，在经济发达地区、大中城市适量征收学杂费，以缓解这些地区出现的不同程度教育经费紧张的局面。如果说经济落后地区、农村义务教育经费短缺是源于经济不发达，那么，随着人们对教育质量要求的提高，义务教育阶段的培养成本也日益增加，加之国家财力的限制和历史欠账太多，使得经济发达地区、大中城市的中小学也出现了不同程度的教育经费紧张的现象，严重阻碍了教育质量的提高。因此，除了国家加大投入外，在这些地区对个人征收适量学杂费应是一个解决问题的好办法。在这方面，韩国的经验值得借鉴。韩国的免费初中教育首先是从海岛和边远地区开始的，与此同时，在大中城市及其他经济富裕地区则实行收费的初中义务教育。到1993年以后，全国范围内的免费初中教育才逐步得以实施③。我国有的省市在普通教育范围内，向大、中城市和富裕地区家庭征收较高比例的学杂费，向经济欠发达地区征收比较低的学杂费，贫困地区免征学杂费的做法，也收到了较好的效果。国内外的实践证明，根据不同情况，建立有差别的义务教育成本分担与补偿模式，是有利于义务教育的发展的。

再次，对进入重点中小学校读书的学生，普遍征收较高的学费，适当拉开重点学校与非重点学校在收费上的差距。当前我国城乡之间、地区之间基础教育师资力量、设备条件和教学质量相差较大。在这种情况下，必然只能是一部分人占有较优质的教育资源，接受高质量的教育。但是，在现行义务教育成本

---

① 上海市智力开发研究所《中国基础教育成本与财政研究》课题组：《中国基础教育成本与财政项目研究报告》，第26～27页。

② 朱开轩：《关于委属高校发展与改革的若干问题》，载中国人民大学复印报刊资料《高等教育》1996年第7期。

③ 苗苏菲：《从无偿教育到有偿教育》，四川教育出版社1994年版，第142页。

分担与补偿模式中，重点学校和非重点学校在收费上几乎是“一刀切”，这样就造成了一部分学生及其家庭少投资多受益的状况，这显然是不合理的；或者仅仅是对“择校生”实行高收费而不是对进入重点学校读书的学生普遍征收较高的学费。这种做法除了有失公平外，还造成本应征收的费用的流失和浪费，同时也助长了少数学校乱招“择校生”的不正之风。因此，必须实行优质优价原则，适当拉开重点学校与非重点学校在收费方面的差距，对凡是进入重点中小学就读的学生（家庭确有经济困难者除外），都应一视同仁，缴纳较高的学习费用，以便做到多受益多投资，多投资多受益。因为重点中小学之所以能成为重点，其中一个很重要的原因是政府和教育主管部门长期重点投入的结果。在当前情况下，重点中小学具有很强的吸收家庭和社会投资的能力，充分利用这种能力，使来自家庭和社会的教育投资在这些学校整个经费来源中占有较大的份额。这样做可以减少国家对重点中小学的投资，将节约下来的资金用于普通中小学和贫困地区教育的建设。当然，实行优质优价原则，必须划定范围，制定章法，使之逐步规范化，不能只要谁手中有钱，谁就能进重点学校。

最后，大力发展私立中小学，形成社会参与义务教育的成本补偿与分担的局面。私立学校是一个与公立学校相对应的概念。习惯上，人们把一切由政府直接举办的学校称为公立学校，把一切由非政府组织举办的学校称为私立学校。在我国，随着计划经济体制向社会主义市场经济体制的转轨，私立学校在消失了 40 年之后又得到迅速发展。私立学校的出现，能让家长多一种选择，满足其不同的教育需求，同时它又能减轻政府兴办教育投资不足的压力，此外，还能促使私立学校之间、私立学校与公立学校之间的竞争，促进教育质量的提高。因此，我们应积极扶持和帮助私立学校的发展。为了支持和帮助私立学校的发展，必要时政府应对这些学校提供一定的财政补助，而且在初期阶段，为使这类学校对社会产生吸引力并有利可图，政府可把一部分教学质量较高的学校改为私立学校，然后逐步减少对这些学校的拨款。这样做，应该说既可避免义务教育学校因允许收费而乱收费，从而有效保障低收入家庭的权益，同时又可以通过收费把一部分社会闲散资金集中到教育领域，以支持义务教育事业的发展，而且从管理的角度看，也便于政府对义务教育学校进行规范化管理。当然，私立学校的收费可以高些，但也只能略高于成本，企图以此来牟利是不允许的。因为如果收费超出教育成本过多，就只有极少部分的高收入阶层的家庭才承受得起，而一些有着相同教育需求的中等收入阶层的家庭就会被阻挡在这些私立学校之外，不利于教育机会的扩展，因而会损害教育公平的实现。

2. 高级中等教育成本分担与补偿的模式

在我国，高级中等教育是介于九年制义务教育与高等教育之间的一种过渡，主要指普通高中教育和职业技术教育与培训这两大部分。在现代社会，世界各国虽然都把教育作为每个公民都能享受的一种基本权利写进了自己的宪法，把实现教育机会均等和教育民主化作为努力追求和奋斗的目标，但受生产力发展水平的制约，除少数发达国家已把义务教育制度从初等教育延伸到整个中等教育，并基本保障了人人都能接受初等和中等教育外，目前世界上绝大多数国家还没有能力把整个中等教育作为人人都能享受的权利来普及。中等教育对大多数人来讲，仍然是一种非义务和非强制性的教育，因而仍是一种主要应由个人负担所需经费的教育活动，在我国也不例外。但是，若从高级中等教育的内部来看，因普通高中所传授的知识主要是普遍适用的基础性知识，即主要是包括科学技术知识在内的一般文化知识，其应用范围不仅广泛，而且具有较强的社会、文化功能；而职业技术教育所传授的基本上是一些专门化的知识和技能，具有较强的针对性，其运用范围往往十分有限（如很多职业技术教育所传授的知识只适用某些行业、公司或企业等）。这样，一般而言，普通高中的公共属性（或收益的外在性）要大于职业技术教育的公共属性。因此，这两类教育的成本分担与补偿模式也应有所不同。

普通高中给学生带来的不是直接的经济收益和社会地位的提高，而是一种教育选择的权利，即只有读完高中才能获得选择进入更高层次的教育——高等教育的机会或权利。这种权利是具有较高经济价值的，因为没有这种权利，就不可能进高等学校，也就不可能享受高等教育带来的经济收益和社会地位的提高。因此，适当拉开普通高中与义务教育的收费差距是合理的。只有这样才能体现公平原则，也才能从根本上杜绝复读生在高中反复就读这一既浪费国家教育资源又浪费个人青春的现象。然而，从另一方面看，尽管普通高中能给受教育者带来教育选择的经济利益，但由于它传授的是一般文化知识，应用范围广泛，并具有较强的社会、文化功能，因此其社会收益大于个人收益。同时普通高中给个人所带来的收益并不是现时可以实现的，而只是一种间接的滞后的收益，投资风险较大。所以普通高中的教育成本决不能由个人单独负担，而应由个人和政府共同承担，其具体比重可视具体情况和需要而定。

虽然各类职业技术教育都是为社会培养具有一定专门职业技能的熟练劳动者，并都能为受教育者带来一定的收益，但若从职业技术教育的自身特点以及这种教育的受益情况看，至少可以将其划分为一般性或普通职业技术教育和专门性或特殊职业技术教育两大类。普通职业技术教育所教授的内容不以特定的行业和企业为对象，学生所学到的知识运用于绝大多数行业和企业，因而这类职业技术教育的准公共产品特征十分突出，即它的外部效益十分明显。这就意味着政府应对这类职业技术教育负起责任。同时受过普通职业技术教育的职工，能更快地适应工作环境，缩短掌握使用机器的时间，并且，一般而言，其创新欲望和能力都较强，因而这些职工能给企业带来较高利润。这样，企业也应支付部分职业技术教育成本。而受教育者个人在接受这类职业技术教育后流动性加强，个人受益大幅度增加，因而也应负担相当一部分教育成本。简言之，普通职业技术教育的成本应由政府、企业和个人共同承担，其中个人和企业的投资应占较大的比重。特殊职业技术教育所教授的内容以特定行业和企业为对象，学生所学到的知识，只适用于特定的行业和企业，因而学生接受这类职业技术教育的机会成本较大，毕业后不具流动性。这样，企业就应该负担特殊职业技术教育的全部或绝大部分成本。

3. 高等教育成本分担与补偿的模式

高等教育作为教育体系的一个重要组成部分，在整个教育中居于比较特殊的地位，它既是初等、中等教育的延续和发展，又是对初、中等教育在更高层次、更高程度上的深化，同时位于整个正规教育体系的终端，成为联结整个教育体系与整个社会经济活动的重要纽带与窗口。

由于高等教育是作为一种终极性和专门性的教育活动，不同于以传授普通基础知识为主的初、中等教育，它是为整个社会经济活动直接服务的，是为了给社会培养和输送不同类型的高层次专门人才。也即是舒尔茨所讲的“高等教育这种人力资本投资是为了迎合由于经济增长而造成的需求”①。这就决定了高等教育的发展，无论是在规模上还是在结构上，都必须以社会经济发展对各类高层次专门人才的需求为前提，必须适应和符合这种劳动力的再生产对不同知识和技能的直接需求。从这个角度上看，高等教育仍然可视为公共产品。但是，若从总体上看，高等教育基本上可视为一种收益内在化的“私人产品或服务”。与基础教育不同，高等教育所传授的知识与技能对个人讲是一种比较特殊的资本，即人力资本；这种特殊的人力资本不仅存在于受教育者的个体内，为个人所直接拥有，同时能提高受教育者的收入，为受教育者带来种种收益或满足；而这种收益或满足除了客观上有利于他人及社会外，基本上主要由受教育者个人直接获得。因此，高等教育成本的分担与补偿应当考虑上述特点。

第一，个人应成为高等教育成本的重要补偿者之一。由于高等教育总体上可视为一种收益内在化的“私人产品或服务”，而且这种服务能给学生带来一定的预期收入和各种非货币性满足，那么从权益与义务对等这一公平角度看，个人应负担部分高等教育成本，或者说，学生个人原则上至少应按教育的成本价格交纳部分学费。1996 年我国普通高等学校学生生均缴纳学杂费 1319 元，占生均经常性成本的 17.9%②，与世界一些国家相比，学杂费所占比例是相当低

① ［美］西奥多·W·舒尔茨：《论人力资本投资》，北京经济学院出版社 1990 年版，第 22 页。

② 资料来源：《1996 年全国教育经费统计快报》。

的。至于学费的确定，应由市场调节与政府宏观调节共同决定。由于不同学校、不同专业所消耗的资源不同，收益不同，学生入学成绩不同，课程成本不同，应该允许学校根据不同情况制订收费标准，国家则通过规定学费的上限或根据不同学校、专业规定几种上限及通过对超限高收费的学校扣减国家拨款等方式来对学费进行宏观调节。对于那些私人收益率低，但公共收益率高或国家急需专业，如师范、煤炭等特殊专业，仍应采取免收或低收费的方式鼓励学生报考，并以合同方式规定其毕业后的就业义务，对贫困学生则应实行以贷学金为主的资助制度。

第二，政府仍应是高等教育成本的主要补偿者。如前所述，高等教育尽管从总体上可视为一种收益内在化的“私人产品或服务”，但它的外部效应十分显著，因此仍然可视为公共产品。受过高等教育的人，其文化素质、专业技能与没有受过高等教育的人相比都有显著提高，因而这些人对于社会民主的弘扬、社会道德的净化以及社会生产率的提高都会产生巨大的作用。同时，高校本身也常常成为高新科技的“发源地”，世界几大高新科技工业区都是紧依著名大学而建就是明证。因此，高等教育对于社会的外部效应是巨大的，作为这种收益代表的政府，自然应补偿其成本。而且由于我国目前高等教育入学率低，属于英才教育阶段，国家的经济起飞与高速发展都得依靠高等教育的快速发展。因此，实行高等教育成本的分担与补偿，丝毫不意味着政府可以撒手不管，相反，为了提高我国高等教育的质量，缩小与世界发达国家之间的差距，国家应加大对高等教育的投入。依据各国高等教育发展的经验，政府负担高等教育成本的比例一般应在80％～85％之间。我国1996年普通高等教育的财政性支出占其经费来源的82.1％①，但我国是一个发展中国家，符合国情的教育发展战略是优先保证义务教育及中等职业技术教育的发展，因而，我国的高等教育经费来源中财政性拨款应有所降低，以80％或略低为宜。

第三，企业也应分担和补偿部分高等教育成本。企业是高等教育成果的主要摘取者和教育投资的主要受益者。在社会主义市场经济条件下，企业间的竞争在一定意义上说，就是技术竞争和人才竞争。企业拥有的劳动力和专门人才的数量、质量是企业能否生存和发展的重要条件。因此，从利益获得原则出发，企业也应参与高等教育成本的分担与补偿。这种补偿可以通过设立专项奖学金和定向奖学金，帮助偿还毕业生就学期间所借贷学金等途径来进行。

总之，实行教育成本分担与补偿是一项复杂的系统工程，以上所述应该说仅是一些不太成熟和初步的理论构想，具体的措施还需要根据具体的情况深入加以论证和完善。笔者愿在这方面作进一步的研究和探讨。

---

① 资料来源：《1996年全国教育经费统计快报》。

论教育与人力资本形成[①]

【内容摘要】在经济发展的诸因素中，人是最基本的因素之一。一个国家或地区的人力资源状态，对于充分有效地利用物质资源，实现经济增长，都是极为重要的条件。如果说物质资本是经济起飞的先决条件之一，那么最终决定一个国家或地区经济发展成效的却是人力资本。因此，在谋求经济发展和向现代化推进的过程中，如何解决好人力资本的形成、积累和发展问题，始终是我国迫切需要解决的重大理论问题。本文在揭示人力资本的含义及其在经济增长与发展中的作用的同时，系统阐明了教育在人力资本形成和发展中的作用，分析了我国教育发展和人力开发的成就与问题，提出了适合我国国情的人力资本形成和发展的对策思路。

【关键词】教育　人力资本　形成

在经济发展的诸因素中，人是最基本的因素之一。一个国家或地区的人力资源状态，对于充分有效地利用物质资源，实现经济增长，都是极为重要的条件。如果说物质资本是经济起飞的先决条件之一，那么最终决定一个国家或地区经济发展成效的却是人力资本。因此，在谋求经济发展和向现代化推进的过程中，如何解决好人力资本的形成、积累和发展问题，始终是我国迫切需要解决的重大理论问题。

一、人力资本及其在经济增长与发展中的作用

所谓人力资本，是与物力资本相对应的概念，指的是凝聚在劳动者身上的知识、技能及其所表现出来的能力。这种能力是经济增长的主要因素，是具有经济价值的一种资本。美国著名经济学家、诺贝尔经济学奖获得者舒尔茨认为，当代经济的增长、国家财富的构成，主要是人力资本带来的结果。他说："当代

---

① 本文为国家教委人文社会科学跨世纪优秀人才培养计划基金《教育有效供给的形成与教育结构的调整》和全国教育科学规划办"九五"规划项目《社会主义市场经济条件下教育供求的矛盾运动及其调节机制研究》的阶段性成果之一，发表于《江汉大学学报》1998年第4期，中国人民大学复印报刊资料《教育学》1998年第6期全文转载。

高收入国家的财富是由什么构成的？主要是人的能力。当亚当·斯密写出他很有创见的《国富论》一书时，他还没有料到这些事实。在这些高收入国家中发现的现象是：来自财产方面的收入与来自工资薪金以及企业活动的收入相比是显著降低了。在美国，国民收入的1/5是来自人力资本。”① 为此舒尔茨认为，全面的资本概念，应当包括人和物两个方面，即人力资本和物力资本。当然，人力资本与物力资本也是有区别的。这种区别主要在于：人力资本的所有权既不能被转让，也不能被当作财富来继承和买卖，但它与物质资本一样，能够对经济起着生产性的作用，促进经济发展和国民收入的增加。

众所周知，一个国家的经济增长和经济发展是由多种因素促成的，比如自然资源、人力资源、资本积累、科技进步、政治环境等，但对于经济增长和经济发展，古典经济学家和早期的经济发展理论大都强调物质资本积累的重要作用，而忽视了人力资本的重要性。如果说在早期，一国的经济增长和发展在很大程度上取决于自然资源和地域环境，而到了后来资本主义发展的近现代时期，资本积累又一度成为经济增长和发展的主要动力，那么在科技飞速发展的当代，人的因素对于经济增长和发展的决定性意义便清楚地显示出来了。伴随着现代人力资本理论的问世，人们越来越深刻地认识到这一道理，开始关注人力资本对于经济增长与发展的至关重要作用，甚至有人把它看作是经济增长与发展的决定性因素。譬如舒尔茨就断言：“人类未来不是由空间、能源和耕地所决定，而是要由人类的知识发展来决定。”② 英国经济学家哈比森也表述了同样的观点。他说：“人力资源……是国民财富的最终基础。资本的自然资源是被动的生产要素，人是积累资本，开发自然资源，建立社会、经济和政治组织并推动国家向前发展的主动力量。显而易见，一个国家如果不能发展人民的技能和知识，就不能发展任何别的东西。”③ 所以，在一个国家的经济增长与发展过程中，以人的知识、技能、健康等为主要内容的人力资本存量的增加对经济增长与发展的贡献，要比物质资本和劳动力数量的增加重要得多。

人力资本对于经济增长和发展的决定性作用主要表现在，像物质资本一样，人力资本也是技术进步的载体，并且是更具能动性的载体。众所周知，在当代科学技术革命的条件下，经济增长的根本动力源于技术创新与进步，在技术水平不变的条件下，实现经济增长只能靠增加投入，这时即使有高增长率也不意味着经济发展水平和效益的提高，甚至可能相反。当发生技术进步时，同量的

---

① ［美］西奥多·W·舒尔茨：《教育的经济价值》中译本，吉林人民出版社1982年版，第129页。

② ［美］西奥多·W·舒尔茨：《论人力资本投资》，北京经济学院出版社1990年版，第42页。

③ ［英］哈比森：《作为国民财富的人力资源》，1973年英文版，第3页。

投入能够带来更多的产出，从而经济能力与效率将同步改善。而人力资本既是技术进步的发动者，又是新技术的载体与传媒，通过它的作用将会导致生产过程中物的因素与人的因素的效率全面改善。因此，人力资本便成为推动经济增长与发展的决定性因素。

此外，从思想观念、社会文化、伦理道德上看，人力资本的发展还将有助于重塑人的道德品格与精神素质，更新思想观念，促进人的全面发展，从而为经济增长与发展创造基本的前提条件。道理很简单，一国国民的思想观念、精神素质是关系一国经济能否起飞以及成功与否的重要因素之一。现代经济增长与发展不仅限于物质财富本身，而且包括人的思想意识与道德观念的进化和更新，二者互为前提。因此，花大力气进行思想意识的调整与观念的更新，提高国民的市场化意识和参与竞争的能力，便成为一个国家实现经济起飞和现代化的重要前提。

二、教育在人力资本形成和发展中的作用

如前所述，人力资本是一种体现在人身上、以人的知识与技能表现的资本，在一国经济增长与发展中的作用是不容否定的。那么人力资本又是怎样形成的呢？

按照西方教育经济学的观点，人力资本是通过对人力的投资而形成的。对人力的投资包括用于教育训练的支出、用于卫生保健事业的支出、用于移民入境的支出，其中教育是人力资本形成和发展的最主要途径。教育在人力资本形成和发展中的作用主要表现在以下几个方面：

1. 教育是培养和提高人的思想道德素质的最重要手段

人的思想道德素质是人的整体素质的重要组成部分，也是衡量一国人力资本发展水平高低的一个最重要的方面。道理很简单，一国国民的道德水准、思想素质越高，奋斗精神越强，创新意识越浓，对现代化的追求越迫切，表明一国人力资本的发展水平越高。

人的思想道德素质既包括道德素质，也包括思想素质和政治素质，它们三者相互联系、相辅相成，不可有所偏废。思想道德素质的培养，其核心是要解决人的道德价值观，即引导人把一定的社会道德规范内化为自身的需要，自觉地运用道德规范去识别善恶、美丑、是非、公私、荣辱等，正确进行道德评价，坚定履行道德义务。而一国国民思想道德素质的培养和提高是与教育、知识的作用分不开的。如古希腊哲学家苏格拉底就曾提出过知识就是道德的命题；16世纪英国资产阶级哲学家、教育家洛克也说：“我敢说，我们日常所见的人中，他们之所以或好或坏，或有用或无用，十分之九都是他们的教育所决定的。”①

① 洛克：《教育漫话》，人民教育出版社1979年版，第4页。

19世纪德国著名伦理学家鲍尔生认为，教育、科学、知识是促进人类道德进步的重要力量，是构成人的美德的重要方面。中国古代思想家孔子把“智”列为达到“德”的三个途径之首，他说：“智仁勇三者，天下之达也。”马克思认为，良心是由人的全部知识和全部生活来决定的。马克思这里所说的良心，实际上指的是道德。上述哲人的论述表明，教育、知识与人的思想道德素质之间存在极为密切的联系。一国国民教育科学文化水平的提高，知识的增加，对人的思想道德素质的提高有重大促进作用。

2. 教育是提高人的智力素质的最重要途径

人的智力素质是指人的科学文化素质。它包括下列含义：人所具有的科学文化知识、科学素养、创造力、生产经验和劳动技能等。这是人类在认识、改造自然和社会过程中长期积累的知识结晶，是人本身逐步形成的认识和改造世界的能力。因此，人的智力素质，特别是人的科学文化知识、科学素养、创造力的提高，已成为现代人力资本形成和发展的重要标志，在某种意义上可以说是唯一标志。因为在现代科学技术革命的条件下，尽管对人的身体素质要求也会随着经济的发展、劳动力价值提高得到相应提高，但社会生产对人的体力要求并没有随之提高。一个人即使体力很弱或体质受到损害，如断臂或失明等，身体中一些器官已不能像正常人那样运转，但如果智力发育正常，并接受较高质量的教育，具有较高的科学文化知识，仍然可以用他的智慧为社会作出贡献，仍然可以看作具有较高素质的人。反之，一个人身体健康，具有较强的体力，但如果所掌握的科学文化知识甚少，他所能从事的工作就很有限，也很难为社会作出较大贡献，不会被认为具有较高素质。

人的科学文化知识的掌握，科学素养的提高，创造力的培养，都与教育有着密切的关系。首先，在人的科学文化知识的掌握与教育的关系上。科学文化知识是一个不断向广延度和深刻度拓展的概念。这里所说的科学文化知识，主要是指人所必须具备的普通文化知识。例如，客观现实中的数学、物理、化学、语文、历史、地理知识等。这些知识的掌握都与教育有着直接的关系。从教育发展的历史看，教育发展经历过原始教育、古代教育和现代教育。对教育发展的不同阶段进行分析，可以看出，尽管不同时期，教育的职能有所不同，但传递、积累和发展科学知识始终是教育的内容，尤其在现代社会更是其主要内容。无论社会科学或自然科学，都不是某一历史时代的产物，而是人类社会整个历史发展过程的结晶，是一个不断传递、积累和发展的历史过程。在这一过程中，学校教育是人类自觉地、系统地向受教育者传授知识和培养他们能力的教育形式。它是把人类长期积累的知识，根据不同对象，经过有目的地选择、提炼、概括后才进行传授的。并且是循序渐进、由浅入深，按照受教育者所能接受的程度进行传授的，使受教育者可以少走弯路，因此效率比较高。通过教育，一是可以把非熟练劳动力培训为熟练劳动力，通过对自然劳动力的加工，提高他们的技巧、灵敏度和熟练程度，从而增加劳动者的智力水平；二是可以改变劳动者的劳动能力形态，把一个简单劳动力加工训练成为一个复杂的专门的劳动力。复杂劳动力在量上表现为多倍的简单劳动力，在质上表现为更高的智力。它在生产中，能够综观整体，运筹全局，解决关键性、全局性的问题，也就是能够进行创造性的复杂劳动，通过复杂的抽象思维，解决简单劳动力所不能解决的复杂问题。因此，一国教育的发展状况，会直接影响人口的智力素质，影响一国人力资本的形成和发展。

其次，在人的科学素养的提高与教育的关系上。科学素养，是当今发达国家广泛使用的一个名词。按照词典上的解释，素养是指读写能力，但在实用上，它一般被用作测试人们对科学技术知识了解程度的一种指标。一般要求的科学素养并非指专业学科上比较深奥的概念原理，而是指具备了这种素养中最基本的能力。因此，人的科学素养是人的智力素质的最重要组成部分，但人的科学素养的形成，是同接受教育多少有对应关系的。例如，运用科学探索方法（如观摩、测量等）这方面的能力，可以在初等教育阶段进行培养。而对科学的特点及其与技术、社会之间的相互作用的了解则可放在中等或高等教育阶段进行培养。随着科学技术的飞速发展，在社会经济的许多领域内，吸引人的工作职业的技术性越来越强，掌握这些技术需要进行基本科学训练。当今，无论是出于思想还是现实方面的考虑，人们都需要掌握科学知识和提高科学素养。所以，有些国家在正规教育未能使学生的科学素养达到一定水平的时候，便通过再训练计划，或通过出版、广播、电视和科技中心这些非正规教育途径来弥补这一缺陷。

最后，在人的创造力的培养与教育的关系上。创造力是劳动者素质中最有价值的部分，也是衡量一国人口智力素质和人力资本总体水平高低的重要指标。所谓创造力有许多解释，但在当代科学技术革命的条件下，人的创造力既表现在新技术、新思想的提出上，也表现在把若干领域的技术成果加以综合利用，把前人的各种片断的、不成熟的思想放在一个体系里重新组装，由此创造出新的劳动成果，提出新的思想。比如美国阿波罗飞船没有使用一项别人没有的技术，只是现成技术的综合；相对有些国家来讲，日本很少在重大技术上有所突破，但它却善于在别国先进技术的基础上进行综合和移植，创造出不少世界一流的产品。这种创造表现在综合上，因此综合也是创造。对一个国家，尤其是经济落后的国家来说，要摆脱落后，缩小以至赶上、超过发达国家的先进水平，非需创造力不可。所以，从社会经济发展的长远战略目标考虑，培养和提高整个社会劳动者的创造力十分重要。而人的创造力的培养关键在教育，通过学校教育，可以帮助学生：“（1）发现问题，或从不同的角度搜寻真正挑战的本质；

(2) 发现事实，为了更好地理解情境和想象可能解决的方案；(3) 发现观念，旨在召集来自潜意识和下意识的观念并且到它们全部涌现出来后才对它们的质量进行判断；(4) 找到解决方案，此时对诸观念的贴切性和适用性进行评价，从而选出最佳观念用以实施。"① 当然，学校教育既能开发人的创造潜力，也能窒息人的创造潜力。要使学校教育起到开发人的创造潜力和创造精神的作用，学校教育在提高人的智力时，所追求的目标就不仅仅是传授前人的思维成果和知识信息，更重要的应该是让受教育者理解知识信息和解决问题的思维过程，实施以激发人的创造力为主要目标的教育，通过教育培养出能够充分发挥自身潜能，永不满足现状，对旧有事物勇于变革与否定，敢于推陈出新的人。

3. 教育对人的身心健康也有着极大的影响

身心健康是人的素质中不可缺少的一项重要内容，它在人的素质要素中具有核心和关键的作用。因为一个人其他方面的素质再好，如果体质虚弱，未老先衰，成天打针吃药，不能坚持工作，空有报国之志和建国之才，也不是理想的建设人才。因此，人的身心健康是人的整体素质培养的重点，是构成人力资本必不可少的重要内容。

人的身心健康包括两层含义：一是指人的身体健康，二是指人的心理健康。前者指人的身体生理机能的运转能力和人的发育健全程度，后者指人的感觉、知觉、注意、记忆、思维、想象、情感、意志、性格等方面的发展状况。世界卫生组织对健康的解释是，所谓健康并不是指无疾病、不体虚而言，而是指人在生理、心理以及社会生活各方面的健康情形。人是一个身心统一体，一个人患疾病，医生不应仅限于了解病人的生理状态，还应了解病人的心理状态、情绪变化、性格特点、病人的社会环境和人际关系等心理社会因素，使病人不仅得到生理上的治疗，更重要的是得到极为有益的心理治疗，这样会显著提高医疗效果。然而，无论人的身体生理素质的提高，还是心理健康素质的培养都离不开教育的作用。由于教育传播了关于疾病和环境卫生的常识，因而一般说来，受过一定教育的人，由于有了必要的保健知识和安全知识，患病、负伤或致残的可能性会小一些。而未受教育者由于缺乏必要的保健知识和安全知识，在相同条件下，患病、负伤或致残的可能性会大一些。由于较易接受科学知识，因而也容易听从医生的劝告，并且在饮食起居等生活方式方面也更符合科学。这些都有助于受教育者个人身体素质的提高。教育不仅有助于人的身体生理素质的提高，也会对人的心理健康素质产生积极影响。因为教育，特别是心理教育是以增进学生的心理健康水平，促进学生个性的健全发展为目的的活动。心理

① Osborn A. F. 1963 Applied Imagination: Principles and Procedures of Creative Problem Solving 3rd can. Scribner, New York, p. 135.

教育的直接目标是广泛开展对各种心理疾病的防治，提高学生的心理健康水平；其根本目标是充分挖掘学生的心理潜能，培养其良好的心理素质，促进他们个性的健全发展，增强他们的社会适应能力。从教育目标的角度看，心理教育的直接目标可以认为是健康心理素质培养的基本条件，它与素质教育的总目标完全一致。这就是说，素质教育的目标中应当包括健康心理素质培养和心理教育的内容，而心理教育本身就是对素质教育目标的一种体现。因此，各级各类学校在开展素质教育的过程中，应把心理教育作为贯彻落实素质教育的一个突破口来抓，通过广泛开展心理教育，全面促进学生健康心理素质的形成。

三、我国人力资本发展中存在的问题与对策思路

新中国成立以来，伴随着经济发展与社会进步，我国人力资本的开发取得了不小的成就，国民的科学文化素质不断提高，对国家的经济建设与社会发展产生了重大作用。然而，也不能不看到，由于历史的、文化的、经济的特别是体制上的原因，我国人力资本的发展从总体上看水平还相当低，结构也极不平衡，“人口数量多、质量差”这一人力资源的基本特点并没有改变。人力资源的落后状况对于中国经济社会发展的制约作用与负效应已经日益明显地表现出来。

第一，中国人口数量的过度膨胀限制和影响了人口质量的改善和提高。从新中国成立以来到20世纪70年代初，由于决策层理论与政策的失误，在传统计划体制的单纯数量扩张型增长模式的指导下，我们对于人口增长的转型缺乏必要的调节和引导，完全放任自流，结果导致中国出现了历史上空前的人口增长高潮。此后，尽管宏观上实行政策调整，强有力地推行计划生育政策，但由于人口发展的历史累积效应，其增长势头难以在短期内迅速遏制。至90年代初，中国人口已突破12亿大关，比新中国成立之初净增7个亿。人口的过度增长对于人力资本的发展带来了严重恶果，形成了数量对质量的劣性替代。一方面，人口数量的超比例增长加重了经济资源耗用的负担，从而导致社会日益缺乏进行人力资本投资、改善和提高人口素质所必需的物质条件。另一方面，在人口素质不高的条件下，社会为了实现既定的经济增长目标不得不依靠人力数量投放的增加，从而无形中又引发了人口数量扩张的冲动，由此便形成一种人口数量替代人口质量的恶性循环。

第二，中国人力资本发展中存在的另一个重要问题是教育投入严重不足。投入不足导致教育供给短缺，教学设施紧张，设备陈旧老化，教育普及率仍然不高，且城乡之间、沿海与内地之间分布不平衡，教师待遇及生活条件也得不到有效改善，制约了教育规模的扩大和质量的提高。

第三，中国人力资本发展中存在的一个亟待解决的问题是敬业精神的失落。敬业就是要热爱自己所从事的事业，敬重自己的职业，充分认识自己职业的社

会意义、地位和作用。热爱和敬重自己的职业是干好工作的根本所在。一个人没有敬业精神，即使能力再大、条件再好，也不会对经济社会发展起什么大的作用。一个单位、一个行业的从业人员不敬业，就会导致一个单位、一个行业的生存危机。一个国家、一个民族的从业人员不敬业，就会导致一个国家、一个民族的生存危机。所以，敬业是一种民族精神，一种国民素质，更是一种可贵的资本。然而，近十多年来，我国有些行业的服务质量和工作质量每况愈下，已经到了令人不堪忍受的程度，这已经不是一个简单的服务质量和工作质量问题，而是敬业精神大失落的表现。1995 年初，有关部门对 2000 多名国有大中型企业职工进行了问卷调查，结果发现有 43%的职工明确表示对自己目前的职业不满意和很不满意；73.5%的职工对做一名产业工人没有或很少有光荣感和自豪感。由于爱岗敬业意识的弱化，不少年轻人或者疏于技艺，或者疏于职守，更多的是两者兼而“疏”之，导致了产品质量和服务水准明显滑坡。因此，要提高商品质量、服务质量、工作质量，费钱最少、见效最快的是倡导敬业精神。

第四，中国的选才、育才与用才缺乏有机联系与良性循环。中国的选才主要依据教育考试形式，偏重于知识、简单的思考能力与记忆能力的考查，中考、高考内容成为整个基础教育的指挥棒，束缚了广大青少年的智慧与创造力。人事制度上，目前流行的也是偏重于专业知识与简单思考分析能力的“职业资格考试”，影响了劳动者对实际工作能力与创造能力发展的积极性。一方面实际情形是考什么，学什么，会什么。选才标准的狭隘性与选才方法的简单化，泯灭与挫伤了无数的人才资源。另一方面育才是学校的事，用人是企事业的事。学校里的高才生未必是用人单位重用的人才，学校里的高才生在实际工作中不一定受到优待优用，得不到重视与保护。在专业上学非所用，学非所欲。在用人制度上用非所学，用非所长，育才与用人缺乏协调机制，造成大材小用、小材大用、偏才正用的现象到处可见。因此，如何改进选才制度，协调与优化学校教育、企事业用人与在职培训之间的关系，也是中国人力资本形成与发展中要研究的又一个问题。

综上所述，可以看出，影响和制约中国人力资本发展的因素不外乎这样几个方面：其一，人口过度增长的沉重负担；其二，教育体制与教育水平的落后；其三，敬业精神的失落；其四，选才、育才与用才缺乏有机联系与良性循环。在弄清了影响和制约中国人力资本发展的主要问题之后，我们就应该据此提出关于中国人力资本未来开发和发展的思路，以加快我国经济的发展和现代化的进程，其中主要包括以下几点：第一，严格控制人口增长，坚持少生优生的方针不动摇，促使中国人口发展逐步走上健康和良性循环的轨道，为我国人口素质的改善和质量的提高创造良好的数量前提。第二，理顺教育投资的成本一收益关系，通过各种政策调节使人力投资的收益与其成本相挂钩，让投资收益率法则真正成为调节教育供求总量与结构平衡的杠杆。第三，大力倡导和弘扬敬业精神，重视人的基本品质、敬业精神、责任感的培养。第四，加强育才、选才和用才一体化工程的建设，在注重人才培养的同时，应加强人力资源管理和提高现有人力资源的利用，减少浪费。

20 世纪中国教育经济学发展的回顾与前瞻[①]

【内容摘要】本文简要回顾了 20 世纪中国教育经济学发展的历程，总结了这门学科所取得的主要成就和经验，指明了学科面临的一系列需要研究解决的问题。

【关键词】20 世纪　教育经济学　回顾　前瞻

20 世纪，经济和教育成为人类社会发展的两大基础。因此，没有哪个世纪像现代社会如此关注教育与经济的关系，而且事实上，也没有哪个世纪像现代社会中的教育发展与经济发展有如此密切的关系。教育与经济之间的关系在全球范围内被引起高度的重视，教育由滞后跨入超前发展，并由此诞生一门新兴交叉学科——教育经济学。它开创了一个崭新的学术研究领域，拓展了教育学和经济学的视野。

在我国，有关教育经济的思想早已有之，但把教育经济学作为一门学科进行研究，则始于 20 世纪 70 年代末 80 年代初，是党的十一届三中全会以后我国教育和经济迅猛发展的产物。在这世纪之交，回顾我国教育经济学的发展历程，总结这门学科所取得的主要成就和经验，分析学科现状及其存在的主要问题，揭示学科未来的发展趋势，是我国教育经济学通向 21 世纪的重要一步。

一、20 世纪中国教育经济学发展概观

教育经济学作为一门独立学科出现于世界学术之林，是随着科学技术和社会生产的不断发展，教育经济思想的逐步演变和系统化的结果。在我国古代，人们很早就认识到发展教育是经济发展、国家富强的条件之一，就有教育经济思想的萌芽。19 世纪，外国列强入侵中国，使中国沦为半封建半殖民地社会以后，为了维护封建统治，晚清思想家魏源、龚自珍等也看到了教育对改良社会、国家富强的作用。洋务派官僚张之洞等人提倡“新教育”——“西学”，提倡学

① 本文发表在《华中师范大学学报》（人文社会科学版）1999 年第 1 期，中国人民大学复印报刊资料《理论经济学》1999 年第 3 期和《教育学》1999 年第 4 期、《北京师范大学学报》1999 年第 2 期分别全文转载和摘载。

"西艺"，主张"中学为体，西学为用"、"自强"和"求富"，在客观上反映了一定社会生产发展的需要。清末维新运动的领导人康有为、梁启超、谭嗣同等人也都看到教育是国家富强的根本，认为教育不良是中国软弱的主要原因。梁启超认为："中国之衰弱，由于教之未善。"① 康有为在《请开学校折》中建议，仿照德、日学制，把书院、祠堂的公产作为学校的公费，提出国家也应大量筹集教育经费，并"鼓励绅民，捐创学堂"。由于历史和阶级原因，维新运动以失败告终。

20世纪初，资产阶级民主革命运动对教育提出了新的要求。孙中山、蔡元培、黄炎培等人都提出了发展教育促进国家富强的主张，提出了"实利教育"、"实业教育"、"普及教育"、"职业教育"等主张。孙中山谈到教育与经济的关系时认为，要普及教育必先"治本"，即要先用革命的方法推翻阻碍经济发展的势力，教育普及才有可能。而要使可能变为现实，"凡在自治区域之少年男女，皆有受教育之权利，学费、书籍，以及学童之衣食，当由公家供给"②。蔡元培1912年把实利主义教育列为宗旨之一，说："实利主义之教育，以人民生计为普通教育之中坚。……固以当务为急者也。"③ 黄炎培等职业教育家们认为，随着工业日渐发达，工厂日多，职业教育必然要得到不断发展。他们把职业教育作为解决生计问题的根本，看到了职业教育在发展生产和解决生计上的作用。

"五四"运动和马列主义传入中国，给中国的教育注入了新鲜血液，使中国教育理论和实践出现了新的契机。不少革命家、思想家、教育家，如李大钊、鲁迅、陶行知等对教育与经济的关系、教育与生产发展等都发表了有价值的论著。特别值得提出的是，我国早期的马克思主义教育理论家杨贤江关于教育与经济关系的论述。他在1918年3月主编的《学生杂志》上提出了"如何可费最少精力而举最大效果"的思想，在其所著《新教育大纲》中，提出了教育是"社会所需要的劳动领域之一，是给予社会的劳动力一种特殊的资格的"。他强调"科学于社会主义的建设是非常重要的"。他深刻地指出："一般的学校，无论是高级，是中级，是小学，都是社会的劳动领域，当赋予劳动力以特种的资格的地方，就是使单纯的劳动力转变到特殊的劳动力的地方。"杨贤江认为，在现代生产条件下，实施知识技能的教育是社会"生产组织自身的必要"，"在工业生产上，不学无术的人与多少会读写的，他们的能力是迥乎不同的。……故当今日，读写的能力，乃是工作本身的要求"，"资产阶级迫于生产组织自身的必要，不得不向劳动阶级也施教育了"。杨贤江还看到教育"受制于经济"，"受

① 梁启超：《学校总论》，见《梁启超文选》（上），中国广播电视出版社1992年版，第25页。

② 孙中山：《地方自治开始实行法》，见《孙中山全集》第5卷，中华书局1985年版，第220页。

③ 蔡元培：《对于教育方针之意见》，见《蔡元培教育论著选》，人民教育出版社1991年版，第2页。

制于政治”，并大声呼吁“要力争增加教育经费，使学校各项教育设备臻于完备，反对军阀官僚以任何名义减少或挪移教育经费”。杨贤江关于教育经济思想的精辟论述，是很值得我们深思和借鉴的。

我国进步教育家古楳在中国教育经济学发展史上占有突出的地位。他在1934年著的《中国教育之经济观》一书中，用经济观点充分阐述了中国的教育问题，并准备写一部《中国教育之经济学的研究》，首先提出了教育经济学的概念。古楳的教育经济思想主要表现在：(1) 教育者应具有经济观点。他提出要先了解“中国的社会环境和经济基础”，要明确教育在社会经济发展中的地位和作用，从而决定教育应如何去办。(2) 发展生产要重视人才。他提出，发展生产“最难求的是人才，是真人才，是学识经验兼容的人才，是以事业为前途肯奋斗耐劳的人才，是工业人才”。(3) 要注意研究教育成本。他提出“学生费用是值得研究的问题”。研究的目的是：“①使家庭父兄知道培养一个子弟要准备多少钱；②使办教育者知道现在的学生家庭负担有多重；③使学生自己也可和他人比较，知道自己用钱多还是少；④使研究者更可藉此推论国民的经济能力和今后教育发展的关系。”(4) 办教育要讲经济效率。古楳提出：教育者在教育领域要注意提高经济效率，应当在经费、劳力、时间与机会方面谋求最小限度的浪费，在生产的效能与事物的利用方面取得最大限度的经济效果。(5) 受教育要具有一定的经济条件。古楳用大量的调查材料说明，在人民没有能解决吃饭问题的情况下，就无力受教育。提出办教育要量经济之力而行的思想。古楳的教育经济思想构成中国教育经济学的早期雏形。

1949年中华人民共和国的成立，揭开了中国历史新的一页。经济和教育事业很快得到恢复和发展。马列主义、毛泽东思想为中国教育科学奠定了理论基础，提供了充分发展的阵地。当教育经济学作为独立学科在20世纪60年代初在西方形成之后，由于当时的特殊环境和比较封闭的状态，没有在中国经济学界和教育学界引起注意和重视。直至1965年在《人民日报》上才发表了第一篇介绍教育经济学的文章。由于“文化大革命”的破坏，这一刚刚开始的教育经济学的学习、探讨工作又被扼杀，使教育经济学在西方蓬勃发展的十年，成为中国教育界对其一无所知的十年。这是在中国开展教育经济学研究非常迟缓的主要原因。

党的十一届三中全会之后，中国的经济和教育进入了一个新的历史时期。随后，教育被确定为经济和社会发展的战略重点之一，为教育经济学的研究和发展创造了极为有利的社会环境。在1977年到1979年三年间，全国各报刊上发表了数以百计关于教育与经济发展、经济增长的关系的文章、译著，介绍了国外教育经济学的一些材料。在1979年全国教育科学规划会议上正式提出要建立我国的教育经济学。1980年8月中央教育科学研究所在北京召开全国教育经济学研究工作交流会，于光远、许涤新、董纯才等著名经济学家和教育家，在会上倡导建立我国的教育经济学。1981 年 8 月由刚成立的全国教育经济学研究会筹备组，在北京举办讲习班，由华东师范大学邱渊教授首次在我国系统地介绍了西方和苏联教育经济学的产生、发展和基本内容。此后，陆续出版了一批译著、论著和教材。1984 年 9 月中国教育经济学会在黄山正式成立，1985 年学会与华中师范大学联合创办的《教育与经济》杂志正式出版，与美国、英国的《教育经济评论》成为全世界仅有的两本专业杂志。与此同时，自 20 世纪 80 年代初以来，在北京大学、北京师范大学、华东师范大学、华中师范大学等几十所高等院校相继开设了教育经济学课程，经批准在北京大学、北京师范大学、华东师范大学、华中师范大学相继设立了该学科的硕士点，已培养了数十名硕士生，少数院校已开始招收博士生。总之，可以说，教育经济学的研究活动，在全国范围内已有计划、有组织地开展起来。

二、中国教育经济学基本理论的明确和形成

尽管教育经济学这一学科在中国形成较晚，但发展迅速，并且以马克思主义为指导，从中国实际出发，选择我国教育与经济改革和发展中的重大问题进行研究，初步构建起了较为完善的理论体系。其基本内容包括：

1. 教育投资的经济价值理论

在教育投资问题上，传统的观点认为，教育投资是非生产性投资，与其他消费性投资相似，因此，根据“先生产，后消费”的原则，教育投资也就被排到次要的位置上。这种观点影响很大，危害严重，以至在相当长的一个时期内，教育没有受到应有的重视。在我国教育经济学形成和发展过程中，我国教育经济学研究者论证和阐明了虽然教育部门是非生产劳动部门，教师的劳动属于非生产劳动，但是教育投资是一种生产性的投资，而绝不是一种纯消费性投资。这是因为教育能提高劳动者这个生产力发展的决定性因素的知识、技术和生产能力，使物质资源得到有效的利用，并决定着人类发明、掌握和运用新技术的能力，因而，教育投资尽管带有某些消费性，但仍然可以看作是一种最基本、最有价值的生产性投资。依据劳动价值理论，劳动者的知识、技术和生产能力的提高，可以在单位时间内使一定的活劳动形成更多的物化劳动，生产较多的产品，从而使单位产品的价值下降，达成劳动生产率的提高。因此，在教育——劳动生产率——经济增长这个因果链条中，可以明显看出教育的经济价值。尤其对主要依靠科技进步推动的现代经济增长来说，教育投资的经济价值比单纯的物质资本和劳动力数量投入所产生的经济价值要高得多。教育投资成为经济增长的源头活水。第二次世界大战后，发达国家的经济增长也正是依靠教育投资在内的人力资本投资的强有力的推动。

2. 教育的社会经济功能理论

教育的社会经济功能是教育经济价值的进一步推广。所谓教育的社会经济功能，是指教育在经济增长及其在经济和社会发展中的作用。经济增长是指国民收入或国民生产总值的增长，而经济发展包括相应的经济环境和经济制度的变更，这就是说，教育不只是具有促进经济增长的经济价值，而且具有改善社会环境和经济社会制度的社会功能。对教育在促进一国经济增长中的作用，我国著名经济学家厉以宁教授将其归结为五个方面：第一，它向社会提供一支能在科学上有发现、发明，在生产技术上有创新、变革的科学研究和设计队伍。如果没有这样一支队伍，在科学技术上至多只能步别国的后尘，很难取得重大的突破。第二，它向社会提供一支能掌握和运用先进生产方法的技术队伍。如果没有这样一支队伍，即使有了先进的生产工具和生产方法，它们也不可能充分发挥作用。第三，它向社会提供一支适应于工业化水平的生产和技术管理人员的队伍。如果没有这样一支队伍，就会造成生产过程中人力、物力、财力的巨大浪费，就不能发挥先进技术的优越性。第四，它提高全社会的科学文化水平，为新产品的推广使用、为先进科学技术知识的普及和提高准备条件，同时也为今后技术力量的成长提供广阔的基础，为源源不断的高质量的科研人员、工程技术人员、管理人员和熟练工人的供给提供保证。第五，它使社会累积起来的科学知识和生产经验得以保存和传播，这种传播可以不受国界和时间的限制。累积起来的科学知识和生产经验作为人类共同财富，通过教育从一个民族传播给另一个民族，从这一代传播给下一代。对于教育在经济发展中的作用，厉以宁教授则将其概括为两个方面：(1) 发展教育事业不仅能保证经济以稳定的速度持续增长，而且在经济增长的同时，促使经济和社会的协调发展。这就是说，只有通过教育造就一大批具有高度政治思想觉悟的、掌握先进科学技术知识的劳动者，才能保证建成现代化的、民主的、文明的社会主义国家。(2) 发展教育事业，使劳动者得到全面的、综合的发展，使历史遗留下来的旧式分工所形成的差距将在经济和社会协调发展过程中逐步消失，并最终达到社会主义经济和社会发展的终极目的①。此外，许多教育经济学家还从教育与经济的一般关系，即从教育与社会再生产的关系入手，着重说明教育不只具有提高劳动者能力的经济价值，而且能够提高劳动者思想道德素质，使之与社会主义生产关系相吻合，促成社会主义教育机会公平、平等以及社会主义社会有机协调的发展。同时，不少学者还就教育结构与经济结构和社会结构的关系，详细阐述了超前发展教育的社会经济功能，从而亦建立了教育的社会经济功能理论。

---

① 参见厉以宁：《教育经济学》，北京出版社1984年版，第2～3页。

3. 教育投资短缺问题研究

长期以来，我国教育的发展一直为投资短缺所困扰，因此，缓解教育投资短缺的矛盾始终为中国教育经济学界所关注和重视。教育投资短缺是指教育投资供给小于教育投资需求的失衡状态。这种失衡状态既可能是供给不足所致，也可能是需求膨胀所造成，还可能是供求双方共同作用的结果。我国教育投资短缺之顽症，许多学者认为，正是供给不足与需求无限膨胀所共同酿成的。因此，要寻找造成我国教育投资短缺的原因及其对策，必须从上述两方面同时入手，方能奏效。所谓教育投资供给不足，主要是由于国家主渠道不到位，企业缺少投资教育的意愿，个人对教育投入太少所造成的。因为在任何社会条件下，教育投资最终都来自国民收入，而国民收入的分配是由国家、企业、劳动者个人三部分构成，教育投资来源基本上也由三部分构成：即国家（包括各级政府）的教育投资、企业团体的教育投资、个人的教育投资。教育投资供给不足，主要就是指这三个方面的投入不足。与教育投资供给不足形成鲜明对照的是，国家、企业团体、教育单位及个人对教育需求都存在着无限膨胀的趋向，这就使本来捉襟见肘的教育投资显得更加短缺。既然我国教育投资短缺是供给不足和需求膨胀共同造成的，那么，缓解投资短缺矛盾的最根本途径是增加供给和抑制需求。由于我国教育投资主要是由国家、团体和个人（或家庭）支出所构成，加之上述各方又是教育投资的主要受益者，所以学者们认为，增加供给不仅仅是国家的事情，企业团体和个人都有义不容辞的责任。在增加供给的同时，还必须抑制需求。在我国，尽管个人、企业团体和国家对教育投资都存在无限膨胀的问题，但学者们深入研究发现，对教育投资需求的无限膨胀主要是由于人口规模过大，某些政策不当和约束条件的软化所造成的。因此，要抑制教育需求无限膨胀的趋向，必须从如下几方面作出努力：(1) 控制人口规模；(2) 根据社会经济发展实际需要确立合理的教育发展目标；(3) 改变教育以外的各种错误刺激；(4) 减少对各种非义务教育的补贴；(5) 硬化对微观教育单位的约束。

4. 教育资源合理配置问题研究

教育资源的合理配置问题是教育经济学研究的一个重要方面。在当今世界，社会和个人对教育的需求日益增长，而可用于发展教育的资源十分有限，这几乎成了所有发展中国家教育发展过程中所遇到的十分突出的问题。为此，在我国教育经济学界，不少学者就这一问题进行了大量深入细致的研究，认为从总体上和趋势上进行观察，教育资源配置大体上可以分为：三级教育间的配置，教育部门内部的配置，地区间的配置等三类。由于教育资源是发展教育事业的物质条件，是为教育事业的发展服务的，因此，教育资源如何配置，直接关系着各级各类教育事业的发展。具体来说，教育资源的配置影响教育发展的规模和速度，影响教育结构及调整，同时影响教育质量。教育资源配置是教育政策上的战略选择，它涉及有限的教育资源在各级各类教育之间、地区之间、学校之间进行分配。由于各国教育体系不一样，加之各国政治、经济、社会制度方面的差异，因此，教育资源配置模式也不尽相同。审视世界各国教育资源的配置，大致可分为政府配置、市场调节和自主配置等三种模式。从实践来看，三种模式都利弊并存，不存在非此即彼的简单取舍。由此得出结论，我国教育资源的配置，一方面要修正和完善已有的宏观调节机制，克服僵化和主观的因素；另一方面是加速让三种模式共同成为我国教育资源配置机制的构成要素。

5. 教育的生产理论

教育的生产理论所包含的内容甚广，择其主要的，大致包括教育要素组合理论、教育成本理论、教育资源利用效率理论以及教育规模经济理论。教育生产理论的基本观点是：一切经济资源都是稀缺的，从事教育生产过程与从事其他生产过程一样，都要消耗一些宝贵而稀缺的经济资源，或者说需要消耗一些物化劳动和活劳动，这就要求节约教育资源。而教育资源节约的途径只能是两条：提高教育投资的利用效率和降低教育成本。在提高教育投资利用效率方面，必须使教育生产要素有一个合理配置的比例，使之以较优的要素组合方式达到最优化的教育效果；同时，还应有适当的教育规模，在这种教育规模下，教育生产的经济效果达到最优化。在降低成本方面，教育经济学把教育成本分成所谓生产成本和机会成本，所以，降低教育成本不单纯是把生产成本降到教育生产的最低限度，而是至少要把它降低到整个社会成本的一般水平，这样才不至于使投入教育生产的机会成本过高和造成资源的浪费。

6. 教育经济效益问题研究

教育即是一种投资，这已成为全社会的共识。从经济学的观点看，投资是为了产生未来的效益，尤其是经济方面的效益。假定投资不能产生经济效益，投资再多也没有多大用处。教育既然是一种投资，无疑也是要讲求经济效益的。因此，教育的经济效益问题始终是中国教育经济学研究的核心课题之一。围绕这一问题，中国教育经济学界进行了较深入的研究，认为教育的经济效益是客观存在的，但理论和实践告诉我们，教育和教育经济效益并非是一种直接的线性关系，也就是说，教育本身并不直接创造物质财富和产生经济效益，它往往需要经过一个中间环节作用于社会经济活动之后，才能产生经济效益。这个中间环节，即是教育经济效益的形成过程。教育为受教育者提供生产技能、正式约束规则和非正式“悟性”这些具有经济价值内涵的实体，使受教育者能够在实际的社会经济活动中作出更多的贡献，产生较高的经济效益。但是，这些能力的获得，主要是通过教育过程去实现的。所以，不少学者认为教育过程就是教育经济效益的形成过程。然而，一个完整的教育经济效益观，除了必须从现实关系出发揭示教育经济效益的形成过程之外，还必须阐述教育经济效益的实现过程以及教育经济效益充分实现必须具备的条件。这些都应是教育经济学进行专门研究的问题。

7. 教师劳动报酬问题

教师劳动报酬的高低，影响着教师队伍的素质，影响着牵系国家和民族命运的教育大业。教师的劳动报酬，作为教育经济学研究的一个重要领域，在中国尤其强烈地触动着研究者的神经，极大地唤起了他们的研究热情。他们从历史与现实、国内与国外、多方面、多角度进行了比较研究，认为这个问题的存在，既有历史的原因，也有政策不合理的因素，并提出了解决教师劳动报酬偏低的一些措施和建议。除此之外，研究者还认为教师收入低，是造成教师队伍中优秀教师直接外流和师范生素质差这一潜在外流的根本原因，应该从我国教育发展的战略高度来看待教师的劳动报酬问题。

8. 教育同经济社会发展相协调的问题

这是一个涉及全局的重大理论问题，我国学者在深入研究教育与经济辩证关系的基础上，对教育如何同经济社会发展相协调，从不同角度进行了探讨，认为教育与经济社会发展相协调包括两方面的内容：一是教育的发展要能满足经济社会发展的需求，二是教育的发展要与经济社会发展可能提供的条件相适应。具体来讲，教育发展的规模和速度必须同国民经济发展的规模和速度相适应；教育结构必须与国民经济结构相适应；教育投资必须同经济发展所需劳动力的培养费用相适应；教育体制必须同经济体制相适应，等等。此外，为配合专门人才需求预测的需要，1983年以来，我国教育经济学界还在建立教育发展预测和人力需求预测模型方面进行了有益尝试。这些方面的研究，为制定教育发展计划或发展战略提供了理论依据和方法论。

三、中国教育经济学面临的主要问题

毫无疑问，我国教育经济学研究已经取得了相当大的成就。但也应看到，随着21世纪的来临，知识经济的崛起，我国教育经济学还有很多问题有待于进一步研究。而伴随着社会主义市场经济体制的逐步建立与完善，我国教育经济学也将会面临着许多新的问题和任务。

(1) 根据知识经济发展的特点和我国经济发展战略，研究知识经济时代教育与经济发展之间的相互关系及其运动规律，研究教育在我国现代化建设中的地位和作用，即研究如何通过发展教育来形成和积累人力资本，提高劳动者素质；研究教育对经济增长和经济发展的作用，因为从根本上说，在知识经济时代，科技的发展，经济的振兴，乃至整个社会的进步，都取决于劳动者素质的提高和大量合格人才的培养。根据这一思想，我国教育经济学的首要任务就是要研究知识经济时代教育与经济发展相互作用的规律，教育与经济是怎样互相制约、影响和作用的，教育是如何为社会主义现代化建设服务，教育在推动经济建设和社会发展中的地位到底体现在哪里。这些都需要教育经济学给予回答。

(2) 根据建立社会主义市场经济体制，特别是大力发展劳动力市场的需要，教育经济学要研究并阐明：社会主义市场经济体制下教育与劳动力供求的关系，教育在解决劳动者就业问题中的作用，为建立社会主义市场经济体制，特别是培养和发展劳动力市场提供理论依据。这是因为：如果假定教育的产出就是学生，而教育是有周期的（培养周期），它与经济周期并非同步。教育培养的学生与劳动力市场和社会需求，在数量、结构、质量上也并非是简单的对应关系。我国一直都在不断制定教育规划和计划，其中基本依据之一是教育的供给与需求，然而教育供求问题，包括它的内涵与外延、影响的因素、测定的方法等，目前可以说尚属空白。

(3) 根据国民收入分配和再分配理论，以及我国国民收入分配格局调整的现实状况，教育经济学要研究并阐明：社会主义市场经济条件下，教育投资从何而来，教育投资应由谁负担以及负担的比重。此外，教育投资应当有多少，教育投资在国民经济中应占多大比例才合适，衡量和判断教育投资比例合理与否的依据和标准是什么，在教育投资总量给定的条件下，教育投资按照什么比例在教育内部各部分之间进行分配，都是一些有待于进一步研究和探讨的问题。

(4) 根据经济学中的投入—产出理论，研究教育成本、教育的产出效率和效益。教育的产出或教育投资的经济效果表现在两个不同层次上：首先是教育的直接产出，或教育资源的利用效率；其次是教育的间接产出，或教育投资的经济效益，都是教育经济学的难点问题。但是现有的教育成本概念、构成基本上是从经济学或预算会计中移植过来的，这需要根据教育和各级各类学校的特点加以界定。教育资源利用效率的评价都是在教育产出质量相同的假定下度量产出与投入的关系，学生质量评价的数量化是国内外尚未解决的难点。现有的国内外关于教育资源利用效率的研究，着眼于评价指标和考核，着眼于因素分析和探索途径。而最重要的问题是学校作为一个非营利机构，有没有提高资源利用率（或成本最小化）的动力和压力，形成学校提高资源利用率的机制。而教育的产出效益，即教育的经济效益，仍然主要是一个新的未经探明的领域。因此，这些问题如不从理论上和制度上解决，其余的研究不是空话，也是作用甚微。

(5) 应在国内外教育经济学现有研究的基础上，进行教育的社会与个人收益率研究。有关这一问题西方已进行了长期的大量的研究，取得了有价值的成果，而在我国对这一问题的研究还刚刚起步。但这一问题的研究对宏观教育投资决策、学校、家庭和个人教育决策都有重要作用。因此，如何借鉴国外教育经济学研究的成果，结合我国的实际，将这一问题的研究深入进行下去，无论是对我国教育事业的发展，还是对建设具有中国特色的社会主义教育经济学，都是大有裨益的。

(6) 根据马克思主义劳动价值学说以及《教师法》的要求，进一步研究阐明教师劳动的性质和特点、工作的职责和任职条件；结合我国工资制度改革的实际，分析教师的劳动报酬，提出改善和提高教师经济待遇的措施。因为发展教育，教师是根本。而教师的教育活动也是一种劳动者的活动，在市场经济条件下，教师是否愿意从事教育事业，即教育劳动力是否供给，教师在教育岗位上实际劳动的供给，即付出多大的精力教学，取决于从事教育事业和付出教育劳动所能得到的报酬，也取决于其过去人力投资的现在收益。这与其所得的报酬水平有关，报酬与劳动在与其他行业劳动付出与所得之间横向比较的过程中平衡。如果教师报酬与教师劳动付出之间相差较大，人们就不愿选择教育职业，也就是说劳动力有不愿向教育供给的行为；目前从事教育职业的教师，也会努力从教育行业退出，停止对教育的智力和体力供给，这对我国教育事业的发展是极为不利的。

(7) 根据我国社会主义初级阶段教育发展的实际状况以及非义务教育的性质，对接受非义务教育的学生收取学费作为教育成本的补偿是无疑的，但学费标准根据什么确定，随之而来的学生资助中的学生贷款，其资金来源管理、还款机制等问题都急需研究解决。

(8) 根据我国经济与社会发展战略的要求，从国家经济、科技、社会诸方面发展的实际情况出发，研究探讨教育事业发展全局的总任务，以及为实现总任务所要遵循的基本指导思想、方针、战略目标和措施。

展望前途，我国年轻的教育经济学尽管存在种种问题，面临艰巨任务，可谓任重道远，但坚冰已经打破，航路已经开通。21 世纪的中国教育经济学必将有一个更加辉煌的发展。

关于政府教育投资的行为分析①

【内容摘要】在市场经济体制下，政府教育投资的行为动机主要是为了满足社会成员对教育的公共需要，是为了实现教育的机会均等以及弥补个人和企业教育投资的不足，保证教育与经济社会发展的协调与平衡。政府教育投资的规模也主要取决于上述因素，但现实中政府很难有效地按照社会客观需要进行必要的公共投资。这就需要从政治上、经济上完善政府对教育投资的行为机制，规范政府的投资行为。

【关键词】政府　教育投资　行为分析

近年来，随着我国社会主义市场经济体制的逐步建立和不断完善，知识经济的崛起，以及我国居民生活水平的不断提高，教育的发展特别受到人们的重视。然而，教育要发展，必须有充裕的经费予以支持。这就要求社会各方，尤其是政府要高度重视教育投资。但政府是否重视教育，是否愿意增加对教育的投入，既取决于一国的经济发展水平，在很大程度上也取决于政府的教育投资行为。所谓政府的教育投资行为是指政府在一定行为动机的驱动下，为达到既定目标而对教育投资活动作出的行动反应。合理的教育投资行为有利于教育经费的增加和教育资源的合理配置，有利于教育的发展；不合理的教育投资行为，不仅不利于教育经费的增加和教育资源的合理配置，不利于教育的发展，甚至会起阻碍和破坏作用。因此，对政府的教育投资行为进行比较具体而全面的分析，了解政府在对教育投资的过程中所具有的内在行为特征及规律，对政府教育投资的行为偏差及时进行矫治，无论对教育投资的增加，还是对整个教育投资及社会资源利用效率和配置效果的提高，都将具有十分重要的理论和现实意义。

一、政府教育投资的一般行为动机和目的

一般讲，任何一种投资行为主体，无论是个人还是企业，都有其特定相似

① 本文为国家教委人文社会科学跨世纪优秀人才培养计划基金和国家教委“九五”社科基金资助项目“教育投资体制改革的若干理论与实践问题研究”的阶段性成果之一，发表于《河北师范大学学报》（教育科学版）2000 年第 2 期，《高等学校文科学术文摘》2000 年第 4 期、中国人民大学复印报刊资料《教育学》2000 年第 6 期分别全文转载。

的行为动机。但政府作为社会公共利益的代表，其行为动机不尽同于个人和企业这两种投资主体。比如，个人和企业的投资动机主要是为了追求各自的经济利益，满足其本身利益的需要，而政府投资则是为了满足社会全体公民或大多数人的需要，或者说是为了特定的公共利益与需要。但是，在不同的管理体制下，甚至在不同的社会经济发展阶段，因受社会的、经济的以及政策性等因素的制约与影响，政府的公共职能或社会公共需要往往会具有不同的内涵与外延，因而，政府的投资行为动机也会表现出一定的差异性。一般讲，在传统的高度集中的计划管理体制下，因政府被视为有能力支配一切，是有能力直接配置资源的社会经济活动的组织者和管理者，不仅具有固有的政治及社会职能，同时还被赋予了广泛、全面参与组织管理整个社会经济活动的经济职能。相应来讲，传统体制下的政府投资行为动机主要就是为了满足其全面参与整个社会、政治和经济活动的需要。而在市场经济体制下，因政府只被作为市场与市场调节的补充者和校正者，其职能则被限制在只做市场所做不到的事情、所做不好的事情，政府只解决市场所不能解决的问题。与之相适应，在市场经济条件下，政府投资的出发点也就是为了解决市场所不能解决的问题、所解决不好的问题，并尽可能降低和消除市场调节所可能产生的种种缺陷与不足。

由于政府的投资行为动机在不同的体制下往往表现出较大的差异，对政府投资行为动机的分析，原则上讲应根据不同的体制而分别展开。同理，对政府教育投资行为动机的分析也必须遵循这一原则。由于我国经济体制改革的目标模式是建立社会主义市场经济体制，以及由于近年来不少专家学者对计划经济体制下政府教育投资的行为动机已进行过较深入的分析，故本文对政府教育投资行为动机的分析将主要集中于市场经济这一特定的体制状态下。一般讲，在市场经济体制下，政府对教育进行投资的动机主要表现为以下几方面：

1. 发挥政府作为社会公共利益代表的作用，满足社会对教育的公共需要

教育作为人类社会特有的现象，就其本质而言，它是社会对受教育者施加有目的的影响，把他们培养成符合社会要求的人，从而促进人类个体发展和社会整体发展的一种精神生产活动。教育是人类社会“普遍的和永恒的范畴”①，只要有人类的地方就有教育，教育与人类社会共始终。人类是由于社会生产和社会生活的演进而需要教育的，教育本身就具有能满足这些需要的特殊功能。在现代社会经济条件下，教育作为传授知识、技能和培养各类社会专门人才的主要手段和途径，不仅具有特定的生产和经济功能与价值，而且具有十分广泛的社会、政治及文化功能与价值。在经济方面，教育可以加速人力资本的形成，

① 列宁：《什么是“人民之友”以及他们如何攻击社会民主主义者?》，见《列宁选集》第1卷，人民出版社1972年版，第22页。

提高劳动者的素质，进而促进经济的快速发展；在社会方面，教育已普遍被视为参与社会发展工作和提高个人收入水平的重要措施之一；在政治方面，教育也是教育人民有效地参与各项政治活动，使国家逐步走上民主、法治轨道的重要途径；在文化方面，教育自身及其发展又往往关系着一个国家民族文化及其精神财富的传播和继承，关系着民族文化及道德素质的培养和提高。但在上述的教育功能与价值中，教育的经济价值因其所带来的收益主要为受教育者本人所得，因而往往成为个人追求的重要目标和对象，相应，教育的经济价值一般可以通过个人的努力和市场的自动调节而有效地得到实现。而教育的社会、政治及文化价值，一般讲只对整个社会或国家具有十分重要的意义，对个人则往往显得无足轻重，或者说，教育的社会、政治及文化价值能够引起一些人的关注和重视，但总的讲不会成为大多数人所追求的重要目标。这样，在特定的社会经济条件下，教育的社会、政治及文化价值一般不可能像其经济价值那样能够通过个人和市场的力量而得以实现。因此，即使是最崇尚市场机制的西方国家，通常也把教育部门看作是公共部门或准公共部门，也就是市场失灵的部门。美国经济学家雷诺兹就把教育叫做“准公共物品”，认为在这里市场是行不通的，“社会可能决定给予津贴甚至免费分配”①。市场在教育部门之所以会发生失灵，是因为教育具有很高的外部经济效益，即由于教育所带来的巨大的社会效益远远高于私人收益，私人企业或单个企业在市场机制调节下，就会追求私人利益或个别利益而忽视巨大的社会利益，从而给社会造成损失。这样，教育一般只能作为一种社会或国家所追求的共同需要和公共利益，由代表公共利益的政府来满足和实现。那么，在这种情况下，政府对教育的社会、政治和文化价值的追求，以及满足社会或国家对教育的这些政治、文化等价值与功能的公共需要，就成为政府对教育进行投资的主要行为动机之一。当然，政府在追求教育的社会、政治及文化价值的同时，也会因教育的经济价值在整个社会经济发展中具有特殊重要的地位和作用而追求教育的经济价值。当代世界各国政府纷纷扩大对教育的公共投资，其中很重要的一个原因就是人们认识到教育在现代经济增长过程中正发挥着越来越重要的作用。譬如美国著名经济学家舒尔茨就断言：“人类未来不是由空间、能源和耕地所决定，而是要由人类的知识发展来决定。”② 英国经济学家哈比森也表述了同样的观点。他说：“人力资源……是国民财富的最终基础。资本的自然资源是被动的生产要素；人是积累资本，开发自然资源，建立社会、经济和政治组织并推动国家向前发展的主动力量。显

① ［美］雷诺兹：《微观经济学》，商务印书馆 1982 年版，第 237 页。

② ［美］西奥多·W·舒尔茨：《论人力资本投资》，北京经济学院出版社 1990 年版，第 42 页。

而易见，一个国家如果不能发展人民的技能和知识，就不能发展任何别的东西。”[1] 所以，在现代市场经济条件下，政府对教育的投资动机也往往包含着对教育经济功能和价值即培养高素质劳动力、实现经济高速增长的内在追求。而经济的高速增长、国家的繁荣昌盛，从某种意义上讲，同样可视为一种比较特殊的公共利益和公共需要。

2. 充分发挥政府作为社会公平维护者的作用，实现教育的机会均等

在市场经济条件下，教育的价值不仅体现在国民收入的增加上，而且是使个人收入增加、收入分配趋于平等的重要因素。按照西方人力资本理论的观点，通过教育而获得了知识与技能提高的人，既提高了生产能力，又增加了获取收入的能力。因此，教育的经济价值既在于它是经济增长的源泉，又在于它使工资和薪金结构发生变化，使个人收入分配的不平等减少。但现实的情况是，受个人家庭经济状况的制约，并非所有的人都能通过自身的努力而获得教育的这种经济价值，以及这种经济价值所带来的种种经济收益与满足。这是因为，教育的经济价值及其收益的获得，从现实的角度必须以个人能正常地接受必要的教育或培训为前提；而假如教育完全通过市场的途径向个人提供，就意味着个人接受教育的机会与状况将受到个人家庭收入水平的制约。这样，在市场经济条件下，如果不考虑其他因素的影响，那些低收入者尤其是其子女很可能因其家庭收入水平过低而得不到应有的教育或培训，从而无法通过教育获得种种收益和满足。由于在现代社会经济条件下，教育已成为决定一个人未来收入水平高低乃至决定其前途命运的关键性因素，一个人如果不接受教育或少受教育，对终生的收入将造成不可弥补的损失。根据美国人口普查局的调查报告提供的资料，在美国，1990 年获得学士学位的人平均每月挣 2116 美元，高中毕业生每月挣1077美元，而且大学毕业的人比没有读大学的人容易晋升。在日本，大学毕业的脑力劳动者一生的工资所得总数，比中学毕业和高等专科学校毕业的蓝领劳动者工资的最高数额，可多出 5～10 年的数额加。大学毕业者自就业始约至 65 岁时一生的总的工资所得，与高等专业学校毕业者的总的工资所得之差，约为 3260 万日元，与中学毕业者的差距更大，约为 6920 万日元。另外，退职金和一次性退职金是依据学历的高低来附加的[2]。在我国，随着社会主义市场经济体制的逐步建立，劳动的复杂程度和个人受教育程度对收入差距的影响也日益突出。据国家统计局的调查，“城镇居民个人的职务、职称和学历越高，收入水平也越高。1996 年，年人均收入较高的前 4 位依次是：高级工程师和相应职称人员，12047 元；司以上领导干部，11967 元；处级领导干部，10507元；

① ［英］哈比森：《作为国民财富的人力资源》，1973 年英文版，第 3 页。

② 参见卫兴华、黄泰岩著：《我国新经济体制的构造》，经济科学出版社 1993 年版，第 272 页。

工程师和相应职称人员，9120 元。小学文化与大专以上学历的就业者人均收入之比由 1990 年的 1∶1.2 扩大为 1996 年的 1∶1.6 左右”①。由此可见，不均等的教育机会将会使社会收入分配不平等的局面继续下去。那么，这种结局在现代社会看来是很不公平的，尤其对那些家庭收入低但很有才华的子女讲，更是一种“天然”的不平等。因此，人们普遍认为，在现代社会经济条件下，“要缩短个人贫富之间的差距，设法增加贫困者的所得，一个最有效的捷径就是投入更多的资本在低所得者的身上，使他们因为接受较多的教育与训练之后，加速增加他们的收入”②。这样，社会就有责任和义务来保障每个人都能享有平等的接受教育的权利。而要想实现教育的机会均等，单纯依靠市场的力量是不行的，正如美国总统克林顿所言：“市场确实是了不起的，但市场（特别是在全球的经济中）不能给予我们安全的街道、清洁的环境、平等的教育机会、贫穷婴孩的健康孕育以及健康而可靠的晚年。”③ 在个人收入存在一定乃至较大差异的情况下，要想实现教育的机会均等，比较现实而适宜的做法只能是由政府对教育进行投资、由政府创办教育，或者对个人提供相应的教育投资补助，以便消除由于家庭收入过低而对个人正常接受教育所形成的制约和限制，使那些低收入家庭的子女也能平等地受到比较良好的教育。正是基于这样的行为动机和目的，各国普遍实施了公共教育投资政策。

3. 充分发挥政府投资主渠道的作用，弥补和补充个人家庭、企业单位对教育投资的不足

在市场经济体制下，受教育自身属性和特征的决定与影响，个人、企业和政府一般都有其特定的投资领域和范围；而根据市场经济的内在要求，在对教育进行投资的过程中，原则上首先应充分发挥个人和企业对教育投资的积极作用。这是市场经济体制下安排教育投资时所应遵循的一条重要准则。这里的问题，一是个人和企业的教育投资来自个人和企业的收入，个人和企业的收入是国民收入分配中的主要部分，但这部分收入属于不同的企业和不同的劳动者个人所有，它是分散的，每个企业和个人所能支配的仅仅是归他们所有的部分。这就决定了企业和个人的收入，无论其绝对量或是相对量，在国民收入中都不居主导地位，因而个人和企业对教育的投资是有限的。而国家及其各级政府集中的财政收入，在国民收入分配中是居于主导地位的。所谓主导地位，不是就其绝对量和相对量而言，而是指财政收入的高度集中性，它由政府掌握，可以

① 国务院研究室课题组：《关于城镇居民个人收入差距的分析和建议》，载《经济研究》1997 年第 8 期。

② 盖浙生：《教育经济学》，台湾三民书局 1985 年版，第 14 页。

③ ［美］克林顿：《在希望和历史之间》，海南出版社 1996 年版，第 17 页。

在全社会范围内重新分配。因此，从国家财政收入在国民收入构成中的地位来看，政府应当充分发挥国家教育投资主渠道的作用，以弥补个人和企业对教育投资的不足，保证整个教育的正常发展。二是即使个人和企业有较强的教育投资能力，但个人和企业的教育投资作为一种“自发”性的投资，很容易受到一些因素的干扰或影响，使本应由个人和企业提供的投资可能因此出现一定的供给不足或短缺，从而也会影响到整个教育的正常发展。在这种情况下，政府作为整个社会经济活动的最后调节者，也需要对教育进行必要的补充性投资，以弥补个人和企业对教育投资的不足，保证教育的均衡发展。

4. 发挥政府作为公共权力代表的作用，保证教育与经济社会发展的协调与平衡

政府作为公共权力的代表，从公共利益出发而协调教育与经济的运行，是其重要的职能之一。在市场不断发展、社会对教育需求千变万化的情况下，政府作为公共权力的代表而协调教育与经济的关系，就显得更为重要。当然，在新的经济体制下，政府已不可能再通过指令性计划或隶属关系而直接对教育进行宏观调控，而是通过宏观政策来调节教育的发展。因此，政府在教育方面的宏观调控职能主要表现为确立教育发展的战略重点、协调教育发展的规模、速度和学校布局。所谓教育发展的重点，是指国家在一定时期内对整个教育发展中必须予以重点关注、重点资助和扶持的方面。这个问题市场是不能解决的，学校更是无能为力，必须依赖于国家（政府）的控制和干预，因为只有国家拥有高效资源动员手段（税收、赤字、货币发行等），才能为它所确立的重点来大规模动员各种社会资源，为教育发展的重点提供物质保证。而学校、企业、市场以及各种社会力量却不具备这种能力。这一点对于实行市场经济的发展中国家来讲，尤为重要，因为这些国家的教育问题很多，而教育资源又十分短缺，更需要充分地发挥国家的控制和干预作用，以集中必要的资源来扶植和资助教育发展的重点和最薄弱的环节。所谓教育发展的规模、速度和学校布局，说到底就是办多少学校、办什么学校、在哪里办学以及招生多少的问题。这也是不可能完全通过市场和各个学校去解决的，而必须更多地依赖于国家的控制和干预。这是由于国家较之具体学校更了解和掌握社会经济发展对教育全局的需要，便于统筹兼顾；同时国家可以运用手中掌握的教育拨款手段实施直接调节，如通过增加或减少对某类学校或某些专业的拨款，扩大或限制该类学校和专业的招生；通过教育投资方面的倾斜政策，资助边远或落后地区教育的发展，以缩小教育的地区差别和调整学校的地区布局结构等。这不能不说是现代市场经济条件下，政府之所以应对教育进行投资的又一重要原因。

从以上的分析中不难看出，在市场经济体制下，政府教育投资的行为动机主要是为了满足社会成员对教育的公共需要，实现教育的机会均等以及弥补个人和企业教育投资的不足，保证教育与经济社会发展的协调与平衡。这种行为动机，其实也是政府对发展教育所应承担的责任和义务，正是由于具有这些责任和义务，就决定了政府在整个教育投资和教育发展中将起到十分重要而不可替代的作用。

二、政府教育投资支出规模的确定

既然政府在整个教育投资和教育发展中起着十分重要而不可替代的作用，那么，政府对教育投资支出的规模如何确定呢？

从理论上讲，政府教育投资支出规模主要取决于政府和社会对教育功能的认识，取决于社会对公平目标的追求，以及受制于社会收入的分配状态，受制于个人和企业对教育的投资行为状态，等等。然而，不管怎么讲，既然政府教育投资的行为动机主要是为了满足社会对教育的公共需要，实现教育机会的均等以及弥补个人和企业对教育投资的不足等，那么政府对教育投资支出的规模至少应能够保证上述诸目标的实现。

现在的问题是，所谓教育公共需要、教育机会均等以及其他决定政府教育投资的因素，实际上是一种模糊指标，很难进行具体量化。因此并不能真正说明政府究竟应承担多大规模的投资，而只能是一种原则性的说明。至于政府对教育的具体投资支出，则恐怕还应视一国一定时期的具体情况而定。然而，在市场经济条件下政府应遵循的投资原则是，凡是个人、企业和市场能够解决的问题，或是它们能以高于政府干预效率来解决的问题，在原则上应由它们自己来解决，政府只应当从事那些个人、企业与市场所不能、或不愿意从事的经济活动，以及那些相对效率较之个人、企业与市场要高的经济活动。凡是个人和企业能够有效进行投资的教育领域，政府则不应参与或取代。换句话说，政府对教育的投资，主要取决于社会对教育投资的需要与个人和企业对教育投资的具体状况。这样，政府对教育的投资规模原则上应等于全社会对教育投资的需求减去个人和企业对教育的投资。也即是说，在社会总需求一定的情况下，个人和企业对教育的投资越多，政府对教育的投资则越小，反之，政府对教育的投资应越大。根据这一原则，政府只应是整个教育投资来源的最后供给者和调节者。

不过，实际上，当今世界上相当多国家以及历史上的文明国家，主要是国家投入，国家办教育，这是一个不容否认的客观现实。所以，政府对教育的投资并非都是出于个人和企业不愿或不能对教育进行投资，很多情况下往往是政府为了特定的目的而有意识地取代个人或企业的投资。比如以义务教育为例，一般来说，政府就应当成为它的投资主体，个人和社会其他方面的投资只能成为投资来源的补充者。这是因为根据教育经济学理论，义务教育有两个最显著的特征：其一是它的强迫性，即任何一个公民都有责任和义务将其适龄子女送入学校接受义务教育，否则，将被视为违法。其二是它的免费性，即接受义务教育的学生及其家长不必为此付费，国家有责任和义务为这些少年儿童准备各项必需的物质条件，提供接受义务教育的机会。有些发达国家不但免收学费和杂费，甚至还为学生提供上下学的交通便利以及免费午餐。所以，在义务教育领域政府普遍是教育投资来源的主体，而不是最后供给者和调节者。只是在非义务教育阶段，政府才成为教育投资来源的补充者。这是因为，由于受教育者在接受进一步教育后，其预期的经济收益和非经济收益都比未受进一步教育者增多，向其征收部分或大部分经费作为成本补偿是无可厚非的。

然而，需要指出的是，即使是非义务教育，政府也应对其进行相应的投入。这是因为多数受教育者不仅会增加自己的预期收益，也会为国家经济和社会的发展作出更大的贡献，因此国家也是受益者之一。根据“谁受益，谁投资”的原则，政府也应对其进行相应的投入。

三、政府教育投资行为的偏差及其矫治

根据前面的分析，无论是作为教育投资来源的主体，还是作为教育投资的补充者，政府都应对教育进行必要的公共投资，并且这种公共投资应在整个教育投资来源中占据十分重要的地位。那么，现实中政府能否有效地按照社会客观需要进行必要的公共投资呢？

一般讲，这一点无论是在理论上还是在实践中都是难以保证的。这是因为，根据现代西方公共选择理论及其他有关方面的研究，政府作为国家这种公共权力的执行机构，虽然其职能是为了满足社会的公共需要，实现社会或国家的公共利益或共同利益，但政府自身并非是一个理想的、超凡入圣的行为主体，实际上，它不过是由现实生活中的人所组成的一种政治组织机构和实体。政府的行为在很大程度上就受制于这些组成者的具体行为。而这些组成政府的人，总的讲与现实中的其他人并没有什么本质的不同，因为人就是人，不管在什么地方，假如有可能，他宁可选择能为自己带来更大个人满足的决定（物质上和纯粹心理上的满足，如威信、职业成就等），即使与另一项将少给他带来一些个人“剩余价值”的决定相比，该决定不甚符合公共利益[①]。这就是说，政府工作人员固然有其“公共性”的一面，但他们也有“私人性”的一面。“公共性”在于他们服务于政府公共部门，“私人性”在于他们也是以追求自我利益为目的的“经济人”。他们作为“经济人”，就如同企业家在“经济市场”上追求最大利润一样，在“政治市场”上追求着自己最大的利益（如权力、地位、威望、支配

① ［法］亨利·勒帕日：《美国新自由主义经济学》，北京大学出版社1985年版，第128～129页。

力等)。因此，只要有可能，他们就必然会选择能为自己带来更大个人满足的决定。这就使政府在进行决策以及参与和管理社会经济的活动过程中，同样不可避免地会具有一些类似市场的固有缺陷与不足，同样会像企业和个人一样，也有不“安分守己”的地方，并产生出特定的行为偏差。根据现代西方公共选择理论研究，即使在比较完善的现代民主政体下，受政府官员和一些利益集团追求自身利益最大化这一行为动机的制约，政府的实际行为结果往往会与社会公众的意愿、与政府的职能要求发生一定的偏离，而且受现实社会经济活动复杂性以及信息获得不充分性等的制约，政府的行为也会像市场一样产生一定的盲目性和随意性。所以总的讲，在现实中，政府并非总像人们所想象的那样完美无缺，也并非能像人们所要求的那样不受干扰地发挥着其应尽的职能和作用。实际上，受政府自身缺陷与客观条件的限制，其行为及行为结果往往与政府的职能要求以及社会公众的愿望存在着一定的距离。

同样，具体到教育投资这一领域，政府的教育投资作为整个政府投资的重要组成部分，受教育自身属性与政府自身缺陷的制约与影响，也会表现出一些固有的行为偏差。

第一，在满足社会各种公共需要的过程中，政府并非总能按照理性的认识和客观的需要来安排教育投资。政府财政集中分配，满足社会公共需要，实际上是满足政府实现各种职能活动的需要。满足公共需要的范围便是政府活动的范围。在现实中，需要由政府满足的公共需要是多种多样的。如国防、公安、外交和行政管理是国家向全体社会成员提供的无差别的服务，是公众的共同需要，人人无差别地得到保护，享受安全和秩序。它们有不具排他性，不具市场性和不可分割性的特点，是典型的社会公共需要。又如进行具有全国意义的重大生产性建设项目的投资，一般来说耗资大、周期长、风险高、收益低，但受益面广，关系到国计民生，因此只有政府特别是中央政府进行投资才能奏效。再如对健康、科技、体育、广播、影视等社会发展的投资，虽不直接创造财富，但却创造了“创造财富的能力”，理应由政府来进行。还有城市基础设施和市政工程建设投资一般都属于非生产性项目，投资大、使用年限较长，虽然项目本身没有什么经济效益，但由于其社会效益很高，因而也是政府，尤其是地方政府的重要投资领域。教育尽管是一种十分重要的公共需要，理应予以优先保障，但现实中政府能用于满足各种需要的公共资源是有限的。这就使政府在满足各种公共需要的过程中，必须对多种备选的方案进行一定的权衡和抉择。一是由于政府官员在制定政策时，往往会根据个人利益最大化的准则来行使其职权，进行具体的选择和判断，因而政府在进行选择和决策的过程中，会优先考虑那些利益集团压力较大，或者说对其个人利益影响较大的公共需求；比如，在现实中若从各种公共需求的特点看，教育及教育的需求刚性往往不如国防和行政等方面需求刚性强，或者说来自教育投资需求方面对政府官员的压力远不如来自国防、行政等方面的压力大，那么，受利益集团压力及政府官员意愿的影响，政府对教育的投资很可能会被放在不太重要的地位上，或者说往往会被放在国防、行政等支出之后来安排。二是由于政府官员在“政治市场”上所要追求的名誉、地位和权力等是与其“政绩”紧密联系在一起的，因此，为了自己的“政绩”、提高知名度、升官晋级和社会地位，政府官员往往热衷于对全国重点带头企业、电站、各类矿区、油田、港口、铁路干线、大型桥梁、水利枢纽、农田基础设施以及全国性的邮电通信事业等带轰动效应的项目进行投资，或对老百姓亲身感受益处的城市供排水系统、市容卫生、城市基础建设进行投资，而不太乐意对教育这种周期长、见效慢的项目进行投资。三是由于投资教育一般来说不会在一届政府任期内直接得益，因此，尽管强调教育如何重要，但一碰到实际问题，经济建设中那种长期存在的重物质资源投入，轻人力资源开发的倾向就难以得到根本扭转。正如舒尔茨所言，这“在很大程度上成为政府贬低人力资本投资、抬高物力资本投资固执态度的原因”①。上述几点即使在民主政体比较完善的国家也同样存在。至于在民主政体不太完善的国家，出于政治经济方面的考虑，政府把对教育的投资放在比较次要的地位上，就并非什么值得大惊小怪的事情。目前，世界上不少国家都出现教育投入不足的现象，这在一定程度上不能不被认为是与政府的这种投资行为有关。

第二，从政府的内部看，各级政府与政府的各职能部门却又存在着较强烈的扩张教育投资、盲目发展教育的内在欲望。由于政权层次分布的差异，政府教育投资可以分为中央政府投资和地方政府投资。中央政府的教育投资是指中央政府通过其所属的各职能部门或委托其他民间机构，运用中央的预算资金所进行的投资，以保障国家整个教育的协调发展；而地方政府的教育投资是指各级地方政府为了本地区教育的发展，运用地方财政资金所进行的投资。这样，在市场经济条件下，由于利益原则普遍地发生作用，各级政府和政府的各个部门之间，都存在着各不相同的利益要求和利益差别。面对这种利益要求和利益差别，尽管从总体上看政府有不太重视教育的倾向，但受地方和部门利益的制约与影响，各级政府以及政府中的各个职能部门往往会为了追求政治上的声誉、追求权力上的满足，以及为方便自身对专门人才的需要等，而不顾其客观条件的限制、不顾效率地扩大对教育的投资，纷纷建立起一些从整体上看并不十分需要的学校或专业。这一行为倾向，在我国尤其是在我国的中高等教育领域往往表现得尤为突出。

第三，即使政府有按科学合理的原则安排教育投资的动机和意愿，但在对

① ［美］西奥多·W·舒尔茨：《教育的经济价值》，吉林人民出版社1982年版，第130页。

教育投资进行具体安排的过程中，也会出现一定的随意性和盲目性。一是因为教育的需求，尤其是中高等教育的需求十分复杂而又不确定，会导致人才需求与投资安排的不准确性。比如随着科学技术的发展，不同职业对劳动力素质的要求也会有所不同，过去中专生干的工作，由于技术复杂化，可能需要大专水平的人来承担，而过去大专生干的工作，由于技术进步，转化为自动控制，中专文化程度的就可胜任。这样，假若以现时不同职业对劳动力素质的要求来预测较长时期的人力需求和安排教育投资，本身就主观成分太大而不可靠。二是因为政府正确的教育投资决策取决于对劳动力和专门人才需求信息的全面而准确的把握。但是，由于劳动力市场的复杂性和变动性，使这种对信息收集和处理的严格要求几乎是不可能做到的。信息来源于基层，基层传上来的种种信息都需要由政府机构收集、整理和分析，从而需要大量的费用和成本。由于费用的昂贵和时间的限制，基层的许多信息不能反映到政府机构中来。另外，由于各种制度因素和人为因素，基层单位反映上来的信息很可能是掺了“水分”的、经过“修正”的甚至是虚假的。这样，政府的教育投资决策往往不得不在信息不完备和不准确的条件下作出，因而也就不能保证真正地反映和满足教育发展的状况和需要。三是因为很多影响和决定政府教育投资的因素很难掌握和预测，导致教育的发展缺乏与此相配套的资金作保障。政府教育投资的多少，不是由政府官员的主观愿望决定的，而是由多种因素，尤其是经济发展因素决定的。这样，在对教育投资进行具体安排的过程中，政府既难以确定五年、十年或二十年究竟能拿出多少经费投资办教育，也难以依据实际需要安排年度教育经费，因为能拿出多少钱用于教育要依整个国家的经济状况而定。

第四，政府对教育投资的安排与一般的经济支出相比，缺乏有效而强有力的预算约束，因而政府不会像个人和企业那样去主动追求教育投资的运用效果和效率。个人和企业在组织投入产出的过程中，不仅要受到产权的制约，而且要受到利润的支配，因而他们非常关心费用问题，为了获得最大限度的产出和利润，他们必须千方百计降低成本费用，用尽可能少的投入来获取尽可能高的产出和利润。与此相反，教育的投入产出不同于一般的经济投入产出，教育的投入产出一般具有多样性、间接性和迟效性，且不易进行测定和考核。而政府用于教育的投入又主要来自依靠行政手段无偿征收的国民收入，因此在政府的教育投资行为中，不仅没有有效的产权制约，而且也没有利润压力，所以政府官员大多不关心费用问题。对于个人和企业来说，成本费用的降低和利润的增加可以给个人和企业带来直接的利益，但是，对于政府官员来说，一切刚好相反，他们若想方设法提高教育产出效率，降低其产出的成本费用，虽然对于增加社会福利是有好处的，但对于政府官员来说却没有任何益处，这是因为政府官员的收益不是与其工作效率正相关，而是与政府的预算正相关，况且时至今日谁也无法拿出一种比较客观而可靠的标准来对政府的教育投资效率和效果进行衡量和评价。所以，在此条件下，只要政府不内在地去提高教育投资的利用效率，即使对政府的教育投资行为进行一定的监督和约束，政府也会通过各种方式，如作表面文章、找各种借口等来加以应付。

第五，社会对政府教育投资行为的监督常常是困难的。众所周知，为了很好地监督政府的教育投资行为，社会监督机构必须对政府部门及官员的活动情况了如指掌。然而，在现实生活中，向社会监督机构提供情报的却又正是被监督的政府部门本身。这样，除去特别重大的流弊之外，"监督者"完全可能受到"被监督者"的操纵，因为政府官员的地位实际上能使他们强制规定某些政策措施，使之更有利于自身利益而不利于公共利益。政府官员的工作缺乏责任制的约束，对其工作状况和实绩缺乏公开合理的考核和评价标准，造成了欺上瞒下、做表面文章、搞形式主义之类的事情屡屡发生。在政府的组织制度存在着诸如上述种种缺陷和问题的情况下，势必导致政府作出不合理的和错误的教育投资决策，或者即使作出了正确的教育投资决策也不能得到有效贯彻和实施，这又必然导致教育资源利用效率低，浪费严重，教育发展失衡。

总之，受上述种种因素的影响与制约，政府的教育投资行为并不像人们想象的那样"完美无缺"，政府也有不"安分守己"的时候。政府的教育投资行为会出现偏差，是人们面临的一个无法回避的客观现实。与此同时也应当看到，政府的教育投资行为尽管有不太规范的地方，但它的作用是其他教育投资主体所不能替代的。可以说，充分而合理地发挥政府教育投资的作用，是实现教育与社会正常发展的重要保障。因此，虽然受政治以及政府自身组织形式等因素的制约，政府的教育投资行为难免产生一定的问题和偏差，并且这些行为偏差在一定的条件下难以消除，但我们应通过对政治体制的不断修正和完善，通过建立一套比较有效的对政府教育投资行为的约束机制，来尽可能地缩小政府教育投资的行为偏差，以提高教育资源的利用效率，实现教育和社会的正常发展。这就需要在限定政府教育投资行为范围的同时，应当从政治上、经济上完善政府对教育投资的行为机制，以尽可能规范政府的投资行为。具体来讲，第一，通过加强对教育投资的立法来保证政府对教育的投入，同时通过提高政府教育投资行为的透明度，使政府的教育投资行为受到更为有效的约束。根据《中华人民共和国教育法》第 16 条的规定："国务院和县级以上地方各级人民政府应当向本级人民代表大会或者其常务委员会报告教育工作和教育经费预算决算情况，接受监督。"各级人民政府应该按规定接受监督，每年不仅要向人大公布教育投资占整个财政支出的比例，占 GDP 的比例，而且要公布教育投资的使用情况。各级人大要定期对各级政府教育投入情况和经费使用情况依法进行检查。第二，通过完善教育投资的决策程序和管理体制来提高教育投资分配的科学化和规范化。行政机关，特别是教育行政机关是教育经费的主要管理者，能否保证教育投资的合理分配与高效运用，是教育行政机关的重要职责。教育行政机关不仅要对本级政府教育投资的合理分配与有效利用负责，还要采取督导的形式对下级政府教育机构教育投资的分配与使用情况进行督查，发现问题，及时处理。第三，通过加强和完善社会监督以及改善政府对教育的投资方式等，保证政府对教育投资的合理使用，避免教育投资的浪费，提高教育投资的利用效率。这里所说的社会监督主要包括各民主党派及其成员、各社会团体和人民群众的监督以及新闻舆论的监督。国家各级人民政府要对筹措教育经费的分配和使用情况定期或不定期地向社会公布，以接受社会各界的监督。上述这些应是合理发挥政府教育投资作用的基本思路。

关于教育产业化的若干思考①

【内容摘要】“教育产业化”是一个涉及教育体制改革方向的重大理论和实践问题。本文从揭示教育的基本属性入手，明确指出教育是产业，但不能产业化，推行教育产业化，解决不了教育供求矛盾，要较好地解决这一问题，关键是必须通过改革，进一步建立并完善教育成本分担机制，加快实现办学主体和投资主体的多元化。

【关键词】教育　产业化　思考

近年来，随着广大人民群众对教育需求的不断膨胀，教育供求矛盾日益尖锐。如何缓解这一矛盾，受到了全社会的关注，成为人们议论的一个焦点。为此，我国许多专家、学者及社会各界的有关人士在吸收国外有益经验的基础上，从改革着眼，对这一问题进行了新的思考，提出了许多新的主张。其中，有一种颇为流行的观点，即“教育产业化”。所谓“教育产业化”，其基本含义就是要按照企业的运作来办教育，主张通过教育产业化、教育市场化，使教育产品成为一种可以购买的“消费”，以此大幅度提高学费标准和大力发展高收费的民办教育，激励教育消费与投资，形成教育投资与产出的良性循环，加快教育发展，尤其是高等教育的发展，满足广大人民群众日益增长的教育需求，缓解日益尖锐的教育供求矛盾，同时拉动经济增长。这是一个涉及教育体制改革方向的重大理论和实践问题，笔者想就此谈谈自己的看法。

一、教育是产业，但不能产业化

产业是国民经济中按照一定的社会分工原则，为满足社会某种需要划分的、从事产品和劳务生产及经营的各个部门。它包括国民经济的各行各业，大至部门，小至行业，从生产到流通、服务以至于文化、教育等各行各业都可称为“产业”。因此，产业是属于微观经济细胞（企业）与宏观经济单位（国民经济）

---

① 本文为国家教委人文社会科学跨世纪优秀人才培养计划基金和国家教委“九五”社科基金资助项目“教育投资体制改革的若干理论与实践问题研究”的阶段性成果之一，发表于《广州大学学报》（综合版）2000 年第 2 期，中国人民大学复印报刊资料《教育学》2000 年第 5 期全文转载。

之间的一个集合概念。相对于企业来说，它是同类企业的集合体；相对于国民经济来说，它是国民经济的一部分。

一个产业是具有某种同一属性的经济活动的集合。基于产业经济学的各个领域在进行产业分析时的目的不同，对产业的划分也不太一样。1940 年英国经济学家和统计学家科林·克拉克在其著名经济学著作《经济进步的条件》一书中首次将产业结构分为三次产业。第一次产业以农业为主，第二次产业为制造业，第三次产业为一、二次产业以外的经济活动。此后，国际劳工组织和各国政府也都按大体相同的标准对产业结构进行了分类。中国国家统计局于 1985 年 4 月对中国的产业首次进行了划分，第一产业为农业，第二产业为工业和建筑业，第三产业为一、二次产业以外的其他各业，其中又分为四个层次：即流通部门、为生产和生活服务的部门、为提高科学文化水平和居民素质服务的部门、为社会公众需要服务的部门。教育分在第三产业的第三个层次。1992 年 6 月 16 日中共中央、国务院在《关于加快发展第三产业的决定》中，又明确地把教育作为加快发展第三产业的重点，指出教育是"对国民经济发展具有全局性、先导性影响的基础行业"。这种划分反映了人类社会分工和经济活动发展的历史阶段和顺序。如果从这种意义上将教育部门称为第三产业或产业部门，无疑是正确的。

在社会分工高度发达的现代社会经济中，三次产业之间以及三次产业内部各部门存在着密不可分的关系，它们之间相互联系，相互依存，相互制约，统一于现代社会经济总体系之中。其中，每个产业、每个部门在社会经济总体系中都具有重要的地位和作用，在社会经济发展的不同历史阶段，在经济发展水平的不同国家，各产业、各部门的地位和作用不尽相同。从对三次产业结构发展和变动的趋势来看，随着社会劳动生产率和经济发展水平的不断提高，第一产业的比重逐步下降，第二产业尤其第三产业比重上升，在以科学技术为主要推动力的现代经济中，教育具有十分重要的战略地位和作用。正因如此，在改革开放和现代化建设时期，邓小平同志反复强调，实现社会主义现代化，科技是关键，教育是基础。在世纪之交的重要时刻，江泽民同志又深刻指出："当今世界，以信息技术为主要标志的科技进步日新月异，高科技成果向现实生产力的转化越来越快，初见端倪的知识经济预示人类的经济社会生活将发生新的巨大变化。"① 21 世纪的到来，以高新技术为核心的知识经济将占主导地位，国家的综合国力和国际竞争能力将越来越取决于教育发展、科学技术和知识创新的水平，教育将始终是现代经济增长的重要因素。因此，我们说，教育是一个巨大的产业部门，也无疑是正确的。

问题不在于教育是否是产业，也不在于教育在现代经济增长中的重要地位

---

① 转引自教育部：《面向 21 世纪教育振兴行动计划》，1998 年 12 月 24 日。

和作用，而在于教育是否能够“产业化”，教育产品是否可以成为购买的“消费”，办教育是否应当盈利，或者说，在市场经济条件下教育是否应通过市场交换方式来实现与其他产业和部门间的经济联系，教育的投入是否应通过市场销售它的产品而获得。

在现代市场经济条件下，各产业各部门间，在投入和产出，供给与需求上存在着密切的相互交换劳动的经济联系，甲的投入就是乙的产出，乙的投入就是甲的产出。而实现这种经济联系的基本方式，一是通过市场交换、即通过其产出的市场销售获得维持和扩张所必需的投入。以盈利为目的的各经济部门就是如此，诸如工业、农业、商业、建筑业等均属于此类部门。二是通过国民收入再分配，主要是财政再分配实现，其投入通过政府向纳税人征税和财政预算分配获得。一切由政府提供公共产品和公共服务的非营利部门就是如此，诸如政府、国防、安全部门，教育部门总的来说也属于此类部门，也即是说，教育主要是通过财政再分配，而不是通过市场交换来实现同其他部门的经济联系。这是因为：

第一，教育不是可以营利的产业部门或经济部门。理论分析和实证统计分析已经揭示了作为人力资源开发的教育无论是对社会，还是对个人都会带来经济和非经济的收益。在教育过程中同样存在资源投入和产出的经济活动，教育资源的稀缺也要求提高资源的利用效率，以较少的教育投入获得较多的、较好的教育产出。从这个意义上，我们可以说教育具有生产性，教育投资是一种生产性投资。但这种投资的回报是预期的，而非即时的。它是通过教育所培养的各类熟练劳动力和各种专门人才投入社会生产或经济活动之间创造更多的社会财富来实现的，而不是通过教育部门本身来实现的。因此，教育本身并不会产生更多的累积，即教育从性质来说还不是可以营利的产业部门或经济部门，而只应把它作为“服务部门、人力资源开发部门、国民素质提高部门”①。

第二，教育提供的是公共产品或准公共产品而不是私人产品。私人产品指居民或厂商提供的产品和劳务，公共产品则是指由政府提供的必然为全体社会成员消费的产品和劳务。教育可以由私人举办和提供，但政府一般都有程度不同的资助，也不全是私人产品。正因为如此，所以世界上绝大多数国家的法律法规都明确规定学校是非营利机构，即使是私立学校，盈利也必须用于辅助办学，这说明发展和管理教育，向公众提供教育产品是政府的义务和职能，受教育是公民的基本权利。

第三，教育提供的产品是“非卖品”。“产业化”、“市场化”所要求的产品应该是在市场上可以用货币来购买的，实行“教育产业化”也就意味着教育所

---

① 厉以宁：《教育部门在宏观经济中的地位》，载《科技发展与改革》1992年第2期。

提供的产品也应该以一定的价格在市场上出售。那么“教育产品”是什么，教育产业的“业主”，也即是学校的教育工作者能否将这些“产品”拿到市场上去进行买卖作等价交换呢？从教育就其所提供的“产品”来看，不外乎三种类型：一是教育提供的“知识服务”。居民及其子女怎样获得教育提供的“知识服务”呢？先看义务教育，义务教育是一种具有强制性的教育，政府有责任给受教育者免费提供这种服务，受教育者家庭有义务让子女接受这种服务，因此义务教育提供的服务显然就是一种“非卖品”，不能通过市场交换提供。至于说，在义务教育阶段允许私人或民间举办高收费的学校，这是因为居民在义务教育的需求供给上，我国现阶段还存在明显差别。从需求来说，有一部分家庭对教育质量和办学条件要求较高，一般学校满足不了。从供给来说，居民收入水平差别在市场经济条件下明显拉大，少数富裕家庭有条件支付较高的学费。高收费学校与巨大的义务教育规模相比，其数量很少，不影响义务教育所提供的服务属“非卖品”的大局和性质，这在其他实施义务教育的发达或发展中国家也都普遍存在。再看非义务教育，非义务教育提供“知识服务”所遵循的基本原则是“择优录取”，或者说“择优服务”，遵循这一原则，对社会来说能使有限的教育资源得到合理的配置，不仅在目前是比较可行的办法，从长远来说也能使社会取得较高的回报和收益。同时，有利于激励青少年勤奋好学，努力上进，养成依靠本身素质参与公平竞争的良好学习风气。因此，非义务教育提供的“服务”也应当是一种“非卖品”。否则，“分不够钱来凑”就会破坏“择优录取”这一比较公平合理的原则，其后果是不堪设想的。二是各级各类学校所培养的毕业生。如果教育产业化是使达到法定年龄的各级各类学校毕业生商品化，那就不仅是把劳动力当商品，而且是把“人”也当作商品，这是一种历史的倒退，在人类社会发展史中，只有奴隶社会才这样做，因为奴隶包括奴隶的劳动力都属于奴隶主所有。更何况，近年来我国教育尤其是高等教育改革的一个重大举措，就是不再由国家下达计划包分配，而由学生在国家方针政策引导下“自主择业”。如果将毕业生作为“产品”，这个产品是不可能由“产业主”掌握而在市场上出售的，因为学校并非劳动力的供给者，而是劳动力的培养者，教育所培养的劳动能力属于未来的劳动者——学生，而并非学校。因此，如果将学校的毕业生作为“教育产品”出售，不仅对学生缺乏尊重，这在实践中也是行不通的。三是学校的科技成果。学校的科技成果应当产业化，某些职业技能培训也可以采用企业化运作机制来办，但这些与“教育产业化”并不是一回事，在此无须赘述。

上述分析旨在说明教育从性质来说属于非经济、非营利的公共部门，教育产品属于“非卖品”，它并不完全具备产业化的基本条件。不能将以营利为目的的各经济部门的经济联系方式简单地、原封不动地移植到教育中来，推行“教育产业化”。

二、实行教育产业化，难以解决教育供求矛盾

“教育产业化”观点出现的社会背景之一，是我国教育供求矛盾加剧，人们指望教育产业化和市场化可以解决教育经费短缺，缓解教育供求矛盾，满足广大人民群众对教育不断增长的需求。的确，随着社会主义市场经济的发展，教育在劳动者的就业、个人收益的获得和自我目标的实现等方面起着越来越重要的作用。因此，相当一部分群众对教育的认识已经发生了飞跃，教育是不花钱的福利事业的观念已经在很大程度上得到了扭转，希望通过受教育获得较高的文化素养，通过受教育获得较好的职业和较高的社会地位，已经成为相当一部分家庭的共识。特别是独生子女政策的实施，使“望子成龙”成为人们的普遍心理。在大中城市，绝大多数的独生子女家庭都希望孩子能进重点小学、中学，能读大学。这就要求教育，尤其是高质量、高层次的教育供给要扩大。但与广大人民群众日益增长的教育需求形成鲜明对照的是，长期以来，我国的教育尤其是高质量和高层次的教育远远满足不了广大人民群众日益增长的教育需求，矛盾日益尖锐。总之，不必讳言，我国的教育服务仍属“短缺经济”，这与国民经济整体格局形成强烈反差。从国民经济发展总体格局看，我国经济发展成功实现“软着陆”后，短缺经济时代已基本结束，95%以上商品供求平衡或供过于求，而唯独教育是供不应求。但要解决日益尖锐的教育供求矛盾，让教育走产业化、市场化之路，按企业化机制来运作，完全由市场来调节，也是难以奏效的。

第一，“教育产业化”只考虑到让老百姓出钱，而忽视了发展教育事业是政府的基本职责。教育供求矛盾的产生，其原因是多方面的，但归根结底是教育投资供给不足所造成的，因为教育的发展，教育供给的增加，最根本的物质保证是教育投资。换言之，要谋求教育的发展，增加教育的供给，则必须有充裕的教育经费予以支持。二者之间的关系，正如美国教育行政专家罗森庭格所言：“学校经费如同教育的脊椎。”① 所以教育事业的发展，教育供给的增加，需要有充裕的经费，已是不容争辩的事实。那么，教育该由谁投资，教育投资该由谁负担和提供呢？从理论上看，教育投资可划分为政府、企业和个人家庭这三大主体的投资。因为在任何社会经济条件下，教育投资最终来自国民收入，教育虽可以增加国民收入，但不能直接创造国民收入，教育投资只能来自国民收入。国民收入经过初次分配和再分配，形成了国家集中的财政收入、企业收入、

① 转引自蔡保田：《当前我国国民小学教育经费的实际问题》，载台湾《政治大学学报》1970年第23期。

劳动者个人收入三部分。国民收入的分配由国家、企业、劳动者个人三部分构成，教育投资也基本上由这三大主体承担，即形成了个人的教育投资、企业的教育投资和政府的教育投资。其中，政府对教育的投资，则是决定教育能否正常、稳定发展，教育供给能否增加的一个最关键的因素。这无论是社会主义国家，还是资本主义国家；无论是发达国家，还是发展中国家；无论是实行计划经济国家，还是市场经济国家，都概莫能外。就我国而言，各级政府对教育的投资，在我国整个教育发展中更是起着决定性的保障作用。这是因为国家及其各级政府集中的财政收入，在国民收入分配中是居于主导地位的。所谓主导地位，不是就其绝对量和相对量而言，而是指财政收入的高度集中性，它由政府掌握，可以在全社会范围内重新分配。而劳动者个人和企业的收入尽管是国民收入分配中的主要部分，但这部分收入属于不同的企业和不同的劳动者个人所有，它是分散的，每个企业和劳动者个人所能支配的仅仅是归他所有的部分。这就决定了企业和个人的收入，无论其绝对量或相对量，在国民收入中都不居主导地位，因而个人和企业对教育投资是有限的。所以，从国家财政收入在国民收入构成中的地位来看，发展教育事业，增加教育供给应是政府的基本职责。而教育产业化只考虑到让老百姓拿钱，而忽视了发展教育是政府的基本职责，因而是难以解决教育供求矛盾的。

第二，教育产业化只考虑到老百姓对教育的投资意愿，但没考虑到居民的支付能力。由于教育能够提高人们的劳动能力，改变人们的社会地位，带来各种经济和非经济收益，所以个人只要条件允许总有投资教育、获得较高层次教育的冲动，总是希望所受教育程度越高越好。这是符合个人一般投资的行为动机和目的的。因为个人作为社会经济活动中的一个基本主体，是有其特定行为预期的，受这种预期心理的影响与制约，个人在社会中所从事的许多活动往往不是为了今天的享受，而是为了将来能获得种种经济或非经济的收益与满足。由于这些为取得预期收益的个人活动既涉及个人的收入水平或投入，又取决于预期收益的大小，那么个人的投资活动在理论上一般可以用成本—收益分析方法进行分析。也即是说，个人对某一项目的投资支出，原则上将主要受制于个人对此项目投资预期收益、此项目投资收益率与其他项目投资收益率的对比。因为在市场经济条件下，投资是分散进行的，是以预期收益及利益变量来调节的，在这种情况下，不能带来预期收益的投资将受到直接投资者的本能抵制。概言之，个人是否对某项活动投资至少取决于两个条件：一是个人对某一项活动的投资主要取决于个人的收入水平、投资的收益率、投资的风险及其他因素，其中，个人的投资规模与其收入水平、投资的收益率成正比，与投资的风险成反比；二是个人对某一项活动投资的收益率应不低于对其他活动投资的收益率，同时其投资的收益应大于其投资成本。由此可见，个人的投资活动实际上是一种选择，个人是否选择某一项活动进行投资是由成本—收益法则决定的，同样，个人是否进行教育投资，也是由成本—收益分析决定的。诺贝尔经济学奖获得者、美国著名经济学家贝克尔认为："唯一决定人力资本投资量的最重要因素可能是这种投资的有利性或收益率。"① 收益率越大，进行教育投资越有利。一般而言，教育投资的收益率要大于物质资本投资的收益率。据世界银行的教育经济学专家萨卡洛布斯对 60 多个国家私人教育收益率的估算：发达国家平均为 12.3%，发展中国家平均为 25.5%，均高于物质资本投资的收益率。因此个人愿意投资于教育，当前在我国人们甚至将教育消费摆在了首要位置。但个人愿意投资教育，并不等于个人能够投资教育，因为投资教育是需要支付能力的。支付能力的高低往往决定个人对教育的投资量。从我国的情况来看，按国家统计局 1999 年 12 月 29 日发布的预测显示，1999 年城镇居民的人均可支配收入为 5859元，农民人均纯收入 2205 元②。这说明我国居民的收入水平仍然是比较低的，同时也说明当前居民的收入水平是难以支撑较高水平的教育消费支出的。目前，我国大学四年所缴的学杂费、住宿费约为 14000 元～18000 元；基本生活费在万元以上。对于我国现时居民收入而言，这样的收费标准已委实不低了。据调查，我国一千多所高校的 300 多万在校生中，30%～40%处于相对或绝对贫困状态；在经济上"完全没有困难"的人仅占 6.1%。因此，过高估计中国老百姓的教育支付能力是不符合现实的。而"教育产业化"恰恰只考虑到老百姓对教育的投资意愿，却忽视了居民对教育的支付能力。所以仅靠产业化、市场化是难以解决教育供求矛盾的。况且，在经济发展水平较低的阶段上，教育产业是产业间竞争中的弱者，教育产业化、市场化的结果很可能与其初衷相反。

第三，教育产业化只看到价格在形成和调节供求中的作用，而忽视了教育供求显然不是由价格决定的客观事实。实行产业化、市场化的最基本要求或条件是，必须有独立的市场主体——市场上各种商品和投入要素的供给者和需求者；必须有完全充分的竞争，供给者之间、供给者与需求者之间，在市场上展开自由平等的竞争。各种商品和投入要素的价格通过自由竞争由供求形成，反过来又调节供求。供过于求，价格下降，需求增加，供给减少；反之，求过于供，价格上升，需求减少，供给增加，但教育供求显然不是由价格决定的，而是受经济、政治、科技、文化、传统等多种因素影响。就义务教育来说，它是一种依照法律规定，由国家、社会、学校和家庭必须予以保障的国民教育，应由法律调节。各国政府都曾在不同时期颁布了年限不等的义务教育法规，政府和家庭共同承担了相应的义务，其费用主要由政府通过征税提供。其供求、规

① ［美］加里·贝克尔：《人力资本》，北京大学出版社 1993 年版，第 42 页。

② 《今年我国经济增长 7.1%》，载《人民日报》1999 年 12 月 30 日。

划和速度显然是由法律调节，而不是按“产业化”机制来运作，由市场来调节的。由于我国人口多，年龄构成轻，义务教育规模巨大，政府财力有限，对受教育者收取少量杂费，并以各种形式的群众捐资、集资，保证义务教育的实施，但这并不能改变义务教育的性质。由于我国居民对义务教育质量的需求不同，居民收入水平的不同，近年来在义务教育阶段，部分大中城市和经济发达地区举办了一些高收费的学校，但此类学校数和在校生数十分有限，并不会从根本上影响义务教育的大局和性质。再从非义务教育来看，现阶段我国的非义务教育包括高中阶段的各类教育及其高等教育。由于学生毕业后就要就业，这类教育应面向劳动力市场和社会的需求，各国对此类教育也都普遍征收学费。近年来，我国对非义务教育也开始征收学费，学生“缴费上学”，毕业后“自主择业”。这是因为，非义务教育尤其是高等教育，是一种选择性的和非同龄人都能享受的教育，同时，也是“一种专门性的、高代价的活动”①，只有部分或少数同龄人才能享受。在经济发展的一定阶段上，政府无力负担其全部成本，按照公平和平等的原则，作为教育成本分担和补偿，对受教育者征收学费是必要的。因此，应当肯定，市场机制对非义务教育，尤其是职业技术教育和高等教育具有一定的调节作用。但学费从性质来说不是教育价格，非义务教育也不是商品，如果教育产业化、学校企业化，把学费当作教育价格，它由教育供求形成，完全由学费调节教育供求，在教育供不应求的条件下，可能产生以下后果：一是造成教育机会新的不平等。贫困家庭的学生将因交不起学费而被拒之学校大门之外，受教育成为富裕家庭子女的特权。奖贷学金虽然可以缓解一部分贫困家庭学生入学与经济困难的矛盾，但不能从根本上解决这一问题。二是导致非义务教育滑坡。当非义务教育，尤其是高等教育收费超出多数人的承受能力时，将改变人们对高一级教育收益的预期，从而使义务教育或下一级教育入学率降低，辍学率上升。三是部分学校单纯为增加学费收入而超成本高收费、乱收费。如在 1999 年高校扩大招生过程中，由于受“教育产业化”观念的误导和影响等种种原因，部分省市出现了收费双轨制，个别高校还出现了乱收费、高收费现象，就是很好的例证。

三、解决教育供求矛盾，关键是建立合理的教育成本分担机制

所谓教育成本分担，是指教育经费由谁支付、如何支付的问题，即教育成本如何在政府、社会、企业团体、个人、家庭等社会各方之间合理分担并最终

---

① ［美］西奥多·W·舒尔茨：《论人力资本投资》，北京经济学院出版社 1990 年版，第 140 页。

实现的问题。随着知识经济的崛起，教育投资生产观的日益深入人心，个人投资教育收益日益丰厚，教育完全由政府当作一种福利事业来兴办，既不合理，在日益膨胀的教育需求面前也不太可能。同时随着居民收入水平的提高和独生子女政策的实施，居民对投资教育的意愿也日益加强。这就使教育成本的分担既有其客观的必然性，又有其现实的可能性。

教育按其不同阶段的特点，可将其划分为义务教育和非义务教育两个阶段。从目前世界各国看，教育被普遍视为一种介于“私人产品”与“公共产品”之间的“准公共产品”，或者说，教育既具有一定的“私人性”，又具有一定的“公共性”。但如果说将非义务教育视为“准公共产品”是合理的，那么，将义务教育视为“公共产品”才是恰当的。公共产品是指该产品的利益为社会共同享有，而不能为任何一个人单独享有。它的主要特点是为全社会消费，利益为社会共同享有，不具有排他性，即某人消费该种产品并不妨碍其他人对该种产品的消费。私人产品是指该产品的利益只为购买它的消费者个人单独享有，而不产生外在利益。它的特点是为个人消费，利益为个人享有，具有排他性，即某人消费该种产品妨碍其他人对该种产品的消费，如面包，消费者以竞争性价格从市场购得和消费后，排除了他人的消费，而不会产生外在利益。准公共产品是介于纯公共产品与纯私人产品之间的产品，它兼有公共产品与私人产品的特征：一方面在消费上具有排他性，在供给上可以实行排除，将不付款者排除在外；另一方面又具有外在利益，可以为社会共同享受，不能在个人间划分，也不能把一些人排除出去。也有人将私人产品、准公共产品和私人产品的区别界定为：私人产品具有消费的排他性，无外在利益，供给易于排除；而准公共产品相对私人产品而言则具有外在利益；公共产品相对私人产品与准公共产品而言，不仅具有外在利益，而且消费无排他性，供给不易排除。因此，义务教育与非义务教育成本分担与补偿模式也应有所不同。

义务教育是一种依照法律规定，适龄儿童和少年都必须接受的，国家、社会、学校和家庭必须予以保证的、带有强制性的国民教育。因此，义务教育属于纯公益性事业，是公共产品，其教育成本应主要由政府来补偿，但基于“穷国办大教育”的基本国情，我国义务教育的成本单纯依赖政府来负担也是不现实的，而必须从各地区经济社会发展的实际和地方本身的特点出发，坚持统一性和多样性相结合的原则。具体讲，首先，在经济欠发达地区，特别是经济落后的农村地区，普及九年制义务教育的经费应主要由各级政府负担，从而使这些地区的适龄儿童和少年也能享受到最起码的义务教育的权利。其次，在经济发达地区、大中城市适量征收学杂费，以缓解这些地区由于义务教育阶段培养成本的增加而出现的不同程度教育经费紧张的局面。再次，对进入重点中小学校读书的学生，征收较高的学费，适当拉开重点学校与非重点学校在收费方面的差距，以利用重点中小学所具有的吸收家庭和社会投资的能力，减少国家对这些学校的投资，将节约下来的资金用于普通中小学和贫困地区教育的建设。最后，大力发展私立中小学，形成社会参与义务教育的成本补偿与分担的局面。

义务教育之外的各级各类教育，尤其是高等教育则属于非义务和非强制性的教育。它是为整个社会经济活动直接服务的，是为了给社会培养和输送不同类型的高层次专门人才和熟练劳动力。也即是舒尔茨所讲的“这种人力资本投资是为了迎合由于经济增长而造成的需求”①。这就决定了非义务教育的发展，尤其是高等教育的发展，无论是在规模上还是在结构上，都必须以社会经济发展对各类高层次专门人才和熟练劳动力的需求为前提，必须适应和符合这种劳动力的再生产对不同知识和技能的直接需求。从这个角度上看，非义务教育仍然可视为一种收益内在化的“私人产品或服务”。与义务教育不同，非义务教育所传授的知识与技能对个人讲是一种比较特殊的资本，即人力资本；这种特殊的人力资本不仅存在于受教育者的人体内，为个人所直接拥有，而且能提高受教育者的收入，为受教育者带来种种收益或满足，而这种收益或满足除了客观上有利于他人及社会外，基本上主要由受教育者个人直接获得，那么从权益与义务对等这一公平角度看，非义务教育应是有偿教育，接受非义务教育应支付部分或大部分费用。因此，在今后一个时期，尽管国家和社会必须对非义务教育给予大力支持，但也要积极地引导公民个人消费，逐步建立政府、社会、个人、家庭合理分担教育成本的机制。要使每个公民理解接受这样一个观念：非义务教育不是免费教育，接受非义务教育应是今后家庭的最大消费开支之一。

随着居民个人收入水平的提高，学生个人和家庭承受能力的增强，整个非义务教育阶段缴费上学的力度要进一步扩大。再经过一段时间，到 2010 年前后，可考虑将非义务教育上学缴费的力度由目前占教育成本的 25%左右，扩大到 50%左右。同时，要尽快实现办学主体的多样化和投资主体的多元化，在高等教育方面根据高等学校体制的差别，并借鉴西方市场经济国家高等教育发展的经验，对不同类别高等院校实行不同的财政拨款。具体讲，对少量教学与科研力量雄厚、水平较高且在整个社会经济发展中具有举足轻重地位的院校，其投资主要应由中央政府承担和管理，以保证国家和社会的一些特殊需要及重点需要能得到有效满足；其他大多数院校，则由地方政府、公司企业及私人根据各地区及社会的需要与可能分别进行投资。与此同时，还应把所有的院校按投资来源划分为三种类型：第一类是公益性（公立）院校，其投资主要由政府承担并由政府管理；第二类是半公益性院校，其投资主要由政府、公司企业和个人共同承担，但政府投资应占较大比重；第三类是非公益性（私立）院校，其

① ［美］西奥多·W·舒尔茨：《论人力资本投资》，北京经济学院出版社 1990 年版，第 22 页。

投资主要由个人承担，政府只提供少量甚至不提供补助。其中，除了公立院校主要由政府直接管理外，其他院校应主要由院校自主管理，由院校自主决定教育投资的使用以及专业的设置等，以适应经济社会发展的需要。

总之，要较好地解决我国日益严重的教育供求矛盾，满足广大人民群众对教育的需求，推行教育产业化是难以行得通的，关键是必须通过改革，进一步建立并完善教育成本分担机制，加快实现办学主体和投资主体的多元化。

教育多元化与教育投资政策的选择①

【内容摘要】本文认为，追求多样性是当代人类社会发展的大趋势。社会发展的多样性，必须要有教育的多元化作保证，而要保证教育多元化的形成及其健康发展，教育投资政策的选择就是一个关键的问题。

【关键词】教育　多元化　教育投资政策

在世界多极化、利益多元化的当代社会，教育作为一项于国于民都具有切身利益关系的事业，也日益显现出多元化倾向。根据当代社会和教育发展的状况，各利益主体的利益追求及其所构成的相互关系来看，要保证教育多元化的形成及其健康发展，教育投资政策的选择就是一个关键的问题。

一、教育的多元化需要教育投资来源的多样化

当今世界，随着冷战的结束，经济取代军事和意识形态已成为国与国之间处理彼此关系的重要纽带。全球范围内的经济竞争与合作推动了世界经济的发展并启动了全球一体化、国际化和多极化的进程。随着经济全球化进程的日益加快，各国之间科技、文化和教育的交流与合作日益频繁，而这种合作与交流的基础就是民族性、多样化和价值多元化。在这种背景下，追求多样性已成为当代人类社会发展的大趋势。可以这样认为，多样化是全球化、国际化和多极化的合理要求，正如著名美国未来学家阿尔文·托夫勒所说："多样化是明天的第三个特点。"② 然而，世界的多极化、经济活动的多样化、人类社会生活的多样性，必须有教育的多元化作保证。否则，就不会有经济活动的多样化和人类社会生活的多样性，甚至会使国家在经济全球化的过程中失去交流和对话的资格。

所谓教育的多元化是指办学体制的多元化、办学模式的多元化、教育投入的多元化和教育供给的多元化等。它是人类社会生活多样性在教育领域的折射

---

① 本文为全国教育科学规划办"九五"规划项目《社会主义市场经济条件下教育供求的矛盾运动及其调节机制研究》的阶段性成果之一，发表于《广州大学学报》（综合版）2001 年第 10 期，中国人民大学复印报刊资料《教育学》2002 年第 5 期转载。文中的标题是本次加的。

② ［美］托夫勒：《未来的冲击》，新华出版社 1996 年版，第 218 页。

和要求。所谓多样性是与划一性、同一性、统一性相对立的，多样性存在的前提就是差异性，人类文化、环境、种族和遗传的差异性决定了人类生活的多样性，客观世界的事物各具自身独有的特性并以此作为其存在的根据，从而就构成了多样的世界。作为人类社会实践活动的教育又始终是以人类社会生活为背景、对象、内容和目的的。教育是人类社会得以延续和发展的重要手段，它必须是有“生产和再生产”社会生活多样性特征的能力和机制，否则人类社会正常的发展就会受到阻碍或被引入歧途，世界的多样性就会受到削弱。

以上是从人类社会发展的角度而言的，如果从个人发展的角度来看，教育的多元化又是满足人们多样化教育需求的重要途径。教育的根本目的是促进每一个受教育者的完善发展，或者说是以人的发展特别是作为教育对象的具体的个人的和谐发展为根本的。而个人是社会的个人，个人是社会发展的结果和产物，个人应按社会发展的要求来活动，个人的一切发展都是受社会条件制约的。然而，任何一个个人，它总是以个性的面貌而存在的。“每一个学习者的确是一个非常具体的人。……他有他自己的个性，这种个性随着年龄的增大而越来越被一个由许多因素组成的复合体所决定。这个复合体是由生物的、生理的、地理的、社会的、经济的、文化的和职业的因素所组成的。”① 因而，“必须有更灵活的行政制度才能适应个人需求的多样性”②。教育不可能依靠单一模式达到这样一个目的，为了适应个人发展的独特性和综合性，为了充分发展人自身多方面的因素和特性，社会应根据不同人的不同情况提供多种教育模式，可以有更多的发展机会，每一个人都可以按照自己的兴趣、需要和个性特点来选择一种最有利于自己发展的教育。例如，在瑞典，即使是义务教育阶段的学校也有不同的目标取向，如教育观念学校，依据著名教育家的办学理念来办学；宗教倾向学校，服务于有不同宗教信仰的家庭，从而维系宗教团体内部以及家庭成员之间的宗教联系；民族语言学校，帮助学生在学习瑞典语的同时学好一至两门其他语言。到了高中，瑞典还出现了文艺类私立学校和职业技术类私立学校③。在中国，尽管“多样化”的提法还不是很普遍，但它的另一种说法“特色”却得到大多数办学者、管理者和家长的首肯。所谓特色，既可以指独特的专业设置，也可以指不同的教学条件、就读形式和特色课程。例如，在教学条件方面，随着个人收入的分化，家庭生活的层次逐渐拉开，一部分家庭不再满足于一般公立学

---

① 联合国教科文组织国际教育发展委员会编著：《学会生存——教育世界的今天和明天》，教育科学出版社 1996 年版，第 196 页。

② ［伊朗］S·拉塞克，［罗马尼亚］G·维迪努：《从现在到 2000 年教育内容发展的全球展望》，教育科学出版社 1998 年版，第 103 页。

③ 海边：《瑞典九十年代私立教育政策的论战与实施》，载《民办教育动态》1997 年第 1 期。

校的办学条件，一批投入高、规模大、硬件设施好的学校应运而生。在就读形式方面，随着社会节奏的加快和工作竞争压力的增大，一部分家长无力分心关心子女的教育，寄宿制学校于是找到了自己的生存空间。

此外，从教育资源利用的角度来看，教育多元化又有助于提高办学效率，实现教育资源的充分利用。美国著名经济学家道格拉斯·诺思曾提出一个重要论点，即经济增长的关键在于制度因素，一种提供适当的个人刺激的有效制度是促进经济增长的决定性因素，并且认为，如果一个社会没有实现经济增长，那就是没有从制度方面去保证创新活动的行为主体应该得到最低限度的报偿和好处。那么，怎样建立这样一种有效的制度呢？其关键就是要打破垄断和鼓励竞争，因为垄断就意味着失去竞争，缺乏竞争就意味着效率低下，按照经济学的观点，竞争比垄断更有效率。实行多元化办学，由于社会各方的介入，打破了政府垄断教育的局面，国立公办教育与私立民办教育并存，推动了学校之间的竞争。各个微观办学单位不仅要注重硬件建设，更要注重教育资源配置效率以及教学质量的提高，视质量为生命，以特色求发展，不仅要满足人们一般的教育需求，而且还要满足人们日益多样化的教育需求。这正如教育先驱者之一加里·贝克尔在比较欧美高等教育的现状与发展时所说的那样，“无论是推动教育发展还是促进啤酒生产，我都相信竞争的巨大作用。在高等教育领域，美国世界领先，而这个领域是美国竞争进行得最激烈的领域”①。

总之，从世界各国的现实情况来看，教育的多元化不是自然形成或自发产生的，它需要许多相关教育要素的支撑，如办学体制的多元化、办学目标的多样化、办学模式的多元化、教育投资的多样化等。其中，教育投资来源的多样化与教育的多元化又是密不可分的。这是因为在一定社会经济形态下，投资所有权不仅可以决定投资的性质，而且往往影响到教育事业的特点的形成和发展。假使一个国家的教育投资全由政府负担，那么，与此相应，整个教育也必须受到政府的严密控制，从而教育的多元化也就难以出现。相反，如果公司企业、社会集团和个人都负担一部分教育投资，它们也就获得了影响和控制一部分教育的能力，可以根据自身的需要兴办学校，培养人才，只有这样，才能形成教育的多元化。

二、教育投资来源的多样化客观上需要选择由个人家庭、企业单位和政府共同负担的教育投资政策

既然教育投资来源的多样化是教育多元化的根本保证，那么在特定的客观条件、政策环境和利益追求的条件下，如何合理地确认和选择教育投资政策并保证

① 转引自李济英：《放眼国外民办教育》，载《中国教育报》1998年8月8日。

其完整、顺利地贯彻是一个必须予以关注的问题。

从理论和实践来看，教育投资可划分为政府、企业和个人家庭这三大主体的投资，因为在任何社会经济条件下，教育投资最终来自国民收入，教育虽然可以增加国民收入，但不能直接创造国民收入，教育投资只能来自国民收入。国民收入经过初次分配和再分配，形成了国家集中的财政收入、企业收入、劳动者个人收入三部分。国民收入的分配由国家、企业、劳动者个人三部分构成，教育投资也基本上由这三大主体承担，即形成了个人的教育投资、企业的教育投资和政府的教育投资。

教育投资政策的选择，就是指对教育的投资是由其三大主体中的某一主体单独承担或者是由两者或三者共同负担，这是一个关系着教育多元化能否形成的理论和实践问题。

从理论和实践来看，根据个人家庭和政府在整个教育投资中所占份额的不同，教育投资政策的选择大致可划分为三种类型：第一种是教育投资主要由个人家庭分担的教育投资政策；第二种是教育投资主要由政府负担的教育投资政策；第三种是教育投资由个人家庭、企业单位和政府共同承担的教育投资政策。以上三种教育投资政策的选择，实际上都代表着一种特定的教育投资运行机制，各有其特定的功能和适用范围。

首先，就第一种教育投资政策的选择而言，教育投资主要由个人家庭承担，意味着接受教育者与教育的投资者是同一主体，学校的教育费用及教育成本将由受教育者个人及其家庭支付和补偿；同时，教育投资的支出、运用与教育的发展，将主要取决于个人家庭的收入水平，取决于个人家庭对教育投资的各种经济和非经济收益的预期。实行这种教育投资政策，因教育的投资过程主要是通过个人的自主投资、自我接受教育、自我取得收益来完成的，一般具有投资运用与管理比较灵活、内在利益约束机制统一严谨等特点，从而有利于自主实现个人智力再生产的功能和优点。但是，这种教育投资政策，一般只适合于比较简单的劳动力再生产，因为在劳动力再生产的内容以及所需的条件比较简单，劳动者脱离生产劳动过程进行系统学习既没有生产上的需要和相应的物质条件的情况下，个人家庭独立承担教育投资的责任，基本都能保障劳动力再生产的正常进行，但是，在劳动力再生产比较复杂的情况下，特别是劳动者对现代科学技术知识的掌握只能是在生产劳动过程以外的教育过程中进行的情况下，由个人家庭独立承担教育投资则存在着固有的局限性和明显的缺点。第一，因受个人家庭收入水平的制约，劳动者尤其是劳动者子女的教育将被限制在由劳动者收入所提供的狭小空间内。如美国著名社会学家科尔曼根据 1964 年的《市民权法》，对教育机会不平等的情况作了一次广泛调查，调查结果表明，导致低社会阶层出身的儿童与高社会阶层出身的儿童教育机会（包括入学机会和学业成就机会）差异的首要原因是学生的背景[1]。在这里，学生的背景除了同家庭、社区文化环境有关外，主要同家庭的收入水平及富裕程度有关。第二，教育投资只按照个人的意愿和偏好进行，或只作为一件私人的事情由个人提供，社会将无法把对劳动力的具体要求和愿望体现在劳动力再生产的过程中，劳动力的再生产在数量和质量上往往就很可能偏离或不符合社会的愿望与需求。这在经济社会发展日趋复杂的情况下，既不利于各类人才的培养，也不利于教育多元化的形成，更不利于经济社会的协调发展。

其次，就第二种教育投资政策的选择而言，教育投资主要或全部由政府承担，则意味着接受教育者已不是教育的投资者，学校的教育费用及教育成本将由政府的支出来弥补，同时，教育投资的支出、运用、管理与教育自身的发展将主要取决于政府的财力、投资意愿以及对教育的管理水平。选择和实行这种教育投资政策，因教育投资的运用与管理主要由政府完成，投资的运用、管理比较规范统一，不易受到其他特殊因素或偶然性因素的干扰，一般在总体上具有保障教育均衡、稳定发展，有利于为每个人创造平等的接受教育的环境，从而具备实现教育的“公共职能”的优点。它的缺点是政府对教育的控制过严，管理过死，不利于调动其他投资主体办学的积极性，从而不利于教育多元化的形成。比如在中国传统的计划经济体制下，政府对教育实行高度集中的计划管理模式，政府是统一的办学主体，教育资源由政府统一提供，入学机会由政府统一分配。这种由政府包办教育的作法，是国力所不能及的。政府的投资不足影响了教育事业的发展，同时也不利于多种形式办学和多渠道集资，不适应社会经济发展对劳动力的多层次、多元化和多规格的需要。

最后，就第三种教育投资政策的选择而言，这实际上是上述两种教育投资政策和投资机制的有机结合，它兼备了上述两种教育投资政策的功能与特点，因而具有广泛的适应性。当然，之所以选择和实行这种教育投资政策，并不仅仅是因为教育及教育投资比较重要，同时还与教育投资的特点直接相关。教育既是连续性事业，又是永久性事业，所需投资额庞大，其成效与收益又非立时可见。在没有政府帮助的情况下，这一投资所需资金除了依靠个人家庭的收入或储蓄之外，几乎很难从其他渠道获得，这就使个人对教育的投资更容易受到个人收入状况的制约而难以正常进行。因此，为使大多数人都能接受正常的教育或培训，由个人家庭、企业单位和政府共同承担教育投资的责任自然应是一个比较现实而合理的政策选择。例如，美国地区学院的教育经费基本上由地方负担，培养本地所需的

① ［美］科尔曼：《教育机会均等的观念》，见张人杰主编：《国外教育社会学基本文选》，华东师范大学出版社1989年版，第189页。

各种人才；基本上由州政府出资兴办的州立大学主要面向本州；公司和企业出资兴办的各种职业教育学院和培训中心，则负责培养和提供这些单位所需的人才。事实说明，经济活动的多元化离不开教育的多元化，而教育的多元化又客观上需要选择和实行由个人家庭、企业单位和政府共同负担的教育投资政策。

三、多元化的教育投资政策要考虑个人家庭、企业和政府在教育投资中的负担比重

既然教育投资多元化的形成必须以选择和实行由个人家庭、企业单位和政府共同承担教育投资的政策，那么在不同性质、不同阶段的教育中，个人家庭、企业单位和政府各自应承担多大的投资比重呢？

有关个人家庭、企业和政府在教育投资中的负担比重，不同国家在不同时期、不同性质和不同阶段的教育上是不尽相同的，并且是处于变动之中的。目前的研究尚找不出带规律性的结论，也不存在共同的一成不变的模式。但有一点是肯定的，即个人家庭、企业单位和政府在教育投资中的负担比重，总的讲必须考虑生产力发展水平和社会生产关系，特别要考虑不同阶段教育的性质和特点。

教育按其不同阶段的特点，可将其分为义务教育和非义务教育两个阶段。从目前世界各国来看，教育被普遍视为一种介于“私人产品”与“公共产品”之间的“准公共产品”，或者说，教育既具有一定的“私人性”，又具有一定的“公共性”，是一种混合产品。对教育这种混合产品的需求可以分为对教育的私人品性要素的需求和公共品性要素的需求，前者可通过市场机制向学生个人家庭收取，后者则为政府财政拨款部分。

当然，将教育从整体上看作是混合产品或准公共产品，并不意味着教育是同质均匀分布的铁板一块，实际上，各级各类教育的性质有很大的差异，它们在受益外在性和排他性上的表现各异，教育多元化的程度也大不一样，教育投资政策的选择也是有所不同。

义务教育是一种依照法律规定，由国家、社会、学校和家庭必须予以保障的国民教育。它是一个国家民族文化素质的基础，也是一个国家民主进程的基础。按照美国著名经济学家米尔顿·费里德曼的说法，义务教育对社会来说是具有“正邻近影响”的教育，即儿童受到的教育不仅有利于儿童自己或家长，而且社会上其他成员也会从中得到好处。我孩子受到的教育由于能促进一个稳定和民主的社会而有助于你的福利，由于无法识别受到利益的具体的个人（或家庭），所以不能向他们索取劳务的报酬，但对受教育者来说，它却具有外部不经济的特征，即义务教育的个别效益小于社会效益，因而义务教育属于纯公益性事物，属于公共产品的范畴，私人不愿意或不能充分提供。同时，由于义务教育是一种基

本的国民素质教育，不存在水平和类型上的差别，故不必过多考虑资源配置和利用方式上的效率问题。加之，义务教育是对全体适龄儿童的教育，当人口不发生急剧变化时，也不存在规模上的波动，故也不必过多顾虑其稳定问题。所以，义务教育一般来说是政府的责任，主要应由政府来兴办。这样，根据公共产品和义务教育的性质，义务教育的投资由政府承担，就更合理和更有效率。当然，由于居民在义务教育的需求与供给上存在着明显差别，在发达国家或发展中国家也普遍允许个人或民间举办高收费的私立民办学校以满足居民对义务教育的不同需要。

非义务教育不是任何人都必须接受的教育，它是根据经济社会发展和个人能力发展的需要而设立的。它与经济建设、企业生产经营、个人的就业都有着直接和密切的联系。相比之下，非义务教育较之义务教育要复杂得多。特别是非义务教育中的职业技术教育，在层次水平和专业类型上都存在着较大差异。同时，在市场经济条件下，毕业生，特别是中等专业学校毕业生的供求及其价格信号是影响非义务教育运行机制的最重要因素。什么样的用人单位需要何种专业、何种层次的毕业生，其工作起薪多少，其他方面的待遇如何，发展前景怎样，这种职业的社会地位的高低，以及各级各类毕业生的数量、能力、就业期望等是构成这些信号的主要成分。学生及其家长依据毕业生就业市场的信号作出自己的判断和选择，然后根据自身的条件和未来的就业意向报考专业，以待毕业后获得预期的收益。因此，相对义务教育而言，非义务教育就不应完全由政府兴办，而应由社会各方来共同兴办，并且不必限定具体组织形式。标准只有一个，就是看是否有助于扩大教育供给、增加教育的选择性、优化教育资源配置，满足经济社会发展对各级各类人才的需要。与此相应，政府对非义务教育投资的比重就应该小一些，个人家庭支出则应占较大的份额。

以上几方面，可以说是决定个人、企业与政府在整个教育投资中所占比重的基本因素。个人、企业与政府在教育投资中各自所占的比重无非是上述诸因素以及其他相关因素共同作用的一种结果。当然，教育投资由个人、企业和政府共同承担，应该说只是对教育投资政策选择的一种抽象和概括，在现实中，个人、企业与政府实际上都有其具体的承担范围和方式。然而，无论如何，政府对教育进行投资并直接创办公共教育模式，则是目前国际上的一种普遍做法；而且对这种教育投资政策的选择，也应是教育及教育投资的一个基本规律。

此外，从动态的角度来看，教育产品的属性因经济发展水平和文化传统的不同而发生变化。经济发展水平越高，教育产品的公共属性越强。比如，小学教育在经济发展水平很低、文盲率高时，其个人的经济收益很高，其私人产品的属性就会突显出来。而在经济发展到一定程度时，当义务教育已经普及时，接受义务教育并不能直接给受教育者带来多少经济收益，义务教育更多地表现为公共产品的属性。文化传统不同对教育的产品属性也有很大的影响，比如，经济发展水平相差不多的发达国家，美、日与德、英、法的高等教育的产品属性相差很大。美、日的高等教育作为准公共产品，其私人产品的属性更多些，表现为私立高等教育和学费占整个高等教育的比重和整个高等教育经费的比重较大。而德、英、法的高等教育作为一种公共产品，其公共产品的属性更多些，表现在这些国家的高等教育基本都是公立学校，个人接受高等教育基本上可以免费。文化传统则不同于传统文化更多地表现为外在显性的东西，它更多地表现为内在的历史积淀下来的价值观念和行为习惯。这些价值观念和行为习惯渗透到生活中的各个方面。教育作为一项传承、选择和发展文化的社会事业，深受文化传统的影响。这种影响肯定会使人们对教育的产品属性产生不同的认识和对办学模式有不同的看法，从而决定了教育投资政策选择的差异性。

四、教育的多元化与教育投资政策的选择不能脱离具体的国情

以上是就教育多元化与教育投资政策选择的一般模式而言的，也可以说是世界各国的一般准则。但对于具体国家而言，教育的多元化与教育投资政策的选择既应遵循一般准则，又不能脱离具体的国情，否则理论上再合理的教育投资政策和多元化教育模式在实践中也是难以行得通的。中国是一个发展中的大国，改革开放之前相当长一段时间实行的是高度集中的计划经济体制，与此相适应，在教育方面实行的基本上也是一种由国家集中计划和政府直接管理的体制，政策集办学者、投资者与管理者于一身。由于整个教育完全由国家包办，只有一个办学主体，办学模式单一。

改革开放以来，随着中国经济体制改革的全面推进和深入，教育管理体制、办学体制和投资体制改革在若干方面已经取得了重要进展和突破，但基本上仍未能突破传统的高度集中的管理模式，非政府的多元化办学形式比重太小，与多种所有制相适应的教育投资主体尚未形成规模，学校缺少办学的自主权，公民个人缺少可供选择的有特色的、高质量教育机会的自主权。这就从体制上、政策上影响了社会教育资源的广泛吸纳和资源规模的迅速扩大，在相当程度上限制了教育事业的发展。因此，中国教育事业的发展，应选择符合中国国情的多元化办学模式和全面开放的教育投资政策。

在当前，尤其要大力推进改革政府单一办学的体制，大力发展多元化的非政府办学形式。因为经济成分的多元、所有制的多元、利益主体的多元从根本上要求我们，一方面必须突破单一国办教育模式，提倡和鼓励多种所有制企业、经济

实体和财团、集团投资教育，开办各级各类非政府办学的民办学校，以形成办学主体多元化、投资多渠道、管理多样化、以国家办学为主体、社会各界共同办学的多元化办学模式和投资模式。另一方面必须结合我国正在探索的公立学校改革和改制的实际，可尝试对部分公立学校在国有资产保值的前提下，由社会团体、事业单位、中介机构、基金会，以及公民个人接办或承办部分公立学校并将其转制或改制为民办学校，或政府补贴性学校。

多元化办学模式必然推动教育共同投资体制的建立，形成国家、企业团体和个人共同参与教育投资，共同承担教育经费，共同分享教育投资利益的多主体、多层次教育投资格局。但是，由于不同阶段教育性质的不同，对我国的教育应根据不同阶段分别提出不同发展策略和选择不同教育投资政策。具体讲：

第一，对义务教育阶段的民办学校应适度控制。义务教育是国家对全体适龄儿童和青少年强制实施的教育，它不是“精英教育”，而是国民素质教育，因此政府应该义不容辞地举办义务教育，承担对国民进行义务教育的责任。但也不能因此而忽视学生个人和家庭的教育选择权，这是因为居民在义务教育的需求与供给上，我国现阶段还存在明显差别。从需求来说，有一部分家庭对教育质量和办学条件要求较高，一般学校满足不了；从供给来说，居民收入水平差别在市场经济条件下明显拉大，少数富裕家庭有条件支付较高的学费。所以，应允许举办义务教育阶段的民办学校适度发展，有限度地发展义务教育阶段的民办中小学。

第二，对非义务教育阶段的学前教育、高中和高中后的民办教育，应该进一步放开政策，特别是对民办高等教育应该采取更加积极支持和鼓励的政策。中国民办高等教育已经有了近20年的发展历程和实践，对我国教育事业乃至整个国家的经济建设和社会发展都作出了较大的贡献，它正在从高等教育的“补充型”走向“共同发展型”。实践表明，国办高等教育和民办高等教育的相互结合、相互补充、相互促进、平等竞争、各具特色，将有利于形成我国高等教育多渠道筹资和多元化发展的生动格局。在当前尤其要鼓励普通高校创办具有制度创新和新运行机制的二级学院，充分发挥普通高校的智力优势、资源优势与市场体制的筹资优势，并将此作为一种具有前瞻性的战略。普通高校创办二级学院，可实行“国有民办”、“一校两制”的体制，使当前具有紧迫性的规模扩张与具有长远意义的体制改革有机结合，走出一条符合我国实际的低成本、高效益、有质量保障的高等教育多元化发展的路子。此外，还可将一部分公立高等学校，包括成人高校转制为民办高等学校。凡转制的学校在拨款体制上实行一定时间的过渡政策，保持原公立学校的拨款渠道，逐年递减。原公立学校的资产及转制后的拨款作为国家投资，与民间投资共同作为股本金，由董事会和董事会任命的校长负责经营，实行国有民营或混合型的办学体制。

第三，对举办职业教育的民办学校，国家除了采取一般的支持和鼓励政策外，还应给予特殊的优惠政策，使它们在培养各种新的职业技术人员、对下岗人员的培训和再培训方面发挥重要的作用，以增加就业，促进经济的发展。这是因为，职业技术教育是培养具有一定职业技能的熟练劳动力的教育。它与经济建设、企业生产经营、个人的就业都有着直接和密切的联系，应该面向劳动力市场，适应市场供求关系的变化，即职业技术教育的修业年限、专业设置、教学内容等应根据市场需求来确定，学生可以根据劳动力市场的就业行情和就业前景在较大范围内自由选择学校，毕业后自主择业。此外，相对于普通中小学来讲，职业技术教育的成本要高得多。因此，在市场经济中，职业技术教育必须面向市场、走进市场、适应市场、运用市场机制，这就要求职业技术教育的办学体制应该具有多元性和灵活性，举办职业技术教育不必要也不可能像过去那样基本由国家包揽，应该采取切实措施鼓励民办职业技术教育的发展，鼓励民间资金进入职业技术教育领域而不必限定具体组织形式，比如“国有民办”、“民有国办”、“教育股份制”、“职教集团”、“教育园区”、“项目融资”（BOT）、“中外合资”、“中外合作”等都可以尝试，标准只有一个，就是看职业技术教育能否快速灵活地适应劳动力市场变化的需要。

第四，采取更加灵活的财政资助政策，鼓励社会团体、企事业单位和公民个人到教育基础比较薄弱的西部地区投资举办民办学校，积极参与西部地区教育事业的发展。

教育的低效率与教育产权分析[①]

【内容摘要】本文认为，目前我国的教育供求矛盾依然十分尖锐，怎样解决这一问题，长期以来，人们总是出于一种良好的愿望，误以为只要解决了教育经费短缺就能确保教育供求矛盾的解决，却严重忽视了造成教育供求矛盾紧张另一方面的原因，即由于教育产权与职责的模糊这一体制内在的缺陷所造成的教育效率低下的严重影响。本文从产权经济学的视角揭示了教育效率低下的体制根源，进而在此基础上提出了提高教育效率的对策思路。

【关键词】教育　低效率　教育产权　变革

实行改革开放以来，我国教育事业的发展取得了举世瞩目的成就，但从目前的情况来看，教育的发展仍然滞后于其他行业的发展，教育的供给还远远无法满足人们强烈的教育需求，社会、个人对教育的需求日益增多与教育供给不足的矛盾依然存在。对这一问题，长期以来，人们出于缓解教育供求矛盾的良好愿望，误以为只要解决了教育经费短缺就能确保教育供求矛盾的解决。于是，人们从改革着眼，对这一问题进行了许多新的思考，并在吸收外国有益经验的基础上，提出了许多新的主张，采取了不少重大举措，确实增加了教育投资，使教育供求矛盾在某种程度上得到了缓解。但在这一过程中却严重忽视了造成教育供求矛盾紧张的另一方面原因，即由于教育产权与职责的模糊这一体制内在的缺陷所造成的教育效率低下的严重影响。因此，本文试图从产权经济学的视角揭示教育效率低下的体制根源，进而在此基础上提出提高教育效率的对策思路。

一、产权与效率

产权理论是现代经济学的前沿理论之一。在我国随着建立社会主义市场经济体制目标的确立，以及国有企业进一步改革和发展的需要，产权问题才引起

---

① 本文为教育部“十五”社科基金项目《教育产权制度改革的若干理论与实践问题研究》的阶段性成果之一，发表于《华中师范大学学报》（人文社会科学版）2002 年第 2 期，中国人民大学复印报刊资料《教育学》2002 年第 5 期、《教育情报参考》2002 年第 6 期分别全文转载，并获湖北省人民政府第四届社会科学优秀成果三等奖。

较多关注。但从目前来看，产权在我国仍“是一个非常不明确的范畴，这种不确定性来源于现实生活中产权的存在及其运动的复杂性，由于这种复杂性使得人们在认识和考察产权时得以从不同的历史前提出发，从不同的经济生活方面，以不同的研究目的和方法，去概括和解释产权。即每一种解释由于现实生活的复杂性，又总是似乎能找到一系列现实的、历史的支持，进而使得产权范畴缺乏统一的说明”①。然而现代产权经济学关于产权的定义则是非常明确的：所谓“产权就是经济主体对财产的权利，更严格地说是一组权利束（property－rights)，即经济行为主体在划分、占有、支配和使用特定财产时所形成的经济权能及利益关系”②。具体讲，产权具有以下三层含义：“(1) 产权是排他地使用资产并获取收益的权利；(2) 产权就是剩余索取权，谁获取剩余，谁就拥有资产；(3) 产权是剩余控制权形式的资产作用权力。”③

由现代产权经济学关于产权的定义可推断出产权的功能：

第一，产权明晰可以解决外部性或权利界定不清产生的低效率问题。产权是由于资源的稀缺才出现的一种制度，而“在只有一个人或资源无限供给这两种情况下，都不可能出现产权问题”④。因此产权也可以理解为资源稀缺条件下人们使用资源的权利，是人们（主体）围绕或通过财产（客体）而形成的经济权利关系。但在现实生活中，由于某些产品或服务具有外部性或存在由于权利界定不清的问题，会产生搭便车等低效率的行为结果。与此同时，由于“人与人之间，包括所有者与经营者之间、经营者与劳动者之间、国家与公众之间、不同所有者之间、不同劳动者之间等，权利和责任的划分是不明确、不确定的，从而在人与人之间的利益关系中，出现一个模糊的、可以共享的，实际上必然以某种方式加以分配但分配方式又不确定的‘区间’”⑤。存在着这样一个模糊的“区间”，就势必导致特权的产生和交易费用的增加，因此，明晰和界定产权可以排除财产所有和财产营运中的非经济因素的干扰，为财产运作提供权利基础，从而解决外部性或权利界定不清产生的低效率问题。

第二，产权明晰对从事经济活动的主体能起到激励作用。产权关系归根到底是一种物质利益关系，排他性产权的确立使权利与义务相对称，尤其是剩余索取权的明确更使产权主体具有内在动力去有效地营运财产。所谓剩余索取权就是“在其他各方按合同获取他们的收益以后，剩余的收益由所有者索取”⑥。

① 刘伟、李风圣：《产权通论》，北京出版社 1998 年版，第 3-页。
② 李宝元：《人力资本与经济发展》，北京师范大学出版社 2000 年版，第 151 页。
③ 费方域：《企业的产权分析》，上海三联书店、上海人民出版社 1998 年版，第 7 页。
④ 刘世锦：《经济体制效率分析导论》，上海三联书店、上海人民出版社 1994 年版，第 162 页。
⑤ 樊纲：《渐进改革的政治经济学分析》，上海远东出版社 1996 年版，第 43 页。
⑥ 费方域：《企业的产权分析》，上海三联书店、上海人民出版社 1998 年版，第 100 页。

在市场经济条件下，企业是由生产要素的所有者包括投资者、人力资本所有者（管理者、雇员）经过谈判签订契约而组成的，因此企业契约理论认为，市场经济体制下的企业本质是一系列契约的联结①。而企业的市场契约是企业要素所有者之间博弈的结果，通过谈判确定各方以什么角色进入企业，确定各生产要素所有者在企业中的行为方式和获取报酬的方式。在企业内，雇员是"被领导者"，其收入是工资；企业的所有者是"领导者"，获得企业的利润。企业的所有者在支付了合同（契约）规定的应支付的雇员的工资、借贷资本的利息以及其他成本等固定支付后，企业收入的余额就是企业利润，也称为企业的剩余。要求得到企业剩余（利润）的权力称为剩余索取权，拥有剩余索取权的人是剩余索取者，剩余索取者具有这种权力，就会形成提高效率的动力机制。同时，产权制度形成的稳定预期有利于产权主体从长远考虑进行决策，从而避免短期化行为。

第三，产权明晰对不确定事件能有最终的处置权或控制权。在市场经济条件下，产权的界定和明晰可以有效解决因外部性问题或权利界定不清而产生的低效率问题，但产权的界定也不是无成本的，因为合同或契约也不总是十分完备的，有时也不可能对所有的后果都了如指掌，难以保证组织运作的高效率。那么，"在未预料的，或未作描述的，或不能证实的事件与行为中，谁有权力来决定合同未涉及的资产使用或处置呢?"② 这就涉及剩余控制权的问题。如果说剩余索取权是考虑在不完全合同条件下对剩余收益的索取问题，那么，剩余控制权就是指在企业契约中没有特别说明的情况发生后的决策权。经济学理论已经证明，只有当剩余索取权和剩余控制权为同一所有者所拥有时组织运作才是有效率的，因为二者的结合可以让决策者承担决策的全部后果。这样，他的自利动机就会驱使决策者尽可能作出最好的决策，组织的运作才是有效率的。

通过对产权概念及其功能的简要揭示，我们可以从中得出如下启示：不同的产权结构，会导致不同的体制效率，产权清晰对社会经济活动会产生相当大的促进或制约作用，要提高资源配置效率，降低交易费用，必须以产权的界定为前提。由于权利与责任的对等关系，我们可以根据高效低耗的原则对权利与责任进行对等的划分，以构建一套充满内在动力的制度体系，促进包括教育事业在内的公用事业按照经济的原则得以发展，进而提高教育效率，增加教育供给和缓解教育供求矛盾。

---

① 张维迎：《所有制、治理结构及委托—代理关系》，载《经济研究》1996 年第 9 期。

② 费方域：《企业的产权分析》，上海三联书店、上海人民出版社 1998 年版，第 97 页。

二、教育低效率的制度根源

教育活动是一项极其复杂的活动，教育产品是一种具有外部正效应的产品，教育管理中存在着大量界定不清的产权问题。教育低效率的产生，尽管原因是多方面的，但最深层次的原因是教育产权与职责的模糊。

第一，教育产权界定不清，整个教育普遍存在低效率问题。产权一般被认为是财产权利的简称，也可理解为资源稀缺条件下人们使用资源的权利。产权界定清晰，保护合理，人们在具体的交易活动中就会支付较少的交易费用，或者说，人们在既定的产权安排下就会有效地提高资源利用效率，否则，就会由于权利界定不清而产生低效率问题。教育部门虽然是非物质生产部门，但它在为经济社会提供重要生产要素的同时，也需要消耗大量的物质资源，因此教育也有个资源利用效率问题。由于资源的有限性，投入到教育领域的资源更为稀缺，因此必须明确界定教育产权，以实现对教育资源的排他性使用。只有如此，才能有效地增加教育资源的投入，减少教育领域内由于“搭便车”、预算软约束等造成的教育财产损失，以降低教育的交易费用，提高教育资源利用效率，增加教育的供给，满足广大人民群众对教育的需求。但众所周知，中国传统计划经济体制下的所有制结构以单一公有制独统天下为典型特征。在这种情况下，作为人力资本专业化生产部门的教育，相应地亦采用由国家（政府组织）“包”下来的单一所有制形式，逐渐形成了以政府财政拨款投资、统一集中计划管理和条块分割归属办学为基本特征的教育制度体系。在向市场经济体制转轨的过程中，虽然私立民办教育有较快的发展，但公办教育占据绝对优势地位的局面在短时间内是难以改变的。与这种经济体制和教育体制相适应，在教育所有权和管理权的制度安排上，政府既是管理主体又是办学主体，通过行政系统划分归属权，直接举办各级各类学校，而学校仅是政府生产部门的附属物，招生及入学考试、课程设置和教学规范全由政府统一计划安排和管理，学校没有调配人、财、物等教育资源的自主权。由于政府的过度干预，投资者、办学者、管理者与学校教职工各方在财产方面的责、权、利关系就难以理顺，而在学校的代理关系中，作为委托人的政府或社会公众和作为代理人的学校管理者与决策者，同为怀有利己动机的经济人，其行为目标都是为了自身利益或效用的最大化。一般来说，代理人不可能无条件地将委托人的利益或效用最大化作为自己的行为准则。由于都是在运用别人的财产，委托—代理的各个层次都缺乏成本—收益核算的意识和手段，致使教育资源闲置、浪费严重，有时甚至被侵吞挪用，使本就不足的教育投入难以发挥应有的效用。结果造成公共投资主体成本庞大、无力支撑而宏观社会效益又非常低微，家庭个人投资能力充裕因而可免费“搭便车”坐享教育收益故无投资积极性的两难困境。这样，本该由政府管理干预的基础教育，特别是义务教育，政府却无力应付，下放给地方和各个微观办学主体“多渠道”筹资办学；而本该由社会各界和家庭个人进行多元投资、自主办学的中等职业技术教育和高等教育，却因政府部门垄断控制供给不足，致使教育的供给与社会需要因迂回曲折、条块分割的行政性计划和组织系统阻隔而经常发生错位、脱节现象。

第二，教育部门普遍缺乏动力机制，也会导致教育低效率的产生。有了明晰的产权并不一定能保证教育运行是高效的。为了使教育高效运行，还必须构建有效的动力机制。那么，怎样才能构建这种动力机制呢？从产权经济学的角度来看，这种动力机制的形成是通过企业追求剩余索取权来实现的，因此，剩余索取权是为保证企业有效率地运作而存在的。教育尽管不等于经济，学校也不是企业。在现实中，有时尽管制度规定上，可能不存在剩余索取权，但在组织的实际运行中肯定要存在各种变化的剩余索取权形式。因此，不管是否将其称为剩余索取权，学校产权设计中不能不考虑动力机制，只有存在一个有效的动力机制，学校才会成为一个灵活、高效、能适应社会快速变化的组织。但长期以来，教育部门普遍被划为公共部门，教育产品也被简单地当作公共产品来对待。比如，公立学校由于是政府举办的公共部门，不是私人签约的组织，其非人力资本财产是公有的，为政府所控制，政府既是学校的所有者、投资者，又是学校服务的消费者，自然就不存在剩余索取权问题。即使是私立学校，由于财产权的界定不明晰，学校中财产的归属不清楚，各种财产所有者的权力和责任界定不清，投资者是否可以得到回报，应得到什么样的回报，学校的利润归谁所有等问题没有明确的答案。因此，也就谈不上什么剩余索取权问题。结果是教育部门所属的各级各类学校每年都培养了大批人才，产出了许多知识成果，而这些成果在投放社会以后，却没有使教育部门及各级各类学校得到丝毫的价值实现或补偿。因此，教育部门及其各级各类学校只表现为投入的责任，却没有产权的收益权；教育成果的享用部分只表现为收益的使用权，而没有付出的责任，他们享用的几乎是完全的“免费午餐”，致使教育部门缺乏自身的发展动力，收益几乎全部外在化了。当然，这并不意味着教育部门及其各级各类学校丧失了追求剩余索取权的动机，因为根据“经济人”人格假设，人总是在追求自身利益（包括主观效用）的最大化。这种“经济人”人格假设在教育领域同样适用，无论是作为教育管理部门的教育行政机构，还是作为教育服务提供者的各级各类学校，都存在着难以泯灭的通过某种不正当途径获取好处的欲望和动机。在这种欲望和动机的驱使下，诸如教师放下教书育人的“正业”不务而通过办商店等“副业”来搞“创收”，政府某些教育主管部门把依权办学发文凭作为“生财”之道，少数学校竞相计划外扩招自费生赚钱而无法保证生源及教学质量，成人教育、研究生教育搞所谓“先上车后买票”造成人才市场文凭、学位鱼目混珠及“劣币驱良币”的恶劣效应，等等。这些现象无疑都是导致教育效率低下和教育供求矛盾加剧的深层制度原因。

第三，教育活动缺乏有效的约束和规范，也必然导致教育的低效率。产权客观上使财产的责权利有机地统一起来，内生出一种基于自身利益需要的财产营运的约束功能。同时，产权通过对财产实际占有主体进行定位，对其拥有的权限进行了界定，能有效地约束和规范行为人的经济活动，从而能够协调经济主体之间的行为摩擦，维护正常的经济社会秩序，而这个层次的产权就是产权经济学中的剩余控制权。对教育来说，剩余控制权也是极为重要的一类产权，因为教育投资与消费是一项风险高、不确定性大的交易。教育投资与消费中存在着许多无法通过合同规范的权益，存在着许多“意外事件”，并由此产生许多纠纷，这些不确定事件最终谁有处置权，对教育投资与消费者来说都是极为重要的。但长期以来，由于政府是全社会生产资料的唯一所有权主体，因此也是唯一有资格有能力的办学者。教育几乎完全被政府所垄断，公立学校一统天下。这样就造成千篇一律、千校一面的结果。一方面，各个学校都缺乏特色，不能适应不同需求主体的要求；另一方面，这些“吃皇粮”的公立学校相互之间也缺乏竞争，自身既没有风险，更没有压力。在这种既无风险更无压力的情况下，学校总有政府稳定的拨款，学校管理者只要完成上级计划下达的任务就能保住职位，教师只要不触犯法律法规就能稳端饭碗。这样一来，教育资源是否得到了合理配置和充分利用，教学质量是否达到了社会的要求就难得有人真正关心，因为即使教育质量有问题，家长和学生的权益受到了损害，学校既无须负责，也无法负责。在这种制度安排下，政府和学校双方都只能对教育的低效率采取忍耐和无限宽容的态度，各级各类学校教育的低效率因为不能及时得到治理和纠正，就必然持续扩大和蔓延下去。这样，也就必然会影响到教育供给能力的形成，加剧教育供求矛盾。

三、提高我国教育效率的对策思路

教育的低效率，主要由于教育的权利与责任安排的不合理，也可谓是产权与职能的错位。所以，理顺教育产权关系，实现教育产权制度变革，是确立教育发展新机制，提高教育效率的必要前提条件。

关于教育产权，随着我国经济体制和教育体制改革的不断深入，在教育界已有人做过探讨，例如有人认为：“教育产权就是拥有举办起的教育机构财产的权利，即人们围绕特定的教育财产而结成的权利关系。”“教育财产包括学校或其他教育机构的物质资料（硬财产），也包括教育机构在办学过程中的学校作风、教育特色以及由此形成的教学经验和教育思想，还有由整个办学（历史）过程凝聚成的良好‘名牌’社会效应等‘软教育财产’。”① 这种探讨是十分有益的，但这种理解大大限制了教育产权的范围，从概念角度来看，这种理解基本上只涉及教育活动中交易主体之一：学校。而对教育活动交易的其他主体——学生、家长、政府以及学校内部的教师与校长的产权根本没涉及。一个完整的教育产权的界定应该根据前面关于产权的定义，对教育活动中各个主体的权利进行界定，以及在面对教育活动中不确定性与不完全信息时对教育剩余索取权与教育剩余控制权的架构。

然而，教育产权虽然与企业产权有着一定的共性，但教育领域毕竟不同于一般的社会经济生产领域，教育产品和财产也不完全等同于企业的产品和财产。因此，界定和运作教育产权必须考虑教育本身的性质和特点。教育，作为经济社会发展的一个重要组成部分，按西方公共产品理论所作的比较完善的解释，是一种介于纯粹公共产品和纯粹私人产品之间的准公共产品。当然，将教育从整体上看作是准公共产品，并不意味着教育是同质均匀分布的铁板一块，实际上，各级各类教育的性质有很大的差异，它们在受益外在性和排他性上表现各异。

从教育的具体内容看，那些涉及全社会利益的教育，如基础性、普及性的教育，所有社会成员都可以从较高的国民素质中受益，可将其称为公共产品。从经济学的角度来看，如果一种物品或教育属纯公共物品，必须同时具备两个特征，即消费的非竞争性和非排他性。消费的非竞争性是指一个人对某一公共产品的消费并不排斥他人同时对该公共产品的消费。消费的非排他性是指我们不能根据某人是否支付了费用来决定他的消费资格，一旦纯公共产品被生产出来，任何个人都可以自由地消费，而无需经过他人或组织的许可。从纯公共产品这两个基本特征中还可推断出，纯公共产品具有效用上的非排他性和利益上的非占有性，所以，作为社会的代表——国家和政府应是这类教育的主要提供者，应承担其主要费用，家庭个人则主要承担一些零星分散的个体性材料开支。承担这一层次和类别教育的学校应是政府举办的公共部门，不是私人签约的组织，其非人力资本财产是公有的，为政府所控制。因此，对这一层次和类别的教育，宜列为公共事业加以管理和发展。至于说，在义务教育阶段允许私人或民间举办高收费的学校，这是因为居民在义务教育的需求与供给上，我国现阶段还存在明显差别。从需求来说，有一部分家庭对教育质量和办学条件要求较

① 张铁明：《教育产业论》，广东高等教育出版社 1998 年版，第 281 页。

高，一般学校满足不了；从供给来说，居民收入水平差别在市场经济条件下明显拉大，少数富裕家庭有条件支付较高的学费。这种高收费学校和学生与巨大的义务教育规模相比，其数量很少，不影响义务教育属公共产品的大局和性质，这在实施义务教育的发达或发展中国家也都普遍存在。

对这类教育进行产权变革，主要是要引入竞争机制，即通过不同的学校举办者、办学者之间的互相竞争，提高教育质量，使教育资源达到优化配置，从而提高教育效率，如美国的公立学校私营管理、特许学校以及教育券便是极有借鉴意义的例子。公立学校私营管理是由营利性的私营公司管理公立学校及其教育。教育券则是发给学生一定额度的金额，由他们自由选择他们希望去的学校，如私立学校或教会学校。用于教育券的经费并不增加公共教育经费预算，它只是把原先应拨给公立学校的经费转而交给学生直接支付给他们所选择的学校。通过这种手段，鼓励公立学校提高教育质量，并惩罚其失败①。特许学校是美国学校重构的重要形式之一。它"是一种新型的公立学校，主要由公共教育经费支持，由教师团体、社区组织、企业集团或教师个人申请开办并管理，在相当程度上独立于学区的领导与管理。特许学校在享受相当自主权的同时须承担相应的责任，而办学者必须提出明确的办学目标并与地方教育当局为此而签订合约。一旦学校不能履行其职责并达不到预先商定的目标时，提供经费资助的政府有权中止合同"②。创办特许学校，其目的在于给予学生与家长更多的选择权利，在学校之间形成竞争的氛围，因此，与一般公立学校相比，特许学校在获得更大自主权的同时，也要承担更为明确的责任。对照这样的变革模式，在我国承担这一层次教育的学校权力和教师权力显然要大大加强。这种加强不仅仅是课程设置问题，还包括学校管理的各个方面。其目的是让学校和教师在"提供什么服务、怎样提供服务"这样一些最基本的问题上具有决策权，因为学校和教师是掌握相关问题信息最高的决策层次。由学校和教师对这些问题进行决策有利于改变学校过去较为僵化、对外界变化反应不敏感的问题。因此，在我国这一层次教育产权配置问题的核心是，如何给学校和教师以恰当的权力，以及这些权力如何在学校内得到理性的运用。

对于那些外部效应不强，基本上属于学生本人受益的教育，如实用型、操作技能型的教育和职业技能培训，由于更多地带有私人物品性质，可将其称为私人产品。从经济学的角度来看，私人产品具有消费上的独占性或排他性，即一个人享受了这种服务就排除了其他人享受这种服务的可能性。在付费方式上，

---

① 赵中建：《政一企一教联手，共创教育的未来》，载《教育参考》2000年第1期。

② 赵中建：《今日美国特许学校》，载《教育发展研究》2000年第7期。

它是由消费者直接向供给者付费，实行的是“一手交钱，一手交货”的市场原则。受到私人品性教育的学生由于具备了更复杂、更加熟练的技能，更高层次的素质，从而可得到更多的个人发展机会。这类教育由于存在选择性、竞争性，从而具有较强的排他性，对获得相应人才的企业来说，也会获得较强的比较优势。所以，这类教育主要应由劳动者个人和企业来承担相应费用，并按竞争性和经营性的思路促进其发展。因此，在市场经济中，对各种实用型、操作技能型的高等教育、职业技术教育和职业技能培训，必须面向市场，走进市场，适应市场，运用市场机制。这就要求这类教育必须实现产权多元化的变革，即这类教育的办学体制应该具有多元性和灵活性，举办这类教育不必要也不可能像过去那样基本由国家包揽，应该采取切实措施鼓励民办教育的发展，鼓励民间资金进入这一类教育而不必限定具体组织形式，比如“国有民办”、“民有国办”、“教育股份制”、“职教集团”、“教育园区”、“专业融资”（BOT)、“中外合资”、“中外合作”等都可以尝试，标准只有一个，就是看这一类教育能否快速灵活地适应劳动力市场变化的需要。承担这类教育的各级各类教育机构必须拥有独立的产权。所谓“独立”的产权，是指这些教育机构应是特定产权的唯一主体，能独立行使其权能，获取相应的利益并承担相应的责任。尽管我国的《教育法》明确规定了任何组织不得以营利为目的举办教育机构，从法律上限制了营利性学校的存在，但学校不可以没有“个体利益”，完全是为了社会利益的学校，在市场经济的今天必然是低效的。没有学校“个体利益”的结果是，从根本上取消了激励作用和竞争作用，取消了学校发展的利益动力机制。因此，应当承认和允许承担这类教育的学校和机构有适当的利益回报，以调动社会各方办学的积极性。与此同时，在办学过程中，出现学校经营不善，无法继续提供服务，或只能提供质量较差的服务，使消费者权益受损时，学校应该对这一问题负责。这种教育剩余索取权和剩余控制权的结合，就会驱使决策者尽可能作出好的决策，学校的运作才是有效率的。

还有一类教育，即那些主要承担高级尖端人才的培养和塑造，担负抢占世界科技发展制高点重任的教育。由于与国家利益密切相关，所以对这一类教育，绝大部分应由国家财政支出，而且在一定时间和一定领域应有一定的倾斜政策，以确保其顺利快速发展。这是因为，这类教育主要包括那些教学与科研力量雄厚、水平较高且在整个社会经济发展中具有举足轻重的院校本科生以及各院校硕士研究生以上各级各类教育与培养工作。能进入这一层次的人才，数量上只占少数，他们要经过严格的考试选拔，并要求取得相应的创新成果，虽然他们个人确实也会获得较高的收入，但是，他们的劳动成果主要体现在科技与制度的创新方面，这些关系到整个国家经济、社会、科学技术和教育的发展。所以，这一层次的教育受益主要体现为社会受益，其中个人收入的提高也主要是由于社会进步需要这样的激励，并且在这里更需要个人的牺牲精神和创新精神，他们的劳动付出不能简单地用时间来衡量。从这个角度来看，这类教育仍然可视为公共产品。对这类教育进行产权制度变革，一是政府应对作为委托人的办学者提出严格的要求，确定严格的标准，并公开选拔认真负责的办学者，同时加以严格的评估和监察；二是政府应根据学校人力、物力、财力资源利用效率，根据毕业生对劳动力市场和社会经济发展的适应程度以及学校科技发展水平和社会效益进行拨款，以此激励办学者提高办学质量，降低办学成本，提高学校运作的效率；三是打破垄断，承担高级尖端人才培养和塑造的学校和教育机构不应是垄断性服务，即这些学校和教育机构不应当是固定不变的，一旦发现这些学校和教育机构名不副实，承担不了高级尖端人才的培养和塑造，政府就应减少或停止对其拨款，迫使这些学校和教育机构自觉约束规范自己的行为，千方百计提高教育质量。

总之，我国教育低效率问题的产生绝不是偶然的，而是其体制缺陷的必然产物。正是由于我国教育在发展过程中存在着诸多体制缺陷，所以加快教育产权制度变革显得尤为重要，这种变革的最终目的是让学校成为一个灵活、高效、能快速适应外界变化的组织，能够提供消费者满意的高质量服务。

我国基础教育财政体制改革的回顾与反思①

【内容摘要】本文从财政学的视角，以国家财政制度演变为背景，探讨了新中国成立以来我国基础教育财政体制变迁的内在逻辑，总结了既有的经验，找出了存在的弊端，进而试图根据教育自身的属性和特征，寻求摆脱当前我国基础教育财政困境的治本之策。

【关键词】基础教育　财政体制　回顾　反思

基础教育是对国民进行基本的普通科学文化知识的教育，在我国现阶段主要包括九年制义务教育，亦可泛指学前和普通高中阶段的教育。在经济全球化步伐加快、国际竞争日趋激烈的今天，基础教育对于一个国家和民族的重要性是不言而喻的。然而，要使适龄儿童均能受到良好的基础教育，必须要有一个合适的基础教育财政体制作为支撑。

所谓基础教育财政是指国家各级政府为发展本国、本地区的基础教育事业，对其所需的教育资源进行的筹集、分配、管理和监督等一系列有秩序的活动。一定时期内基础教育财政体制的安排要受制于其赖以存在的制度环境，即国家财政制度的约束，而不是人们可以任意选择的。新中国成立以来，基础教育财政体制作为国家财政制度的一个重要组成部分，伴随着国家整个财政制度的演变，也进行了多次的调整和变革。从财政学的视角，以国家财政制度的演变为背景，探讨新中国成立以来我国基础教育财政体制变迁的内在逻辑，总结既有的经验，找出存在的弊端，进而根据教育自身的属性和特征，寻求摆脱当前我国基础教育财政困境的治本之策，无疑具有重要的理论意义和现实意义。

一、计划经济体制下基础教育财政体制的演变及其主要特征

在传统的计划经济体制下，我国基础教育财政管理体制并不是一成不变，

① 本文为“十五”国家社科基金《我国教育经济学面临的若干重大理论与实践问题研究》的阶段性成果之一，发表于《华中师范大学学报》（人文社会科学版）2003年第5期，中国人民大学复印报刊资料《教育学》2004年第1期全文转载。

完全集权的，而是根据当时社会政治、经济、基础教育的现实及其财政预算管理体制的改变而不断变化的。

1949年新中国成立后至1953年，我国国民经济处在恢复时期。这一时期，国家没收官僚资本，打击投机资本，统一全国财政收支，并逐步形成和实行了中央统一财政收支、三级预算管理的体制。与这种统收统支的财政体制相适应，在基础教育财政管理体制方面，“中央直接管理的大中小学经费列入中央人民政府预算，由财政部掌管；各大行政区、省（市）管理的县立中学以上教育事业费，分别列入各大行政区及省（市）预算内，乡村小学、县简师、教育馆的经费，可由县人民政府随国家公粮征收地方附加公粮解决，但地方附加公粮不得超过国家公粮的15%。各城市的小学教育经费，可征收城市附加教育事业费”①。在这一体制中，无论是城镇还是乡村小学，经费无论是来自中央拨款还是来自地方的附加教育事业费或附加公粮，都是由各级政府统一筹划、统一支出的。随着后来对私立学校的接管、改造，全国绝大部分学校的经费管理都纳入了这一体系。

不过，为了满足当时中小学教育快速发展的需要，我国在当时也提出了政府统筹管理和允许群众在自愿的基础上发展民办小学的方针。此外，为了进一步扩大基础教育经费的来源，1955年财政部、教育部又共同制定颁发了中小学收取学杂费的办法。

随着全国财政经济状况的好转，1953年以后，我国逐步进入有计划的经济建设时期，开始实行“统一领导，分级管理”的新财政管理体制。与此相适应，从1957年开始，在教育战线上提出了必须大力提倡群众办学，动员社会各单位集资办学的方针。于是，1958年开始下放教育事业的管理权力，并规定，今后对教育事业的领导，必须改变过去以条条为主的管理体制，应根据中央集权和地方分权相结合的原则，加强地方对教育事业的领导和管理。全部小学、中学的设置和发展，无论公办和民办，都由地方自行决定，包括各项定额标准和执行办法，具体做法是，公办的一般全日制小学由公社直接管理，民办小学由生产大队直接管理。在实际运作中，不少地方甚至将部分初级中学也下放到公社管理。这样，基础教育经费完全纳入地方预算。地方各级政府的具体分工为：省、市、自治区负责制定各项经费标准定额，县人民委员会根据省、市、自治区人民委员会或专署下达的教育经费预算指标，结合本地区情况进行具体安排，经费由县、公社和生产大队负责管理。

---

① 《中国教育年鉴》编辑部：《中国教育年鉴》（1949—1981），中国大百科全书出版社1994年版，第79页。

然而，教育事业管理权限下放后，很多地方都出现了大量挤占、挪用教育经费的现象。为了制止这些现象，1959年，国务院要求各级政府的财政部门和教育部门应根据“条块”结合，以“块块”为主的精神，共同管好教育经费。并规定，各级政府财政部门在编制教育经费概算和核实下级教育经费预算时，应与同级教育行政部门协商拟定；省、市、自治区人民委员会对中央下达的教育经费指标，根据教育事业计划和各项经费开支妥善安排后，如认为不足或有结余时，可以进行调剂；省、市、自治区应根据中央有关部门规定的全国统一经费开支标准，并结合本地区的实际情况，具体制定本地区统一执行的各项经费标准定额。另外，原由县、市教育经费开支而下放到人民公社管理的普通中、小学教育所需的经费，仍应列入县级教育经费预算内，以利于这部分事业的发展与巩固。同时，中小学收取的学杂费按特种资金办法管理，不列入预算内，由教育部门掌握使用。这样，通过上述规定，并经过各方的努力，到1965年基本上制止了地方挪用教育经费的现象，并适当增加了中小学的经费来源。

1966年后，由于受“文化大革命”的冲击，我国的教育事业管理和发展曾一度处于极度混乱的状态中。很多学校要么被砍掉、合并，要么被下放到地方。到了1971年，为改变当时教育经费管理混乱的局面，国家决定从1972年起，中央在安排下达国家财政预算时，把教育事业费支出单列一款，戴帽下达，专款专用。这在一定程度上加强了教育事业经费的管理。1974年，为扩大中小学的经费来源，促进各地区教育事业的发展，国家又提出：中小学勤工俭学收入不上交财政，并在税收上给予适当照顾；对民办公助学校和民办教师，要逐步做到以国家财政补助为主；对少数民族地区和边境地区应给予一定的困难补助。

从以上叙述可以看出，新中国成立以来，在1949年—1979年的前30年中，我国的基础教育财政体制虽然经过多次调整和变革，但在历次变革中，考虑调整中央和地方管理权限多，触及和解决国家、企业与个人家庭的关系少；变革主要是在现有的行政系统范围内，缺乏研究按教育与经济关系的规律去组织管理，基本上囿于行政机构权限职责的划分，甚少跳出行政手段的框子。故总的说来，传统的基础教育财政体制是一种高度集中统一计划的管理体制。其基本特征和主要弊端可以归结为以下几个方面：

1. 统一领导，分级管理

除少数年份外，绝大多数年份，我国基础教育的财政体制基本上遵循了统一领导、分级管理的原则。即中小学教育发展计划、财务计划、基本建设投资计划、教育的财政收支政策及相关制度制定的决策权集中掌握在中央手中。在统一计划、统一政策和统一制度下，对初中和小学的教育经费实行分级管理。具体说，中央、省（市）、专区直属的初中和小学由中央、省（市）、专区的教育主管部门负责，县所辖的公办初中主要由县负责，公办小学的教育经费由县和人民公社两级共同管理，民办小学教育经费的筹措与管理由社队负责。由此可以看出，计划体制下的基础教育财政分权，主要是经费管理分权，而不是财政决策分权。

2. 坚持“两条腿”，而不是“一条腿”走路的原则

无论基础教育财政管理体制如何变化，国家在发展基础教育方面，为弥补财政预算内投入不足，作为一项辅助性的财政措施，始终坚持“两条腿”走路和通过多渠道筹措基础教育办学经费的方针。早在1951年11月，教育部在《关于第一次全国初等教育会议报告》中就提出，小学教育经费应采取政府统筹与发动群众办学相结合的原则，在城市依靠工、矿、机关等单位办学。1952年教育部在《关于整顿和发展民办小学的指示》中又提出：“一方面政府应有计划地增设公立小学，同时应允许群众在完全自愿的基础上出钱出力，有条件地发展民办小学。”① 1958年9月19日，中共中央、国务院发布的《关于教育工作的指示》又强调：“在统一的目标下，办学的形式应该是多样性的，即国家办学与厂矿、企业、农业合作社办学并举”。“我们的原则是两条腿走路，不是一条腿走路。”② 1962年教育部召开的全国教育会议明确提出小学以公办为主、民办为辅的原则，强调国家举办的全日制中小学是中小学教育的主体，同时大力提倡民办学校。

3. “条块分割，分兵把口”管理

在传统基础教育财政体制下，教育投资名义上是国家高度集中管理，实际上是把密切相关的投资活动分散在政府各个管理部门和各级地方政府。这种基础教育财政管理体制对于调动各个部门、各个地区发展教育的积极性是起了积极作用的，但是人为地割裂了教育投资的内在联系。如对教育投资决策和实施的管理，都带有严重的部门所有、地区所有的色彩，使教育的发展受到各部门和地方政府强有力的控制，学校如果超出隶属范围，就可能什么事情也干不成。在这种情况下，条块分割、部门所有的管理体制又使得学校不愿意搞横向联系。因为在部门地方所有的管理体制下，学校的命根子掌握在本部门、本地区上级主管单位手中，要资金、要设备、要编制都要靠上级主管部门解决，横向联系对学校起不了什么决定作用，这就更加强化了部门隶属关系，使学校处于一种自我封闭状态。

---

① 《中国教育年鉴》编辑部：《中国教育年鉴》（1949—1981），中国大百科全书出版社1994年版，第88页。

② 《中国教育年鉴》编辑部：《中国教育年鉴》（1949—1981），中国大百科全书出版社1994年版，第196页。

传统的计划经济体制下，基础教育财政体制的形成，主要是由当时的制度环境——经济体制和财政制度决定的。新中国成立之初，百废待兴，国家财力紧张，资金短缺，分散在社会、个人家庭手中的资金十分有限，客观上要求集中力量，通过政府这一主体来配置资源。这不仅对恢复与发展经济、文化科学等各项事业有利，而且对需要投入大量人力、物力、财力的教育发展，都是十分必要的。与此相适应，国家对教育实行高度集中的计划管理，可以有效地组织全国各级各类学校有计划地培养各级各类建设人才。但这是取决于当时特定的政治经济条件的，当这些特定的政治经济条件逐渐消失后，这种集中过多、控制过死的教育财政体制就会成为教育发展的羁绊，它会窒息微观教育单位的积极性，使学校失去生机和活力。以上所归纳的这些内容，大多是不符合教育发展的客观规律的，也是与满足广大人民群众日益增长的教育需求不相适应的。这从20世纪50年代中期的基础教育规模上就可以看出来。50年代中期，我国小学学龄儿童的入学率一直在50%上下波动；初中招生规模在100万人到200万人之间，占同期小学毕业生的40%，占初中学龄少年的20%。这就是说，在20世纪50年代中期，国家每年只能为占全国学龄儿童50%的儿童提供受小学教育的机会，只能为占全国学校少年的20%提供受初中教育的机会①。与此同时，在国家财政无力包办基础教育的情况下，把基础教育的部分财政筹资责任下放到社队，并采取“两条腿”走路的方针发展基础教育实属是一种无奈的选择。因为国家财政拿走了农民手中几乎所有的纯收入，农民手中基本上没有剩余来办教育。事实上，所谓的民办教育主要是靠国家出政策，依靠社队这种集体组织，通过农民献工献料和采取记工分聘用民办教师这种低成本形式发展起来的。以这种低投入发展起来的基础教育，其结果必然是办学条件差，质量普遍不高。

二、我国现行基础教育财政体制的形成及其特点

改革开放以后，中国的经济和教育进入了一个新的历史发展时期，特别是在党的十二大上更是明确提出要把教育摆在优先发展的战略地位。然而，发展教育需要大量的经费投入，仍采用传统计划经济体制下的教育财政管理体制和筹资模式，不进行教育财政制度创新，要在较短的时间内使我国的教育得到较大的发展几乎是不可能的。因此，对计划经济体制下的教育财政体制进行改革是历史的必然。基础教育财政作为整个教育财政最重要的一环，自然也就成为改革的重点，而改革的关键就是打破决策高度集中、僵化的基础教育财政管理

① 国家教委计划建设司：《中国教育成就》，人民教育出版社1991年版，第25～26页。

体制，实施分权化。

自20世纪80年代初开始的基础教育财政分权化改革的一些具体制度安排，包含在中央国务院颁发的几个重要的文件和人大通过的相关法律中。这些文件和法律包括：《中共中央关于教育体制改革的决定》、《义务教育法》、《义务教育法的实施细则》和《教育法》。

1985年《中共中央关于教育体制改革的决定》提出："把发展基础教育的责任交给地方，有步骤地实行九年制义务教育"，并规定"基础教育管理权属于地方。除大政方针和宏观规划由中央决定外，具体政策、制度、计划的制定和实施，以及对学校的领导、管理和检查，责任和权力都交给地方。省、市(地)、县、乡各级管理的职责如何划分，由省、自治区、直辖市决定"。"为了保证地方发展教育事业，除了国家拨款以外，地方机动财力中应有适当比例用于教育，乡财政收入应主要用于教育"。"地方可以征收教育费附加"。同时，允许地方"在自愿的基础上，鼓励单位、集体和个人捐资助学"。1986年颁布的《义务教育法》以及随后颁布的《义务教育法的实施细则》和《教育法》，除了将上述规定以法律的形式确定下来以外，还对义务教育组织实施、筹资办法及其资金运用等方面作出了更为具体的规定。如《义务教育法的实施细则》第五条规定："实施义务教育，城市以市或者市辖区为单位组织进行；农村以县为单位组织进行，并落实到乡（镇）。"第三十条规定："实施义务教育的学校新建、改建、扩建所需资金，在城镇由当地人民政府负责列入基本建设投资计划，或者通过其他渠道筹措；在农村由乡、村负责筹措，县级人民政府对有困难的乡、村可酌情予以补助。"又如《教育法》第五十条规定："农村乡统筹中的教育费附加，由乡人民政府组织征收，由县级人民政府教育行政部门代为管理或者由乡人民政府管理，用于本乡范围内乡、村两级教育事业。"

按照上述文件规定和相关法律的要求，实施义务教育所需的事业费和基本建设投资，由国务院和地方各级人民政府负责筹措；地方各级人民政府按国务院规定，在城乡征收教育事业费附加，主要用于实施义务教育；义务教育所需的基本建设投资，采取地方拨款、群众捐资相结合的办法筹集，其中农村中小学的校舍投资，以乡、村自筹为主；中央只负责对经济困难的地区予以适当补助，等等。同时，允许中、小学收取一定的学杂费。至此，由传统体制演化而来的我国现行基础教育财政体制已初步形成，并随着改革开放的逐步深入而不断完善和发展。具体地说，我国现行基础教育财政体制大致有如下几个方面的特点：

1. 高度分散的基础教育财政管理体制

基础教育财政管理体制是教育财政管理的核心和最基本的管理制度，其实质是正确处理各级政府间的教育财政关系。基础教育财政管理体制改革的核心问题是基础教育财政管理权限与筹资责任如何在各级政府间的分配。根据《义务教育法》关于“义务教育事业，在国务院领导下，实行地方负责，分级管理”的规定，地方政府，尤其是地方基层政府是实施义务教育的主体，承担着实施义务教育90%以上的经费。其中，城市普及义务教育经费主要由市财政负担，农村普及义务教育的经费主要由县乡政府负担。中央政府在整个义务教育经费的筹措与分配中仅占有较低的比重或份额。根据国家有关教育经费统计资料提供的数据计算，自1985年实行基础教育由地方负责、分级管理的原则之后，1988年我国中小学教育经费来源构成中，中央预算内经费所占比重仅占9.15%，地方预算内经费所占比重高达90.85%①。此后，一直大体上保持这个比例，即中央政府在基础教育经费的筹措与分配中所占比例，一般在10%左右。省级政府除了在业务上对义务教育的实施进行统一的指导和管理外，同样只对义务教育提供很有限的专项补助。这样一来，基础教育的绝大部分筹资责任都交给了县、乡两级政府。据国家教育发展研究中心对全国7省26个县的抽样调查，1998年样本县义务教育经费总支出（含预算外经费）中各级政府负担的比例是：县以上各级财政的教育补助专款约占12%，县财政约占9.8%，其余78.2%为乡村负担②。由此可见，中央和省级财政的预算内教育经费拨款主要用于非义务教育，对义务教育的支持十分有限。因此，地方基层政府对教育财政支出的决策行为，地方人大的监督力度以及地方基层政府组织和动员非政府资金的能力就成为地方基础教育经费是否有保障的关键，进而也决定了某一个地方“普九”的进度和质量。

2. 基础教育经费来源呈现多元化

从上述相关法律和文件中可以看出，20世纪80年代后我国基础教育经费的来源主要有三个渠道，即国家用于基础教育的经费、社会对基础教育的投入和个人负担的教育费用。国家用于基础教育的经费包括国家预算内的教育经费、各级政府依法征收的教育费附加、厂矿企业营业外用于中小学的经费和学校勤工俭学收入的减免税部分；社会对基础教育的投资是指社会集资、社会捐资；个人负担的教育费用包括学生个人和家长交纳的学费、杂费等。其中，社会对基础教育的投入不仅只是作为基础教育经费投入不足的一种补充，而且是构成了基础教育，尤其是农村基础教育经费的一个重要来源，因为制度规定农村中小学的校舍新建、扩建和危房改造均要靠这一部分经费来解决。此外，个人家

① 参见袁景州：《教育投资经济分析》，中国人民大学出版社1996年版，第181页。

② 转引自北京师范大学教育改革与发展研究中心：《2000年中国教育发展报告》，北京师范大学出版社2000年版，第35页。

庭不仅要负担相当部分非义务教育的费用，而且还要直接负担一部分义务教育费用。如1995年、1996年我国普通初中生均缴纳学费79元和92元，普通小学生均缴纳学费42元和50元，分别占1995年和1996年普通中学经常性成本的10.6%和11%，普通小学经常性成本的10.3%和10.7%①。与此同时，农村特别是经济贫困地区，由县（乡）征收的教育费附加也基本上由个人家庭平均负担。

3. 非均衡发展的基础教育财政改革的目标取向

我国幅员辽阔，经济文化发展极不平衡，国家在制定“普九”规划时，并未采取一刀切的办法，而是采用了各地区基础教育非均衡化发展的策略，即根据各地经济发展的实际，将全国分为经济发达、中等发展程度和经济落后三类地区，对于不同地区普及九年义务教育的进程作出不同的安排，对办学条件和教育质量也不作统一要求。这一策略体现在基础教育财政体制的安排上，就是制度设计要尽可能地调动地方办基础教育的积极性，鼓励那些财力充裕且动员非政府资金能力强的地区先普及基础教育，而不是刻意强调中央和省实现基础教育财政均等化的责任。事实上，20世纪80年代以来基础教育财政体制的设计充分体现了这一点。对于我们这样一个各地区经济发展水平极端不平衡的大国，基础教育财政责任基层化和社区化，就决定了全国基础教育发展水平不可能是一个均衡的结果。据统计，1994年—1997年，小学生均经费最高省份与最低省份之间相差倍数从6.5倍扩大到8倍；小学生均预算内教育事业费的差距从7.5倍扩大到9.5倍。同期，农村与城镇学生生均经费的绝对差距也在逐渐扩大，初中生均经费从133元增大到197元，初中预算内生均经费从92元增大到131元；小学生均经费从59元增大到92元，小学预算内生均经费从40元增大到61元。贫困地区学校公用经费严重不足，1997年全国农村小学教育事业费支出公用经费仅占8%。全国2000多个县中，农村小学生均公用经费支出低于2元的县有207个，2元至10元的县有504个，最低的县只有2分钱②。为了解决经费不足，一些地方不得不通过增加集资、收费或借贷来筹措办学经费，加重了群众和学校的负担。

20世纪80年代初的基础教育财政体制之所以要进行分权化改革，是由当时的制度环境决定的。党的十一届三中全会以后以家庭联产承包责任制为主调的农村经济体制改革、“划分收支、分级包干”的财政管理体制改革和城市国有企业改革的启动，构成了这次基础教育财政体制改革的制度环境。

---

① 国家教育委员会财务司，上海教科院智力开发研究所：《1996年全国教育经费统计快报》，载《教育研究信息》1997年第5期。

② 北京师范大学教育改革与发展研究中心：《2000年中国教育发展报告》，北京师范大学出版社2000年12月版，第36页。

在农村，通过实行家庭联产承包责任制，增加农民个人生产的经营自主权，提高农副产品的收购价格，调整城乡利益的分配格局等一系列改革，大大调动了农民生产的积极性，使得生产得到了空前的大发展，农民的收入得到了很大的提高，生活水平得到了很大的改善。据统计，1978年到1985年间，农业年平均增长7.6%，农民人均纯收入从133.57元增加到397.6元，扣除物价上涨因素，实际年均增长15%。可以说，这一阶段农民收入增长和生活改善的速度之快，幅度之大，为新中国成立以来前所未有。

在城市，从1978年起，特别是党的十三大确立城市经济体制改革目标时，确定了这样的分配改革指导思想，变藏富于国为藏富于民；改原来国家对企业统收统支为中央与地方、企业共同分享共同发展，并从理论上承认了以按劳分配为主体的多种分配形式并存；职工工资增长开始同企业经济效益挂钩，允许企业将部分利润留成用于职工的福利和奖金，这样城市职工的工资得到了一定提高。统计数字表明：全国国有企业职工的年平均工资，1978年为644元，1984年增加到1034元，扣除物价上涨因素，国有企业职工年平均工资增幅为33.9%。

在财政管理体制方面，为了改革以集中为主要特征的传统财政管理体制，1980年以来，我国一直实行以“包干”为主要特征的财政管理体制。在收入方面，分为固定收入、固定比例分成收入和调剂收入三类。在支出方面，主要按照企业和事业单位的隶属关系进行划分，地方财政在划分收支范围内多收可以多支，少收则少支，自求平衡。实行分级包干的财政体制，将过去“一灶吃饭”改为“分灶吃饭”，“条条”分配为主改为“条块”分配为主。这种改革之后，对于应当由地方安排的支出，中央各职能部门不再下达指标，大大增加了地方政府的财权，有利于各地区因地制宜地规划、发展社会经济事业。

上述几项以改变原有的国家财政高度集中统一管理体制为特征的改革本身导致了经济利益的较大调整，从而使国民收入的分配格局发生了显著的变化，变化的突出特点之一，便是国民收入中分配给个人的部分不断增加。从国家、企业和个人三大收入主体所得占国民经济总值的比重看，国家所得份额是直线下降，由1978年的31.5%下降到1995年的10.37%，下降了21.21个百分点，年均下降1.25个百分点；企业所得份额经历了一个先下降后上升过程，从全时期来看变化幅度也比较大，高低年份相差12.34个百分点。由于企业所得份额是按剩余法计算出来的，故其变化取决于国家所得份额和个人所得份额的变化，个人所得份额呈波动状上升趋势，由1978年的51.36%上升到1995年的68.95%，上升17.59个百分点，年均增长1.03个百分点①。

① 范先佐：《筹资兴教》，华中师范大学出版社1999年版，第143页。

国家财政收入的减少必然影响到国家教育投资的数量和比例，影响到教育供给能力。与教育投资供给不足形成鲜明对照的是，社会对教育的需求却存在着无限扩大、膨胀的趋向。在这种情况下，要发展教育，政府就有可能继续沿袭计划经济体制下的做法，首先将基础教育部分财政负担转嫁给社会和个人。而农村经济体制和城市国有企业的改革，非公有制经济的快速发展，农民收入和城市职工工资收入的增加，多元利益主体的形成，又使得政府将部分财政负担转嫁给社会和个人由可能变为现实。这样一来，国家将基础教育财政责任基层化、社区化和社会化不失为一种合理的选择。

三、我国现行基础教育财政体制存在的主要问题

20 世纪 80 年代以来这样一种基础教育财政体制模式的建立和推行，从实施的效果来看，应该说在一定程度上消除了传统基础教育财政体制中所固有的一些缺陷和弊端，对促进整个教育和社会经济的发展起到了十分重要而积极的作用。但与此同时也应当看到，现行的基础教育财政体制，由于在教育经费的筹措与分配上过于分散，因而从具体的实践来看，不可避免地至少存在如下的缺点和不足：

1. 难以适应我国城乡和地区间经济发展严重不平衡的基本国情

我国是一个经济发展极不平衡，且大多数的人口分散居住在农村的发展中国家，发展基础教育是一项极为艰巨的社会改造工程，其难点在经济欠发达地区、特别是经济落后的农村地区。从目前情况看，我国大中城市和经济发达地区已基本普及初中教育，有些地方甚至正着手普及高中阶段教育，而经济落后地区普及初中教育甚至小学教育都困难重重。因此，要顺利发展基础教育，关键是要消除这些客观因素的不利影响，为基础教育在全国范围内的顺利实施创造良好的财政条件和环境，以保证各地区基础教育能够比较均衡稳定地发展。然而，我国现行基础教育财政体制是不太适合中国经济发展严重不均衡的基本国情的。把发展基础教育所需的资金交由地方负责筹措与分配，实际上等于默许了经济发展不平衡这种客观差异对发展基础教育的不利影响和制约。其结果，只能使基础教育的发展取决于各地区的经济发展水平，取决于地方政府的财政收入状况。由于各地区的经济发展是不平衡的，总存在着一定的甚至比较悬殊的差距，那么在这样一种基础教育财政体制下，不可避免地使基础教育陷入非均衡发展状态中。我国基础教育发展过程中长期存在的严重城乡差异和地区间的不平衡，实际上正是现行基础教育财政体制实施的必然结果。例如，我国落后地区教师队伍的不稳定，就与这种过于分权化的基础教育财政体制有关，即基础教育由地方负责，则意味着教师的来源、教师待遇将完全取决于地方。由

于落后和偏远地区其经济条件和办学条件一般都比较差，不仅不能吸引其他地区优秀人才来本地区从事教师工作，甚至不能留住本地区已任教的教师，这就造成了一种越是缺乏和需求师资的地区越得不到合格教师的局面。

2. 不利于切实保障经济欠发达地区的经济利益和基础教育的发展

现行的基础教育财政体制，虽然也强调发挥高层政府（中央、省）的作用，但在现行体制模式下，上级政府对基础教育的投资支出，是通过体制分成由地方政府直接安排的，而这种体制分成又是按“基数法”和“一定几年不变”的原则确定的，很难说是科学而合理的，也很难保障经济欠发达地区的经济利益和基础教育的发展。首先，按基数法确定地方政府的收支范围、规模或补助定额，一般很难也不可能真正反映出各地方的实际需要，实际上往往是政治上、经济上妥协的结果，并且往往以承认既定的然而并非合理的利益分配格局为代价，因而占便宜的地方总是占便宜，吃亏的地方总是吃亏。其次，在现行基础教育财政体制下，即使当初所确定的收支基数和范围及其补助定额比较合理，能够满足各地区社会经济发展和教育发展对财政支出的需要，但由于分成比例一定几年不变，经过一定时间，这种分配格局最终仍将会出现难以保障不发达地区对财政支出合理需要的倾向。这是因为，收入分成比例一定几年不变，就意味着按基数法确定的收入分配格局在规定的时期内将难以有所改观，同时也意味着地方基础教育的发展将像其他事业一样，只能取决于地方经济发展与地方财政收入的实现情况。由于经济落后地区和贫困地区相对全国而言，其经济发展总是相对比较缓慢，其财政收入的增长，一般也会落后于经济发达地区，甚至低于全国平均水平；然而这些地区的各项事业的发展，尤其是基础教育事业的发展，从公平的原则来看，都应具有一定的独立性和相对的超前性，或者说至少不应过多落后于经济发达地区。这样，在现行的财政和教育财政体制下，按既定分成比例所确定的落后地区的财政收入，一般将会随着经济的发展，而出现难以满足这些地方公共事业的发展，尤其是义务教育这种具有较强超前性事业发展需要的趋势，从而使不发达地区的教育等公共事业发展对财政的正常需要与财政支出之间，逐步出现一种资金供给不足的缺口。最后，在现行按基数法“一定几年不变”原则确定财政体制的情况下，以分散管理为特征的基础教育财政体制，一般不具有持续、稳定保证地方尤其是不发达地区基础教育事业正常发展需要的功能，因而也是不利于整个基础教育的均衡发展的。

3. 难以保证地方政府对财政资金和教育投资的合理运用

现行基础教育财政体制模式的实施，其前提条件是地方政府的行为必须规范，否则将会导致基础教育的非规范发展。然而，这一前提条件，我国目前基本上是不具备的。由于我国在政治、经济管理体制上存在着许多不完善的地方，再加上地方政府许多工作人员的文化素质和政治水平普遍比较低下，地方政府在财政支出方面的行为，可以说是相当不规范的。这具体表现在：首先，有不少地方政府普遍存在着轻视教育，往往把教育的发展放在比较次要地位的倾向。这是因为，在地方政府中工作的相当一部分干部，“对于发展和改革教育的必要性，认识不足，缺乏紧迫感，或者口头上承认教育重要，到解决实际问题时又变得不重要了”①。如地方政府对财政支出的安排，一般总是先保经济建设，后考虑文教事业；先保自身行政经费开支，再考虑教育经费与教师工资，就是很好的证明。其次，在整个财政支出安排上，地方政府对经济建设和行政经费的支出往往具有扩张的倾向。因为在现行体制下，衡量地方政府政绩和政府官员功绩往往是看经济增长，经济增长是硬任务，教育是软任务。这样，在财政紧张的情况下，地方政府甚至会通过挤占、挪用或截留教育经费来满足这两类支出的需求。再次，许多地方政府在挤占或挪用教育经费的情况下，为了应付上级政府对实施基础教育，尤其是义务教育的检查，往往采用乱摊派、乱收费的办法来维护基础教育的实施，或者默许教育部门通过收费和集资来为教育扩展提供经费，这不仅败坏了政府形象，而且实际上也损害了基础教育的长期发展。当前我国不少地区出现大量儿童、少年失学的现象，很大程度上就与一些地方政府的乱摊派、乱收费有关。而对此，因缺少资金上的制衡力，现行基础教育财政体制中的中央政府是无能为力的。最后，在现行基础教育财政体制模式下，上述弊端不易得到行之有效的抑制和解决。在这样的前提下，把教育的支出全部下放到地方政府，并由地方政府自主安排，自然不可避免会使教育投资的安排失去不同程度的控制，从而难以有效地保证这笔经费的合理使用，使教育事业的发展受到一定的抑制甚至是损害。比如社会曾一再曝光、揭露的，一方面没有钱而拖欠教师工资，另一方面地方政府官员却有钱用公款大吃大喝；一方面不少中小学学校校舍无钱改造，致使危房倒塌，砸死、砸伤学生，另一方面地方政府却有钱大量购买高级轿车，等等，实际上即是现行基础教育财政体制下地方政府种种不规范行为的具体表现。

4. 加重了低收入家庭的经济负担，不利于贯彻教育机会均等的原则

在现代化进程中，基础教育，尤其是义务教育不论在任何国家、任何民族、任何地区都必须普遍实施，这不仅是生产力发展的客观要求，而且是现代社会对每一个公民素质的基本要求。因此，为每一个适龄儿童和少年创造一个平等接受教育的环境，是实施义务教育的重要目的和原则，而要真正贯彻执行这一目的和原则，一般讲，不仅需要对大多数学生免收各种学杂费用，更需要为一

① 邓小平：《把教育工作认真抓起来》，见《邓小平文选》，人民出版社1993年版，第121页。

部分低收入家庭和学生提供一定的补助。然而，我国现行的基础教育财政体制却不具备这方面的功能。这是因为：一是允许义务教育阶段征收杂费的规定，为一些地方学校尤其是落后地区的学校乱收费开了方便之门，甚至成为地方获取教育经费、减轻地方政府财政压力的重要依据。因为在现行基础教育财政体制下，普及义务教育的经费主要由地方政府筹措，贫困家庭、贫困生集中的贫困地区当然不具备这种能力。相反，在这些地区，即使将乡级甚至县级政府的全部收入都用于普及义务教育，依然无法解决教育经费的短缺问题。比起富裕地区来，贫困地区一般会更加看重通过增加学费来补充教育经费，这就使得本来就为孩子上学犯难的贫困家庭难上加难，也使得在这些地方本来举步维艰的普及教育工作面临着雪上加霜的境地。二是教育事业附加费的征收也加重了低收入家庭的经济负担。我国 20 世纪 80 年代末期征收的教育费附加，城市不摊到个人身上，富裕的农村也大都由乡镇企业承担，只有贫困地区才会摊到农民身上，加之贫困地区征收人员的素质较差，同时也缺乏比较现实可靠的标准，实际上已变成了平均征收（摊派）的人头费。而且因为教育费附加事出有名，很多地方甚至借征收教育费附加之机进行乱摊派和乱收费，这些规定和做法使很多低收入家庭和贫困学生不仅没有得到应有的教育资助，反而背上了沉重的经济负担，致使农民节衣缩食盖起了一幢幢教学楼，而自己的孩子却因为交不起学费而失学了。

总之，多渠道筹资模式与我国当时所实行的财政承包预算管理体制和农村经济体制是相适应的，它为我国基础教育尤其是农村九年制义务教育的普及作出的历史性贡献不可抹杀。然而，随着我国以市场为取向的经济体制改革的进一步深化，建立公共财政体制目标的确立，特别是农村费税改革的推行，多渠道筹资模式似乎也走到了历史的尽头。改变现有的基础教育财政体制模式已势在必行。

四、我国基础教育财政体制进一步改革和完善的构想

基于多渠道筹资模式的基础教育财政体制本身所固有的缺陷，以及迫于社会对增进基础教育财政公平的呼吁和基础教育财政面临的实际困难，我国政府不得不于 2001 年对现行的基础教育财政体制作出适当的调整，即变乡镇财政发放教师工资为县财政统一支出，但微调只能缓解暂时的财政困难，而不能解决基础教育财政的根本问题。要寻求治本之策，我国基础教育财政体制必须进一步改革和完善。这种改革和完善所要解决的主要问题是：

1. 变基础教育筹资模式的多渠道为单一渠道

基础教育是公共产品，按照公共财政的要求，提供公共产品是政府的责任，

政府之所以要把基础教育当公共产品来提供，这主要是因为，基础教育是一个国家民族文化素质的基础，也是一个国家民主进程的基础。按照美国著名经济学家米尔顿·费里德曼的说法，基础教育对社会来说是具有“正邻近影响”的教育，即“儿童受到的教育不仅有利于儿童自己或家长，而且社会上其他成员也会从中得到好处，我孩子受到的教育由于能促进一个稳定和民主的社会而有助于你的福利，由于无法识别受到利益的具体的个人（或家庭），所以不能向他们索取劳务的报酬”①。但对受教育者来说，它却具有外部不经济的特征，即基础教育的私人效益小于社会效益。这样一来，如果基础教育不由政府来提供，而由那些只关心个人目标最大化的私人提供，将达不到社会最优水平而存在效率损失。此外，从公平的角度来看，基础教育由政府当作公共产品来提供，可有助于最终达成社会公平。这是因为，基础教育阶段涉及的主要是劳动人民子女受教育的问题，免费提供基础教育，有助于广大劳动人民的子女有均等接受教育的机会，而均等的教育机会又能缩小收入分配的差距和实现社会公平。因为在现代社会经济条件下，“要缩短各人贫富之间的差距，设法增加贫困者的所得，一个最有效的捷径就是投入更多的资本在低所得者的身上，使他们因为接受较多的教育与训练之后，加速增加他们的投入”②。这样，社会就有责任和义务来保障每个人都能享有平等的接受教育的权力，即实现教育的机会均等。如果基础教育机会均等没有保障，在非基础教育乃至人力资本市场上就更不可能有公平竞争的机会，原有的收入差距不仅会继续下去，甚至还将进一步扩大。因此，基础教育财政体制改革的核心就是要将现有包括财政预算内拨款、教育费附加、社会捐资、家庭或学生个人交费等渠道筹措基础教育经费变为政府投资的单一渠道，从而给予城乡居民在基础教育财政负担上同等的国民待遇。当然，强调基础教育筹资的政府责任，并不等于排斥社会自愿捐集资和私人办学，基础教育财政体制创新所要改变的是在相关法律中不应再把社区集资和个人收费作为基础教育重要的资金来源，甚至是补充，这样政府就再也没有借口伸手向老百姓要钱。

2. 对政府管理基础教育的级次进行适当的调整

无论是从公共产品的角度，还是从实现社会公平的角度，政府都应承担起基础教育的全部财政责任。提供基础教育是政府的一项重要的财政职能。既然如此，那么在多级政府组织结构中，如何构建一个合适的基础教育财政体制？换言之，政府应该采用何种方式提供基础教育比较合理？审视各国基础教育财

① ［美］米尔顿·费里德曼：《资本主义与自由》，商务印书馆1986年版，第84页。

② 盖浙生：《教育经济学》，台湾三民书局1985年版，第14页。

政体制的情况，大致可划分为三种模式：即集权、分权和集权与分权相结合的模式。基础教育财政体制形成三种不同的模式，是各国历史传统长期发展的结果，它不存在非此即彼的简单取舍，而是与各国的政治经济体制密切相关的。相比较而言，实行分权与集权相结合的基础教育财政体制模式更有利于调动各方面办教育的积极性，即在维护地方自治的同时，上级政府提供财政补助。从市场经济较为发达国家的实践来看，无论是联邦制国家还是单一制的国家，对基础教育财政体制的安排都未采取集权和分权两种极端形式，各个国家之间的区别只是集中与分散的程度不同而已。比如法国基础教育财政体制要相对集中一些，法律规定国家要负担教育经费的85%以上，因为法国所有的公立教育机关（包括幼儿园在内）的教员，以及和国家缔结合同的私立教育机关的教员，都是国家的公务员，所有教职员工的工资都由国家负担。地方政府支出的主要项目，是属于学校建筑和其他设施、设备费中国家补助（五六成）的不足部分和地方当局雇佣的学校职员的工资。这样，即使是基础教育中央政府也要负起主要责任。而美国基础教育财政体制相对分散一些。美国实行10年～12年制义务教育。"义务教育经费由地方、州及联邦政府共同负担，但主要由州和地方负担。目前，在三级政府用于初中等公立学校的经费总额中，州和地方的投入约占93%左右。"① 来自联邦政府的经费约占7%左右。

我国1980年以来，中央向地方放权，财政也随之下放，实行中央统一领导下的中央、省、地（市）、县、乡各级财政。1985年以后，基础教育则全部由地方政府，主要是省以下的市、县、乡政府管理，投资也由它们负担。这种高度分散的基础教育财政管理体制，尽管发挥了基层政府组织社区非政府教育资源的优势，但如前所述，随着时间的推移、形势的发展，高度分散的基础教育财政管理体制的弊端也日渐显露。根据我国的实际情况，借鉴其他国家的经验，我国基础教育财政体制改革所要解决的第二个重大问题，就是应对政府管理基础教育的级次进行适当的调整，即变基础教育财政体制高度分散为相对分散。由于我国地域辽阔，人口众多，基础教育财政管理体制上调到中央和省都存在信息不对称、决策成本过高的问题。因此，基础教育实行以县为主的财政管理体制比较合理，并且无论是在计划体制下还是在改革开放以后，各县均有管理基础教育的经验。当然，在把基础教育财政责任下放到县一级政府的同时，中央和省级政府也应承担相应的财政责任。

3. 建立规范的政府间基础教育财政转移支付制度

财政转移支付是高层政府为均衡各地方政府的财力状况，协调地区间的经

---

① 邵宗杰等：《义务教育的理论与实践探索》，浙江教育出版社1993年版，第263页。

济发展，对全国整体经济实施宏观调控，将中央掌握的一部分财力转移给地方政府使用的一种调节制度，是财政管理体制的重要组成部分。现代社会，在以分割税收为主要特征的分级财政管理体制下，政府间转移支付制度是协调中央政府与地方政府财政关系的一项重要配套制度。而基础教育财政转移支付是政府间财政转移支付的一个重要组成部分。规范分权的基础教育财政制度与规范的基础教育财政转移制度是联系在一起的。基础教育由地方政府负责，上级政府之所以要提供财政补助，是因为：第一，对于绝大多数国家，尤其是像我们这样一个经济发展水平极不平衡的发展中大国，在分级财政体制下，由于地区之间财政能力和基础教育支出成本方面存在的差异，不可避免地会造成地区间的基础教育能力往往相差悬殊和基础教育的非均衡发展。而基础教育是一个地区社会经济发展的基础，基础教育发展的不均衡往往又会进一步加剧地区间社会经济发展的不平衡，继而危及社会的稳定。因此，需要高层政府采取转移支付的方法来弥补地方政府间财政能力的差异，促进各地区间基础教育财政能力的均衡化。第二，由于地方政府提供的基础教育，属于公共需要或公共服务，所产生的利益不仅为本辖区的居民所享受，而且外溢到其他区域。如在本辖区内受过良好教育的中小学生，将来有可能在其他辖区内就业，客观上要求上级政府采取一定的形式对该地方政府予以补助，以鼓励其提供这种具有外溢性的公共服务。第三，在实行多级预算主体的国家，高层政府，特别是中央政府往往是将税基宽泛且具有流动性的税种及具有再分配效应的个人所得税划归中央政府，这一部分收入占全部财政收入的绝大部分，而把适应地方政府征收且不具有流动性的小税种留给地方政府。这样就使得地方政府可能根本就没有财政能力来承担基础教育的全部财政责任，出现基础教育财政纵向失衡。这种情况在我国1994年税制改革后的一些地方是相当突出的。因此，为了弥补收支差额，增强其满足基础教育发展需要的财政能力，解决地方政府因事权与财政不对称所形成的财政纵向不平衡，也必然需要上级政府为地方负责的基础教育提供财政补助。第四，高层政府通过地方负责的基础教育提供财政补助，对地方基础教育的发展实施调控，可使其行为符合高层政府宏观教育政策的实施要求。

20世纪80年代，中央在将基础教育财政责任下放到地方的同时，依据《义务教育法》的有关规定，也开始对经济困难地区、少数民族地区实施的义务教育以及贫困生和无正常学习能力的儿童提供专项补助，如“七五”期间中央设立的用于支持老、少、边、穷地区普及初等教育的专款、民族教育补助专款，“九五”期间设立的特殊教育补助专款、贫困地区义务教育的助学金补助专款以及新中国成立以来中央用于地方义务教育最大一笔补助款“国家贫困地区义务教育工程款”等。上述各项基础教育专项补助，在促进基础教育发展，增进基础教育的公平与效率方面均起到了一定的作用。但由于补助的规模过小，制度本身设计不规范，补助使用过程中缺乏监督等原因，使得这项补助的作用极其有限。因此，基础教育财政体制创新的关键是要建立起高层政府对基础教育专项转移支付制度。高层政府应正确认识对基础教育实施专项转移支付的意义和重要性，采取种种措施通过加大财政转移支付的力度来提高基础教育的财政责任，以改变中央和省级政府在整个基础教育经费筹措与分配中一般仅占有较低比重或份额的局面，以便能通过上级政府对地方政府和中小学教育的投资、资助和协调，较好地实现各地区基础教育的均衡发展。

4. 确保中小学教师的工资待遇和学校公用经费的不断提高

借鉴世界一些国家发展基础教育的成功经验并结合我国的现实国情，要成功地实施基础教育，重点是要确保中小学教师的工资福利待遇及其公用经费的不断提高。这是国为，搞好基础教育的关键首先在于要有一支高质量、稳定的教师队伍，而基础教育的经费使用，在中、小学中基本上以教师的工资和福利开支为主。如 1996 年我国普通中学和普通小学用于人员经费部分分别占财政预算内教育事业费的 84.05%和 90.5%，其中农村初中和小学分别占 88.98%和 92.77%[①]。由此可见，只要把教师的工资和福利待遇安排好，一般就能较好地保证基础教育的发展。为此，2001 年 5 月国务院颁发了《关于基础教育改革与发展的决定》，明确规定实行“在国务院领导下，由地方政府负责、分级管理、以县为主”的基础教育管理体制，并且要求县一级财政负责基础教育教职工工资。但是，若不理顺地方政府间的财力分配关系，即使将基础教育调整到县管理，同样会存在拖欠教师工资的问题，与乡管理相比，可能只是严重的程度不同而已。因此，为了切实保障教师的工资待遇和教师队伍的稳定，中央和省级政府可以在全国或全省范围内，按统一的标准，规定县级政府把对教师的工资福利支出采用专款的形式交由银行按月足额发放给教师，县级政府经过努力，其经费不足部分由中央和省级政府采用专项补助的方式提供额外财政支持。这样做，应该说不仅不会对基础教育投资的运用产生管得过死的弊端，反而有利于防止基层政府或教育部门截留、挪用基础教育经费，拖欠教师工资，同时也有利于在全国（全省）范围内，为中小学教师创造一个大体相近的工资福利条件，从而有利于贫困落后地区教师队伍的稳定和基础教育的发展。此外，学校公用经费是学校行政和教学活动的基本保证，提高学校公用经费在基础教育总经费中的比重，是不断改善办学条件，提高教育质量的必要条件。长期以来，

① 北京师范大学教育改革与发展研究中心：《2000 年中国教育发展报告》，北京师范大学出版社 2000 年 12 月版，第 46 页。

由于一直由乡镇负责基础教育的公用经费，造成基础教育公用经费严重短缺，危及不少学校的正常运转。因此，基础教育财政体制改革除了要求县一级财政负责基础教育教职工工资外，还应将公用经费的财政责任上移到县一级政府。从世界上绝大多数基础教育实行财政体制分权国家的实践来看，将基础教育的校舍建设和修缮放到乡镇一级政府是比较合理的。这样既能满足社区对基础教育投资需求的意愿，又有利于调动基层社会办学的积极性。

总之，对基础教育财政体制进行这样的改革和完善，应该说既符合基础教育的一般特征与教育投资的效率原则，同时也可以使基础教育的发展得到较为充足的经费保障。

农村中小学布局调整的原因、动力及方式选择①

【内容摘要】本文在对中西部部分省市调研的基础上，就我国农村中小学新一轮学校布局调整的原因、动力及其方式选择进行了探讨。指出我国农村中小学布局调整是农村税费改革的一种自然选择、农村城镇化的必然结果和农村生源减少的客观要求，调整的动力在于追求效益、重视教育的均衡发展和质量的提高，其选择方式主要有示范方式、强制方式和示范与强制相结合的方式，其中，示范的方式是一种较为理想的方式。

【关键词】农村中小学　布局调整　原因　动力　方式选择

从20世纪90年代中后期开始，特别是2000年以来，我国农村中小学开始了新一轮学校布局的大调整。那么，学校布局调整的背景是什么？调整的动力何在？是以什么方式来实施调整的？而这些都涉及学校布局调整中的权力运作与方式选择。本文试图在对中西部地区部分省市调查的基础上就上述问题进行初步探讨。

一、农村中小学布局调整的原因

所谓农村中小学教育的布局，就是指农村中小学在哪里办学的问题。合理的教育布局能够使教育资源得到充分、有效的利用。但在哪里办学不是静止不变的，而是要随着经济社会的发展，特别是人口的年龄结构和空间分布变化而不断调整，并且这种调整不是一个突变的过程，而是一个渐进的、长期的过程，每一次大规模的农村中小学布局结构的调整都是在特定的历史背景下进行的。我国20世纪90年代中后期开始的新一轮学校布局结构的大调整也不例外。

首先，农村中小学布局调整是农村税费改革的一种自然选择。农村税费改

① 本文为英国政府双边赠款“西部地区基础教育研究”项目国家级研究课题“中西部地区农村学校合理布局研究”的阶段性成果之一，发表于《教育与经济》2006年第1期，中国人民大学复印报刊资料《中小学教育》2006年第9期全文转载，中国教育学会编的《中国教育科学》全文收录（教育科学出版社2007年），美国的M. E. SHARPE出版社出版的《*Chinese Education and Society*》将其全文翻译成英文出版。

革之前，农村中小学教育投入主要来源于乡镇，即教育费附加、教育集资、财政拨款（县乡财政）。由于国家投入甚少，县乡财力薄弱，农村教育费附加和教育集资实际上是农村义务教育的主要经费渠道。税费改革后，随着农业附加税以及集资等的废除，县乡财政收入减少。尽管2001年国家对农村义务教育体制进行了重大调整，实行“在国务院领导下，由地方政府负责，分级管理，以县为主”的基础教育管理体制和财政体制，但由于投入机制没有建立起来，资金投入出现“空档”，农村义务教育投入普遍减少，基本办学条件都不能得到保证，特别是农村中小学的危房改造面临困境。过去，农村学校危房改造资金主要靠农民集资解决，税费改革取消了教育集资，又没有规定相应的资金来源，致使农村中小学的危房改造问题越来越严重。这样一来，县级财政在客观上不得不对教育投入更多的资金。而多数贫困县属于吃饭财政和教育财政，教育在财政投入中占有重要分量。因此，县及县以上政府希望通过农村中小学布局调整，提高资源利用效率，减轻财政压力，于是布局调整就成为农村税费改革后政府的一种自然选择。

其次，农村中小学布局调整是农村城镇化的必然结果。所谓城镇化是指人类生产和生活方式由乡村型向城市型转化的历史过程，表现为乡村人口向城市人口转化及城市不断改革完善的过程。从经济学角度来看，经济发展、工业化、现代化的过程某种意义上就是自然经济状态的农村不断衰退、城镇不断发展的过程。改革开放以来，由于城镇化的加速，在我国县（含县级市）及其以下的农村中，出现了占比重比以往大得很多的小城镇，它与乡土农村的经济社会发展程度、人口集聚程度以及相应的文化教育事业发展程度等都具有明显的差异。因此，我国农村教育历来以行政区划为基础予以布局的方式已陈旧落后，“乡办高中、村办初中、小学办到家门口（自然村）”的布局方式早已被淘汰，就是“县办高中，乡办初中，村办小学”的格局也受到了城镇化和计划生育后学龄人口减少的冲击。如今大部分行政村已办不成小学了。在这种情况下，不是按行政建制的乡、村分散人力、财力、物力，而是撤乡并镇或在中心镇重点加强初中校建设，在县城和有条件的中心镇设置与发展高中阶段的教育，在乡镇或中心村办小学，即按人口规模和转移趋势规划学校布局就成为历史的必然。

最后，农村中小学布局调整是农村生源减少的客观要求。20世纪70年代以来，我国开始强有力地推行计划生育政策，到90年代中后期，由于计划生育政策的落实，农村人口出生率下降，中小学生源减少是一种普遍现象，据我们对湖北钟祥、沙洋和英山等县市的调查，都印证了这一点。如湖北钟祥市到2010年全市农村初中和小学学生从2005年的117708人，逐年减少到74142人，六年累计减少43566人。沙洋是一个农业县，人口60.5万人，1周岁儿童最高年份达1.6万～1.7万人，2004年降到1.2万人，2005年仅为6000多人，受教育人口整体上都在逐年下降。英山是个山区县，据县计生部门提供的材料，出生人口已从1993年的3880人下降到2003年的2941人。由于农村中小学生源减少，许多教学点学生减少，甚至无学生可教。有些地方校舍建设好没几年，学生却没有了；有些地方则出现了大量“麻雀学校”。如英山县陈家岩小学，总共只有学生20人，并且分一年级和三年级两个年级，复式教学，隔年招生。全校只有一个代课教师，两个年级就由这位代课教师上课，一年级朝前坐，三年级朝后坐，教室的前面和后面都有黑板。钟祥市尽管人口较密集，但有些小学学生也较少，如邵台小学是一所山区小学，服务范围为4个行政村，学校从学前班到六年级7个年级总共170人，分别为17人、25人、31人、10人、21人、28人和38人；富裕小学的服务范围也是4个行政村，最远的学生距离学校10公里。学校从幼儿园到六年级总共有学生270人，分别为16人、10人、15人、50人、55人、48人和76人，三年级以下的学生较少，因为富裕小学在校外还有2个教学点，距离学校很远的孩子在教学点上学，到了四年级的时候，教学点的学生才到富裕小学来读书，而这两个教学点每个点也只有20来个学生。针对这种情况，各地开始进行学校布局调整。如根据生源情况，钟祥市计划到2010年9月，将全市农村初中、小学学校数逐年累计调减119所，从2005年的283所调减到164所（含教学点），其中设九年一贯制学校8所、初中25所、完小99所、初小23所、教学点8个、特殊教育学校1所。沙洋县则按照“1万人一所小学，3万人一所初中，20万人一所高中”的原则来规划布局中小学。由此可见，农村中小学布局调整是农村中小学生源减少的客观要求。

此外，农村人口的大规模流动和广大农民及其子女对优质教育资源需求的急剧增加，也要求对农村中小学布局及时进行调整。

二、农村中小学布局调整的预期和动力

农村中小学布局调整是一个持续的、渐进的过程，但每一次布局调整都有其特定的行为预期。受这种预期心理的影响与制约，就构成了每次农村中小学布局调整的动力。90年代中后期开始的我国农村中小学新一轮布局大调整，既可以说是税费改革过程的重要组成部分，也可以说是我国社会转型与发展过程中的一种必然现象，同样具有其特定的行为预期和动力。

首先，追求效益是各级政府尤其是县级政府进行农村中小学布局调整的初始动力。从经济学的角度来看，效益是指社会经济活动中物化劳动和活劳动的消耗同取得的符合社会需要的劳动成果的对比关系。讲求经济效益就是用尽量少的劳动消耗取得尽量多的有用成果。而这里的所谓“效益”，主要是强调由于

计划生育政策以及人们生育意愿降低、人口流动和城市化的影响，农村学龄儿童数量锐减，传统以行政建制的乡、村办学模式已过时，应集中办学以突出“规模效益”。这种动力同税费改革后教育财政和管理体制的变化密切相关。20世纪90年代中期开始，随着“分税制”和农村“税费改革”的推行，“三级办学，两级管理”的体制重心偏下引发的问题日益凸显。例如，许多地方乡镇财力有限，难以支撑义务教育的维持与发展；学校必要的办学经费得不到保障，向农民征收的“教育费附加”不规范，致使农民负担过重；教师工资拖欠，学校房舍维修不及时，等等。在这种背景下，2001年我国开始实行“以县为主”的教育财政和管理体制。“以县为主”的体制，实质上是将对义务教育的投入责任以及重要人事管理责任由乡级政府移交给县级政府。这一体制的确立，给县级政府和教育部门无疑带来了相当大的压力。相当一部分县，特别是中西部地区以农业为主的县，长期存在的财政能力薄弱的问题更加凸现。因此，为了解决这一问题，各级政府尤其是县级政府对效益的追求，就成为农村中小学布局调整的初始动力。

其次，重视中小学教育的均衡发展是政府进行农村学校布局调整的直接动力。由于我国仍处于社会主义初级阶段，各地经济社会发展不平衡，城乡二元结构的矛盾突出。作为二元社会的中国，教育发展最突出的一个问题就是城乡教育发展的不平衡。这种不平衡一方面体现在各级各类教育的普及率上，另一方面也是更重要的，是教育质量的差异——无论是办学条件还是师资水平，农村都无法与城市相比。在构建和谐社会和建设社会主义新农村的过程中，政府开始注意教育发展和资源投入中的差距，重视区域内中小学教育的均衡发展，使区域内的普通中小学在办学经费投入、硬件设施、师资调配、办学水平和教育质量等方面大体上处于一个比较均衡的状态，与中小学教育的公共性、普及性和基础性相适应。但长期以来所形成的农村过于分散的办学模式，无法使政府均衡地进行资源投入和师资调配。因此，通过学校布局结构调整，合理配置好公共教育资源，适当集中办学，调整和撤销一批生源不足、办学条件差、教育质量低的学校，实现区域（县、市、区）内或更大范围内中小学教育的均衡发展，就成了政府工作的题中应有之义，也是政府进行农村中小学布局调整的直接动力。

最后，追求质量的提高是政府进行农村中小学布局调整的最终动力。随着我国农村人口出生率的下降和城市化的快速推进，广大农民及其子女对优质教育的需求也日益迫切。农村中小学布局结构的调整，使人们更多地关注这项工作对于提高教育质量的意义。但由于长期以来我国不少农村地区中小学布局分散、办学条件差、学校和班级规模普遍较小、复式班过多、教师负担重、教学质量差，难以满足广大农民及其子女对优质教育的需求。因此，农村中小学布局结构的调整，既要关注学校的规模效益和教育均衡发展，更要重视这项工作对于提高教育质量效益的意义。为此，各地通过大力调整农村中小学布局，大力发展乡镇中小学，积极推动村与村联办完全小学，扩大办学规模；有计划地撤并那些规模小、质量低、效益差的初中，有效地改善了办学条件，促进了教育教学质量的显著提高。可以这样说，追求教育质量的提高是政府进行农村中小学布局调整的最终动力。

三、农村中小学布局调整的方式选择

农村中小学布局调整主要是地方政府的行为。地方政府强调布局调整追求的是效益和质量的提高，以便获得社会的认可，但这并不意味着布局调整会自动得到当地社区的认可，获得乡村社会给予的支持。事实上，广大村民家长对农村中小学布局的调整有着自己独立的认识，可能与政府的想法一致，也可能并不一致。据我们对一些省市的调查表明，在农村中小学布局调整过程中均出现过部分村干部、家长反对拆除当地中小学，让孩子到较远的地方上学，个别乡镇的农民甚至采取抗议的方式反对布局调整。

之所以出现这些情况，一是建校又撤校，群众不理解，村干部难接受。多年来，由于农村的教育，尤其是村级小学都是由农民自掏腰包办起来的，国家投入极为有限，特别是20世纪八九十年代普及九年义务教育时，村级小学大都是由当地村干部带领村民多方筹资建起来的，他们为建校饱受艰辛，甚至至今为此而负债。学校的建成使用往往属于地方文化体系的重要组成部分，是当地的标志性建筑，因此常常作为一任或几任村干部树立在村民心中的一座丰碑，他们常以此为荣。现要将学校停办或撤并，不管有天大的理由，大家心里都不是滋味，在村民看来，一村一校天经地义。因此，有的村在经费极为紧张的情况下，也宁愿自聘教师而不愿撤校并校。

二是考虑布局调整可能会给子女上学带来诸多不便。比如交通问题、安全问题。布局调整后，有的学生距校十多里或更远，早晚上学回家，难免不测，家长不放心。此外，家长担心孩子到外村就读，寄人篱下，受人欺负。

三是农村不少家庭经济比较困难，到外地就读或寄宿既要增加费用，又担心孩子吃不好，睡不好。孩子在本村读书，吃住在家中，不仅可以节省开销，早晚还可帮做些家务活。当然，也有些家长对孩子要求不高，送孩子读书只满足于会识几个字，会写自己的名字，会简单计算就行。因此，对办学条件和教学质量要求不高，认为在哪里读书都一样，何必舍近求远。

由于以上问题与困难的存在，农村中小学布局调整并不是一种自发的行为，而是社会力量所塑造的，也是一种社会结构的反映。农村中小学布局的调整在一定意义上是利益格局的调整，在调整过程中政府始终居于主导地位，并且不少地区是以运动形式进行的，这就使得布局调整的方式选择呈现出教育行政与政治的特点。从调整过程中政府行政方式选择的类型来看，大致可以划分为以下三种方式：

1. 示范方式

示范方式就是政府以成功的经验来推动整个区域内农村中小学布局的调整。具体的做法是，政府制定较长时期的学校布局规划，有意识地加强规划内定点学校的建设，使这些学校具有吸引力，逐渐吸引周边学生过渡到这些定点学校。湖北省钟祥、沙洋等县市在布局调整过程中主要就是运用这种方式。河北省东光县是一个国家级贫困县，2005 年小学由 400 多所调整为 62 所，教学班由 1500 多个下降到 700 多个。东光县中小学布局调整之所以取得了成功，关键也就是采用了示范方式。该县政府及教育行政部门首先选择了 10 处校舍最破旧、最分散的学区，把布局结构调整与危房改造结合起来，经过县、乡、村一起努力，第一批总投资 1062 万元的 10 所项目学校 2001 年动工，2002 年全部投入使用。学校建成后，县里为这些学校选配了优秀教师；率先建设微机室，开设了信息技术教育课、英语课；下大力加强学校管理，提高办学水平。一个学年以后，这些学校的教学质量明显提高，在各自乡镇都处于领先地位。原来那些抱怨“学校离家远了”的家长也开始赞扬“学校的教学质量高了”。一些当初持观望态度的村也主动找县教育局，要求进行学校布局调整①。运用这种方式可以发挥成功经验的带动作用。就广大群众而言，样板的力量是任何工作任何时候都不能低估的，尤其是在农村中小学布局的调整问题上，村民和村干部都有着浓厚的攀比心理。因此，用布局调整搞得好的典型经验不仅可以说服村民，而且可以减少他们与政府在学校布局调整方面的冲突。

2. 强制方式

所谓强制方式，是指政府利用手中掌握的资源，用行政方法对农村中小学布局调整进行直接的控制和干预，以达到政府意愿的目标。运用这种方式，政府处于主导地位，群众没有参与到决策过程中。在一些地方，教育行政部门在操作过程中不能及时召开家长会及社会各方代表的通报会，而是令到即行，使家长、社会和学校缺少必要的沟通和了解。在布局调整过程中，各地为了政绩，层层加码，以求超额完成任务。这样的布局调整变成了从上到下的政府行为，而不是立足于对本地的实际调查，导致的结果是，调整方案一出台，报告、反映雪片飞来，政府工作被动，方案难行，甚至搁浅。地方政府之所以能够这样

① 《中国教育报》2004 年 4 月 24 日。

做，是因为在我国教育的发展主要是行政力量在推动，相关群众常常是被动的参与者，他们在教育改革过程中的角色是由政府设定的，与此同时，在乡村社会又缺乏对政府的强有力监督和有效的群众意见表达机制。政府与村民的这种互动结构是导致政府发动“强制性变迁”的基础。但村民在此过程中的消极态度和行为也会影响政府强制性变迁的效果。由于村民对布局调整的重要性缺乏充分的认识，在具体工作中表现消极，致使个别地方的布局调整工作不能如期完成。

3. 示范与强制相结合的方式

这种方式从某种意义上说也就是胡萝卜加大棒的方式，即政府给予那些布局调整的学校以相应的好处，而对那些不愿进行布局调整的学校和村民则采取威胁和强制的方法。运用这种方式，其具体做法是：政府首先将若干规模较小的初中合并或并入其他规模较大的初中，这些并掉的初中校舍则整体移交给中心小学和那些交通便利、位于人口稠密地区的村校，使得这些学校吸纳村小的能力增强，村小撤并后校舍则留给幼儿园。如河南省济源市承留镇的学校布局调整，一开始有些村民想不通，并编出“撤校就是倒退，并点就是犯罪，小学出村是受罪，向外投资是浪费”的顺口溜，甚至出现围攻、谩骂乡镇教办人员的现象。为了做好村民的思想工作，政府先行试点，并组织村民参观合校并点的先进村小。参观后村民们发现，人家校园环境好，教师水平高，宿舍、食堂干净卫生，不但体育、音乐、美术有专任教师上课，而且开设了英语和微机课。通过比较，村民们马上找到了自己村小的差距和不足，开始同意让孩子出村上学了。该镇的学校布局调整也达到了“资源共享，规模办学、优化配置、减轻负担、提高质量”的目的，受到了学生家长和村民的一致好评①。运用这种布局调整方式，能够相对妥善地处理各方面的矛盾。但在具体实施过程中，一些村民如果不愿撤并村小，政府也会采取威胁或强制的方式。如告诉村民，如果不撤并，将不会派最好的老师到村小任教，村小的质量无法得到保证。在这种威胁和强制下，一些不支持布局调整的村民也会被迫同意。

当然，具体采取哪种方式是同地方政府面临的压力大小、当地村民的认可程度、习惯使用的行政方式和可用的资源以及一些偶然的机会有关。如果上级政府的压力太大，地方政府可用的资源又较少，采用强制方式的概率就高；如果在平时的政府工作中地方政府较为习惯使用某种行政方式，那么，在农村中小学布局调整过程中政府使用某种行政方式的概率也就高。总之，地方政府在农村中小学布局调整过程中行政方式的选择，反映了国家与社会在当地发生互动的基本特征。不过，从上述分析中不难看出，示范的方式是一种较为理想的方式。

---

① 《中国教育报》2004年4月23日。

教育资源配置：政府应起基础性作用①

【内容摘要】教育经费短缺问题至今仍然是制约我国教育发展的根本问题。要解决这一问题，除了要继续坚持多元化多渠道筹措教育经费外，关键是政府应在教育资源配置中起基础性作用。本文分析了政府为什么要在教育资源配置中起基础性作用的原因，探讨了如何使政府真正在教育资源配置中起到基础性作用的途径，强调发挥政府在教育资源配置中的基础性作用，并不否定市场机制对教育的作用。

【关键词】教育资源　配置　政府　作用

改革开放以来，我国教育经费总量有了大幅度的提高，2004 年我国仅财政预算内教育经费支出就达到了 4244 亿元。但是相对于教育事业的发展，特别是普及九年义务教育和高等教育的超常规发展，教育经费短缺的状况并没有根本缓解，甚至有所加剧，教育经费总量缺口依然巨大。要解决这一问题，为我国教育发展提供充足的经费保障，除了要继续坚持多元化多渠道筹措教育经费外，关键是政府应在教育资源配置中起基础性作用。

一、政府应在教育资源配置中起基础性作用是由教育产品的性质决定的

在当代世界，各国经济改革的趋势，总的说来是强化市场机制，充分发挥市场在资源配置中的基础性作用，但与此同时也应当看到，在教育资源配置过程中政府总是起基础性作用。那么，在市场经济条件下，政府为什么仍然要坚持在教育资源配置中起基础性作用，其原因是多方面的，但主要是由教育产品的性质决定的。

教育，作为一种培养人的社会活动，按西方公共产品理论所作的比较完善

① 本文为英国政府双边赠款“西部地区基础教育研究”项目、国家级研究课题“中西部地区农村学校合理布局研究”的阶段性成果之一，发表于《河北师范大学学报》（教育科学版）2006 年第 2 期，《高等学校文科学术文摘》2006 年第 3 期全文转载，《新华文摘》2006 年第 13 期和《光明日报》2006 年 9 月 6 日论点摘编。

的解释，是一种介于纯粹公共产品和纯粹私人产品之间的准公共产品。公共产品按经济学的定义，是这样的产品，每个人消费这种产品不会导致别人对该种产品消费的减少。因此，作为公共产品，需同时具备两个特征，即消费的非竞争性和非排他性。凡同时具备上述两个特征的产品，就是公共产品，如国防与服务、社会治安事务与服务、社会福利事务与服务、一般卫生保健事务与服务等。与公共产品相反，私人产品是同时具有消费的排他性和竞争性的产品，如面包、衣物等生活用品。介于公共产品与私人产品之间的产品是准公共产品，它兼有公共产品和私人产品的属性。

公共产品由于效用具有外溢性，且无法排除不付费者获得外溢的效用，于是会出现“搭便车”现象。也就是承担公共产品成本的人，不能得到其全部收益；没有负担一点成本的人，却能获得相同的收益。这样，理性的个人谁也不会去提供公共产品，结果公共产品的供给就会小于社会的真正需要，甚至为零。市场无法或不能有效地提供公共产品，如果政府不提供，社会就不能得到或充分得到这类产品，形成“公共悲剧”。因此，政府应责无旁贷地担当起提供全部或大部分公共产品的责任。私人产品则可以由市场价格进行有效配置，不需要政府提供。准公共产品由于其效用具有较多的外溢性，不能完全由市场提供，应由政府参与提供。产品属性是经济学中判断产品是由政府提供还是由市场提供的主要理论依据。根据产品的属性，可以得出如下结论：在市场经济中，凡是市场能有效作用的领域，政府财政不涉及其中；凡是市场不能有效作用的领域，政府财政必须发挥作用。

总的来说，教育存在效用上的排他性和利益上的占有性。比如，在大学招生人数既定的条件下，一部分学生享受高等教育，客观上就会排斥其他未进大学的青年对高等教育的享受。而学生经过专业技术教育，增强了技能，提高了素质，为以后的发展奠定了良好的基础，这样的利益外人参与分享又是很困难的。所以，教育无法同时具备公共产品的两个特征。但是，教育除了其分割的私人利益外，还具有重要的社会利益。社会的全体成员，至少大部分人，通过使社会的儿童得到良好的教育而间接地得到好处。这些利益从家庭外溢给该社会的其余成员。因此，教育是一种准公共性服务①。

美国著名财政学家马斯格雷夫则将政府提供的产品分为两类，一类是社会产品，另一类是优效产品。社会产品是效用具有排他性的产品，即公共性产品。优效产品是对个人具有有效效用，但由于个人不能作出正确判断而不能表达真实需求的产品。他把教育服务看成是既满足私人需要又满足社会需要的产品，是公

① ［美］J·M·布坎南：《公共财政》，中国财政经济出版社1991年版，第356页。

共性产品或准公共产品①。

教育由于具有很高的外部经济效益，即由于教育既有很多的私人收益又能带来巨大的社会效益，私人企业或单个企业在市场机制的作用下，就会追求私人利益或个别利益，而忽视巨大的社会利益，从而给社会造成损失。因此，即使是最崇尚市场机制的西方国家，通常也把教育部门看作是公共部门或准公共部门，也就是市场失灵的部门。美国经济学家雷诺兹就认为在教育部门单纯依赖市场是行不通的，“社会可能决定给予津贴甚至免费分配”②。美国前总统克林顿尽管认为市场确实是了不起的，但也意识到“市场（特别是在全球的经济中）不能给予我们安全的街道、清洁的环境、平等的教育机会、贫穷婴孩的健康孕育以及健康而可靠的晚年”③。所以，教育一般只能作为一种社会或国家所追求的共同需要和公共利益，主要由代表公共利益的政府来满足和实现，政府在教育资源配置中应起基础性作用。

我国经济体制改革的目标模式是建立社会主义市场经济体制，我国的教育体制改革要适应社会主义市场经济的要求，但市场经济并不会改变教育的公共产品或准公共产品的性质，市场经济与政府提供教育不是互斥的。在市场经济中，教育也不是私人产品，教育不应市场化，教育资源不应完全由市场配置，而主要应由政府配置。这是因为按西方经济学中的公共产品理论，在市场经济条件下，政府作为整个社会经济活动的一个“生产部门”，其职能主要是为了“生产”和提供具有公共利益或效用的“公共产品”与“准公共产品”，满足社会的公共需要及其对社会公共利益的追求。与之相适应，政府在教育资源配置中起基础性作用，其目的就是为了追求和满足这种公共利益与需要，并尽可能降低和消除市场调节所可能产生的种种缺陷与不足。因此，满足社会的公共教育需要，是政府的责任和义务，是政府的基本职能。超越了这个基本职能，叫做“越位”；没有履行这个职能，叫做“缺位”；政府做了一些不该做的事情，而该做的事情又没有做，叫做“错位”。

此外，让政府在教育资源配置中起基础性作用，对保证我国教育与经济社会发展的协调与平衡尤为重要。我国是一个人口众多的发展中大国，教育面临的问题很多，教育资源又十分短缺，更需要充分发挥政府的控制和干预作用，以集中必要的资源来扶植和资助教育发展的重点和最薄弱的环节，协调教育发展的规模、速度和学校布局，保证各类教育产品的协调生产。所谓教育发展的

① ［美］理查德·A·马斯格雷夫：《比较财政分析》，上海人民出版社、上海三联书店 1996 年版，第 6～22 页。

② ［美］雷诺兹：《微观经济学》，商务印书馆 1982 年版，第 237 页。

③ ［美］克林顿：《在希望和历史之间》，海南出版社 1996 年版，第 17 页。

战略重点，是指国家在一定时期内对整个教育发展中必须予以重点关注、重点资助和扶持的方面。但这个问题市场是不能解决的，学校更是无能为力，必须依赖于政府的控制和干预，因为只有政府才拥有高效资源动员手段（税收、赤字、货币发行等），才能为教育发展的重点大规模地动员各种社会资源，保证一定时期重点教育产品的生产，而学校、企业、市场以及各种社会力量都不具备这种能力。所谓教育发展的规模、速度和学校布局，说到底就是办多少学校、办什么学校、在哪里办学校以及招生多少的问题。这也不可能完全通过市场和各个学校去解决，而必须更多地依赖于国家的控制和干预。这一是由于国家较之具体的学校更了解和掌握社会经济发展对教育全局的需要，便于统筹兼顾各类教育产品的生产。二是由于国家可以运用手中掌握的教育拨款手段实施直接调节，如通过增加或减少对某类学校或某些专业的拨款，扩大或限制该类教育产品的生产；通过教育投资方面的倾斜政策，资助边远或落后地区教育的发展，缩小教育的地区差别，调整学校的地区布局结构等。这不能不说是在市场经济条件下，政府应对教育资源配置起基础性作用的主要原因。

从以上的分析中不难看出，在市场经济条件下，教育产品的性质决定了政府应在教育资源配置中起基础性作用。而这种基础性作用在我国现阶段主要体现在：一是政府应依法承担义务教育的责任，提供义务教育经费，保证全体适龄儿童接受大致不差上下的教育；二是承担非义务教育的部分或大部分经费；三是建立学生资助制度，使有才华又有受教育意愿的贫困阶层子女不因家庭经济困难而失学。

二、要使政府真正在教育资源配置中起基础性作用，就必须明确各级政府的教育责任

在市场经济条件下，政府应在教育资源配置中起基础性作用，这是毫无疑问的。但这里所说的政府是一个整体或者说是各级政府的一个“集合”概念。事实上，在大多数国家，政府都是多级结构，政府在教育中的作用范围，需要在各级政府间进行划分。

教育责任和权力在各级政府间如何划分，是由各国历史、政治等许多因素决定的，世界各国各有特点，不尽相同，但总体来说，大致可划分为三种不同的模式，即集权、分权和集权与分权相结合的模式。政府教育责任划分为三种不同的模式，是各国历史传统长期发展的结果，它不存在非此即彼的简单取舍，而是与各国的政治经济体制密切相关。相比较而言，实行分权与集权相结合的教育财政与管理模式，更有利于调动各级政府办教育的积极性，即在维护地方自治的同时，上级政府也承担较大的财政责任。从世界各国的实践来看，无论

是联邦制国家，还是单一制国家，对教育财政体制，主要是基础教育财政体制的安排都未采取纯粹的集权和纯粹的分权两种极端形式，各个国家之间的区别总是集中在高层政府与基层政府承担教育财政责任大小的不同而已。比如法国基础教育财政体制要相对集中一些，法律规定国家要负担教育经费的85%以上，因为法国所有的公立教育机关（包括幼儿园在内）的教员，以及和国家缔结合同的私立教育机关的教员，都是国家的公务员，所有教职工的工资都由中央政府负担。地方政府支出的主要项目，是属于学校建筑和其他设施、设备费中国家补助（五六成）的不足部分和地方当局雇佣的学校职员的工资。这样，即使是基础教育，中央政府也要负起主要责任。此外，像意大利、荷兰、葡萄牙、芬兰、爱尔兰、新西兰、希腊、捷克、匈牙利、土耳其等国都属于这一模式。而美国基础教育财政体制相对分散一些。美国实行10～12年制义务教育。义务教育经费由地方、州及联邦政府共同负担，但主要由州和地方负担。目前，美国联邦、州、地方学区三级政府初等和中等教育公共经费的负担比例分别为8%、48%和44%①。其中，高层次地方政府负担教育经费的比重高于中央政府和基层地方政府负担的比重。此外，德国、瑞士、加拿大、奥地利、比利时、西班牙、澳大利亚均属这一模式，即高层次地方政府承担主要的教育财政责任。在某些国家，如比利时三个社区政府负担的基础教育经费则高达90%以上，德国州政府负担77%。

我国是一个地域辽阔，人口众多，区域经济发展严重不均衡，地方政府划分为多个层级的大国，教育责任在地方各级政府之间的合理划分，其重要性不亚于中央与地方责任的划分。地方政府间教育职能的划分原则，应该与中央与地方的划分相同，但较低一级政府承担教育责任需要具备两个条件：一是能对辖区内居民的教育需求作出积极回应，有能力管理教育；二是通过教育财政转移支付制度解决了较低一级政府事权与财力不对称的矛盾。如果不具备这些条件，教育职能就不宜过多地由较低级政府来承担。

然而，20世纪80年代以后我国确立的教育财政和管理体制的核心就是“分级办学，地方为主”。这一教育财政和管理体制的确立，从实施的效果来看，应该说在一定程度上消除了传统教育财政体制中所固有的一些缺陷和弊端，调动了基层政府和广大人民群众办教育的积极性，对促进整个教育和社会经济的发展起到了十分重要和积极的作用。但与此同时，也应当看到，这种现行的教育财政和管理体制，由于对各级政府的教育财政责任没有明确规定，因而导致

① 高如峰：《中国农村义务教育财政体制研究》，人民教育出版社2005年版，第41页。

各级政府教育财政责任不明确，尤其是中央政府和省级政府的财政责任不明确，其突出表现在中央政府和省级政府在整个基础教育经费的筹措与分配中仅占有较低的比重或份额。根据国家有关教育经费统计资料提供的数据计算，自 1985 年实行基础教育由地方负责分级管理的原则之后，1988 年在我国中小学教育经费来源的构成中，中央预算内经费所占比重仅占 9.15%，地方预算内经费所占比重高达 90.85%①。此后，大体上一直保持这个比例，即中央政府在基础教育中大致只负担 10%左右的财政责任，省级政府除了在业务上对基础教育的实施进行统一的指导和管理外，同样只对基础教育提供很有限的专项补助。这样一来，基础教育绝大部分财政责任都交给了县、乡两级政府。据国家教育发展研究中心对全国 7 个省 26 个县的抽样调查，1998 年样本县义务教育经费总支出(含预算外经费) 中各级政府负担的比例是：县以上各级财政的教育补助专款约占 12%，县财政约占 9.8%，其余 78.2%为乡村负担②。由此可见，中央和各级财政的预算内教育经费拨款主要用于非义务教育，对义务教育的财政支持十分有限。这种把发展基础教育所需资金交由地方政府负责的做法，实际上等于默许了经济发展不平衡这种客观差异对发展基础教育的不利影响和制约。其结果，只能使基础教育的发展取决于各地区的经济发展水平，取决于地方政府的财政收入状况。由于各地区的经济发展是不平衡的，总存在着一定甚至是比较悬殊的差距，那么在这样一种教育资源配置的模式下，不可避免地使基础教育陷入非均衡发展状态中。2001 年以来，根据国务院《关于基础教育改革与发展的决定》精神，我国基础教育“实行在国务院领导下，由地方政府负责，分级管理，以县为主”的管理体制和资源配置方式。但从近几年的实施情况来看，效果并不理想，其制度根源仍然在于中央和省级政府对基础教育所承担的财政责任较小，而县级政府的财力与其负担的基础教育责任又不相称。

根据我国的实际情况，借鉴其他国家的经验，要使政府在教育资源配置中真正起到基础性作用，必须进一步明确各级政府的教育财政责任。从我国财政收入分配的格局和多年的实践看，教育财政责任不能由基层政府承担。除发达地区外，基础教育的财政责任应从“以县为主”转变为以省负担为主，高等教育财政责任以省为主，省级政府应该成为最主要的教育财政责任承担者。

在教育资源配置中，省级政府之所以应成为最主要的教育财政责任承担者，这是因为：第一，从我国的现实国情来看，县级政府除少数发达地区外，管理能力和所拥有的财力，要承担全部教育职能是不具备条件的，因而教育职能不

① 袁景州：《教育投资经济分析》，中国人民大学出版社 1996 年版，第 181 页。

② 转引自北京师范大学教育改革与发展研究中心：《2000 年中国教育发展报告》，北京师范大学出版社 2000 年版，第 35 页。

宜下放到县乡基层政府。同时，由于我国地域辽阔，人口众多，教育资源配置上调到中央政府也会存在信息不对称，决策成本过高的问题。第二，从财政结构的变化来看，1994 年我国实行分税制财政体制改革以来，财政结构已发生了重大变化，中央政府和省级政府财政收入占全国财政收入的比重大大提高，省级政府有能力成为最主要的教育财政责任承担者。第三，从缩小省内教育差距来看，省级地方高层政府有必要成为最主要的教育财政责任承担者，根据“缩小差距——中国教育政策的重大命题”课题组的研究，我国教育省内差距大于省际差距①。导致这一问题的根本原因是，省级政府对教育的投入与责任不相称。因此，要解决省内教育差距大于省际教育差距的根本办法是，必须使省级政府成为最重要的教育财政责任承担者，使其更好地在全省范围内发挥应有的宏观调控能力，保证全省不同地区提供大体相同的教育发展条件。第四，从世界范围来看，在当今世界，虽然各国财政体制差异很大，但是大部分国家在教育投资体制上选择了集中模式或相对集中模式，投资主体或是中央政府，或是高层地方政府，完全采取以基层地方政府作为投资主体的分散模式的国家为数较少。

当然，在省级政府成为最主要的教育财政责任承担者的同时，中央政府对教育也应承担相应的财政责任。这是因为，依据国际经验，政府间的财政收支结构呈现这样的情形：收入结构的划分以中央政府为主，支出结构的划分以地方为主，即在年度财政收支总量中，划归中央政府掌握的收入要超出其实质性职权范围的一定比例，而地方政府所承担的职权往往超过直接收入划分所拥有的财力。我国也大致如此。如根据有关资料统计，2001 年，我国财政收入总计 16386 亿元（不含债务收入），其中，中央本级财政收入 8582.70 亿元，占全国财政收入的 52.38%；省本级财政收入 1827.80%亿元，占全国财政收入的 11.15%；地市本级财政收入 2863.10 亿元，占全国财政收入的 17.47%；县本级（含乡镇）财政收入为 3112.40 亿元，占全国财政收入的 18.99%②。与此相反，在当年全国财政支出总计 18902.58 亿元（含债务收入）中，中央本级支出 5768.02 亿元，所占比例为 30.51%；省本级支出 3915.08 亿元，占全国财政支出的 20.71%；地市本级支出 3942.47 亿元，占全国财政支出的 20.86%；县本级支出 5277.01 亿元，占全国财政支出的 27.92%③。这种收入结构与支出结构的非对称性安排，主要出于两方面的考虑：一方面，绝大部分公共需要的受益

---

① 《缩小差距——中国教育政策的重大命题》，转引自中国人民大学复印报刊资料《教育学》2005 年第 8 期。

② 财政部预算司编：《中国政府间财政关系》，中国财政经济出版社 2003 年版，第 104 页。

③ 《2001 年地市县财政统计资料》，中国财政经济出版社 2002 年版，第 161 页。

范围具有区域性，各地企业与居民对公共服务的需要均有质和量的差别，由各地政府针对需求提供比中央政府提供更为便利，也更有利于降低成本，提高财政资金的使用效益；另一方面，中央政府拥有相对较多的财力，使地方政府在一定程度上依赖于中央政府的支持，同时中央政府也有能力予以支持，从而有利于保证中央政府在宏观调控中的主导地位，维护中央政府的权威性。

那么，中央政府怎样才能承担相应的教育财政责任呢？除了办好中央政府直接管理的学校外，主要是通过建立规范的政府间财政转移支付制度来实施。财政转移支付是中央政府为均衡各地方政府的财力状况，协调地区间的经济发展，对全国整体经济实施宏观调控，将中央掌握的一部分财力转移给地方政府使用的一种调节制度，是财政管理体制的重要组成部分。现代社会，在以分割税收为主要特征的分级财政管理体制下，政府间转移支付制度是协调中央政府与地方政府财政关系的一项重要配套制度。而教育财政转移支付是政府间财政转移支付的一个重要组成部分。规范分权的教育财政转移支付制度与规范的教育财政转移支付制度是联系在一起的。教育由省级以下的地方政府负责，中央政府之所以要提供财政补助，是因为：第一，对于绝大多数国家，尤其是像我国这样一个经济发展水平极不平衡的发展中大国，在分级财政体制下，由于地区之间财政能力和教育支出成本方面存在的差异，不可避免地造成地区间的教育能力往往相差悬殊和教育的非均衡发展。而教育是一个地区社会经济发展的基础，教育发展的不均衡往往又会进一步加剧地区间社会经济发展的不平衡，继而危及社会的稳定。因此，需要中央政府采取转移支付的方法来弥补地方政府间财政能力的差异，促进各地区间教育财政能力的均衡化。第二，由于地方政府提供的教育，尤其是基础教育属于公共需要或公共服务，所产生的利益不仅为本辖区的居民所享受，而且外溢到其他区域，如在本辖区内受过良好教育的中小学生，将来有可能在其他辖区内就业，客观上要求中央政府采取一定的形式对该地方政府予以补助，以鼓励其提供这种具有外溢性的公共服务。第三，在实行多级预算主体的国家，高层政府，特别是中央政府往往是将税基宽泛且具有流动性的税种及具有再分配效应的个人所得税划归中央政府，这一部分收入占全部财政收入的绝大部分，而把适合地方政府征收且不具有流动性的小税种留给地方政府。这样就使得地方政府可能根本就没有财政能力来承担教育的全部财政责任，出现教育财政纵向失衡。因此，为了弥补收支差额，增强其满足教育发展需要的财政能力，解决地方政府因事权与财权不对称所形成的财政纵向不平衡，也必然需要中央政府为地方教育发展提供财政补助。第四，中央政府通过对地方教育提供财政补助，对地方教育的发展实施调控，既可使其行为符合中央政府宏观教育政策的实施要求，又可较好地实现各地区教育的均衡发展。

三、政府在教育资源配置中起基础性作用，并不否定市场机制对教育的作用

由于教育的准公共产品性质和教育公平的需要，在市场经济基础上的公共教育财政体制中，政府应在教育资源配置中起基础性作用，但并不否定市场机制对教育的作用。相反，在坚持政府对教育资源配置起基础性作用的同时，可以利用市场机制增加教育供给，满足居民多样化的教育需求。

改革开放以来，特别是随着社会主义市场经济体制建设的全面推进，我国教育领域也开始利用市场机制来增加教育供给。这一过程首先是从非正规教育培训开始，然后逐步向正规学校推进的。

改革开放以前，我国各种学历教育和非学历教育培训均由国家计划统一安排，并由国家举办的学校或专门机构来承担。改革开放以后，随着我国社会经济体制改革的逐步推进和经济建设中心地位的确立，社会对各类中高级专门人才的需求空前高涨，与培训相关的市场机制随之开始发育。比如，1977 年恢复高考后，针对当时历届和应届中学毕业生强烈高考复习需求的各类高考辅导班在短期内的迅速扩张，国家出国留学政策开放后所带动的各类外语培训助考机构的蓬勃兴起；为适应广大的在职青年业余接受高等教育需要和高等教育自学考试制度的实施，自考辅导市场的日益扩大等，充分显示了市场机制在与培训相关的市场中的巨大作用。

20 世纪 80 年代起，市场机制开始从正规培训向学校教育渗透，市场机制以其自发的各种方式向传统的计划模式提出了挑战。根据政府拨款的公费招生计划难以满足广大考生入学愿望的情况，教育部开始允许普通高校扩大招收部分计划外的自费走读生、委培生，以应急需。以 1988 年为例，全国普通高校当年招收自费委培生十多万人，占当年招生人数的 16%，占全部在校生数的 11%。开放计划外的自费委培生，明显地是一种运用学生个人和用人单位付费的市场机制鼓励学校扩大招生的政策。

到 20 世纪 80 年代末 90 年代初，社会力量办学开始进军正规学历教育，标志着我国市场机制向教育主流领域的迈进，这一现象得到了国家的认可和鼓励。为此，国家先后颁布了《社会力量办学条例》和《民办教育促进法》，支持、鼓励、规范民办教育。至 2004 年，全国各级各类民办学校（机构）共有 7.85 万所，在校生达 1769.36 万人，比上年增加 352.96 万人，增长 24.92%。其中，民办普通、成人高校 228 所，在校生 139.75 万人（含独立学院学生）；民办其他高等教育机构 1187 所，注册学生 105.33 万人。民办普通高中 2953 所，在校生 184.73 万人；民办中等职业学校 1633 所，在校生 109.94 万人。民办普通初中 4219 所，在校生 315.68 万人；民办职业初中 24 所，在校生 1.49 万人。民办

普通小学6047所，在校生328.32万人。民办幼儿园6.22万所，在校生584万人[①]。虽然从绝对规模和相对比例来说，社会力量办学在我国还处于较低的发展程度，但因这一部分教育基本上是按社会需求举办，办学经费来源、学校管理与运作方式基本上是按市场机制，而且这类学校相当注重品牌和效率，尤其在中小学阶段，其中一部分已可与举办多年，长期得到政府重点支持和资助的重点学校相抗衡。关于这一点，国内外不少经济学家、社会学家和教育学家提出了一些非常值得我们思考的观点，即非政府办学机构的存在，不仅有利于将教育引入市场机制，同时，也给公立学校树立了一个竞争对手，有利于促进公立学校不断提高办学质量，同时注重办学效益和效率。

如前所述，改革开放以来，尤其是20世纪90年代以后，在教育领域来自市场机制的挑战和冲击已是不争的事实。这是因为，在市场经济条件下，由于教育特别是高质量、高层次的教育能够提高人们的劳动能力，改变人们的社会地位，带来各种经济和非经济收益，相当一部分群众对教育的认识已经发生了质的飞跃，希望通过受教育获得较高的文化素养，获得较好的职业和较高的社会地位，已经成为相当一部分家庭的共识。这种日益增长的来自社会和个人对教育，尤其是高质量和高层次教育的强大需求，刺激了以教育选择为主要特征的，涵盖大、中、小学各级教育供求矛盾的日益尖锐，而来自各类就业市场和劳动力市场的信号又不断加剧了教育的供求矛盾。与此同时，作为教育服务提供的各级各类学校，尤其是具有较高办学质量和办学特色的学校，出现了严重的供不应求，形成了教育领域的“卖方市场”。教育领域这种“卖方市场”的形成，一是调动了各种社会力量投资教育的积极性，突破了传统的政府办学的体制限制；二是现有各级各类学校规模的迅速扩张，带来了具有某种市场导向的教育资源配置的倾向。当然，在这一过程中，不可否认，若干值得引起重视的负面市场效应和行为也同时出现了，如乱收费，以及其他教育培训服务的不规范行为等。但是，在我国教育改革的实践中，人们已经感受到了市场机制的特殊作用，并开始认识到引入市场机制对于加快我国教育发展的积极作用。20世纪90年代以来，我国教育发展的特点之一就是办学体制的多元化和多渠道教育经费筹措体制的形成。从中我们可以清楚地看到，市场机制在我国教育资源配置中正在发挥重大作用，并产生了深刻影响。实践证明，资源短缺并不是限制我国教育发展的最终决定因素，在坚持政府在教育资源配置中起基础性作用的同时，充分发挥市场机制的积极作用，通过制度创新消除阻碍教育发展的体制性障碍，无论对于增加教育资源总量，还是对于改善教育系统的整体活力都是至关重要的。因此，为了更加有效地动员社会资源，增加全社会的教育投资，

① 新华网：《2004年中国教育事业发展状况公告：辍学未变，义务教育异常艰巨》，2005年3月1日。

需要通过进一步制度创新来更充分发挥市场机制的积极作用。

首先，应积极鼓励提供优质和特色教育的义务教育阶段民办学校发展。公立义务教育学校在满足基本教学要求的基础上实现均衡化以后，一部分对优质教育的需求无法在公立义务教育学校得到满足，这就为民办义务教育学校提供了发展空间，应鼓励民办义务教育学校的发展，使之成为提供优质和特色教育的主体，满足居民对优质教育和特色教育的需要。

其次，应大力发展非义务教育阶段民办学校，使之实现非义务教育数量的进一步扩张。到2020年，我国基本普及高中阶段教育，高等教育的大众化进程将大大加快，非义务教育的发展还面临着非常艰巨的任务。在多年的大规模扩招后，目前公立非义务教育学校处于超负荷运行状态。普通高中普遍存在通过“三限”政策收取高额学费维持发展与运转，教育公平受到严重损害，人民群众很不满意，公立高校普遍出现校舍不足，班额和课堂规模超大，校园拥挤，平均事业费增长缓慢甚至下降等资源不足现象。虽然政府严格限制，但公立高校学费还是在不断提高，已经超出中下收入居民的承受能力。一些高校通过大量举债建设新校舍，远远超出自身还贷能力，积聚重大债务风险，并可能导致财政风险。因此，单纯依靠公立学校实现2020年非义务教育的发展目标存在很大困难，必须大力发展民办非义务教育。具体来讲，应调整非义务教育发展模式，稳定现有公立非义务教育规模，并稳定学费水平，使公立学校成为质量优良、收费低廉、以学业成绩为唯一选择标准、充分体现教育公平的非义务教育机构。在此基础上，鼓励社会资本进入非义务教育领域，并通过政府划拨土地、财政资助等支持政策推动其发展，使之承担实现非义务教育数量进一步扩张，满足广大居民对非义务教育需求的重大任务。

最后，应逐步建立对民办学校经费补助和奖励制度。教育既可以由政府提供，也可以由私人提供，不能说政府提供的教育就是公共产品，私人提供的教育就是私人产品。民办学校尽管是由民间组织甚至私人举办，但民办学校提供的教育也属于公共产品或准公共产品。为推动民办学校的发展，由政府对其进行财政补贴是必要的、合理的，也是世界上许多国家通常的做法。迄今为止，在我国，政府对民办学校的财政支持主要集中在税收减免和土地划拨方面，直接的财政支持较少。随着公共教育经费的增加和民办学校的发展，除了应继续加大对民办学校的税收优惠政策外，应该逐步建立起对民办学校的经费补贴、奖励制度。对义务教育阶段的民办学校可以按公办学校的标准直接按人数拨款予以补贴，对非义务教育阶段民办学校可以根据办学质量的高低以奖励的方式实行间接补贴。政府通过对民办学校的经费支持，加强教育的宏观调控力度，保证民办学校的办学方向和质量。

总之，充分发挥政府在教育资源配置中的基础性作用，同时通过进一步的制度创新，利用市场机制增加教育供给，应该说既符合教育准公共产品的特征与教育投资的效率原则，也能使我国教育的发展具有较为充足的经费保证。

教育乱收费的类型及其治理①

【内容摘要】多年来，教育乱收费屡禁不止，几乎成为我国教育发展的痼疾。但以往对教育乱收费的治理，忽视了对其类型的区分，采取的是同一种策略，因而很难取得预期效果。从成因上看，教育乱收费可以分为生存型教育乱收费、垄断型教育乱收费、腐败型教育乱收费。对这三种类型的教育乱收费的治理，其策略和手段应当是不同的。

【关键词】教育乱收费　类型　治理

多年来，教育乱收费屡禁不止，几乎成为我国教育发展的痼疾。以湖北省为例，2004 年全省共查处价格违法案件 3140 件，责令相关单位退款及罚没收入上缴给财政共 1.5 亿多元。这些单位主要集中在教育、医疗、电力、成品油等群众反映较强烈的行业。教育乱收费案件的数量位居第一。2005 年全省共查处价格违法案件 1.3 万多件，责令相关单位退款及罚没收入上缴财政 1.9 亿元。从涉案金额来看，涉农乱收费居首位，紧追其后的是教育和医疗行业乱收费。2006 年上半年湖北省各级价格机构共查处价格违法案件 1739 件，其中，教育类投诉 463 件，占查处总数的 26.62%。在所查处的价格违法案件中，教育乱收费案件的数量又位居第一。这样一来，该省有关教育乱收费的投诉数量及涉案金额，已连续 6 年位居价格违法黑榜前列②。黑榜列名时，斯文扫地日，更何况这样的状况已历时 6 年，为什么得不到很好的治理呢？的确，造成教育乱收费的原因相当复杂，治理起来有相当的难度。但我们认为，在以往对教育乱收费的治理过程中，各级政府和教育主管部门确实采取了许多行之有效的措施，并且取得了一些成效，但忽视了对教育乱收费类型的区分，而是胡子眉毛一把抓，其结果是不仅没有取得预期效果，甚至引起基层教育部门和学校的反感，使问题变得更加复杂。其实，教育乱收费是可以分为不同类型的，对不同类型

---

① 本文是作者给中纪委、监察部驻教育部纪检组监察局、教育部政策法规司、基础教育司和教育部督导团办公室 2006 年 8 月联合在北京召开的“学习贯彻《义务教育法》，研究治理教育乱收费专家座谈会”提交的论文，后发表于《华中师范大学学报》2007 年第 2 期，《高等学校文科学术文摘》2007 年第 6 期全文转载，《新华文摘》2007 年第 14 期摘载。

② 《教育教育乱收费又排第一名》，载《楚天都市报》2006 年 8 月 2 日。

的教育乱收费，采取不同的治理策略和手段方能奏效。从成因上看，教育乱收费可分为三类：一是生存型教育乱收费，二是垄断型教育乱收费，三是腐败型教育乱收费。对这三种类型教育乱收费的治理，其策略和手段应当是不同的。

一、生存型教育乱收费及其治理

生存型教育乱收费主要是指农村，特别是中西部地区农村中小学为了生存和运转而导致的教育乱收费。多年来，由于多方面的原因，我国的教育投入不能满足教育发展的需求，农村中小学“普九”债务沉重并严重影响学校安全和正常教学秩序，农村中小学教师待遇低，工资拖欠严重；农村中小学危房较多，寄宿制学校学生生活设施严重不足，等等。关于农村中小学生存和运转问题，我们以湖北省B县为例，就可见一斑。B县地处江汉平原腹地，面积2044平方公里，是一个农业大县、财政穷县和工业弱县，全县人口60万，其中农业人口50万，辖13个乡镇，义务教育阶段学校有110所，其中小学86所，初中24所。全县“普九”负债7143.2万元。13个乡镇均有不同程度的负债，平均负债达500余万元，负债最高的乡镇为H镇，达1101万元；初中负债学校达22所，占初中总校数的97.1%，负债总额达3235.7万元，负债最高的初中为S中学，债务为347.5万元；小学负债学校达63所，占小学总数的73%，负债总额达3907.5万元，负债最高的小学为W小学，债务为308.7万元。不仅B县“普九”负债严重，湖北省乃至全国普遍存在这一问题。据湖北省教育厅财务处提供的数据，湖北全省“普九”欠债高达31个亿。由于“普九”债务居高不下、拖欠时间长（最早债务距今长达10余年），化解缓慢，因此，一些中小学，每逢新学期开学，债主就上门讨债逼债，甚至采取锁门封校、殴打校长等极端行为，B县近十个乡镇20余所中小学近年来就多次发生债主锁校门、停水电甚至逼迫学生放假等恶性事件。这在中西部一些农村中小学也相当普遍。因此，为了兑付部分“普九”债务，保证学校能够运转，一些学校不得不想方设法乱收费，如开办一些补习班、实验班、特长班、电教班等，擅自设立收费项目，违规乱收费。如，仅1998年到2001年三年期间，B县中小学通过向学生、家长乱收费就达350万元。

像湖北B县这样中部地区的县市由于普遍存在“普九”债务高、学校运转难、教师待遇低和工作压力大等问题，一些农村学校的中青年教师，特别是骨干教师和优秀教师“教心”不稳、人心思走，形成了特有的“孔雀东南飞”现象。这些年来，湖北一些县市每年外出应聘和打工的教师少则50～60人，多则100多人。大批骨干教师的流失，对农村地区教师队伍的稳定和教育教学质量的提高造成了很大的冲击。为了稳定教师队伍，调动教师工作积极性，学校也只好通过向学生乱收费来改善教师的待遇。此外，农村中小学危房改造和寄宿制学校建设资金短缺也是导致教育乱收费的重要原因。

对于这类生存型教育乱收费，不能简单采取禁止和惩罚措施来解决。关键是要帮助教育部门和学校解决实际困难，使他们首先“不必乱收费”，然后才是“不敢乱收费”。

从目前来看，亟须解决的是农村“普九”债务问题。从我们对湖北部分县市的调查情况来看，不少农村中小学校“普九”债务遗留问题严重困扰着学校的发展。税费改革前，各地每年可以用征收农村教育费附加和农村教育集资的一部分（一般为20%）逐年偿还“普九”债务，如湖北省税费改革前，上述两项收费约11亿元，每年用20%还债，就可偿还2.2亿。但现在已不可能，加之地方政府财政困难，一些地方“普九”遗留的还本付息负担仍由学校从本来就很紧张的公用经费中承担，正常的教学活动不得不靠举债维系，旧账加新债，不少学校包袱沉重。这里仍以湖北省B县W小学为例，该校现有学生603人，每学期按70元/生的杂费收取标准，学校一年的杂费收入在8.442万元，即使学校一分钱不开支，308.7万元的债务也要36年才能还清。因此，对“普九”债务问题如果不能妥善解决，这种生存型教育乱收费就很难杜绝。要解决这一问题，必须做好以下几方面的工作：

1. 锁定债务

化解“普九”债务，前提是要清理和锁定债务。要遵循“摸清底数，严格审计，锁定旧债，制止新债，明确责任，建章立制，分类对待，逐年消化”的原则锁债化债。因此，要对“普九”债务进行及时、全面、认真的调查、审计，全面准确掌握债务的规模、结构、范围、性质，挤掉水分，按债权债务的发生时间、形成原因、约定利率、还本付息、归还时间等情况建立台账，锁定债务。同时，要建立“普九”债务化解台账制度、化解情况定期报告制度、债务化解激励机制。倡导“偿债也是政绩”的理念，对偿还实绩实行“以奖代补”，并将减债实绩纳入政绩考核范畴。

2. 投入偿债

无论是从义务教育的责权比重来看，还是从目前的财力现状来看，“普九”债务完全由乡镇或县偿还，是不应该也是不现实的。应建立由中央、省、市、县和乡镇分项目、按比例分担的偿债机制，相应设立财政专项偿债资金，确保每年新增财力中的一部分用于“普九”债务的偿还。要根据区别对待的原则对债务进行严格界定、比例偿还：凡是达标验收阶段因改善办学条件而形成的“普九”债务，由中央和省财政按一定的比例负担，或全部由省财政兜底负担，通过专项转移支付的办法逐年解决；凡是达标验收后巩固提高阶段因改善办学条件形成的“普九”债务，由县、乡镇按一定比例分担并逐年偿还，其比例大小由当地县人民政府划分；凡因学校乱发乱补、集资建教师住房等形成的债务，则应由学校通过清理剥离和实施住房改革的办法负责偿还。

3. 停息降债

一方面，由县（区）政府依照有关政策规定出台文件，对高息集资迅速将本息分离，高息剔除，按同时期银行利息标准计息；对历欠的工资、福利、津补贴等不得计息；历欠的工程款等因经营行为形成的欠款不得计息。另一方面，采取行政、经济、法律等多种手段，加大对历欠款的清收力度，将钱物清收和抵账置换相结合，多管齐下降债。

4. 增收化债

鼓励和支持学校积极发展校办产业，增强自身造血功能，通过依照市场法则开办服务实体创收还债。

二、垄断型教育乱收费及其治理

垄断型教育乱收费是指一些重点名牌中小学校凭借其垄断地位所实行的高收费、乱收费。我国重点学校制度始于20世纪50年代末，后来，重点学校的问题在我国历史上经过了多次反复，政府的政策也发生过多次变化，但重点学校制度一直存在。历史地看，重点学校制度的最大优点是，在教育投入不足的条件下迅速提高了我国的教育质量，尤其是它保证了那些学习优秀的学生享受优质教育，有利于他们成才。然而，长期以来由于国家及社会有关部门一直有意无意地把重点都放在重点学校上，而占绝大多数的一般学校，特别是薄弱学校遭到了不同程度的忽视和排斥。这样一来，就导致多数中小学长期处于低质低效运作之中，优质学校为数甚少。于是，为数不多的公立重点中小学校，成为无数家长梦寐以求送子女读书的地方。特别是进入20世纪80年代中期以来，随着广大人民群众对教育需求的不断增长，而教育供给尤其是优质教育的供给又满足不了这种日益增长的教育需求，教育供求矛盾日益尖锐。在这种情况下，一些重点名牌中小学凭借其垄断地位，把自身的优质教育资源当作重要的经济资源，招揽可以出重资入学的高收入家庭子女，在社会中形成以金钱择校的普遍现象。这些学校故意将录取分数线定得相当高，只招收较少成绩突出的学生，把大部分名额当作自费名额，借此来获取巨大的经济收益。而为了获得这种教育机会，在被迫交纳不合理的教育费用时，学生和家长即使有怨言，也大多不得不采取忍让的做法，这就为教育乱收费提供了现实可能性。

面对迅速升温的"择校热"，一些地方教育主管部门出台了改制校的方案，试图以此扩大优质教育资源，满足社会对优质教育日益增长的需求。1997年起，一些地方部分省级示范高、初中部进行分离。分离出来的优质初中与部分薄弱初中合并，以"民办公助"、"公办民助"等形式吸纳民间资本，创办改制学校。但在实际操作中，很多改制校根本没有民间资本注入，源源不断地为改制校“造血”的是家长无奈缴纳的高额“赞助费”、“择校费”。据我们了解，改制校收取的高额学费一般50%留给本校改善办学条件，50%上缴教育主管部门，用于治理其他薄弱学校。由于高收费的一半可以留成自用，在金钱的“魔棒”下，一些基础好、教育资源丰富的公办重点初中、小学，纷纷借改制之名实行“一校两制”，即“校中校”，本部接收就近入学的学生，分校则借“民办”这块牌子收取高额择校费。

这种“校中校”的模式有多种：一种是一些省级示范（重点）高中将初中剥离后，仍在校内创办初中或分校招收初中择校生；另一种是部分知名中小学“抢滩”新建住宅小区创办“国际部”，以改制校的名义收取高额“赞助费”；还有一种是普通公办中小学的“火箭班”、“重点班”、“奥赛班”等“改制班”，只是规模略逊于“校中校”。

“校中校”纷纷压缩招收就近入学学生规模，大量招收择校生，本校容纳不下，就借用其他薄弱学校的校舍。如武汉市某初中，每年接受就近入学的学生不到100人，但招收的择校生就却高达1000余人。与改制校、“校中校”生源爆满相比，普通中小学却“惨淡经营”，本来教学质量就差，生源又遭到改制校的“巧取豪夺”，招生人数逐年下滑，部分学校新生报到率还不到30%，生源流失严重。因此，改制校的出现，对薄弱学校来说，不啻是致命打击。

改制校、“校中校”、“重点班”的出现，帮助少数薄弱学校改变了面貌，在一定程度上扩大了优质教育的供给，缓解了择校难，但也造成了义务教育阶段的高收费、乱收费。近年来，择校收费标准水涨船高，由最初的每生每学年3000元，发展到4000元甚至更多。改制校、“校中校”、“重点班”简直就是高收费、乱收费的代名词，已引起了广大家长和学生的强烈不满。

综上所述，无论是重点学校的高收费，还是改制校的乱收费，都与这些学校对优质教育资源的垄断有着密切的关系。因此，对垄断型教育乱收费的治理，关键是要打破垄断，使之不能高收费、乱收费。

从目前来看，当务之急是教育主管部门要依据所修订的《义务教育法》，尽快出台相关政策，首先禁止违规“校中校”、“重点班”招收择校生，然后清理改制校，使这些学校要么回归公立学校，坚持就近入学的原则，要么改成完全意义的民办学校，按民办学校的运作模式去运作。

从长远来看，要彻底根治这种类型的教育乱收费，国家及各级教育部门应切实采取有力措施，努力扩大优质教育的供给能力。优质教育供给扩大了，垄断才会打破，人们的需求才能得到满足。重点校、改制校所引发的高收费、乱收费问题才能真正得到解决。因为无论是重点校的存在，还是改制校的出现，其中一个重要原因是基本的教育质量得不到保证。根据义务教育的性质，从全国来说，不论贫富，不论城乡，不论经济发达与不发达，各个地区都要保证基本的教育质量；从地区来说，各所学校都要达到基本的办学水准；从学校来说，要尊重每一个学生，创造条件因材施教，使所有学生均获得正常发展，达到教育质量的基本要求。尽管这可能是一个漫长的过程，但我们从制度基础上、办学条件上促进办学水准的提高，这是现在就能够逐步做到的。为此，各级政府要切实承担起义务教育均衡发展的责任，为每一个学生提供一种公平的教育机会，特别是在当前的社会转型过程中，政府更应从政策上、制度上采取措施，努力促进教育公平。要明确义务教育办学的主体是政府，学校的校舍等硬件设施投入是政府的责任，政府要为人民群众提供相对均衡的办学条件。而且要逐步做到对学校的投资，无论是农村还是城市，占地面积、基础设施都必须大致不相上下。在教育的投入上要坚持向经济欠发达地区、向弱势群体倾斜，加大对贫困地区的扶植力度，保障弱势群体受教育的权利。在办学条件的规范上，制定出统一的合格标准，让学校办学条件基本均衡。为此，在政策取向上，要弱化或不实行重点学校教育资源优先配置政策，使有限的资金、教学设施和优质师资在各个学校之间得到均衡配置。

三、腐败型教育乱收费及其治理

腐败型教育乱收费是指在教育领域中掌握公共权力的公职人员在行使权利的过程中谋取私利的行为。它的实质是以权谋私。公共权力是社会公共利益的体现，滥用公共权力就是公职人员违反党、国家和其他社会公共机构授权的范围、限度和程序等而行使公职权力，致使公共财产、国家和人民利益遭受重大损失的行为，这里的私利涉及金钱、商品、服务等物质利益、职务晋升等地位利益以及享受教育机会、获取教育资源等特权利益。至于“权利”是相对于公共利益而言的，不仅是指个别人所获得利益，也包括群体利益，为了获取群体利益可能会出现“集体腐败”。教育机构虽然一向以“清水衙门”自居，但近年来由于社会上不良风气的影响，社会上的一些腐败现象在教育部门中日渐盛行，一些教育部门的工作人员和学校的校长利用手中掌握的收费权而乱收费，索贿受贿，搞权钱交易，乱设小金库，贪污公款；公款吃喝，公款旅游等不正之风屡见不鲜。不仅教育部门和学校的校长如此，而且在一些学校普通教师中同样存在，学生想坐个靠前的好座位、换个班级都要对班主任请客送礼；学生必须买教师指定的练习册，尽管定价奇高，错误百出，印刷粗糙，原因是教师拿了百分之百甚至二百的回扣。一些教师的所作所为纯粹是出于自身利益的需要，将正常的教育活动当作商业交易来对待。就行业特点而论，教育部门和学校风气应该是最正的。不正己，如何正人？倘若不能刹住“铜板熏得学校醉，直把讲台当柜台”的现象，往小处说，有损“教育尊严”，往大处讲，损害的是国家育才的大业。

腐败型教育乱收费之所以发生还在于权力在运作过程中缺乏有效的监督和制约，导致教育部门和学校权力运行的失范。教育收费可以分为三个部分，即收多少钱，怎么收钱，规则由谁来定？这是收费的规制权；由谁来执行收费的任务？这是收费的执行权；最后是收费的收益权，也就是所收的钱由谁获益。最公正的权力安排应该是让制定规则的、执行收费的、最终收益的不是同一个人或同一部门，如果三权集中在同一个人或同一部门手中，集定规者、执行者、收益者于一身，权力必然会失去监督和制约。而教育收费尽管在学杂费的确定上要受政府物价部门的制约，但其他五花八门的收费权都集中在学校这个单一部门手中。其结果是学校必然会制定出尽可能多收费、乱收费的规则。孟德斯鸠曾经指出："一切有权力的人都容易滥用权力，这是万古不变的一条经验。有权力的人们使用权力一直遇到有界限的地方才休止。"[①] 近年来，我国腐败型教育乱收费之所以屡屡发生，大多是由于制约和监督机制不健全或发挥不出应有的制约和监督作用，导致权力失控。

由于教育部门和学校的权力缺少监督和制约，是导致腐败型教育乱收费的一个重要原因。因此，对腐败型教育乱收费的治理，关键是要对教育部门和学校的收费进行强有力的约束和监督，使之不敢乱收费。

联合国各类机构庞杂，经费开支频繁，官员中有无违规违纪行为？曾在联合国长期供职的杨荣先生说：在我供职的30年间从未耳闻，这并非说联合国就是一个君子国，而是制度使然。他在介绍了联合国严密的财务制度之后，不无感叹：联合国的官员都不是圣人，面对巨额钞票，要说一点欲望都没有，那恐怕不是实情，但是要想拿，又无法下手。这一"无法下手"，就是约束力强，腐败的机会少，很难有漏洞可钻，就不会轻易去冒险。同理，任何一所提供教育服务的学校都有可能产生乱收费的动机，但有了乱收费动机并不等于就有乱收费行为，因为乱收费的主体知道还有法律法规和制度约束，他们敢不敢乱收费，取决于约束程度的强弱。约束力越大，约束制度越严密，乱收费的行为就越少。只有当约束力，约束制度不严密，乱收费的行为就多。那种试图仅靠授以充分的权力，使职权相一致，以便教育主管部门和学校管理者像对待自己切身利益那样，关心社会公共利益，只能从善意出发而产生理论上的幻觉。那么，怎样才能实施有效的监督和约束呢？首先要做的应该是将教育收费的规制权、执行权和收益权分开。如果一种制度安排让收费的规制权在中央，收费的执行权在学校，校长和教师的收益与收费无关，教育乱收费问题就有望在一定程度上得到解决。其次要加大"异体监督"的力度。目前，我国对教育部门的监督主要属同级或同体监督。这种监督形式较好地发挥了职能作用，但也暴露出不少不

① ［法］孟德斯鸠：《论法的精神》上册，商务印书馆1984年版，第154页。

足之处。其中的主要问题是，当监督者的利益与被监督者的利益纠缠在一起时，就难以发挥监督作用。如学校乱收费对于全体教师而言是有利的，从学校内部来说很难对这种行为进行监督；而本属于对学校进行管理和监督的教育行政部门同样存在着乱收费问题，也很难指望会有铁面无私的监督。因此，对腐败型教育乱收费的治理，更要重视“异体监督”，如加大舆论监督、家长监督的力度，建立独立的社会监督组织等，这样才能迫使各个教育部门和学校“不敢乱收费”。

当然，以上关于教育乱收费类型的划分不是绝对的，各种类型的乱收费之间彼此存在着相互交叉渗透的问题。这种划分的目的只是帮助我们更好地认清教育乱收费的性质，从而根据不同性质和类型的乱收费，采取不同的策略和手段，最终彻底根治乱收费。

农村中小学布局调整必须慎重处理的若干问题①

【内容摘要】如何正确处理集中办学与分散办学、兼顾公平与效率、重点支持集中办学又适当照顾分散的校点，搞好区域内经济发达地区与边远贫困地区学校建设的关系等，是农村中小学布局调整必须高度注意和慎重处理的问题。本文基于对中西部地区的湖北、河南、广西、云南、陕西和内蒙古6个省（自治区）38个县市177个乡镇中小学布局调整的调查，从理论和实践相结合的角度，对上述问题进行了分析和探讨，并在此基础上提出了如何处理这些问题的对策思路。

【关键词】农村中小学　布局调整　问题　处理

20世纪90年代中后期开始，随着计划生育政策的落实，农村学龄人口不断减少和城镇化水平不断提高，我国农村地区，特别是中西部农村地区不少中小学学生源不足，学校布局分散、规模小、质量低的问题日益突出。为了解决这一问题，我国农村地区，特别是中西部农村地区开始了新一轮中小学布局的大调整。

实施农村中小学布局调整在国家层面上是具有战略性和全局性的政策导向，但由于我国各地区的具体情况千差万别，而政策又具有在不同环境、条件下的局部性和相对性，因此如何既能把握该政策在国家层面上的战略性和全局性，又能把握其在不同环境、条件下的局部性和相对性，即如何正确处理集中办学与分散办学、兼顾公平与效率、重点支持集中办学又适当照顾分散的校点，搞好区域内经济发达地区与边远贫困地区学校建设的关系等，是农村中小学布局调整必须高度注意和慎重处理的问题。本文基于对中西部地区的湖北、河南、广西、云南、陕西和内蒙古6个省（自治区）38个县市177个乡镇中小学布局调整的调查，从理论和实践相结合的角度，对上述问题进行分析和探讨，并在

①　本文为英国政府双边赠款“西部地区基础教育研究”项目、国家级研究课题“中西部地区农村学校合理布局研究”的阶段性成果之一，发表于《河北师范大学学报》（教育科学版）2008年第1期，中国人民大学复印报刊资料《中小学教育》2008年第4期全文转载。本文第二作者为曾新。

此基础上提出如何处理这些问题的对策思路。

一、关于集中办学与分散办学的问题

集中办学与分散办学是农村中小学惯有的办学模式。一般来讲，集中办学有助于形成规模效益，实现教育资源的合理配置和提高教育资源的利用效率；分散办学则有助于方便学生就近入学，解决学生上学难的问题，防止学生因上学路程远而导致的失学和辍学问题的产生。

从6省区样本县市的调查情况来看，目前各地农村具体所采用的布局调整模式大多数是撤点并校，在交通不便的地方建立寄宿制学校。在这一办学模式的指导下，一些成班率不足、校均人数未达标的校点很快便被撤并。的确，从目前来看，在一些山区、交通不便地区建立寄宿制学校，将离校远的孩子统一安排在学校住读，由学校进行统一管理，无疑是解决因布局调整导致学生上学难问题的较好途径。寄宿制不仅能解决学生上学远的问题，而且学校寄宿的集体生活，可以增强师生、同伴之间的交往，提高他们生活自理能力和与人合作的能力，对于他们的成长无疑具有积极的作用。与此同时，也应当看到，由于经费投入不足，大部分农村中小学缺乏寄宿条件，甚至根本没有将寄宿制纳入中小学的发展规划之中。即使是住校，一般条件都较差，从我们在6省区所调查的几十所农村寄宿制学校的情况来看，基本上是两个学生挤在一个铺位，一张高低床睡4个学生，一间宿舍住几十个学生。此外，由于编制的限制，农村中小学对于寄宿学生一般都没有配备专门的生活教师，住校生的管理基本上是由任课教师和班主任负责。而这些任课教师和班主任往往又是义务服务，没有额外的津贴补助，有的教师每天从早上5点钟一直要工作到晚上10点多钟。由于学校的寄宿条件较差，管理不到位等造成一些学生，特别是低年级学生生活不能自理，因而上学难的问题无法得到根本解决。其中的原因固然很多，但在农村中小学布局调整过程中没有正确处理集中办学与分散办学的关系，不能不说是一个重要原因。

布局调整前的分散型办学模式固然有其不合理的地方，但在方便学生就近入学方面确实有它的长处。比如教学点的学生，在他们的学前班及小学低年级阶段，由于是在本村本乡的教学点接受启蒙教育，在这一阶段，他们白天在学校上学，学校的老师和同学全是乡里乡亲的，学校虽破败不堪，但乡情温暖，不受歧视，放学后又与父母兄弟姐妹相处，所以生活虽苦，但亲情融融，这样教学点就能在亲情上最大限度地满足他们身心发展的需要。但教学点的师资、设备、教学方法等又不如中心校，这样，由教学点转入中心校就读的学生就面临经济因素以外的两大问题：一是学校离家远了，需要寄宿，原来学校和家庭一体化的学习生活环境没有了，与父母亲人朝夕相处的亲情依靠没有了，而所有这些儿童身心发展极需的情感缺失又无法在集中办学的校园里找到替代，于是不少学生便在情感上陷入无依无靠的困境，这是被撤并学校的学生最难跨越的心理危机。调查发现，不少教育行政管理人员、学校校长和教师反映，一些由教学点并入中心校的学生都存在不同程度上的亲情饥渴，晚上哭着找父母是常有的事，而半夜逃跑回家或干脆逃学也是常有的事。如课题组在湖北英山县河畈小学调研时，问一些高年级学生第一次在校住宿的感受如何，很多女生都说："第一天在学校住宿时都哭了。"该校有几位岩村的学生，住宿的第一天竟然在漆黑的夜晚结伴回到了15里路远的家里。二是教学点的教学质量普遍比中心校差，这样，由教学点并到中心校的学生要在学习上赶上中心校的学生必须经过较长一段时间的艰苦努力才能见效，可从教学点并入的学生并不一定明白这一道理。于是，有些原来在教学点成绩不错的学生在进入中心校后便因成绩不如其他同学而产生挫折感、自卑感。

由此可见，农村中小学布局调整并不意味着消除小规模学校和"教学点"这种办学形式，中心学校与分散的教学点都是实施义务教育的重要组织形式，在布局调整的过程中要正确解决小规模的村办小学、教学点与相对集中的中心小学之间的关系，不能采取一种非此即彼的做法，完全抛弃分散的教学点，更不能认为教学点和复式教学就是过时的、被淘汰的办学模式。考虑到未来学龄人口的波动与学生入学的实际困难，对我国广大的农村地区，尤其是学生居住较为分散的地区而言，村小和教学点这种办学模式还是有效的。因此，正如胡锦涛总书记在2007年两会上与广西全国人大代表莫文珍对话所说的那样："现在，一些地方适龄孩子少了，对教学点作相应的调整是必要的。但是，我们办学一定要从农村、山区的实际出发，一定要真正为孩子们着想，科学安排教学点。该撤并的教学点，一定要撤并；不该撤并的，哪怕学生再少，也要保留下来，并想办法把教学点办好，这样才能保证孩子们上好学。"①

二、关于公平与效率的问题

公平与效率是一个经典的公共政策目标的权衡问题。农村中小学布局调整尽管不是解决教育公平与效率的唯一途径，但公平与效率是政府推进布局调整在政策选择上的主要依据或追求目标。因此，农村中小学布局调整必然涉及公平与效率问题。

当然，严格地说，公平与效率并不是一对哲学意义的范畴，与公平相对的是非公平，与效率相对的是非效率。虽然公平与效率并不构成一对范畴，但是

① 郭苏：《教育达标背后的困局》，载《小康》2007年第6期。

在经济学领域中两者之间却存在相互影响和相互制约的关系，有着较为密切的内在联系。一般认为效率是指“资源的有效使用和有效配置”，“在经济领域内，任何资源总是有限的，不同的资源只是有限供给的程度不一而已。如何使用和配置各种有限的资源，使用得当，配置得当，有限的资源可以发挥更大的作用；反之，使用不得当，有限的资源只能发挥较小的作用，甚至可能产生副作用。这就是高效率与低效率的区别”①。而公平“主要是指如何处理经济活动中的各种经济利益关系，其实质是合理的分配原则”②。经济领域内公平与效率的矛盾主要表现在，制定经济政策时把何者放在更优先的位置上，即公平优先还是效率优先。

教育领域内的效率与经济领域内的效率在含义上没有太大的差别，教育领域内的效率从本质上讲是指“资源配置的结果要使效率最大化，即教育资源配置要形成一定的优势结构”③。如果有限的教育资源配置得当，使用得当，就能发挥更大的作用，具体表现为用有限的教育资源获得教育规模与教育质量的较大发展；如果有限的教育资源使用不得当，配置不合理，就只能发挥较小的作用，具体体现为投入一定的资源却不能使教育规模得到扩大和使教育质量得到提高。但教育领域内的公平与经济领域的公平在含义上有一定差别。瑞典著名教育学家胡森认为，教育公平主要是指教育机会均等，包括教育起点的平等、教育过程的平等和教育结果的平等。而要实现教育机会均等，教育资源在各参与分配者之间就应“以大体均等的占有量加以分配，即教育资源在各级各类教育之间、各学校之间、地区之间以及不同受教育者个人之间，按照与其规模和需求相对应的数量加以分配”④。由此可见，教育公平主要包括教育权利平等和机会均等两个方面。教育权利平等主要是指法律上要保证每个公民都享有同等的受教育权利。教育机会均等是指能力相同的儿童，不论其性别、种族、地域，都有相等的接受教育的机会。与此相对应，在同等条件下受到不平等的待遇就叫不公平。

农村中小学布局调整的一个重要目的，就是要实现教育资源的合理配置，提高教育资源的利用效率。从总体上来看，这毫无疑问应该说是正确的，因为与农村中小学布局调整相结合的撤点并校工作对经济条件好、交通便利的村镇具有积极的意义，主要表现在教育资源的集中和优化，不仅提高了教育资源的利用效率，因此为农村学生接受更好的教育提供了条件。但由于各地经济社会

① 厉以宁：《经济学的伦理问题》，三联书店 1995 年版，第 2 页。

② 余源培、荆忠：《寻找新的学苑——经济哲学成为新的学科生长点》，上海社会科学出版社 2001 年版，第 151 页。

③ 王善迈主编：《教育经济学简明教程》，高等教育出版社 2002 年版，第 172 页。

④ 王善迈主编：《教育经济学简明教程》，高等教育出版社 2002 年版，第 172 页。

发展的不平衡性及农村社会贫富分化的加剧，经济条件比较好的地区和经济条件比较好的家庭，他们有能力投资教育，对教育的需求有更高的目标，对教育有更自由的选择空间，因此，当布局调整的决策有利于他们子女教育发展的时候，这些地区和家庭有能力在财力、物力上给予积极的支持，这对于促进农村教育的发展，缩小区域之间、城乡之间、学校之间教育的差距无疑具有积极的意义。但由于布局调整后保留的学校或新建的学校大多位于经济基础较好、教育较发达、交通较便利的地区，这就必然会出现在效率目标的追求下对公平的牺牲。这表现在那些最薄弱、最分散、最不经济的校点被撤并后，所有的学生被集中到条件稍好的学校就读，这对他们来说，可以增加接受优质教育的机会，但其前提是边远地区的孩子、贫困生能上得起学、留得住，然后才能谈得上接受好的教育，否则，只能是一句空话。

调查发现，边远地区、贫困山区的孩子恰恰因为上学难和留不住而失去或不能更好地接受优质教育，而上学难和留不住的根本原因就是路途远、经济困难等。尽管农村学生辍学和失学是常有的事情，但调查发现，农村中小学布局调整确实加大了边远地区、贫困山区孩子辍学和失学的风险，使政府有限的教育资源在效率的作用下而失去可以保证每个学龄儿童都能上学的公平性。

此外，政府把大部分经费投入到交通便利、办学条件较好的学校，肯定会对边远贫困地区农村教育发展不利，这对于边远贫困地区的农村居民来说是不公平的，由这种不公平所带来的负面影响将是巨大的、潜在的。如加大了边远贫困地区农村中小学与城镇中小学办学条件的差距，边远贫困地区的孩子不但享受不到布局调整后的成果，相反会使这种差距进一步拉大，甚至进一步恶化。因而，在未来的岁月中，撇开他们是否能上高中、大学不说，仅就中小学教育这一点而言，就无法让他们与城镇的孩子处于同等的地位进行竞争。在经济与教育的互动关系越来越密切，人力资本在一定程度上决定人们收入水平的今天，这种布局调整对边远贫困地区的孩子无疑是不公平的。

以上种种问题，其影响将是潜在的、长期的，尽管有些负面影响目前还只见端倪。因此，要确实让布局调整的政策造福于民，就不能让边远贫困地区的孩子做出政策性的牺牲。而解决的根本办法就是国家在实施这一政策的过程中，必须制定相应的财政补偿政策，资助因布局调整而在教育上受到损失的边远贫困地区的孩子，让他们不因布局调整而失去受教育的机会和受教育的条件进一步恶化。从现象上看，是贫困决定着农村贫困地区的孩子能否及时就学、继续学业，而从根本上讲，贫困家庭的孩子能否享受教育权是关系到教育为什么人的问题。所以，对于布局调整后农村义务教育阶段贫困生的资助，当前亟须解决的问题：一是标准测定问题，即何谓贫困生。由于标准不明确，在一些地方往往出现该享受生活补助的学生没有得到补助，而不该享受生活补助的学生却得到了补助，这是极不合理的。因此，必须合理确定贫困生的标准，使确需资助的学生真正能够得到资助。二是补助额度问题。现在大多数贫困地区寄宿生的生活补助是每天1元钱，一年按在校时间200天计算，即200元钱，这是难以满足正处在生长发育中的中小学生的生活需要的。建议将生活补助额度由每天1元钱提高到2元钱，由每年的200元提高至400元，以满足贫困生的最低生活需要。三是增加透明度。防止少数人暗箱操作，杜绝各种不正之风，让真正需要生活补助的贫困生享受到补助，感受到政府和社会的关爱。只有这样，才能有利于教育的均衡发展，进而保证边远贫困地区的孩子都能公平地接受教育。

三、关于重点支持集中办学又适当照顾分散校点的问题

通过布局调整，各地农村基础教育发生了不同程度的变化。总体情况是，教育资源得到了优化配置，学校的布局结构趋于合理，办学条件得到改善，办学效益得到提高，各阶段的教育得到协调发展。但应当看到，由于教育资源本身具有整体性和不可分割性，即使学校规模再小，也因其教育功能的需求而必须投入相应的资源，这样，投入的资源会因为学校规模小而未能获得充分的利用，这是我国实施布局调整的重要原因之所在。但如何使教育资源得到合理配置，使有限的教育资源能够依据其教育功能的特性和需求而得到有效利用，不是布局调整所能完全解决的。而本课题的调查证明，农村中小学布局调整在局部地区并不能使教育资源得到合理配置，相反，布局调整前分散型办学造成的教育资源浪费在布局调整后集中资源办学的过程中同样不可避免。这是因为：

首先，布局调整的时机如果把握不好，就会出现教育资源匮乏与闲置并存的结构性浪费。将分散的、规模过小的中小学和教学点逐步撤并，把分散在这些校点的教育资源进行优化重组和合理配置，使师资和生源相对集中，扩大办学规模，提高办学效益，是农村中小学布局调整的宗旨，也是今后农村中小学教育发展的趋势。但是教育资源的合理配置，学校网点的重新布局需要较多的经费投入，新建学校不用说，即使是布局调整予以保留的学校，也必须增加教学、办公、学生活动场地、学生宿舍、学生食堂等建设，否则就无法满足从其他校点集中过来的学生的学习和生活需要。调查中发现，有些县、乡政府和教育行政部门对布局调整由理想蓝图变成真正现实所必备的人力、物力、资金等硬件条件估计不足，在基本办学条件尚不具备的前提下，便急忙把周边的一些校点撤并，结果导致周边学校有的教育资源如学校校舍、运动场等因无法搬迁而被闲置和毁坏，而被政府定为集中办学的中心校却因基础设施不完备而无法容纳更多的师生。这样，一方面是被撤并学校原有教育资源的废弃和浪费，另一方面则是集中办学的学校人满为患，从而造成新的校点在学习、生活、管理

上的一片混乱，这当然会引发村民对布局调整的不满，严重的甚至造成学生的失学和辍学。

其次，集中与分散的关系如果处理不好，就会出现教育资源在教学点与集中办学学校之间的重复性浪费。在有些边远地区，一些乡村的教学点被撤并后，由于一些儿童面临着失学和辍学，当地政府在权衡利弊之后，本着实事求是的态度自动恢复了一些不该撤并的教学点。此外，由于村民不放心让自己年幼的孩子到离家很远的中心学校上学，于是，他们有些宁愿让孩子失学在家也不把孩子送到邻村或集中办学的学校就读，或者自行聘请教师，利用布局调整后废弃的教学点办学。对6省区的调研发现，由村民自行聘请教师在教学点给孩子上课，在布局调整后的一些地方并不是个别现象。这样，一方面造成中心校的生源严重不足，另一方面则是本该撤并的教学点无法撤并。可见，虽然从长远看，农村中小学布局调整确有它的长处和优势，但如果与村民的现实生活相差太远，则不但达不到提高教育资源利用效率的目的，相反还会带来教育资源的更大浪费，甚至还会带来部分学龄儿童的无法上学。

最后，新建校与保留校点如果处理不当，就会出现教育资源的过剩与紧张并存的供给性浪费。在农村中小学布局调整过程中，有些县市、乡镇政府及教育主管部门由于没有对学校覆盖范围内的学龄人口、村民意愿、地理位置等进行充分的论证就急忙进行布局调整，而新学校建成后，却长期无法按计划完成招生任务，使校舍处于长期的空闲状态；一些计划撤并的校点，由于群众不同意撤并，或者由于撤并而引发大量学生失学、辍学而只好继续办学。结果造成，集中办学的学校在教育资源闲置状态下仍不断得到政府经费的补充和支持，而计划撤并的校点则普遍存在教育经费不足的问题。如校舍维修费得不到补充而不得不让学生在漏风漏雨的危房中上课；因得不到政府的正常拨款，学校往往连粉笔也买不起，更不用说图书、仪器设备了；由于政府不再派遣公办教师前往这些学校任教，这些学校又不得不聘请一些文化程度低且不具备教师资格的人任教，结果造成这些学校的师资水平低下，教学质量不高，学生学业成绩受到影响；等等。可见，一方面是布局调整后集中办学的学校出现生源不足，校舍、师资、教学仪器设备等教育资源的过剩或浪费；另一方面计划撤并但由于各种原因不能撤并的校点因长期得不到教育经费的补充而办学效益日益低下，维持学校正常运转的基本物质条件日益匮乏。这种反差极大的教育资源配置方式，应引起各级政府及教育行政管理部门的关注。

总之，在农村中小学布局调整过程中，既要考虑教育资源适当的集中配置，又要兼顾边远贫困地区农村一些分散校点对教育资源的需求。农村义务教育新机制实行以后，农村学校维持运转主要靠上级政府下拨的公用经费和免除学生杂费资金。这部分资金下拨到地方由县财政和教育局计财科管理，地方行政部门根据县城内各个中心学校的规模、学生数等进行再分配，把资金划拨给各中心学校统一管理，其下属的完小、初小和教学点所需经费还要由中心校进行分配。现在的问题在于，村小和教学点所需经费由中心校掌握，而中心校运转经费短缺，双方在争取经费方面形成博弈。中心学校在经费方面具有支配权，为了本校的建设和发展势必忽视村小和教学点的建设甚至起阻碍作用，所以，有必要在此基础上对当前的投入和管理机制进行改革。比如，制定投入标准要求中心校对保留下来的村小和教学点予以支持，建立强有力的监督机制或问责制保证中心校对村小和教学点的投入；如有可能，可将村小和教学点的经费由县级教育行政部门统一管理，专款专用，因为目前在中西部偏远农村地区仍有大量的村小和教学点，这些村小和教学点在当地发挥着相当大的作用，但由于资金短缺、办学条件落后，很多村小和教学点难以维系，由此带来的后果就是偏远山区的孩子上学困难甚至导致辍学。所以，通过完善投入机制，从资金上支持村小和教学点的建设是重要的。

四、关于协调区域内经济发达地区与边远贫困地区教育发展的问题

20世纪90年代以来，随着我国九年制义务教育的逐步普及，基础教育均衡发展已成为我国教育政策的重要内容。这里所说的教育均衡发展，是指受教育者接受相同数量和质量的教育，其基础是教育资源配置的均衡，包括初中教育在内的义务教育阶段是教育均衡的重点。因此，在农村中小学布局调整过程中，如何使农村基础教育实现均衡发展，是布局调整面临的重大课题。从各地布局调整的实践来看，撤并一批过于分散的教学点，在交通不便、人口居住分散的地区建设一批寄宿制学校，把有限的农村教育资源集中到办学能力强的中心校，以中心学校带动分校，以强校合并弱校，是布局调整工作的主导方针。经过撤点并校，各地农村基础教育是否实现了均衡，不同县域、乡域的不同学校之间、城乡之间的办学条件是否已相对均衡，边远贫困山区儿童、孤残儿童、贫困儿童、留守儿童等社会弱势群体是否获得与其他同龄人一样的受教育权利，等等。这些无疑都是衡量和评价农村中小学布局调整是否合理的重要内容。

毫无疑问，农村中小学布局调整对促进区域（主要是县域、乡域）内的教育均衡发展具有积极作用，但我们在调查中也发现，在一些边远贫困地区，农村中小学布局调整不仅没有改善农村学校的条件，反而使部分校点办学条件恶化，不仅无法缩小边远贫困地区农村与发达地区农村之间教育的差距，反而拉大了这种差距。

造成这种局面的主要原因是，主观愿望与实际情形相矛盾。主观上人们寄希望通过布局调整为所有边远贫困地区的孩子提供良好的办学条件和高质量的

教育，但一个不容回避的现实问题是边远贫困地区义务教育目前只能在数量上予以保障，只能以完成基本的义务教育培养目标为限度，高质量教育的追求既受政府财力的制约，也与边远贫困地区老百姓脆弱的支付能力相悖。因此，边远贫困地区的教育供求矛盾与经济发达地区教育供求矛盾的区别在于：它不是教育资源质量的稀缺导致的教育不公，而是因绝对数量不足，教育活动最基本条件难以保障导致儿童受教育机会的缺失。因此，就边远贫困地区的农村而言，撤并过散过小的校点，扩大中心学校的规模，创办寄宿制学校，追求师生比例达到或接近国家标准等，只是从理论上讲有利于边远贫困地区农村基础教育的发展，有利于提高这些地区的教育质量与教育水平。但是，如果没有一定的经费支撑，这种主观愿望与边远贫困地区农村的实际情形就难以相符，而在布局调整过程中一些边远贫困地区却不顾当地的实际情况，仅凭主观愿望，一哄而起，在基本办学条件不具备的情况下，过早、过快地撤并一些还应暂时保留的校点，结果事与愿违，不但无法实现布局调整的预期目标，相反还出现了与预想目标相反的结果。

当然，国家可以通过财政转移支付、专项拨款等途径加大对边远贫困地区教育的资助，但在集中资源办学的方针政策下，这些资金多数被投入到集中办学的中心学校，而中心校以下的教学点往往变成了“被遗忘的角落”，不仅高层政府的专门调查涉及不到这些校点，即使本地的教育行政官员也很少甚至从没有到过这些地方。如湖北省英山县雷店镇五一中心小学下辖的一个教学点，离中心学校 15 公里左右，至今无法通车，全靠步行并要翻越一座山才能到达。该镇中心学校刘校长告诉我们，她每学期只在开学的时候去一次，其他工作只能依靠电话联系。因此，政府的财政转移支付是很难惠及这些地方的。

由于中小学教育是必须分散组织的社会事业，其管理权主要属于地方，因而地方经济的发展对农村中小学教育的发展及其布局的影响是很大的。如果地方区域经济比较发达，可提供的教育经费就相应充足，中小学教育的发展就有了根本保证，反之，中小学教育的发展就很难得到经费支持。同理，农村中小学布局调整是一项具有长远发展的战略决策，随着这一决策的实施，一批标准化、现代化的农村中小学诞生了，这对于区域内经济发达地区的农村孩子获取与城市孩子一样的教育，进而通过教育的途径缩小其城乡差别是具有重要意义的。但由于同一区域内边远落后地区与经济发达地区之间仍存在着较大的差距，对经济发达地区教育的投资越大，他们获得的发展机会和潜力就越大，因此，这一区域内的经济发达地区的发展速度会更快；而这一区域内的边远贫困地区，由于地方财力和家庭支付能力的限制而无法承担因布局调整所导致教育财政支出和家庭教育消费支出的增加，这些地区教育的发展和农民子女接受优质教育的机会也将受到限制。长期下去，同一区域内边远落后地区与经济发达地区的教育差距会进一步拉大。因此，农村中小学布局调整必须兼顾同一区域内经济发达地区与边远贫困地区的学校，协调好经济发达地区与边远贫困地区教育的发展。具体而言，在贫困地区和地理环境复杂的区域，农村中小学布局应采取分散与集中相结合的办法，充分考虑儿童的自理能力和安全问题。小学适当分散办学，学生就近入学，优先保障学生的入学权利，初中则追求适度规模。在办学体制上，鼓励社会力量办学，满足人口分散地的教育需求；在办学形式上采取寄宿制，即在保证学校适度规模的前提下，确保学生都能上学。

总之，农村中小学布局调整，既是涉及教育资源能否合理配置和农村中小学布局是否合理的问题，又是关涉农村义务教育发展和质量提高的问题，如果不采取有效措施慎重处理布局调整中出现的这样或那样的问题，其问题将会变得更加复杂，解决的难度将会更大，后果也会更严重。这些问题的解决是一个系统工程，只要各级政府高度重视，社会各方共同努力，问题是不难解决的。

我国学生资助制度的回顾与反思[①]

【内容摘要】 根据我国和世界各国的经验，要真正做到《规划纲要》所提出的不让一个学生因家庭经济困难而失学，就必须建立起完善的学生资助制度。为此，笔者通过对我国学生资助制度的回顾，实事求是地总结了新中国成立以来学生资助的经验与教训，分析了存在问题的原因，并提出了进一步完善我国学生资助制度的对策思路。

【关键词】 学生资助制度　回顾　反思

《国家中长期教育改革和发展规划纲要（2010年—2020年）》（以下简称《规划纲要》）明确提出，要"努力办好每一所学校，教好每一个学生，不让一个学生因家庭经济困难而失学"。这是我们党和政府向全国人民的庄严承诺。那么，在我们这样一个人口众多的发展中大国，怎样才能保证不让一个学生因家庭经济困难而失学？根据我国和世界各国的经验，要做到这一点，必须建立起完善的学生资助制度。新中国成立后，我们党和政府始终重视经济困难家庭子女的上学问题，采取了许多资助措施，基本上保证了各级各类学校的贫困家庭学生顺利入学并顺利完成学业。但由于经济发展的差距和历史形成的体制、机制原因，我国的学生资助制度还存在着诸多不完善的地方。因此，实事求是地总结新中国成立以来学生资助的经验与教训，分析存在问题的原因，并提出进一步完善我国学生资助制度的对策思路，对于切实贯彻和落实《规划纲要》精神，真正做到不让一个学生因家庭经济困难而失学，具有十分重要的理论意义和现实意义。

一、我国学生资助制度的形成和发展

所谓资助就是用财物来帮助。经济上的学生资助就是社会各方用财物来帮助学生。它表现为一种经济上的支持，也就是说资助者所提供的是某种可用货

① 本文发表于《华中师范大学学报》（人文社会科学版）2010年第6期、《新华文摘》2011年第1期、《中国社会科学文摘》2011年第2期和《高等学校文科学术文摘》2011年第3期分别全文转载。

币计量的财和物，是一种经济上的支持，而不是道义上的帮助。所以，任何资助形式都需要资助者无偿投入大量资金，任何一种资助形式都包含了资助者所付出的经济补贴。奖学金、助学金都是赠予性的。贷学金以借贷形式向学生提供学习费用，虽需偿还，但是由于提供给学生的贷款一般都低于正常的市场贷款的利率，有的甚至是无息贷款，所以资助者同样还要贴付大量利息。

在我国，实行对学生的资助，对学生规定在学期间的经济待遇由来已久。据史书记载，汉代太学生不缴纳学费，正式学生都享受官俸。太学房舍专供太学生居住，甚至允许他们携家眷同居。① 唐代中央官学学生有廪膳费。东京、西京国子监所属中央官学及其他国家部门创办的官学，除违反校规和考课不合格者外，其生徒皆由国家包揽廪膳，全部免费进餐。此项开支，数额惊人。当时的史书记载，仅两京国子监盛时生徒达 3000 人左右，连同留学生达 8000 余人，一日三餐，能维持下来，就不甚容易②。南唐升元四年（公元 940 年）建学馆于白鹿洞，置田供给诸生，学者大集；宋高宗绍兴年间，太学生学额达 1000 余人，朝廷所给学廪，动以万计，日供饮食，为礼甚丰。明代府州县为学生提供的廪膳及其他待遇也颇为优厚。国子监的监生可以在监内寄宿，发给膏火，供给膳食，享有免役权利。明初后规定学员月廪米 6 斗，以后增加到 1 石。但有赏也有罚，对于经过考试，学无成效者，要追还所给廪米。清代则规定生员须经岁科两考，列为一等者方能取得廪生资格，由公家发给廪米，并有名额限制。清末废科举，兴学堂后，学堂的开支项目中仍包括膏火、膳食等项。国子监“凡于讲课之期，每年赏银六千两，以为饭食之费，所余银以备诸生遇有事故，实力不足者，量加周助”③。民国时期，凡入高等、中等师范院校者皆由国家给予公费待遇。抗日战争爆发后，大部分国土陷于敌手，为了照顾迁至后方的学生因家庭经济来源断绝而产生的困难，在大中学校设立了贷金制度，按月发给每生大米二斗三升和相应的副食补贴，但此项贷款并未得到偿还。当时在中国共产党领导下的革命根据地所设立的干部学校、专门学校乃至中学都实行供给制，对学生的学习生活费用采取包下来的政策，以培养革命所需要的人才。

新中国成立之初，各地人民政府根据本地区的具体情况，制定了一些临时性的高等学校和中等学校助学金的实施办法，但标准极不统一。为此，中央人民政府政务院于 1952 年 7 月发出《关于调整全国高等学校及中等学校学生人民助学金的通知》，决定自 1952 年 9 月份起实行统一的人民助学金制度。教育部为了贯彻政务院通知精神也发布了具体规定，要求全国高等学校、中等学校及

① 如《后汉书》卷十五《鲁恭传》：“十五与母及丕（其弟名），俱居太学。”

② 参见熊贤君：《中国教育管理史》，华中师范大学出版社 1989 年版，第 337～339 页。

③ 《大清会典事例》卷一零九十八，《国子监·六堂课士规制》，《内外班肄业》条。

工农初等学校学生的人民助学金一律依照新规定的标准执行。文件规定了高中、初中学生人民助学金按总人数的享受面及标准；高等学校、高等师范院校、中等专业学校、工农速成中学、工农初等学校学生均全部享受人民助学金，并分别规定了标准。1954年高教部教育部联合颁发了《关于改进全国高等学校、中等专业学校及工农速成中学的调干学生人民助学金的使用办法》，对调干生助学金规定按照学生入学前的职务及工资，分为五个等级。1955年8月高等教育部为了合理使用人民助学金，颁发了《全国高等学校一般学生人民助学金实施办法》，决定从1955年10月份起，全国高等学校（高等师范院校除外）学生人民助学金由原来的全体学生发给改为部分学生发给；凡家庭富裕能自费者，不发给助学金；凡能自费半数或三分之一伙食费者，发给所缺部分；完全无力负担者，发给全部伙食费。经济特殊困难的学生的其他费用，可另外申请困难补助。而革命烈士子女学生、少数民族学生、归国华侨学生，在一般学生同等经济条件下优先给予照顾。1956年12月高教部对高等学校研究生人民助学金标准作出规定。1960年1月国务院转发教育部《关于改进工人、农民、干部学生人民助学金标准问题的报告》及有关文件，规定连续工龄在3年以上的工人、干部，从事农业劳动3年以上的农民学生，发给工人、农民、干部学生人民助学金，标准比一般学生为高。1963年8月，国务院批转了教育部《关于调整中等专业学校学生人民助学金问题的报告》，建议把中等技术学校人民助学金的享受比例由原来的100%降为60%～80%。1977年教育部、财政部根据国务院批转教育部《关于1977年高等学校招生工作的意见》，又制定了《普通高等学校、中等专业学校和技工学校学生实行人民助学金制度的办法》，规定国家职工被录取为研究生和工龄满五年的国家职工进入普通高等学校，在学习期间，工资由原单位照发，一切费用自理。其他学生一律实行人民助学金，享受比例：研究生100%，高等师范、体育和民族学院学生100%，其他学生75%。1979年8月，教育部等又规定：连续工龄满五年的国家职工考入大学后，将一律实行职工助学金制度，不再享受原工资；一般学生实行人民助学金制度，除高等师范、体育、民族学院学生全部享受人民助学金外，其他学生的人民助学金享受面按75%计算。1983年教育部、财政部对人民助学金办法进行了初步改革，颁发了《普通高等学校本、专科学生人民助学金暂行办法》和《普通高等学校本、专科学生人民奖学金试行办法》，规定从1983年秋季入学的新生开始实行人民助学金和人民奖学金并存的办法。其余各类学校仍按原规定继续执行助学金制度，具体办法由地方政府根据本地区情况自行规定。中等专业学校是否实行奖学金制度，由所在省、自治区、直辖市决定。1985年，《中共中央关于教育体制改革的决定》明确指出，要改革人民助学金制度。1986年，国家教委在全国85所普通高等学校进行奖、贷学金试点，取得了明显效果。1987年，国家教委、财政部联合颁发了《普通高等学校本、专科学生实行奖学金制度的方法》和《普通高等学校本、专科学生实行贷款制度的办法》。国家设立优秀学生奖学金鼓励学生刻苦学习，奋发向上，全面发展；设立专业奖学金和定向奖学金鼓励学生报考师范、农林、体育、民族、航海等专业和立志毕业后到边疆地区、经济贫困地区工作。对于家庭经济确有困难的学生，国家提供无息贷款，学校负责发放和催还等全部管理工作。实行专业奖学金办法的高校或专业不实行贷款制度。1987年秋季入学的本、专科学生开始实施奖学金与贷学金相结合的制度。

自1989年起，我国普通高等学校开始试行学生收取学杂费制度。在这种情况下，有部分家庭贫困的学生因无力缴纳学费及购置必要的生活和学习用品，甚至无力维持学业而陷入窘境。面对这种新的情况，国家有关部门、各级地方政府给予了高度重视，并充分发挥了主渠道作用，付出了执著的努力。1993年，国家教委先后发出了《关于对高等学校生活特别困难学生进行资助的通知》，以及《关于修改（普通高等学校本、专科学生实行贷款制度的办法）部分条款的通知》，决定对家庭经济困难的学生给予特殊困难补足和学杂费减免。20世纪90年代后期，随着高校招生规模的不断扩大和学费制度的全面建立，高校贫困生的增加，国家开始实行由银行提供资金的助学贷款制度。1999年6月，国务院办公厅转发中国人民银行、教育部、财政部《关于国家助学贷款的暂行规定》，决定从1999年9月开始试行国家助学贷款制度。2004年6月，教育部、财政部、人民银行、银监会发布了《关于进一步完善国家助学贷款工作的若干意见》，对有关学生贷款政策进行了调整，强调推进并加强国家助学贷款工作。2007年5月国务院又颁发了《关于建立健全普通本科高校、高等职业学校和中等职业学校家庭经济困难学生资助政策体系的意见》，明确要求要建立健全家庭经济困难学生资助体系，使家庭经济困难学生能够上得起大学、接受职业教育。这是继全部免除农村义务教育阶段学生学杂费之后，促进教育公平的一件大事，具有十分重要的意义。为贯彻落实《意见》的精神，同年8月，财政部、教育部、国家开发银行颁发了《关于在部分地区开展生源地信用助学贷款试点的通知》，决定为帮助家庭经济困难学生顺利完成学业，在江苏、湖北、重庆、陕西、甘肃5省市开展生源地信用助学贷款试点。生源地信用助学贷款按年度申请、审批和发放。每个借款人每年申请的贷款原则上最高不超过6000元，主要用于解决学生在校期间的学费和住宿费问题。生源地信用助学贷款期限，原则上按全日制本专科学制加10年确定，最长不超过14年。学制超过4年或继续攻读研究生学位、第二学士学位的，相应缩短学生毕业后的还贷期限。生源地信用助学贷款利率执行中国人民银行同期公布的同档次基准利率，不上浮。生源地信用助学贷款利息按年计收。学生在校期间的利息由财政全额贴息，毕业后的利息由学生和家长（或其他法定监护人）共同负担。学生在校及毕业后两年期间为宽限期，宽限期后由学生和家长（或其他法定监护人）按借款合同约定，按年度分期偿还贷款本金。《通知》要求要进一步完善和落实现行国家助学贷款政策，制订与贷款风险和管理成本挂钩的国家助学贷款风险补偿金使用管理办法。相关金融机构要完善内部考核体系，采取更加积极有效的措施，调动各级经办机构的积极性，确保应贷尽贷。

至此，我国已初步建立起以国家助学贷款为主，奖助学金、勤工助学基金、特殊困难补助及学杂费减免相结合的学生资助制度。

二、我国学生资助制度的利弊分析

从上述分析可以看出，自新中国成立以来，我国学生资助制度的形成大体上经历了人民助学金（20 世纪 50 年代至 1983 年）、人民助学金与人民奖学金并存（1983 年至 1986 年）、奖学金与学生贷款并存（1986 年至 1999 年），以及以国家助学贷款为主，奖助学金、勤工助学基金、特殊困难补助及学杂费减免相结合（1999 年至今）这样几个阶段，而每一阶段的学生资助制度都是在特定的历史背景下形成的，都带有当时的时代特点。因此，要进一步完善我国学生资助制度，真正做到不让一个学生因家庭经济困难而失学，就必须对各个时期的学生资助制度进行分析，以便总结经验，避免失误，少走弯路。

（一）人民助学金制度分析

助学金是一种对家庭经济困难的学生进行资助的方式。它主要是以家庭收入为标准进行发放的。在我国，人民助学金是国家对高等学校、中等专业学校、技工学校和普通中小学学生生活费和学习费的补助，由国家预算中教育事业费及其他各部门的事业费拨付。学校根据有关规定负责向学生无偿发放。人民助学金根据学校的层次可分为普通高等学校本、专科学生人民助学金、中等专业学校和技工学校人民助学金、中学生助学金、困难补助费和专业伙食补助费等。

普通高等学校本、专科学生人民助学金分为职工学生助学金和一般学生人民助学金。连续工龄满 5 年以上的国家职工，被录取入普通高等学校本、专科后，在校学习期间，全部享受职工学生助学金。连续工龄不满 5 年的国家职工和应届高中毕业生及其他社会青年被录取入普通高等学校本、专科后，生活确有困难又符合规定条件的，可以申请享受一般学生人民助学金。普通高等学校本、专科一般学生人民助学金的享受面为：师范、体育（体育专业）、农林和民族院校学生为 100%，煤炭、矿业、地质、石油院校（含单设专业）按学生人数的 80%编列预算，其他各类院校按学生人数的 60%编列预算。各省、市、自治区教育和财政部门根据本地区实际情况，可以将生活补助费分为若干等级，分等级的原则是困难大的全额补助，困难小的部分补助，不困难的不补助。要注意等级不能分得太多，防止平均发放，要使真正有困难的学生得到实惠。一般实际享受人民助学金的人数可以超过按比例计算编列预算的人数。凡是享受100%人民助学金的专业学生（如师范、体育专业），其生活补助费不论经济情况是否困难均全额发给。

中等专业学校人民助学金的享受面，师范、护士、助产、艺术、体育和采煤等专业的学生人民助学金，享受面按100%计算。其他专业的学生，人民助学金的享受面按75%计算，实际评定享受助学金的学生人数可以超过规定的比例。其等级评定与高等学校相同。

普通中学人民助学金享受比例，国家没有统一规定，由各省、市、自治区制订具体办法。由于经济条件的差异，助学金的享受面亦不相同，经济条件好的地区享受比例小些，经济条件差的地区享受比例要大些，对于重点中学的享受比例，在一般学校的基础上适当增加。中学生助学金标准，全国规定1974年起按城市每生每年2元，县级和农村每生每年3元编列预算，有些较困难的少数民族地区、边境地区，可以适当提高。

学生困难补助费由学校集中掌握，使用范围，包括学生书籍、学习用品困难补助，学生因病住院期间生活困难补助，学生寒衣、被服、蚊帐等补助，校级运动员参加校际以上运动会的伙食补助，大中专学生假期路费困难补助（在规定的学制期限内，根据学生困难情况只能酌情补助一次往返车船费的部分或全部），其他特殊困难补助。困难补助费标准，高校和中等专业学校每人每月2元（已包括在人民助学金标准内），少数民族学生每人每月另加4元（服装补助费和困难补助费各2元）；职工学生困难补助费在职工助学金的标准之外，另按每人每月4元的标准编制预算。

此外，高等学校、中等专业学校和技工学校中的体育、航海、舞蹈、戏曲、杂技和管乐、海洋捕捞、轮机、刑警等专业院校的学生，不论是否享受人民助学金，一律按照本、专科学生中等专业学校学生生活补助费标准，加发40%以内的专业伙食补助，由学校集中掌握并切实用于这些专业学生的伙食之中。

人民助学金采取“自报公议、民主评定”的方法发放。根据1971年教育部、财政部《关于普通高等学校、中等专业学校和技工学校学生实行人民助学金制度的办法》的第三条规定：“人民助学金的评定，要依靠群众，走群众路线。要求享受人民助学金的学生（包括伙食费和定期困难补助）应于入学后一次提出申请，由班级民主评议，由系审查，学校批准，按月发给。学校对批准享受伙食费和定期困难补助的学生要每年复审一次。”评定工作既注重学生家长所在单位或街道、乡政府出具的证明，也注重广大师生日常观察到的学生实际生活状况和其他表现，具有广泛的民主性和客观真实性。不过，高等学校和中等专业学校享受面为100%的专业学生人民助学金不需要评定。

人民助学金的经费来源，由学校按照国家规定的标准、比例和学生人数计算编列预算，报经学校主管部门核定，由国家财政拨款。当年度的人民助学金，必须保证用于学生伙食和解决学生本人的学习、生活困难的补助，不能挪作他用。学生瞒报家庭经常性收入，虚报赡养人口，学校要进行批评教育，按照具体情况责令其退还多领的人民助学金，降低享受标准或取消其享受助学金资格；对于严重作伪者，坚决取消其享受一般学生人民助学金的资格，并视情节轻重，严肃处理。享受学生人民助学金的学生，在学习期间，违反校规校纪，经过教育帮助，仍旧没有改进的，学校可以决定取消其所享受的部分或全部人民助学金。按照《全日制普通高等学校学生学籍管理办法》的规定，学生因病休学保留学籍的，原来享受人民助学金的生活补助费，在保留学籍期间内可以照发，专业伙食补助费不发。新生入学后体检复查不合格，经批准回家医疗的学生，不得享受人民助学金和专业伙食补助费。学生假期回家，不论路途远近，路费都由学生自己负担，少数学生经济上确有困难，又有必要请假回家的，可以由学生本人申请，经学校批准，给以酌情补助，但在规定的学制期限内，只能补助一次。享受人民助学金的毕业班学生，人民助学金发至分配离校。学生毕业离校时要在《毕业生统一分配报到证》上注明发放至何年何月以及发放的金额。

人民助学金制度的建立是与当时特定的历史条件分不开的。新中国成立后，为了保证工农子弟有受教育的权利和为社会主义建设培养大批人才，根据1949年《中国人民政治协商会议共同纲领》的规定，国家将“提高人民文化水平，培养国家建设人才”作为文化教育战线的基本任务。为此，党和政府根据新中国成立初期中国的实际情况建立了人民助学金制度。这一制度在它30多年的历史中应该说是发挥了积极作用。尤其值得一提的是，人民助学金制度在促进高等教育发展和大学生的培养，特别在增加工农子女及贫困家庭子女就读高等教育的比例方面，在改变学生家庭成分的组成方面，作出了不应忽视的贡献，从而在一定程度上推动了教育，尤其是高等教育的机会均等。此外，人民助学金制度的产生与发展，是与我国当时的政治、经济相联系相适应的，这从一个侧面论证了一定时期的教育从属于并受制于一定时期的政治、经济的基本教育原理。但是，人民助学金制度也确实存在一些突出的弊端：一是国家对学生，尤其是高等学校和中等专业学校学生包得过多，这不仅加重了国家的财政负担，而且助长了学生一切依赖国家的思想；二是不利于鼓励先进和调动广大学生奋发向上、刻苦学习的积极性，因为人民助学金评定中存在着平均主义思想；三是不利于促进学生思想品德的健康成长，因为评定人民助学金主要依据学生的家庭经济困难状况，很少考虑学生的思想政治、道德品质等，但对学生的家庭经济状况，学校又难以调查清楚。此外，不少地方和学校评定人民助学金的办法不够合理，管理也很混乱。正因为如此，国家教委和财政部在1986年上报国务院《关于改革现行普通高等学校人民助学金制度的报告》中指出，现行的人民助学金制度助长了学生一切依赖国家包下来的思想，不利于鼓励先进和调动学生奋发向上、刻苦学习的积极性，不利于学生思想品德的健康成长等。

（二）人民助学金与人民奖学金制度分析

为了克服人民助学金制度中的弊端，1983 年教育部、财政部决定，高等学校和中等专业学校实行人民助学金、人民奖学金并存的办法。对家庭经济有困难的学生，可以申请人民助学金，规定“学习成绩优秀的发给人民奖学金”，以减少学生及其家庭依赖国家的思想，鼓励学生勤奋学习，促进学生德、智、体全面发展，加速培养四化建设人才。根据教育部、财政部联合制定的《普通高等学校人民奖学金试行办法》及其颁发的通知规定，从 1983 年秋季入学的新生开始，凡是连续时间满 1 年以上的普通高等学校和中等专业学校学生，可以评发人民奖学金。其条件是：(1) 热爱社会主义祖国，拥护中国共产党的领导，立志为社会主义事业服务，道德品质优良，模范执行大学生守则和学校有关规章制度；(2) 热爱所学专业，勤奋学习，学业成绩优秀；(3) 积极参加社会工作和体育锻炼、文艺活动。享受人民奖学金学生的人数，按高等学校和专科学生总人数的 10%～15%掌握。在国家拨发的年生均资助经费 158.40 元中，105 元仍用于人民助学金，约占总额的 66.3%，而用于试行的人民奖学金的钱款为 15 元，仅占总额的 9.5%，其余的为困难补助 9.5%，校系集体活动 12.2%等。人民奖学金标准，由各省、市、自治区制订，可以分为几个等级，每个等级的金额应有区别，但全国最高奖励金额，每年不超过 150 元。奖学金按年评定，分学期发放。有违反校规校纪或发生道德品质方面的问题，停止发给待发的人民奖学金。1986 年 7 月，国务院批转了国家教委和财政部《关于改革现行普通高等学校人民助学金制度的报告》，同意试点实行奖学金和学生贷款制度。从 1983 年实施人民助学金与人民奖学金并存，到 1986 年开始奖学金与学生贷款并存，实施人民助学金与人民奖学金制度，虽然只有 3 年时间，但它毕竟是我国学生资助制度的一个发展阶段，是人们对这种制度认识和实践过程中的有机一环。

（三）奖学金与学生贷款制度分析

为了克服学生财政资助中的弊端，在 1986 年试点的基础上，国家教委和财政部根据国务院批转的《关于改革现行普通高等学校人民助学金制度的报告》精神，决定在 1987 年入学的本科普通高等院校的新生中全面实行奖学金制度和学生贷款制度，要求学校建立奖学金和学生贷款基金（简称奖贷基金），其来源是从主管部门拨给高等院校的经费中，按原助学金标准计算的总额 80%～85%转入奖贷基金账户。奖学金分为：优秀学生奖学金，用于奖励德、智、体全面发展的优秀学生，分三个等级；专业奖学金，用于考入师范、农林、体育、民族、航海等专业的学生；定向奖学金，用于立志毕业后到边疆地区、经济贫困地区和艰苦行业工作的学生。学生贷款则主要为了帮助确有经济困难，不能部分或全部支付在校学习期间费用的学生。对家庭经济困难的界限，由各校根据当地实际情况作出具体规定。

高等院校在实行了新的奖贷制度后，奖贷基金的来源仍为原国家核拨的人民助学金标准，但该专项拨款的支付结构发生了明显的变化。从整体来看，获一、二、三等优秀学生奖学金的人数比例，依次按本、专科学生人数的5%，10%和10%评定，而且学校在经费总额内可适当降低一、二等奖的比例，增加三等奖学金和增设单项奖，为扩大获奖面提供了条件。其标准为一等奖学金每人每年350元，二等为250元，三等为150元，单项奖国家没有统一规定。优秀学生奖学金在新生入学的第二学期开学时进行评定，并补发前一学期的奖学金。每学期评定一次，每学年按10个月发给。单项奖一次发给。学生贷款的发放，按最高限额每人每年300元计算，严格控制在本、专科学生人数的30%以内，最高不得超过35%；已获得奖学金的学生，如生活仍有困难，也可以申请贷款，但申请的贷款和获得的奖学金两项之和全年应控制在350元之内。此外，学生贷款的发放和催还等全部管理工作由学校负责，而贷款的偿还由学生在毕业前一次或分次还清，或由学生毕业后所在的工作单位将全部贷款一次垫还给发放贷款的部门。对贷款学生因违法违纪而被开除、勒令退学和学生自动退学的，由学生家长还款。

奖学金和学生贷款制度的显著优点在于：(1) 有利于减轻国家负担，加快教育事业发展。教育是一项耗资巨大，着眼于未来的事业。随着我国教育事业，尤其是高等教育事业的飞速发展，国家投入不足的矛盾日益加剧。在这种形势下，如果仍然对大多数大中专学生实行人民助学金制度，国家财政将越来越难以承受。建立奖学金和学生贷款制度，有利于缓解教育的财政危机，保证整个教育事业的顺利发展。(2) 有利于对家境贫困学生的资助。改革开放以来，我国人民的生活得到了很大改善，多数人解决了温饱问题，相当一部分人甚至已经步入小康的行列。但与此同时应当承认，在我国，相当多的家庭的确是通过节衣缩食来供子女求学的，也确有相当多的家庭无力供养子女上学。为了保证考生不会因经济原因而影响升学，及在校生不会因家庭经济状况窘迫而影响学业，实施奖学金和学生贷款制度无疑是一种较好的选择。这也是与国际发展趋势相吻合的。

然而，应当看到，1986年试行，1987年全面实施的奖学金和学生贷款制度是建立在学生免费入学且免交学杂费和住宿费基础上的。尽管当时的奖贷金不能解决学生的各种消费之用，但毕竟可以解决全部或大部分伙食费用，所以对绝大部分学生来说，其作用是明显的。然而，进入20世纪90年代中后期，随着“招生并轨”政策的实施及学费制度的全面建立，奖学金和贷学金因享受面小、数额太低，不能满足贫困大学生的学习、生活需要，贫困生经济困难问题日益突出。在这种情况下，高校和政府积极探索大学生资助的新途径，除了原有的奖学金、贷学金外，高校还设置勤工助学岗位、发放特困生补助、实行学费减免措施，力图缓解贫困生的困难，但由于政府在向学校拨款时，没有拨付充足的贫困生补助经费，学校由于经费困难和贫困学生数量的大量增加，没有充足的资金满足贫困生的需要，学生资助制度亟须进一步加以完善。

（四）以学生贷款为主的学生资助制度分析

为了使学生资助资金有稳定的来源，并使受益者承担必要的经济责任，国家开始实施由银行提供资金贷款制度。1999 年 6 月，国务院办公厅转发中国人民银行、教育部、财政部《关于国家助学贷款的暂行规定》，教育部、中国人民银行相继发布实施规程和办法，由中国工商银行作为经办银行，在北京等 8 个城市的中央部委所属高校中试点，2000 年 8 月拓展到全国，经办银行扩展到 4 家：中国工商银行、中国建设银行、中国农业银行、中国银行。国家助学贷款较之其他的助学办法，受益面大大扩展，资助额大幅度增加。根据相关规定，贷款对象及资格为全日制普通高等学校的贫困生；担保形式为借款学生自己的个人信用；放贷本金由国有商业银行提供；贷款利息同市场利息，政府在学生就学的借贷期内和毕业后的还款期内均补贴利息的 50%；贷款金额每年 6000 元为上限；还款期限毕业后 4 年内还清；还款宽限期 0～1 年。以这些条款为主要内容的国家助学贷款，经过几年的试行，到 2003 年底，有近 80 万名学生与银行签订了贷款合同，合同金额是 65 亿元，平均每位学生的贷款合同金额为 8240 元。如果将此数字作为一位学生 4 年学习期间的贷款总额，那么，每位学生每年的平均贷款合同金额为 2060 元，而全国的平均学费在 2002 年就达到了 3895 元①。很显然，国家助学贷款在数量上是不能满足真正贫困生在学费、住宿费和生活费的总需求的，因而国家助学贷款对贫困学生的资助力度并不强，这也从另一方面验证了国家助学贷款对贫困生就学帮助的有限性。加之由于担保、见证的要求过于严格，坏账的责任没有明确，特别是小额贷款银行的成本太高，银行放贷的积极性不高，进展不顺利。2003 年秋季，国家助学贷款的新签合同数很少，在有的省（区、市），银行基本上停止了对学生贷款申请的审批工作，使贫困学生上大学遇到了经济上的障碍。

针对上述情况，2004 年 6 月 8 日，教育部、财政部、中国人民银行、银监会发布了《关于进一步完善国家助学贷款工作的若干意见》，对国家助学贷款制度设计进行了重大修订，具体体现在以下几个方面：一是进一步完善了国家助学贷款政策，这包括：（1）利息率仍同市场利息，政府在学生就学的借贷期内

---

① 《李岚清教育访谈录》，人民教育出版社 2003 年版，第 114 页。

补贴100%的利息，毕业后还款期内的全部利息，由学生自付；(2) 延长还贷年限，从毕业后4年改为6年。还款宽限期，从0～1年改为1～2年；(3) 实行还贷减免，对自愿到国家需要的地区和行业工作的毕业生实行还贷减免，同时将加大学生还款的监管力度，违约借款学生的名单将曝光。二是改革贷款实施办法：将国家指定经办银行改变为通过招投标方式确定经办银行，同时实行借款总额包干，高校每年的借款总额按在校生总数20%的比例，每人每年6000元的标准确定。三是建立贷款风险防范与补偿机制，即按贷款当年发生额的一定比例（上限为15%，具体比例在招标时确定），由财政（按学校隶属关系）和学校各承担50%，建立贷款风险补偿专项资金，给经办银行予以补偿。每所学校承担的部分与该校毕业生的还款情况挂钩。

从上面的分析可以看出，新的国家助学贷款政策对进一步完善学生资助制度有着极其重要的作用：

第一，扩大了贷款面。高校每年的借款总额按在校生总数20%的比例来发放。尽管据调查来看高校贫困生也许高于20%，且高校间贫困生比例不平衡，对贫困生标准的划分及其判断也缺乏研究和实证材料，这就造成了“同在一缕阳光下”的学生个体间在享受国家助学贷款上的不公平，但毕竟，新政策将贷款面扩大了许多，学生受益面大大增加。

第二，刺激了贫困生申请贷款的积极性。政府财政贴息方式的改变（就学期间利息全部补贴，毕业后利息全部自付），在贷款利息比较稳定的条件下，政府付出的贴息总金额增加得并不太多，但减轻了学生就学期间还款付息的压力，刺激了贫困生申请贷款的积极性。

第三，在一定程度上减轻了贫困生还贷的忧虑。还贷年限从毕业后4年延长为6年，并辅之以视借贷人就业状况而定的宽限期从0～1年改为1～2年。尽管毕业后6年还贷，从国际比较的角度看期限仍然较短，但还贷期限从4～5年延长至6～8年，仍大大减轻了贫困生对紧缩的还贷期限和毕业后立即还贷的强制性要求的忧虑。

第四，满足了学生和国家双方的愿望。还贷减免，是国际上许多国家的一贯做法，也是中国许多特困生的实际要求，给那些家庭特别贫困、个人对未来收入没有信心的学生，在敢于借贷、敢于用自己的服务行动来还贷、不会被迫违约和拖欠方面带来希望。因而，这一新条款，既满足了学生的愿望，又满足了国家利益的需要。

第五，减少了贫困生不能获贷的可能性和银行的风险。确定贷款经办银行的方式有了重大改变，将市场化的操作纳入学生贷款运行之中，改变了国家指定的经办银行不办理，某些想承办的银行不能经办的限制。通过招投标方式中标的银行，是经过政策研究、利润核算、风险评估、前景分析后才与学生形成借贷与放款关系的，那么就有责任按政策要求足量发放贷款，就有动力积极追缴还款以增加银行利润，这样，贫困生不能获贷的可能性就减小，银行收不回款的风险大大降低。

综上所述，可以预期，政府、银行、学校共同参与的国家助学贷款将成为大学生资助的主渠道。然而，由于此次政策修订的出发点，一方面是为了让商业银行积极参与资助贫困生的活动，因而具有充分的吸引银行参与的正面刺激取向，但另一方面在风险补偿金、贷款总额度以及这两个问题的相互关系上，存在着政策上的矛盾和实施中的困难，其最终结果仍将不利于贫困学生。

第一，“风险补偿金”明显照顾银行的利益，而加重高校的负担。“风险补偿金”是由财政和贷款学生所就读高校两家“掏钱”专门补偿经办银行的，量的计算基数是贷款当年发生额的一定比例（上限为15%），不论将来是否有拖欠发生，也不论银行是否可在学生贷款中赢利，这一“风险补偿金”就已归属银行了。风险从其本身的定义来看，即人们对客观事物预期结果的不确定性。如果说学生贷款业务有风险，应采取的应对方式是：风险的预防，从各方面考虑如何使风险发生的可能性最低；风险的补偿，当风险发生后，考虑如何在经济上对承担风险的人和机构予以补偿，这样也就有了“风险准备金”或“风险担保”之说。而新助学贷款政策中的“风险补偿”是不论风险是否发生，都得给予补偿，且补偿的时间发生在借款的当年。如果按2009年底普通高等学校全日制在校生2000万人计，其20%就是400万人，按每人每年贷款标准值6000元计，其贷款发生额就是240亿元。若按贷款发生额的10%计算补偿金，就是24亿元。这就是说，只要高校协助银行将款贷给了这20%的贫困生，无论风险是否发生和何时发生，这24亿元是银行的现实收入，而其中的12亿元是共同参与贷款事务的高校作为风险补偿转付给银行的，这显然加重了高校的负担。

第二，风险补偿的分担机制不合理。风险的产生来自参与此事的各方：一是政府分担部分风险是有道理的。因为这本是政府提出的有益于国家进步的政策方案，是实现教育公平的重要途径，政府有责任为那些可能因毕业后就业状况不佳、工资太低而无力按期还债的借贷学生的拖欠承担风险。二是学校分担部分风险理由是不太充分的。如果说有一定道理的话，那就是使学校更加积极地给银行提供申请贷款学生的真实信息和毕业生追踪信息，对学生进行诚信教育。如果说没有道理，高等教育阶段的上学付费已在中国成为共识，高等学校要义不容辞地帮助来自贫困家庭的学生的学习但并不是简单地免费。如果给一部分人提供免费高等教育，给另一部分人提供收费教育，抑或造成与过去几十年免费高等教育条件下所不同的另一种不公平，抑或在财政普遍紧缩的条件下，高校只能以教育质量的下降作为提供部分人免费高等教育的牺牲品。三是银行也应参与风险分担。银行作为商业机构，在市场利息的条件下，经办学生贷款业务一样有利润可得。既然有利润可得，就有责任参与风险分担。银行在学生贷款业务中的风险免除，背离了商业机构遵循的市场原则，不利于现阶段金融银行业的体制改革。

第三，贷款学生占在校生比例原则上不超过20%的规定过于一刀切。由于地区之间、高校之间贫困家庭学生分布不均衡，部分西部地区的高职高专院校和农、林、水、地、矿、油、核等院校和专业贫困家庭学生较多，有的甚至超过在校生的50%以上。随着我国高校招生规模的扩大，贫困家庭学生数量也呈上升趋势。因此，国家统一规定每所高校贷款学生人数原则上不超过在校生20%的规定不尽合理。

第四，生均年最高贷款限额难以满足困难学生的学习和生活需要。现行国家助学贷款政策规定，每生每年贷款最多不超过6000元。而东部地区的部分高校和外语、艺术等专业学生每年的学费和住宿费要高于6000元。这些贫困家庭学生即使获得贷款，也不能满足学习和生活需要。

第五，还款期限仍然偏短。由于目前高校毕业生就业比较困难，一些学生毕业后起始收入较低，按照目前的规定，一些贷款学生要在毕业后6～8年时间内还清贷款仍有一定困难，需进一步延长还款期限。此外，目前政策规定的统一还款方式，也难以适应各种类型的贷款毕业生的需求，仍需进一步加以完善。其他资助措施的资助面和资助力度也比较有限，一些贫困家庭的学生仍然面临学习和生活上的困难。

第六，扩大学生贷款覆盖面与学校提供风险补偿额度正面相冲突。高校提供的这50%的风险补偿金是按贷款当年发生额的一定比例计算的，而每所学校承担的比例也许高于或低于这规定的50%，是据该校贷款毕业生的还款情况、有奖有罚来定的。这样就有了：一是学校承担的风险补偿金总额的大小问题，贷出的款越多，发生额的一定比例所形成的金额数就越大。尽管政策提出按在校生数的20%作为贫困生，给予借贷人数上限（没有规定下限），但学校会考虑发生额的大小对将付出的风险补偿金大小的直接影响，进而考虑将向银行提出的借款人数。二是学校承担的风险补偿金的比例要视其毕业生还款状况，那么学校在对申请借贷学生的审查上会有所顾忌，所学专业就业前景和个人回报不佳的特别贫困生往往会成为学校的“心病”，因为学校本身对这些学生的还款能力也缺乏信心。因而这样的学生在贷款的申请过程中就会处于不利的地位。新政策中的这一操作实践，还把在现行贷款政策中，由银行判断学生还款能力而考虑是否给学生借款的困难抉择转移到了高校。

在受益主体上，新的国家助学贷款政策看待高校和银行的视角是完全不同的。从新政策中可以看出，作为高等教育事业的具体承担机构，更多的学生能够读书，可使高等学校得到更多的直接利益，而银行则不会因此而得到更多的利益。这样，学校就从受益者的角度向银行支付风险补偿金。由于风险补偿金的额度视学生得到的贷款发生的额度而定，这样，学校积极为学生争取贷款的结果将会是给付银行较多的补偿金，反之亦然。学校该如何抉择？若以学校的经济利益为重，学校将会尽可能少招收贫困生；若以学生利益为重，学校为此付给银行更多的补偿金。若选前者，学校并无过失，受损害的将是学生；若为后者，学校为高等教育的发展既提供了机会，又提供了部分资金，而提供资金本不应该是学校本身的责任。学费不到位，学校财政恶化，其结果同样会影响高等教育的发展。

显而易见，新的国家助学贷款政策在扩大贷款覆盖面和学校支付部分风险补偿金的问题上，存在着相互制约的矛盾。

三、关于进一步完善我国学生资助制度的思考

根据我国家庭经济困难学生资助制度尚不够完善，尤其是对普通本科高校、高等职业学校和中等职业学校家庭经济困难学生资助面偏窄、资助标准偏低的问题，2007 年 5 月国务院在《关于建立健全普通本科高校、高等职业学校和中等职业学校家庭经济困难学生资助政策体系的意见》中要求，自 2007 年秋季开学起在全国实施普通本科高校、高等职业学校和中等职业学校家庭经济困难学生资助政策。建立健全家庭经济困难学生资助政策体系的主要目标是：按照《中共中央关于构建社会主义和谐社会若干重大问题的决定》的有关要求，加大财政投入，落实各项助学政策，扩大受助学生比例，提高资助水平，从制度上基本解决家庭经济困难学生的就学问题。同时，进一步优化教育结构，维护教育公平，促进教育持续健康发展。

建立健全家庭经济困难学生资助政策体系的主要内容包括：

一是完善国家奖学金制度。中央继续设立国家奖学金，用于奖励普通本科高校和高等职业学校全日制本专科在校生中特别优秀的学生，每年奖励 5 万名，奖励标准为每生每年 8000 元，所需资金由中央负担。中央与地方共同设立国家励志奖学金，用于奖励资助普通本科高校和高等职业学校全日制本专科在校生中品学兼优的家庭经济困难学生，资助面平均约占全国高校在校生的 3%，资助标准为每生每年 5000 元。国家励志奖学金适当向国家最需要的农、林、水、地、矿、油、核等院校和专业的学生倾斜。中央部门所属高校国家励志奖学金所需资金由中央负担。地方所属高校国家励志奖学金所需资金根据各地财力及生源状况由中央与地方按比例分担。其中，西部地区，不分生源，中央与地方分担比例为 8∶2；中部地区，生源为西部地区的，中央与地方分担比例为 8∶2，生源为其他地区的，中央与地方分担比例为 6∶4；东部地区，生源为西部地区和中部地区的，中央与地方分担比例分别为 8∶2 和 6∶4，生源为东部地区的，

中央与地方分担比例根据财力及生源状况等因素分省确定。人口较少民族家庭经济困难学生资助资金全部由中央负担。鼓励各地加大资助力度，超出中央核定总额部分的国家励志奖学金所需资金由中央给予适当补助。省（区、市）以下分担比例由各地根据中央确定的原则自行确定。

二是完善国家助学金制度。中央与地方共同设立国家助学金，用于资助普通本科高校、高等职业学校全日制本专科在校生中家庭经济困难学生和中等职业学校所有全日制在校农村学生及城市家庭经济困难学生。对于普通本科高校和高等职业学校，国家助学金的资助面平均约占全国普通本科高校和高等职业学校在校生总数的20%。财政部、教育部根据生源情况、平均生活费用、院校类别等因素综合确定各省资助面。平均资助标准为每生每年2000元，具体标准由各地根据实际情况在每生每年1000～3000元范围内确定，可以分为2～3档。对于中等职业学校，国家决定从2009年秋季学期起，对公办中等职业学校全日制在校学生中农村家庭经济困难学生和涉农专业学生按年均2000元的标准逐步免除学费。同时，为减轻学生及其家庭经济负担，目前90%的中等职业学校一、二年级学生享受每年1500元的国家助学金。国家助学金所需资金由中央与地方按照国家励志奖学金的资金分担办法共同承担。有条件的地区可以试行运用教育券发放国家助学金的办法。

三是进一步完善和落实国家助学贷款政策。大力开展生源地信用助学贷款。生源地信用助学贷款是国家助学贷款的重要组成部分，在党中央、国务院的高度重视下，在财政部、银监会等部门的大力支持下，经过国家开发银行等金融机构和各级学生资助管理机构尤其是县级学生资助管理中心的共同努力，生源地信用助学贷款工作取得突破性进展，覆盖范围逐步扩大，贷款规模迅速增长。截至2010年6月底，全国共23个省（区、市）启动生源地信用助学贷款工作，其中9个省（区、市）覆盖辖区全部县市。开办生源地信用助学贷款的23个省份共辖2242个县区，其中1778个县区已开办生源地信用助学贷款，覆盖面达79.3%。2007年以来，全国已累计审批生源地信用助学贷款人数98.9万人，审批合同金额74.1亿元，实际发放金额64.4亿元①。由此可见，开展生源地信用助学贷款工作，是进一步完善国家助学贷款运行机制、推动国家助学贷款工作的重要步骤，是利用财政、金融手段，创新金融服务体系，解决家庭经济困难学生就学问题的重要探索和实践，对进一步完善我国家庭经济困难学生资助政策体系、充分发挥政策整体效应、确保实现国家助学政策既定目标具有十分重要的意义。为此，《规划纲要》要求继续推进生源地信用助学贷款。对此，财政部、教育部、银监会等部门高度重视，国家开发银行采取了切实措施，开发了

① 《全国共23个省区市已启动生源地助学贷款工作》，载教育部网站2010年8月12日。

专门信息系统，优化了贷款流程，简化了贷款手续，提高了工作效率。2010年8月13日教育部办公厅在《关于普通高校协助做好生源地信用助学贷款有关工作的通知》中要求，从2010年起将各全日制公办和民办普通本科院校、高等职业院校（含独立学院）纳入生源地信用助学贷款管理体系，各高校要协助完成生源地信用助学贷款的申请、审批和管理等相关工作。对普通本科高校和高等职业学校全日制本专科生，在校期间获得国家助学贷款、毕业后自愿到艰苦地区基层单位从事第一线工作且服务达到一定年限的，国家实行国家助学贷款代偿政策。

四是实行免费师范生教育。从2007年起，对教育部直属师范大学新招收的师范生，实行免费教育。从2010年开始，国家连续三年在高等医学院校开展免费医学生培养工作，重点为乡镇卫生院及以下的医疗卫生机构培养从事全科医疗的卫生人才。

五是要求普通本科高校、高等职业学校和中等职业学校要按照国家有关规定从事业收入中提取一定比例的经费，用于学费减免、国家助学贷款风险补偿、勤工助学、校内无息借款、校内奖助学金和特殊困难补助等。

此外，在建立健全普通本科高校、高等职业学校和中等职业学校家庭经济困难学生资助政策体系的同时，国家还加大了对家庭经济困难的中小学生的补助力度。2005年12月，国务院印发了《关于深化农村义务教育经费保障机制改革的通知》，自此，一项中国教育史上惠及人口最多的改革自西而东在神州大地上迅速推进。2007年春季新学期，继我国西部和中部试点地区义务教育阶段免交学杂费后，中东部地区农村中小学生也开始享受这一政策。新机制实施后，国家在农村义务教育阶段实施的是“两免一补”资助政策，即免学杂费、免教科书费，对家庭经济困难寄宿生给予生活费补助，标准为小学生每生每天补助2元，初中生每生每天补助3元，学生每年在校天数均按250天计算。从2008年秋季学期开始，城市义务教育阶段公办学校学生学杂费全部免除。对享受城市居民最低生活保障政策家庭的义务教育阶段学生，免费提供教科书，并对家庭经济困难的寄宿学生补助生活费。高中阶段，国家从彩票公益金中安排资金，资助乡镇和农村地区公办高中的家庭经济特别困难的学生，每人每年1000元。与此同时，国家要求高中学校从“三限生”收费中拿出10%的资金，用于资助贫困家庭品学兼优的高中生。品学兼优的贫困生可申请适当减免学费。此外，部分省级示范高中还专为贫困家庭品学兼优的学生设有“宏志班”，符合条件的学生每人每学年补助生活费3000元，学费由学校减免。

总之，为完善学生资助制度，保证不让一个学生因家庭经济困难而失学，近年来，党和各级政府已做了大量的工作，采取了许多行之有效的措施，取得了积极的成效。当然，一项具体制度的形成到完善有其完整的运动过程。制度的形成及其完善与其所处的环境之间是有着密切关系的。分析当前我国学生资助制度改革面临的形势变化，并根据形势的变化提出具体的对策思路，将有助于进一步促使我国学生资助制度的更加完善。

（一）坚持效率与公平相统一的原则

教育机会均等即教育公平，是指入学机会均等和享受高质量教育的机会均等。公平不是抽象和绝对的概念，在社会发展的不同时期，它都有具体而特定的涵义。我国现阶段的教育公平应包括这样几层涵义：首先，规则公正。公平是社会调节个人、群体、国家之间各种复杂关系的规范和准则。教育，特别是非义务教育在当今时代仍然是难以满足所有人求学的需要。这就需要建立一套对非义务教育资源进行分配与交换的规则，使人们在这种规则制约下进行公平竞争。规则公正就要求我们制定出合理的招生制度。例如，“招生并轨”后高等学校都按照统一的录取标准和收费标准选拔新生以实现规则公正。其次，分配公正。按照这种公正的规则进行竞争，同等条件的人将获得同样的待遇。同等质量的学生将享受同样质量的教育。这就要求招生录取工作要公正，使所有合格的学生都有机会接受与之相适应的教育。最后，教育公正还要遵循补偿性原则。由于人们在参与竞争时的起点不同，起点低的人依照公正的规则获得与起点高的人相等的资源所付出的代价显然要大得多。为此，一定的经济补偿是必要的。生长在贫困家庭等不利环境中的学生应得到合理的资助，以补偿和嘉奖他们所支付的同等学费和取得的同等成绩。至于给特别优秀者以奖励也是公正合理的，这是对他们超常成绩的一种补偿。所以，维护教育机会均等并非“资助均等”，而要遵循教育公平中的补偿性原则，以“低起点”和“高成就”者作为主要资助目标群。同时，学生资助也要讲求效率。教育的公正与效率并不矛盾。国家政策要着眼于以较少的公共投入调动起较多的社会闲散资金以换取更多的教育机会，实现更广泛的公平。资助并非越多越好，而是应面向“最需要”和“最值得”的学生群，并选择最经济的资助方式。学生资助金额应掌握一个“度”，其最大总额应略低于学生的学费和生活费，有利于成本回收和分担的学生贷款应逐渐成为一种主要的资助形式。随着学生资助效率的不断提高，教育公平也将不断扩大。

（二）建立多元混合的学生资助制度

所谓多元混合资助，是指统筹政府、社会等不同资助渠道，对家庭经济困难学生采取奖、贷、助、补、减等多种方式进行资助。随着我国教育进入大众化时期，包括中下社会阶层特别是那些居于社会不利地位的弱势群体的子女，在教育，尤其是高等教育的参与上有了良好的表现，达到了一定比例。但是非义务教育收取学费将使一部分家庭经济困难学生难以负担，加之现行学生资助制度的某些不足，对改革我国学生资助制度既提出了挑战，也提供了改革的机会和条件，或者说同时提供了必要性和可能性。1993 年，《中国教育改革与发展纲要》明确指出：“学生上大学原则上均应缴费，设立贷学金，对经济有困难的学生提供帮助。国家、企事业单位、社会团体和学校均可设立奖学金，对品学兼优的学生和报考国家重点保证专业的学生给予奖励。”这些规定为进一步完善学生资助制度提供了指导性原则。

1. 进一步完善学生贷款制度

学生贷款制度的实施表现出它在增进教育公平，促进成本分担和成本补偿，缓解教育财政危机方面具有令人信服的优势。在建立了国家助学贷款制度后，我国已基本形成“贷、奖、助、减”相结合的大学生资助制度框架，实现“不让一个考取的大学生失学”的目标有了基本的制度保障。但从实践来看，我国学生资助制度仍存在缺陷，需要进一步完善和改进。

第一，个体学生贷款的量应有弹性，不应都以 6000 元为标准。政策寄希望于总额包干，学校会在学生个体间酌情增减，每个学生的具体贷款金额由学校按本校的总贷款额度，根据学费、住宿费和生活费标准以及学生的困难程度确定。但要考虑，如果酌情增加，学校承担的风险补偿金就要增加，对学校的压力就增大。所以，贷款量上的弹性应在政策上予以规定。需要贷款交学费、住宿费和生活费的特困生可以高于 6000 元，以确保他们能够在校学习；对于一些想到高学费专业、学校或生活费用高的城市学习的贫困生，也能提高其贷款额度，以使他们不因经济上的原因而扭曲自己的学习兴趣和愿望。如此的弹性，使贫困生在高等教育的参与中，在量上能够扩大，在质上也能提高。

第二，合理设定还款时间。还款时间通常包括还款期和宽限期，宽限期的设定主要是为学生提供找工作的空隙并推迟第一次还款时间，从而减轻学生最初的还款负担。还款期是从开始还款到还清全部本金和利息所允许的最长时间限制，是决定还款负担率高低的重要因素。各国的还款期差别较大。例如美国的斯泰福和帕金斯贷款都至少是 10 年的偿还期；泰国和加拿大为 15 年，而我国新的助学贷款政策是 6 年，6 年的还款期带给学生的是仍有较高的还款负担率，学生在 6 年内还清所借贷款的难度仍然存在。建议根据生源地信用助学贷款期限原则，所有学生贷款还款期限按全日制本专科学制加 10 年确定，最长不超过 14 年。

第三，完善助学贷款的减免政策。新的家庭经济困难学生资助政策规定，对普通本科高校和高等职业学校全日制本专科生，在校期间获得国家助学贷款、毕业后自愿到艰苦地区基层单位从事第一线工作且服务达到一定年限的，国家实行国家助学贷款代偿政策。此项“代偿政策”的出台，将更有利于学生贷款的发展。但与其他国家相比。我国的减免政策相对单一。为进一步完善减免政策，可借鉴世界上学生贷款运行较成功国家的经验。例如，日本的“贷予性奖学金政策”规定，“大学毕业生在一年内进教育机构工作，或去公立科研机构从事非赢利性的工作，可免还部分贷款，若连续五年从事教育科研工作，将免还全部贷款”①。加拿大“如果6个月的宽限期后仍无力偿还贷款，可以享受54个月的利息减免，经批准浮动利息可降至1%；54个月的减息期后，仍然无力还贷款，可以申请减免贷款本金剩余部分的50%，但最高只可减1万加元”。政府还实行免税优惠，联邦收入税规定从1998财税年以后，允许偿还学生贷款者拿出应交税的17%还款②。美国在《高等教育法》中规定了五种免除还款的条款：“(1) 学生死亡或因病、因伤等原因，丧失劳动能力，失去偿还能力的；(2) 失业者、收入和生活水平低于贫困线的人士以及破产者；(3) 为国家从事某些急需的工作，如在某些地区公立中小学作教师、服兵役、参加和平部队或为一些慈善机构服务等；(4) 学生成绩突出者；(5) 以社会服务替代还款。”③ 从世界各国实行学生贷款的经验来看，在我国建立完善的助学贷款减免政策是非常必要的。从实际情况看，申请和获得贷款的学生多数来自贫困地区，如果能切实有效地实施贷款减免政策，鼓励他们回到贫困地区参加工作，对整个社会和国家的发展都有重大的意义。

第四，民办高校的学生应该与全日制普通高校的学生一样具有申请国家助学贷款的资格。学生贷款并不是贷给学校的，不是用于学校建设的，尽管无论公、私立高校都有可能用学费的一部分搞建设，但学生贷款的初衷和目的以及功能都是帮助学生本身的，是为了帮助实现教育的公平、社会的公正、促进社会阶层的流动的。如果是直接帮助学生而并不是直接帮助学校的政策，就不应该在公私上产生区别。无论从什么角度来看，国家助学贷款扩展到民办高校是合理的，也是必需的。若经教育部审批的民办高校的学生可以与公办高校的学生一样，具有申请国家助学贷款的资格，一是还给了他们应有的同等的尊重，这是一个国家的政府应该考虑的；二是刺激了民办高等教育的发展，使它们在高等教育大众化进程中作出更大的贡献。然而，国家助学贷款政策自1999年出台以来，除生源地信用助学贷款试点外，无论多少次修改，民办高校仍然不是国家助学贷款银行的经办对象，民办高校学生仍然不具有申请资格，被排除在“国家助学”范围之外。

2. 设立多种形式的奖学金

为体现中央政府对广大贫困家庭学生的亲切关怀，帮助高校贫困家庭学生

① 夏人清：《日本贷予性奖学金政策探析》，载《比较教育研究》1994年第4期。

② 崔邦焱：《加拿大高等学校助学贷款制度的研究和借鉴》，载《中国高等教育》2002第13—14期。

③ 杨可瑞：《制度分析与国家助学贷款的政策反思》，载《清华大学教育研究》2004年第2期。

顺利完成学业，激励贫困家庭学生勤奋学习、努力进取、自立自强，促进学生在德、智、体、美等方面得到全面发展，2002年，经国务院批准，中央财政每年安排2亿元专项资金，面向全国公办普通高校本专科贫困家庭学生设立国家奖学金。2005年8月4日，教育部和财政部将“国家奖学金”改为“国家助学奖学金”。助学金对全国公办全日制普通高校在校本、专科学生中的53万特别贫困家庭学生，每人每月资助150元生活费，每年1500元（每年按10个月计算）；奖学金对全国公办全日制普通高校在校本专科学生中品学兼优的5万贫困家庭学生，每人每年资助4000元。2007年国务院决定继续完善国家奖学金制度，中央继续设立国家奖学金，中央与地方共同设立国家励志奖学金，获国家奖学金和国家励志奖学金的学生为高校在校生中二年级以上（含二年级）的学生。前者用于奖励普通本科高校和高等职业学校全日制本、专科在校生中特别优秀的学生，每年奖励5万名，奖励标准为每生每年8000元；后者用于奖励资助普通本科高校和高等职业学校全日制本、专科在校生中品学兼优的家庭经济困难学生，资助面平均约占全国高校在校生的3%，资助标准每年5000元。国家励志奖学金适当向国家最需要的农、林、水、地、矿、油、核等专业的学生倾斜。这两种奖学金以“低起点”和“高成就”者作为主要资助目标群。但国家奖学金资助面较小，资助力度仍显不够，应广泛动员社会各方面的力量，设立多种形式的奖学金。按照不同的资金来源，奖学金可分为政府奖学金、行业奖学金、企业奖学金和个人奖学金。设立政府奖学金的目的在于奖励品学兼优，刻苦学习的学生，确保那些关系国计民生的基础学科和与国家建设密切相关专业人才培养的需要；设立行业奖学金和企业奖学金的目的是鼓励学生立志到某些艰苦行业和老少边穷地区工作，对服从派遣和自愿到艰苦行业和地区工作的毕业生可获较高数额的奖学金；个人奖学金以尊重设奖者的意愿为主，并加以正确引导。

3. 设立助学金

助学金曾是我国几十年中资助学生的主要方式，1987年被奖学金和学生贷款所取代。2007年国务院决定，中央与地方共同设立国家助学金，用于资助普通本科高校、高等职业学校全日制本专科在校生中家庭经济困难学生和中等职业学校所有全日制在校农村学生及城市家庭经济困难学生。当前，我国大学生中有50%以上的学生来自农村，而接受中等职业教育的学生绝大多数来自社会中下层家庭，在实行缴费上学的情况下，相当一部分学生的家庭经济状况使他们难以负担，一些人连最基本的日常生活都困难。在奖学金面小且明确奖励最优秀学生的前提下，学生资助制度的框架中设立助学金制度是十分必要的，以便根据一定的规程资助经济状况低于一定水平的学生，尽可能保证每一个通过正常程序升入高等院校和其他非义务教育阶段的学生有相对公正的受教育机会。

从国际经验来看，助学金虽不是最主要的资助形式，但在奖学金和学生贷款外设立助学金仍是较普遍的做法。从我国的实际情况来看，助学金的主旨在于资助贫困学生完成学业。因此，助学金是其他学生资助形式无法替代的，但它的面不宜太宽，量不宜过大，资助的金额要真正用在刀刃上。在实践中，应增大此项政策的透明度，对学生的家庭背景、经济来源进行综合考察，多方了解学生的实际困难，对那些家有困难，学业难以为继的学生进行资助，资助对象的条件、数额应有一定的规章制度作依据。对接受资助的学生建立个人档案，定期检查其是否符合享受资助的资格，以避免出现与实际困难不符的情况发生。当然，由于地区差别、城乡差别，贫困标准不可能是划一的，对此应根据实际情况酌情安排。

4. 制定勤工助学计划

勤工助学活动意在促使学生通过劳动取得报酬，一方面学生通过自己的双手解决日常生活费用和学习费用；另一方面通过劳动锻炼意志，培养学生实际生活能力和自立自强的精神。实施勤工助学计划应设立勤工助学基金，做到专款专用；建立勤工助学机构，沟通学生、学校和社会开展勤工助学的渠道，保护学生在勤工助学活动中的合法权益，制定有效的规章制度，通过勤工助学照顾贫困生的生活，坚持特困生优先的原则。目前，我国参与勤工助学的学生比例偏低，学校和社会应多方面创造条件，让勤工助学在学生资助制度中发挥应有的作用。

5. 实施学杂费减免政策

对来自特别贫困的地区，家庭经济特别困难而又十分努力学习的学生，在奖学金、助学金、勤工助学等方式资助下仍难以解决其生活困难的，可酌情减免其学杂费和住宿费。各学校应在国家有关规定的前提下，结合学校的实际情况，制定出减免学杂费的具体实施办法；根据各校的实施办法，结合学生个人表现和家庭经济状况，在认真调查的基础上，确定学杂费减免的对象及额度。要特别注意解决经济困难中的孤残学生、少数民族学生、烈士子女、优抚家属子女等的学杂费减免问题。学杂费的减免和助学金一样，需要学校实事求是，增加透明度，使确有困难的学生真正从这一政策中得到好处。

6. 进一步扩大学生资助面

长期以来，一谈到学生资助，人们往往想到的是大中专学生，其实，各级各类学校都存在家庭经济困难的学生，也都存在学生资助问题。如《规划纲要》要求到2020年基本普及学前教育，要保证这一目标的实现，各地就要根据学前教育普及程度和发展情况，逐步对农村家庭经济困难和城镇低保家庭子女接受学前教育予以资助。就义务教育而言，尽管农村实施义务教育新机制和城市义务教育阶段公办学校学生全部免除学杂费后，各级政府加大了义务教育阶段家庭经济困难贫困生基本生活费的补助额度，农村现在大多数贫困地区中小学寄宿生的生活补助是每天 2～3 元钱，这是难以满足正处在生长发育中的中小学生的生活需要的，建议各地根据《规划纲要》的精神，进一步提高义务教育阶段农村家庭经济困难贫困生和城镇低保家庭子女生活补助标准，改善中小学生营养状况。

（三）多渠道筹措资助经费

我国是一个发展中大国，举办了世界上最大规模的教育，需要资助的学生量大面广。要建立健全家庭经济困难学生资助制度，除了按照建立公共财政体制的要求，大幅度增加财政投入外，应充分调动社会各方面的积极性，多渠道筹措资助经费，促使资助主体多元化。改革开放以来，我国经济的运行方式发生了很大变化。原有的国民经济分配格局被打破，经济主体和利益主体已多元化。教育资源也分散化了，社会、企业、个人都掌握着一部分教育资源，都是教育资源配置的主体。特别是随着我国经济的发展，在九百六十万平方公里的大地上，已经出现了一大批富有生命力的企业和关注中国教育事业的有远见卓识的企业家，他们是党和政府实行学生资助制度的有力协作者，也必将在一定程度上缓解国家教育资金紧张的状况。同时，根据“利益获得原则”，除了国家和受教育者个人以外，所有用人单位也是直接受益者。它们有必要也有能力加入到学生资助事业中来。建立一个以国家为主体，企业团体和个人共同参与的新的助学机制，是进一步完善我国学生资助制度的根本途径。为此：

首先，完善以国家助学金和国家助学贷款为主体，以政府资助为主渠道，辅之以学校其他多种形式的奖学金、勤工助学、特殊困难补助和学费减免等普通教育资助政策体系，各级各类学校的贫困生都能享受国家助学金、国家奖学金、国家助学贷款等多种形式的资助。

其次，从教育和社会一体化的高度宣传动员社会参与学生资助事业并给予一定的政策优惠和扶持。凡捐资助学的部门、地区、单位和个人，根据所尽义务大小，均应享受相应的权利。资助者有权决定资助形式、对象、范围，也可要求被资助者毕业后到该部门工作一定的时期。对受援学校也可以提出诸如代培、技术转让等交换条件。国家对出资支持助学事业的单位也应加强宣传，这样既有助于扩大助学事业在社会上的影响，也有助于提高这些部门、地区、企业和个人的知名度，从而产生双重效应。

最后，建立必要的社会力量捐资助学管理机构，加强对社会力量捐资助学的引导和管理。我国社会各界捐资助学目前还处于一种无序状态。出资者往往不熟悉受援学校学生的实际情况。各种专项的奖助学金常常被集中到一部分院校尤其是一部分名牌院校。这些院校由于名气大，社会提供奖学金的资金来源多，学生勤工助学工作开展得较好，学生资助问题也搞得较好。而农、林、水、地、矿、油、核等院校和一些地方院校，由于其名气没法和名牌院校相比，社会提供奖学金的资金来源较少，有的院校甚至无一项资助计划或项目。因此，有必要建立社会力量捐资助学管理机构，以便及时掌握全国各类学校学生状况尤其是特困生状况，在尊重资助者意愿的基础上，切实加强对社会捐资助学活动的引导和管理。

（四）加强学生资助的法制建设

学生资助是一项十分复杂而庞大的社会公益事业，其中的许多方面需要用法律来规范和制约。但我国学生资助方面的立法一直是空白。因此，加紧这方面的立法不仅能为国家助学制度的建立和完善提供依据和保障，而且是国家意志在助学事业中的体现，是政策法律化、定型化的必然趋势。如《日本育英会法》明文规定建立育英奖学制度的目的是“国家开展对因经济原因修学困难的优秀学生借贷学资及其他育英所需的业务，以培养于国家有用的人才”。而德国的《联邦奖学法》则声称奖学目的是维持受教育者的生计和保障其受教育权利。学生资助法也为设立有关学生资助机构提供了法律依据。依法设置的机构便于行使对学生资助的管理权，而完备的法律也便于对各种组织或个人行为进行约束和规范。包括贷款制在内的多种资助形式需要科学而又高效的管理，尤其是借贷关系更需要有法可依，用法律来保护。学生资助法还能够保护捐资助学的社会组织和个人的合法权利，从法律高度给他们以优惠和激励。总之，立法是政策合法化的必由之路，也是社会化的学生资助事业走上民主化、科学化、法制化的最终选择。

公共财政理论视角下的政府高等教育财政责任[①]

【内容摘要】高等教育作为一种兼有公共产品和私人产品属性的准公共产品，随着公共财政体制的建立和逐步完善，政府也必须承担起与之相适应的财政责任。那么，在公共财政体制下，政府是否很好地承担起了高等教育的财政责任，要保证政府更好地承担起高等教育的财政责任，当前亟需要解决哪些问题，是我国财政体制从国家财政体制向公共财政体制转变过程中迫切需要研究的问题。本文基于公共财政理论的视角，对上述问题逐一进行分析探讨，并提出保证政府更好地承担起高等教育财政责任的对策思路。

【关键词】公共财政　高等教育　财政责任　政府

自20世纪末以来，作为建设社会主义市场经济体制的重要内容，在我国财政领域最根本、最引人关注的改革莫过于从国家财政体制向公共财政体制的转变。社会主义市场经济体制要求市场在资源配置中发挥基础性作用，政府活动应主要在市场失灵的领域，财政体制改革的方向是建立公共财政，政府的主要职责是提供公共产品和公共服务。而高等教育作为一种兼有公共产品和私人产品属性的准公共产品，随着公共财政体制的建立和逐步完善，政府也必须承担起与之相适应的财政责任。那么，在公共财政体制下，政府是否很好地承担起了高等教育的财政责任，要保证政府更好地承担起高等教育的财政责任，当前亟需要解决哪些问题，是我国财政体制从国家财政体制向公共财政体制转变过程中迫切需要研究的问题。本文基于公共财政理论的视角，对上述问题逐一进行分析探讨，并提出保证政府更好地承担起高等教育财政责任的对策思路。

一、公共财政与政府的高等教育财政责任

公共财政是指在市场经济条件下国家提供公共产品或服务的分配活动或分配关系，是满足社会公共需要的政府收支模式或财政运行机制模式。公共财政

---

① 本文是作者在2011年10月29—30日由北京科技大学、北京大学和美国北卡州立大学在北京科技大学（北京）联合举办的“大学教育投资与发展战略国际学术研讨会”上的发言，后全文被收录入《中国教育经济评论》（教育科学出版社2011年）。

的基本特征是它的公共性，即公共财政着眼于满足社会公共需要。换言之，公共财政是指弥补市场失灵、满足“公共需要”而进行的政府收支行为，它是与市场经济发展相适应的一种财政模式①。公共财政理论认为，在市场经济条件下，社会资源的主要配置是市场，而不是政府。只有市场失灵的领域，政府部门的介入才是必要的。公共财政解决的只能是市场不能解决，或市场解决不能令人满意的事项，主要包括：提供公共产品、纠正外部效应、维持有效竞争、调节收入分配、稳定经济运行等。

教育作为一种培养人的社会活动，按西方公共产品理论所作的比较完善的解释，是一种介于纯粹公共产品和纯粹私人产品之间的准公共产品。公共产品按经济学的定义，是这样的产品，每个人消费这种产品不会导致别人对该种产品消费的减少。因此，作为公共产品，需同时具备两个特征，即消费的非竞争性和非排他性，凡同时具备上述两个特征的产品，就是公共产品，如国防与服务、社会治安事务与服务、社会福利事务与服务、一般卫生保健事务与服务等。与公共产品相反，私人产品是同时具有消费的排他性和竞争性的产品，如面包、衣物等生活用品，介于公共产品与私人产品之间的产品是准公共产品，它兼有公共产品和私人产品的属性。

高等教育作为教育体系的一个重要组成部分，总的来说，存在效用上的排他性和利益上的占有性。比如，在大学招生人数既定的条件下，一部分学生享受高等教育，客观上就会排斥其他未进大学的学子对高等教育的享受。而学生经过专业技术教育，增强了技能，提高了素质，为以后的发展奠定了良好的基础，这样的利益外人参与分享又是很困难的。因为与基础教育不同，高等教育所传授的知识与技能对个人来讲是一种比较特殊的资本，即人力资本；这种特殊的人力资本不仅存在于受教育者人体内，为个人所直接拥有，而且能提高受教育者的收入，为受教育者带来种种收益或满足；而这种收益或满足除了客观上有利于他人及社会外，基本上主要由受教育者个人直接获得。所以，高等教育无法同时具备公共产品的两个特征。因此，从总体上看，高等教育基本上可视为一种收益内在化的“私人产品或服务”。但是，高等教育除了其分割的私人利益外，还具有重要的“社会”利益。受过高等教育的人，其文化素质、专业技能与没有受过高等教育的人相比都有显著提高，因而这些人对于社会民主的弘扬、社会道德的净化以及社会生产率的提高都会产生巨大的作用。所以，高等教育尽管从总体上可视为一种收益内在化的“私人产品或服务”，但它的外部效应十分显著，因此仍然可视为公共产品或准公共产品。

按西方经济学中的公共产品理论，在市场经济条件下，政府作为整个社会

① 杨会良：《当代中国教育财政发展史纲》，人民教育出版社 2006 年版，第 300 页。

经济活动的一个“生产部门”，其职能主要是为了“生产”和提供具有公共利益或效用的“公共产品”与“准公共产品”，满足社会的公共需要及其对社会公共利益的追求。因为公共产品由于效用具有外溢性，且无法排除不付费者获得外溢的效用，于是会出现“搭便车”现象。也就是承担公共产品成本的人，不能得到其全部收益；没有负担一点成本的人，却能获得相同的收益。这样，理性的个人谁也不会去提供公共产品，结果公共产品的供给就会小于社会的真正需要，甚至为零。市场无法或不能有效地提供公共产品，如果政府公共财政不提供，社会就不能得到或充分得到这类产品，最终会形成“公共悲剧”。准公共产品由于其效用也具有较多的外溢性，不能完全由市场提供，应由政府参与提供。因此，政府公共财政应责无旁贷地承担起包括高等教育在内的全部或大部分公共产品和准公共产品的责任。

二、公共财政视角下政府高等教育财政责任的审视

从公共财政的原则出发，政府应承担起高等教育的全部或大部分财政责任，这是毫无疑问的。但是，由于多方面的原因，在我国现行公共财政体制下，政府仍然没有很好地承担起高等教育的财政责任。如果这一问题得不到妥善解决，必然会影响到我国高等教育的协调发展，必须引起社会的广泛关注和重视。

（一）政府财政性高等教育经费严重不足

改革开放以来，中国经济快速发展，极大地提高了国家财政收入水平，为促进教育发展提供了必要条件。伴随着经济的快速发展，居民收入水平也得到大幅度的提高，人们对教育的需求大大增加。1999年中国高等教育的规模开始大幅度扩展，高等教育入学率显著提高。2002年中国高等教育的毛入学率首次达到15%，标志着中国高等教育迈入了大众化的发展阶段。截至2009年，中国高等教育在校生2979万人，高等教育毛入学率24.2%。中国已经超过美国，成为世界高等教育第一大国。虽然中国已经成为世界高等教育大国，但是距世界高等教育强国还有很大的差距。要提高高等教育质量，建设高等教育强国，充足的教育经费投入是必不可少的条件，因为教育要发展，最根本的物质保证是教育投资，换言之，要谋求教育的发展，则必须有充裕的教育经费予以支持。二者之间的关系，正如美国教育行政专家罗森庭格所言：“学校经费如同教育的脊椎。”① 所以，教育事业的发展需要有充裕的经费，已是不容争辩的事实，其中财政性教育经费所占的比例应该达到一定的水平。近年来，中国高等教育面临着培养质量不高、高校负债多、学生经济负担重、生师比大等诸多问题，这

① 转引自蔡保田：《当前我国国民小学教育经费的实际问题》，载台湾《政治大学学报》1970年第22期。

些问题都与财政性经费投入不足、比例不高有关。根据审计结果，到2010年底全国1164所地方所属的普通高校负债金额是2634.98亿元。到2009年底，仅陕西40所省属公办高校共负债102.68亿元，其中绝大部分是银行贷款。面对巨额的银行贷款，地方所属高校不得不借新债还旧债，其借新还旧率超过50%①，严重影响高等教育的发展。

（二）部属院校与地方高校经费差距越拉越大

根据隶属关系的不同，我国的公立普通高等学校分为部属院校和地方高校。我国高等教育财政拨款体制与普通高等学校隶属性质相对应，即部属院校由中央部委财政拨款，地方高校由各地地方政府财政拨款。由于国家对部属院校的投入具有政策倾向性，部属院校投入基本平衡，区域之间差异不大，但部属院校与地方高校差距越拉越大。如在生均财政拨款上，部属院校实际生均拨款在1998年为8607元，这比地方高校的6498元仅高出2109元，而到了2008年，部属院校的达到13631.64元，比地方高校的7577.71元高出了6053.93元，差距由1.3倍扩大到1.8倍②，地方高校和部属院校相比，地方高校所得到的政府投入严重不足。虽然从我国高等学校的构成来看，地方高校的数量占有绝对的优势，但是与部属高校相比，其获取经费数额和受政府重视的程度都处于弱势地位。2008年，有部属院校的21个地区中，地方院校预算内生均经费高于当地部属院校的只有北京、上海、宁夏（国家民族事务委员会直属的北方民族大学）三个省区。北京、上海是因为地方财力雄厚，宁夏是因为地方院校在校生人数较少，地方政府投入经费总量实际只有6.7亿元。

（三）各地地方普通高等教育财政差异明显

在我国现行高等教育管理体制下，预算内教育经费，即指政府年度财政预算用于教育的经费，依旧是我国高等教育经费的主要来源。预算内教育经费为高等教育的发展提供基本保障和坚实基础，是高等教育发展的核心。其中，生均预算内教育经费和生均预算内公用经费是衡量政府高等教育投入水平的最具可比性的指标之一，因为作为公共产品或准公共产品的一种，高等教育经费保障在很大程度上仍然依赖于政府公共财政拨款，地方普通高等教育财政差异在很大程度上表现在生均预算内教育经费和生均预算内公用经费的差距上。由于受到地方财政水平的限制，各地地方普通高等学校生均预算内教育经费和生均预算内公用经费的差距明显。

据统计，2008年、2009年，地方普通高等学校生均预算内教育经费平均支

① 《评：高校不应盲目扩张》，载《中国广播网》2011年7月3日。

② 资料来源：据《中国教育经费统计年鉴2009》和教育部、国家统计局、财政部《关于2009年全国教育经费执行情况统计公告》（教财［2010］5号）计算。

出分别为7577.71元、8542.30元，北京市地方普通高等学校生均预算内教育经费支出高达24380.40元、29772.87元，分别是全国平均支出的3.22倍、3.48倍，而最低的湖北省2008年仅为3713.46元、河南省2009年仅为4216.83元，北京是湖北2008年的6.56倍、河南2009年的7.06倍。2008年31个省市中有22个省市的生均预算内经费低于全国7577.71元的平均水平，2009年有23个省市低于全国8542.30元的平均水平。其中，高于全国平均水平的北京、上海、广东、天津、浙江、江苏（2009年低于全国的平均水平）均为发达地区，经济发展水平相对较好，财政收入相对较高，地方高等教育财政相对富裕，这些地方的高等教育财政投入水平领先于全国其他地区；而西藏、宁夏、青海（2009年低于全国的平均水平）、云南（2008年低于全国的平均水平）地处偏远，高等教育资源稀缺，地方高等教育发展滞后，地方院校在学人数较少，所以财政总体投入虽然不多，但生均经费水平并不低；湖北、四川、安徽、河南、江西、河北、湖南、陕西、贵州等地方高等教育规模相对较大的省份，其财政总体投入虽然不低但生均经费严重不足，地方高等教育发展艰辛（见表1）。

表1　2008年—2009年地方普通高等学校生均预算内教育事业费（单位：元）

地区	普通高等学校		
	2008年	2009年	增长率（%）
总　计	7577.71	8542.30	12.73
北京市	24380.40	29772.87	22.12
天津市	9826.92	10858.31	10.50
河北省	5008.76	5148.06	2.78
山西省	5222.33	5881.77	12.63
内蒙古自治区	6728.42	7072.47	5.11
辽宁省	4923.15	5202.53	5.67
吉林省	6891.74	6183.19	－10.28
黑龙江省	6103.06	6137.91	0.57
上海市	15349.20	16423.87	7.00
江苏省	8156.83	8352.23	2.40
浙江省	8771.40	9423.45	7.43
安徽省	4078.57	4422.34	8.43
福建省	6311.90	6179.36	－2.10

续表

地区	普通高等学校		
	2008 年	2009 年	增长率（%）
江西省	4236.33	4481.14	5.78
山东省	5459.48	5539.03	1.46
河南省	4099.88	4216.83	2.85
湖北省	3713.46	4708.70	26.80
湖南省	4531.27	4975.08	9.79
广东省	10622.18	10914.96	2.76
广西壮族自治区	6139.38	6228.73	1.46
海南省	6085.64	5778.16	−5.05
重庆市	5583.69	5241.45	−6.13
四川省	4000.78	4766.95	19.15
贵州省	5243.47	6834.87	30.35
云南省	7554.00	8551.99	13.21
西藏自治区	13794.79	14275.98	3.49
陕西省	5448.21	5468.89	0.38
甘肃省	5979.94	5944.18	−0.60
青海省	8916.98	8165.93	−8.42
宁夏回族自治区	12310.86	10083.40	−18.09
新疆维吾尔自治区	5984.27	7169.94	19.81

资料来源：据教育部、国家统计局、财政部《关于 2009 年全国教育经费执行情况统计公告》，教财［2010］5 号。

再从地方普通高等学校生均预算内公用经费的比较也可知，2008 年、2009 年，地方普通高等学校生均预算内公用经费平均支出分别为 3235.89 元、3802.49 元，北京市地方普通高等学校生均预算内公用经费支出高达 15418.47 元、19828.66 元，分别是全国平均支出的 4.76 倍、5.21 倍，而最低的湖北省 2008 年仅为 1031.50 元、河北省 2009 年仅为 1086.22 元，北京是湖北 2008 年的 15 倍、河北 2009 年的 18 倍。2008 年、2009 年 31 个省市中分别有 23 个省市的生均预算内公用经费低于全国 3235.89 元、3802.49 元的平均水平，高于全国平均水平的 8 个省市有 5 个省市（北京、上海、广东、天津、江苏）均为发达地区，除吉林省（2008 年高于全国的平均水平）外，宁夏、云南、西藏（2009 年高于全国的平均水平）地处地方院校在学人数较少的西部省区（见表 2）。

表2　2008年—2009年地方普通高等学校生均预算内公用经费（单位：元）

地区	普通高等学校		
	2008年	2009年	增长率（%）
总　计	3235.89	3802.49	17.51
北京市	15418.47	19828.66	28.60
天津市	4490.68	4820.81	7.35
河北省	1107.88	1086.22	−1.96
山西省	1411.67	1670.54	18.34
内蒙古自治区	2565.11	2621.41	2.19
辽宁省	1909.57	1912.14	0.13
吉林省	3393.73	2333.22	−31.25
黑龙江省	1920.72	1534.85	−20.09
上海市	9494.30	10679.17	12.48
江苏省	4108.39	4173.32	1.58
浙江省	2835.17	3109.79	9.69
安徽省	1164.65	1326.59	13.90
福建省	2770.41	3014.64	8.82
江西省	1426.07	1544.50	8.30
山东省	1135.52	1128.31	−0.63
河南省	1411.77	1625.92	15.17
湖北省	1031.50	1473.63	42.86
湖南省	1095.89	1463.52	33.55
广东省	5133.69	5235.49	1.98
广西壮族自治区	1911.63	1978.94	3.52
海南省	2073.82	2294.70	10.65
重庆市	2707.59	2786.35	2.91
四川省	2068.18	2386.99	15.42
贵州省	1157.96	2609.70	125.37
云南省	4046.21	5151.27	27.31
西藏自治区	2943.78	4279.24	45.37
陕西省	1983.13	2273.70	14.65
甘肃省	1750.03	1898.26	8.47
青海省	1532.64	1700.54	10.95
宁夏回族自治区	4910.26	4699.20	−4.30
新疆维吾尔自治区	2411.40	2973.35	23.30

资料来源：据教育部、国家统计局、财政部《关于2009年全国教育经费执行情况统计公告》，教财［2010］5号。

（四）不同类型的办学主体享受不到公共财政同等的服务

在市场经济条件下存在不同的办学主体是市场经济的必然。在传统的计划经济条件下，财政是政府执行国有化政策的关键工具，财政对国有经济的优惠和对私有经济的歧视几乎已经是一种习惯，然而这种习惯对市场经济的公平竞争极为有害。在市场经济条件下，公平竞争必然要求财政必须消除对不同经济成分的不同的财政待遇，政府财政必须一视同仁没有歧视地对不同经济成分提供同样的公共服务，这也是政府财政尊重市场规律的具体体现。这一点在教育财政制度中也非常重要。由于目前在高等教育体制中存在着不同性质的办学主体，而对不同的办学主体提供同样的公共事务服务是保证教育公平和市场秩序、促进各种办学主体共同发展的必然要求。为此，教育财政的非歧视性也必然成为公共财政框架下教育财政的基本原则之一。因为既然是“公共财政”和“公共事务”，那么在公共事务的范围内对不同类型的办学主体就应当一视同仁。但是，从实践来看，公办高校和民办高校存在明显的不平等性，尤其是政府的财政投入主要是公办高校，几乎顾及不到民办高校。在对学生的财政资助方面也一样，公立高校的学生和民办高校的学生同样都有获得政府资助的权利，但国家助学贷款政策自 1999 年出台以来，除生源地信用助学贷款试点外，无论多少次修改，我国民办高校仍然不是国家助学贷款银行的经办对象，民办高校学生仍然不具有申请资格，被排除在“国家助学”范围之外，享受不到政府公共财政同等的服务。

三、政府没有很好地承担起高等教育财政责任的原因

公共财政体制下政府仍然没有很好地承担起高等教育财政责任，其原因是相当复杂的，既有经济社会发展差距的影响，又有历史形成的体制、机制等方面的原因。其中，公共财政对高等教育的投入不足以及高等教育面临公共资源日益激烈的竞争和高等教育的投入受到地方财政水平的限制等是最根本的原因。

（一）公共财政对高等教育投入依然不足

市场经济的根本特征是让市场机制在资源配置中起主导性和基础性的作用，政府仅仅是在市场失效领域发挥作用。这就要求政府不该管的尽量不去管，同时该管的一定要管好，只有这样才能保证市场机制的正常运行。但长期以来，政府财政职能一直存在“越位”与“缺位”并存的问题，一方面财政干了许多应该由市场配置去解决的事情，由于广泛介入了经营性和竞争性领域，对国有企业供应资金，弥补亏损，审批财务收支计划和决算，妨碍了企业市场竞争主体和法人实体地位的形成和确立；另一方面，那些本来应该由政府去做、通过履行财政职能去实现的一些事情，如教育，反而因为财力“缺位”而没有能力做到或做得不好。在市场化改革趋势下，政府财政必须全面退出市场有效运行

的领域，在弥补市场失效和提供公共服务的基本准则下正确界定政府财政活动范围，构建以尊重市场为前提的公共财政框架。所以公共经济和政府介入应限制在市场失灵的范围内，而提供公共产品正是政府最主要的活动范围之一。显然，以弥补市场失灵作为存在理由的公共财政，对公共产品的提供应是其最主要的活动内容。作为公共权力机关，向国民提供均等的公共产品和公共服务是各级政府的基本职责。

基于此，近年来，我国政府不断加大了对公共服务的财政投入，大大改善了基本公共服务的条件，提升了公共服务的品质。2001年—2010年，公共财政教育投入从约2700亿元增加到约14200亿元，年均增长20.2%，高于同期财政收入年均增长幅度；教育支出占财政支出的比重从14.3%提高到15.8%，已成为公共财政的第一大支出①。不过，我们也应当看到，由于多方面的原因，公共财政对教育的投入依然不足。根据教育部财务司、《中国统计年鉴2009》及国家统计局公布的数据计算，从2000年到2009年10年间，以4%的比例为目标，则国家财政性教育经费支出10年累计“欠账”已达16843亿元。2002年到2003年间，教育经费投入甚至还出现了0.06%的倒退。截至2009年，国家财政性教育支出12231.09亿元，仅占国民生产总值的3.59%②。随着经济的快速发展，我国GDP总量基数已经很大，哪怕是百分之零点几的投入增加，都会在教育领域产生较大的影响。公共财政对教育的投入不足必然影响到对高等教育的投入，影响到我国高等教育的发展。

（二）高等教育面临其他类别公共资源日益激烈的竞争

根据公共财政理论，公共支出是政府为社会提供公共服务所安排的支出。公共支出可以确保国家职能的履行，政府经济作用的发挥，在市场经济社会中，可以支持市场经济的形成和壮大。但公共服务又是多方面的，因此，政府的公共支出必然面临各种公共支出的竞争。高等教育经费中政府拨款作为公共支出的一部分，面临着与其他公共支出竞争资源的压力。这种竞争表现在两个方面，一方面是作为公共教育部门的一部分，与其他类别的公共支出的竞争。目前我国公共财政支出科目共分为23类。按现行科目分类，主要包括：教育支出、医疗卫生支出、社会保障和就业支出、住房保障支出、农林水事务支出、文化体育支出、交通运输支出、城乡社区事务支出、公共安全支出、科学技术支出、环境保护支出、一般公共服务支出、国防支出、外交支出、资源勘探电力信息等事务支出、地震灾后恢复重建支出、粮油物资储备管理事务支出、金融监管

---

① 《国务院关于进一步加大财政教育投入的意见》，国发［2011］22号。

② 《教育经费占GDP4%目标18年未实现，欠账超1.6万亿》，载《中国经济周刊》2011年3月8日。

等事务支出、商业服务业等事务支出、国土气象等事务支出、国债付息支出、其他支出、预备费支出等。20世纪90年代末以来，在重视教育支出的同时，政府明显加强了对农业、社会保障、科技和卫生方面的支出，如1998年—2010年，中国地方政府几大类财政支出中，社会保障支出的比重就由4%上升到10.2%[①]，加之原本对生产性支出（经济建设支出）的偏向，各公共部门之间在公共资源的竞争上日益激烈，这显然对教育支出、特别是属于准公共产品范畴的高等教育的投入形成挤压之势。另一方面还有来自公共教育财政系统内部其他层级的教育、特别是义务教育的竞争。目前，我国农村义务教育已基本被纳入公共财政保障的范围，城市的也正在逐步被纳入。在财政分配给教育经费总量一定的情况下，财政拨款在教育系统内部的分配变化会直接影响高等教育经费额度，这也直接影响到对高等教育的投入。

（三）高等教育的投入受到地方财政水平的限制

根据我国现行高等教育财政管理体制，中央财政负担中央各部委所属高等院校经费，以及对地方教育实行专项补助；地方财政负担地方所属的高等学校经费。这样一来，地方政府的财政投入就成为地方高等院校经费来源的主要渠道。近几年来，地方政府对高等教育的投入总体上是增加了，但由于受到地方财政水平的限制，各区域高校还存在着投入严重不平衡的问题，不同地区地方高等教育财政、同一地区部委所属高校与地方高校财政均差异明显，而且各区域高校的生均经费的差距逐年拉大。不同地区的高校投资不平衡，将影响高校的发展，有的学校可以拥有充足的投资，教育科研经费充足，有能力配置先进的教学、科研设备，聘任培养有水平的教学、科研人员；而有的学校则会因为经费的短缺，不仅无力全心投入科研之中，甚至连最基本的教学活动的质量都得不到保障，在这些地区高校中学习的学生，就无法享受到公平的教育资源。从高等教育的外部规律关系来看，经济因素对高等教育的发展具有巨大的推动作用，各地区高等教育发展不平衡的主要原因在于各地区经济发展水平存在差异。发达地区对高等教育的投入大大高于欠发达地区。经济不发达地区通常对高等教育的投入不足，严重影响本地区高等教育的发展。除此之外，地区经济发展不平衡还直接影响该地区学生对高等教育的求学愿望和高等教育支付能力，并且地区经济发展不平衡直接影响高等教育的速度与规模，在一定程度上影响高等教育的质量与效益。此外，从地方政府举办高等教育的努力程度来看，也与地方经济发展水平和财政收支情况有着十分密切的关系。发达省市由于经济发展水平和财政收入水平较高，一般来说，这些省市政府财政收入中一个小的比例，其绝对数就很大，所以，在发达地区，省市政府有时甚至无需作出很大

① 《2010年全国公共财政支出基本情况》，载《中国经济网》2011年8月3日。

努力，就能为地方高等教育提供比较充裕的经费。对于经济发展水平和财政收入水平欠发达地区的省市而言，即使政府尽了很大努力，高等教育投资占财政支出的比例也比较高，但教育投资的绝对水平仍然很低，难以满足本地区高等教育发展的需要。

（四）中央和地方、各省市之间承担的高等教育责任不均衡

近十多年来，我国的高等教育采取了扩大规模和高水平大学建设并举的发展模式，其中，高水平大学建设主要集中于中央高校，如“985”工程中的高校均为中央高校，“211”工程大学中，中央高校占了70%以上。与此同时，中央政府投资更加集中于高等教育结构中的高级部分，客观上形成了中央和地方投资于高等教育中不同层级部分的分工。我国实行“211”工程和“985”工程建设后，中央政府只承担“211”和“985”高校的财政责任，其他高校一律归地方。这就导致了高等教育人为的严重不公平，主要是由于“211”和“985”高校在全国各地分布不均。最富裕的北京、上海地区“211”和“985”高校数量最多，因此，地方财政压力最轻，两地财政可以拿出更多资金发展本地高校；最落后的西部地区“211”和“985”高校数量最少，地方财政压力增大。中央高等教育投资过分集中于发达地区，既违背了财政责任划分的受益原则，也违背了能力原则。目前，高等教育规模扩大的任务主要是由地方高校完成。地方高校规模扩张的一个特点是在不同省市扩张的速度不同，这就导致各省市地方高校数量和在校生规模不平衡。如2008年，我国地方普通高校全日制在校大学生为1778万人，其中河南省最多为127.36万人，最低的西藏仅有2.96万人。全国地方高校大学生数占全国比重超过5%（即高于89万人）的有河南、山东、江苏、广东、四川、辽宁六个省份。除直辖市外低于2%（即少于35万人）的有西藏、宁夏、青海、海南、新疆、甘肃六个省区。由此可以看出，各省市承担的高等教育责任不同，地方政府的财政压力也就不一样。在教育财政拨款与地区财政能力正相关的条件下，如果一个地方的学生数增加得越多，地方政府的财政压力就越大，特别是经济欠发达地区，其财政压力自然会更大。

四、政府要更好地承担高等教育财政责任所亟须解决的问题

针对当前我国政府没有很好地承担起高等教育财政责任的实际情况及其原因，遵循公共财政理论的要求，我们认为，要保证政府更好地承担起高等教育的财政责任，当前亟须解决的问题是：

（一）加大公共财政的投入力度，为高等教育的健康发展提供财政保障

市场经济的基本特征，就是市场机制在资源配置中起基础性作用。凡是市场办得了、办得好的，就不应由政府承担。今后政府财政资金必须逐步退出应由市场配置资源的经营性和竞争性领域，转到满足社会公共需要的方面来，逐

步提高财政对政权建设、教育文化、科学事业以及基础设施建设、环境保护等公共服务的保障能力。教育服务是政府提供公共服务的重要组成部分，提供教育服务是公共财政的基本职能，是公共财政“公共性”的重要表现，也是公共财政改革与发展的基本目标之一。高等教育作为一种终极性和专门性的教育活动，不同于以传授普通基础知识为主的初、中等教育，它是为整个社会经济活动直接服务的，是为了给社会培养和输送不同类型的高层次专门人才，也即是舒尔茨所讲的“高等教育这种人力资本投资是为了迎合由于经济增长而造成的需求”①。这就决定了高等教育的发展，无论是在规模上还是在结构上，都必须以社会经济发展对各类高层次专门人才的需求为前提，必须适应和符合这种劳动力的再生产对不同知识和技能的直接需求。从这个角度上看，高等教育仍然可视为公共产品或准公共产品，是政府公共财政提供的重要公共服务。因此，面对高等教育存在的种种问题，各级政府尤其是中央政府必须加大对高等教育的投入。首先，各级政府要切实按照《教育规划纲要》的要求，确保在2012年国家财政性教育经费占GDP的比例达到4%。其次，根据公共财政的基本要求，各级政府尤其是中央政府应继续将高等教育作为公共财政支出的重点之一，为高等教育的健康发展提供财政保障。

（二）明确划分政府间的高等教育财政责任，充分调动中央和省级政府高等教育投资的积极性

所谓政府间责任的区分，主要是就中央政府和地方政府对高等教育的财政投资责任的分工而言。我国是一个政府被划分为多个层级的大国，高等教育的财政责任在中央政府和地方政府间如何划分，直接关系到高等教育投资与负担模式的构建。公共财政在对中央政府和地方政府财政责任进行分工时主要遵循的是“公共产品受益层次论”和“财政联邦主义理论”②。公共产品受益层次论认为，政府责任的区分应当根据公共产品受益覆盖范围来决定，受益范围覆盖全国的由中央政府负责，采取集权方式生产比较有效率。收益范围覆盖地方的则由地方政府提供更有效。但典型的国家公共产品和地方公共产品都是非常少见的，多数是在中央与地方政府之间交叉的，也就是通常所说的空间外溢性地方公共产品。所谓空间外溢性地方公共产品，是指地方政府提供的某些公共产品或服务的受益范围超出了它所辖的行政边界而扩散到邻近其他地区，从而使其他地区的居民在不承担任何费用的情况下也同样获得部分好处。如高等教育在一定意义上也是空间外溢性的地方公共产品。一方面，接受高等教育的大多数学生主要在本地就业，高等教育受益者主要是当地政府；另一方面，当地政

① ［美］西奥多·W·舒尔茨：《论人力资本投资》，北京经济学院出版社1990年版，第22页。
② 杨会良：《当代中国教育财政发展史纲》，人民教育出版社200年版，第336页。

府根本无法保证在本辖区接受过良好高等教育的学生，毕业后不流动到其他辖区。对于这类公共产品完全采用分散的方式提供，显然是缺乏效率的。所以根据财政联邦主义理论，当地方公共产品存在收益外溢性时，中央政府必须对地方政府进行适当补偿。另外，财政联邦主义理论还规定了基本公共服务的最低供应原则，即任何公民无论居住在哪里都应当获得同等的最低水准的基本公共服务，当某些地方政府由于经济不发达而不能保证本地居民在正常条件下获得与其他地区同等的最低的基本公共服务时，高层级政府有责任在财政上帮助那些经济不发达地区的政府。据此我们认为，对于多级政府而言，高等教育作为一种受益覆盖范围比较广的地方性准公共产品，其主要的财政责任应当由省级政府负责。但中央政府必须对地方政府进行适当补偿，承担均衡省与省之间教育财政能力的责任。当前，我国高等教育管理体制的改革也正顺应了这一思路，除中央政府还负担少数国家级高等学校的财政责任外，高等教育的财政责任将主要由省级政府承担。

（三）为弥补地方政府间财政能力的差异，应建立起规范的财政转移支付制度

我国区域间经济与财政发展的严重不均衡是导致高等教育在区域间发展不平衡的根本原因。为缩小区域间高等教育发展的差距，促进教育公平，应建立起规范的财政转移支付制度。财政转移支付是中央政府为均衡各地方政府的财力状况，协调地区间的经济发展，对全国经济实施宏观调控，将中央掌握的一部分财力转移给地方政府使用的一种调节制度，是财政管理体制的重要组成部分。现代社会，在以分割税收为主要特征的分级财政管理体制下，政府间转移支付制度是协调中央政府与地方政府财政关系的一项重要配套制度。而教育财政转移支付是政府间财政转移支付的一个重要组成部分。规范分权的教育财政转移支付制度与规范的教育财政转移支付制度是联系在一起的。中央政府之所以要建立起规范的财政转移支付制度，是因为：第一，对于绝大多数国家，尤其是像我们这样一个经济发展水平极不平衡的发展中大国，在分级财政体制下，由于地区之间财政能力和教育支出成本方面存在的差异，不可避免地造成地区间的教育能力往往相差悬殊。而教育是一个地区社会经济发展的基础，教育发展的不均衡往往又会进一步加剧地区间社会经济发展的不平衡，继而危及社会的和谐与稳定。因此，需要中央政府采取转移支付的方法来弥补地方政府间财政能力的差异，促进各地区间高等教育的发展。第二，由于地方政府提供的教育属于公共需要或公共服务，所产生的利益不仅为本省区的居民所享受，而且外溢到其他区域，如在本省区内受过良好高等教育的学生，将来有可能在其他辖区内就业，客观上要求中央政府采取一定的形式对该地方政府予以补助，以鼓励其提供这种具有外溢性的公共服务。第三，在实行多级预算主体的国家，中央政府往往是将税基宽泛且具有流动性的税种及具有再分配效应的个人所得税划归中央政府，这一部分收入占全部财政收入的绝大部分，而把适合地方政府征收且不具有流动性的小税种留给地方政府，这样就使得地方政府可能根本就没有财政能力来承担教育的全部财政责任，出现教育财政纵向失衡。因此，为了弥补收支差额，增强其满足教育发展需要的财政能力，解决地方政府因事权与财权不对称所形成的财政纵向不平衡，也必然需要中央政府为地方教育发展提供财政补助。第四，中央政府通过对地方教育提供财政补助，对地方教育的发展实施调控，既可使其行为符合中央政府宏观教育政策的实施要求，又可较好地促进各地区教育的发展。

中央政府对地方教育提供财政补助主要是通过一般性转移支付和专项转移支付两种途径来进行。所谓一般性转移支付是指中央政府对地方政府的财政资助，以弥补地方政府财力之不足。通过强化一般性转移支付，确保地方政府发展包括教育在内的各项社会事业的基本财政能力。特别是对于经济发展比较慢、财政困难的地区，中央政府应当通过转移支付的方式对这些地区教育负起较大的责任。如2010年，中央财政对地方税收返还和转移支付32341.09亿元，比上年增加3777.3亿元，增长13.2%。中央对地方税收返还和转移支付相当于中央财政收入的76.1%、中央财政支出的66.9%，相当于地方财政支出的43.8%，也就是说，43.8%的地方财政支出是来源于中央财政的税收返还和转移支付①。鉴于中国地区间差异过大，偶然因素较多，除通过一般性转移支付确保地方政府承担教育的财政责任外，中央政府还应通过专项转移支付，处理可能出现的特殊问题。所谓专项转移支付是指中央政府为了解决某一问题而对地方政府提供的特定财政资助，与一般性转移支付相比，专项转移支付更能得到落实。比如，自2000年以来，中央财政实施的“中央与地方共建高等学校专项资金”就取得了很好的成绩。专项资金促进了地方高校重点学科建设、教学实验平台建设、科研平台和专业能力实践基地建设、公共服务体系建设以及人才培养和创新团队建设等，提高了地方高等教育质量，促进了高等教育事业协调发展。同理，为了促进各省区高等教育的协调发展，特别是对于一些经济发展比较慢，财政困难的省区，尤其是中西部地区经济较为落后的省区，中央政府可以在原“中央与地方共建高等学校专项资金”的基础上，设立支持地方高校发展专项资金，支持地方高校的重点发展和特色办学。以原共建资金支持的普通高校为主体，适当扩大支持范围，重点支持一批办学层次较高、办学特色鲜明、符合行业和地方区域经济及社会发展需要的地方高校，进一步改善其办学条件，提高人才培养能力和科学研究水平，增强为国家和地方经济建设、社

① 《2010年全国公共财政支出基本情况》，载《中国经济网》2011年8月3日。

会进步以及行业发展服务的能力。

（四）改进对学校拨款模式，实行均等化拨款制度

在拨款模式上，我国高等教育财政拨款主要采取两种方式：一是“基数加增长”，即按事业机构规模的大小或事业的需要确定各种人员编制、房屋和设备标准、行政和业务费用开支额度，由此形成财政拨款的基数；在此基础上，考虑当年事业发展与变化的情况确定拨付的事业发展数额。二是“综合定额加专项补助”，这是基于“定员定额”的原理，即经费总量根据有关政府主管部门制定的不同层次、不同类型、不同地区学生生均拨款定额标准和高校在校生数核定下达。目前，上述两种财政拨款模式同时存在。中央和部分财力较好的地方普遍实行了“综合定额加专项补助”拨款模式，其他财力较弱的地方仍然执行“基数加增长”拨款模式。由于财政对同级学校的拨款制度是影响学校间均衡发展的重要条件，为缩小同级同类高等学校间发展差别，应改进财政拨款模式。同级财政负担的高等学校，对维持学校正常运行的基本支出，按不同学科生均标准成本一定比例实行均等化拨款制度，对办学条件差的学校倾斜。为建立世界一流或名牌大学，通过项目支出予以倾斜，在项目支出中引入市场竞争机制，采取招投标制度，并以学科建设为支持对象。鉴于我国教育资源相对贫乏，促进民办高等教育的发展将会节约国家教育投资，同时又可以满足高等教育需求的不断增长，国家可以在法律、政策等方面给民办高等教育一定的财政支持；同时应鼓励各种形式的社会集资和捐资，例如可以倡导厂矿企业、行政事业单位、社会团体集资办学；也可以借鉴国外的先进办学经验，在政府教育行政部门指导下，设立各种教育基金，如教育基金会、教育专业基金会、教育发展基金会等，保证民办高校教学的正常运转。

总之，从解决当前亟须解决的问题入手，让政府更好地承担起高等教育的财政责任，应该说既符合我国公共财政体制改革的要求和我国的现实国情，也可以使高等教育的发展具有较为充足的经费保障。

第二部分

教育经济学现实问题研究

我国大学毕业生就业制度改革的障碍及对策①

【内容摘要】本文认为，传统大学毕业生“统包统配”和包当干部的就业制度必须改革，这就必须破除社会主义条件下劳动力和专门人才不是商品的理论障碍，改变传统的国家作为用人主体对毕业生的行政性限制和双方的非对等地位，转变思想观念，强化市场调节机制，建立和健全劳动力市场。

【关键词】高等教育　毕业生就业制度　改革　障碍　对策

改革大学毕业生“统包统配”和包当干部的就业制度，实行少数毕业生由国家安排就业，多数由学生自主择业的就业制度，既是我国教育体制改革的一个重要组成部分，也是劳动人事制度改革的一项重要内容。要使这一改革得以顺利进行，必须使人们真正认清改革的必要性，克服改革过程中所遇到的种种障碍，采取切实有效的措施，建立和健全劳动力和专门人才的市场配置和流动机制。对此，本文从四个方面进行分析和讨论。

一、传统的大学毕业生就业制度的弊端及其改革的必要性

大学毕业生是一种高素质、高智力结构的人力资源。在经济增长愈来愈依赖科学技术和市场竞争日趋激烈的今天，一个国家、一个地区、一个部门大学毕业生的拥有量、质量、结构已成为经济增长和发展的重要条件。对大学毕业生的就业采取何种方式，关系着社会中高素质人力资源在国民经济各部门、地区间的合理配置，关系着毕业生和用人单位积极性、创造性、主动性的发挥，从而关系着人力资源的利用率和社会经济效益，关系着社会主义市场经济体制的建立和现代化的实现。

在传统的高度集中的计划经济体制下，我们对大学毕业生的就业是采用以行政手段为基础的分配方式。不论对这种分配方式是称作计划配置还是称作统包统配，总之，大学毕业生就业的决策主要是集中于各级政府，学校在国家统

① 本文发表于《华中师范大学学报》(人文社会科学版) 1995 年第 4 期，《高等学校文科学术文摘》1995 年第 6 期、中国人民大学复印报刊资料《高等教育》1995 年第 9 期分别全文转载，《文摘报》1995 年第 148 期作为新观点予以介绍。

一分配政策和分配计划的约束下，只有毕业生和用人单位之间的搭配权，而毕业生和用人单位即就业主体却没有任何选择权。加之由于没有劳动力市场和实行全国统一的劳动人事工资制度，市场机制和经济手段对就业不发生任何作用，分配计划在执行过程中只能单纯依靠行政命令的方式由上而下地贯彻执行。因而尽管在人才极为短缺的情况下，对大学毕业生的就业采取这样的方式可以保证将十分有限的高素质人力资源，投入到国民经济的重点部门、地区和单位，满足这些部门、地区和单位对人才的需求，加快经济建设的步伐，但从普遍的状况说，其效率是低的，效益是差的。其中的主要问题是：（1）它不能做到人尽其才、才尽其用，致使用非所学、学非所用和大材小用的现象比比皆是；（2）人才不能流动，一次分配定终身，埋没了大量的有用之才，造成大学毕业生这种高素质人力资源的严重浪费；（3）在传统体制下，即使毕业生分配的岗位是适合的，也没有足够的激励机制使他们的主动性、创造性和积极性充分发挥出来。

传统的大学毕业生就业方式之所以存在着如此多的弊端，其中一个很重要的原因就是它所设想的是从上到下各个层次的组织和各级执行分配计划的人，都是一心为公、大公无私、英明正确的，他们除了社会利益之外，都没有自己的任何特殊利益和要求，因而在进行毕业生就业安置时不会出任何偏差。的确，在传统体制下确实有些执行分配计划的人是一心为公、大公无私的，因而在进行人力资源配置时能够从社会整体利益出发，做到公平合理。但也应看到，在传统体制下，由于制度不健全，法制不完善，计划的权力、分配的权力常常被滥用。过去人们对这一问题是采用权力转换或权力下放的方式来解决，如将大学毕业生的分配权从劳动人事部门转到计划部门，或从计划部门转到教育部门，或从中央部门转到地方部门，这实际上仍然是坚持以行政方式配置高素质的人力资源，只不过是换了“婆婆”而已。这不仅不能克服既有的矛盾和弊端，而且常常造成毕业生分配工作的混乱与无序，出现了“一放就乱，一乱就收，一收又死”的恶性循环，并不能实现大学毕业生这种高素质人力资源的合理配置。

然而，当前及今后相当一个时期，我国经济体制改革的目标是建立社会主义市场经济体制。所谓社会主义市场经济体制，就是要使市场在社会主义国家宏观调控下对资源配置起基础性作用，通过价格杠杆和竞争机制的功能把资源配置到效益较好的环节中去。因此，建立社会主义市场经济体制，其根本问题就是如何在不同部门、不同地区以及不同经济单位之间搞好资源配置，使它们得到最有效的利用。这里所讲的资源配置不仅包括物质资源的配置，而且包括人力资源的配置，自然也应该包括大学毕业生这种高素质、高智力结构的人力资源的配置。因此，市场经济的改革目标，市场体系的培育和发展，不能不把大学毕业生就业制度的改革作为其中的一个极其重要的方面。只有通过改革，让大学毕业生实行自主择业，才能逐步做到高素质劳动力资源配置的决策不是靠行政权力从上到下地贯彻，而是由追求效用最大化的供求双方的当事人根据市场信号自主作出的，是大学毕业生和用人单位双方通过自身利益的计算与评价来进行选择并自愿执行的，这时候尽管毕业生个人和用人单位之间也存在着矛盾和冲突，但是双方找到了各自损失小收益大的最佳结合点。可见，社会主义市场经济体制的建立，社会主义市场体系的培育和发展，与大学毕业生就业制度的改革是分不开的。

二、我国大学毕业生就业制度改革的理论障碍

社会主义市场经济体制的建立要求改革大学毕业生就业制度，但是，我国毕业生就业制度的改革遇到了重大的理论障碍，这便是社会主义条件下劳动力和专门人才不是商品的理论。

长期以来，人们总是以为劳动力（其中也包括专门人才）成为商品，是由资本主义的生产关系所决定的：因为资本家占有生产资料，而劳动者除了可以自主地支配自己的劳动力外，一无所有，不得不出卖劳动力。而社会主义社会实现了公有制，劳动者成了国家的主人。作为主人，既不可能被出卖，也不可能被购买；他受教育时，不是学校的私有财产，他毕业后到某个部门、某个单位工作，也不是出卖给这个部门、这个单位。作为国家的主人，他在校时是学校的主人，到一个单位工作是那个单位的主人，既不是被出卖，也不是受雇于任何人。主人自己不能出卖自己，自己不能购买自己。所以，在今天建立社会主义市场经济的过程中，即使一般地承认了社会主义经济是商品经济，也仍然有人坚持认为，既然是社会主义公有制，劳动者已经成为生产资料的主人，自己当家做了主人，劳动力和各种专门人才自然不再是商品。因此，比较起来，在建立社会主义市场经济体制的过程中，资金、土地、技术等生产要素的商品性质的确认，遇到的阻力要小一些，而对于劳动力和专门人才的商品性质，很多人想不通，这种想不通，无疑在理论上给我国大学毕业生就业制度的改革制造了人为的障碍。

事实上，在社会主义经济中，劳动力和各种专门人才仍然是商品。这是因为，劳动力成为商品的两个条件（即劳动者可以自主地支配自己的劳动力；劳动者除了自己的劳动力外，一无所有，没有任何产品可以出卖）在社会主义市场经济中，仍然存在和起作用。

先从第一个条件来看，历史、现实和未来的趋势都明确地告诉我们，在社会主义社会的过去、现在以至将来很长一段时期，劳动力生产和再生产的费用，其中包括劳动者受教育的费用，主要还是由个人及其家庭负担，因此，劳动者所拥有的劳动力以及大学毕业生所拥有的知识、才能与技术必然在一定程度上

归个人所有，劳动者有权自主地支配自己的劳动力，大学毕业生也应有权自主支配自己所拥有的知识、才能与技术，有权自主选择职业。

再从第二个条件来看，在社会主义公有制经济中，尽管从理论上说，生产资料属于全体劳动者，但这个“全体”所包括的范围极其广泛，在我国便是12亿人。所以从这个角度上讲，在社会主义公有制经济中，虽然每个劳动者都是公有生产资料的所有者，并非“一无所有”。但是，他们的这种所有权不能单独地，而只有同其他一切人的所有权相结合，形成全民的公共所有权，才能有效地发挥作用。也就是说，作为单个的劳动者，他无论有多大的本领，都不能独立地支配全部或部分公有生产资料，也无法界定公有资料中究竟哪一部分应归他所有和支配，更不能凭借他拥有的那部分所有权去获取什么。因此，他仍然只能通过让渡自己的劳动力使用权向社会提供劳动，而不可能提供别的什么。劳动者这种“所有权”的两重性，是社会主义制度下劳动力和专门人才成为商品的重要条件，也是大学毕业生自主择业的重要依据。

事实证明，社会主义公有制与劳动力和专门人才成为商品是不矛盾的。当然，在传统的计划经济体制下，企事业单位不是独立的利益主体，没有用人自主权。劳动力的统包统配，又使大学毕业生实际上不享有择业自主权。企事业单位是国家的，劳动者是国家的，大学毕业生和各种专门人才也是国家的；代表国家的政府用指令性计划和行政手段把用人单位和毕业生捆在一起。在这种情况下，劳动力和各种专门人才既不能自主地支配自己的劳动力，又不能让渡自己劳动力的使用权，当然就更谈不上具有商品性质了。

在社会主义市场经济中，情况就不同了。市场经济体系是一个统一体，资金、技术、土地、劳动力等都要在全社会范围内通过市场进行流动，以形成各类资源的合理配置和充分利用，劳动力和各类专门人才并未作为特殊的例外，而是处于市场规律的作用之中。因而从运行的状况看，包括大学毕业生在内的劳动力和各种专门人才流动的方向、规模、速度、结构，势必要受到劳动力市场供与求两个方面的影响，政府不应当再像在传统体制中那样采取行政命令统包统配的办法横加干涉，而是要让用人单位和大学毕业生即劳动力市场中的需求和供给双方按照自愿原则自主选择、合理流动，让市场机制起到调配大学毕业生这种高素质劳动力资源的作用。随着市场经济的发育和发展壮大，市场机制对大学毕业生的供求的影响也越来越大。在这种情况下，如果我们在理论上还跳不出公有制经济中劳动力和专门人才不是商品的框框，不让大学毕业生通过劳动市场自主择业、合理流动，而是继续坚持统包统配的旧体制，全社会的市场经济体制是建立不起来的，进一步改革高等院校毕业生就业制度也就会成为一句空话。

然而，随着我国社会主义市场经济的迅速发展，近几年来，教育理论界面对劳动力市场作为社会主义市场体系的重要组成部分需要加紧培育和发展，面对着大学毕业生就业制度迫切需要改革的现实，而不承认劳动力和专门人才是商品的传统理论又制造了障碍，即用“劳务市场”这个词来代替劳动力市场的提法，但较之后者，劳务市场的范围要窄得多，层次也低得多。它一般是指城市中保姆、木工、裁缝、厨师、搬运工等服务性劳动的市场，用范围窄得多、层次低得多的劳务市场这个词来泛指人才、劳动力资源配置的广泛领域，虽然回避了理论争论的困扰，但终究不是解决问题的办法。尤其是在今天，党的十四届三中全会通过的《中共中央关于建立社会主义市场经济体制若干问题的决定》中已明确指出要“改革劳动制度，逐步形成劳动力市场”，并把它作为当前培育市场体系的重点之一。因此，我们更无必要在理论上去绕弯子，而必须面对中国今天的现实，大胆地扫除劳动力和专门人才不是商品的理论障碍，坚定不移地改革大学毕业生的就业制度，让大学毕业生通过劳动力市场自主择业，逐步形成用人单位和大学毕业生双向选择、合理流动的就业机制。

三、我国大学毕业生就业制度改革的现实障碍

如果说大学毕业生就业制度改革的理论障碍是劳动力和专门人才不是商品的理论，那么，它的现实障碍则是传统的国家作为用人主体和分配主体对毕业生的行政性限制和双方的非对等地位。

在传统的现实生活中，无条件服从国家分配，一切听从组织安排，是准备就业的大学毕业生和所有劳动者必须遵循的原则。当然，在现阶段我国的高等教育主要还是由国家投资办学，从讲求效益的角度来看，既然国家出了钱办学，政府主管部门就有责任讲求办学效益，毕业生就应服从国家的需要。但是从另一方面看，这种无条件服从国家分配的做法就使得毕业生实际上具有国家所有的性质，因而国家这个用人主体、分配主体就和毕业生处于一种非对等地位。这正是传统体制下我国大学毕业生实行统包统配就业制度的基础。在这个基础上，大学毕业生和各种专门人才的就业权无论掌握在政府哪一个部门手中，都不可能从根本上触及国家作为用人主体和分配主体的弊端，因为只要大学毕业生就业选择的决策权集中于政府部门，毕业生个人就难以从选择中获得适当的岗位，用人单位也很难从选择中得到合适的人才，这样，自然就难以在全社会实现人力资源的合理配置。所以，实行大学毕业生自主择业的就业制度，是对原来的劳动力和专门人才国家所有制以及统包统配制度的重大理论转变。承认大学生有自主择业的权力，国家就必须放弃用人主体和分配主体这一特殊身份，就不能再搞统包统配，而这又是一个很不容易的艰难转换过程，以至于一会儿对大学毕业生停止统配，一会儿又实行统配，其改革出现过不止一次的反复，是不足为怪的。这表明要解除对大学毕业生实行统包统配这种旧体制的桎梏是

十分艰难的。

在现实生活中，建立在无条件服从国家分配基础上的统包统配制度所付出的代价，是使毕业生和各种专门人才丧失自主选择职业和认为可以发挥作用的单位的决策权，与此同时也使用人单位丧失了根据需要自主选择专业人员的决策权，造成一次分配定终身和人才归部门所有的局面。所谓人才归部门所有，不仅仅是将大学毕业生个人择业决策权交给了所工作的单位，而且和住房、福利及其整个一生的生活，甚至包括将来子女的入托、上学、就业等都联系了起来，使得个人归属于工作的单位。大学毕业生在选择职业方面不能自主决策，只能听从事实给予的安排，这样就在各个人之间形成了不均等的机会。而机会的不均等，又驱使毕业生们转而要求在就业保障、工资、福利待遇等方面的均等。统包统配的结果必然是既然大学毕业生从事什么职业岗位以及在哪个单位工作都由组织决定，那么组织就得保证毕业生人人都能就业，人人都有一个单位和岗位，并且要保证不同单位和职业岗位有大体平均的收入和不相上下的福利待遇。在这种情况下，大学毕业生端的是“铁饭碗”，吃的是“大锅饭”，既没有失业的威胁，又不用为工资收入和福利待遇发愁。这样，学习纪律松弛，劳动积极性下降，劳动生产率低下，懒惰之风蔓延，便成为必然。因为当个人失掉选择就业机会的权利之后，当竞争显得多余，当个人的学习、劳动与个人的就业、所获得的经济报酬、所享受的福利待遇并无直接联系时，就必然会使个人对学习、劳动的兴趣和热情减退，使得伦理道德激励和物质激励出现效率递减的趋势。为什么“六十分万岁”的口号能在高等学校风靡一时呢？为什么不少大学生会由勤变懒呢？对于这些令人百思不得其解的疑难问题，看来只有从大学毕业生个人自由择业受到限制中去寻找。

因此，从改革的要求看，国家作为用人主体和分配主体以及与之相适应的大学毕业生统包统配制度是非改革不可了。而要改革就只能继续向市场经济迈进，让大学毕业生通过劳动力市场自主择业。只有在这种情况下，才能克服上述弊端。一是通过劳动力市场自主择业，使用人单位和毕业生都有选择的自由。用人单位具有用人自主权，就可以解决人浮于事的问题。毕业生具有择业自主权就可以解决学非所用的问题，就可以各得其所。二是通过劳动力市场自主择业，就能真正引入竞争机制，使大学生感受到失业的威胁，迫使他们珍惜时间，勤奋学习，努力掌握科学文化知识，争取获得较好的工作岗位，这样就能提高学习的积极性，使整个学风乃至社会风气发生变化。三是通过劳动力市场自主择业，就能让毕业生的工资水平由市场机制来调节，每个人的劳动报酬由市场来评判，实行“优质优价”，这样就能拉开大学毕业生工资分配的档次，打破“大锅饭”，切实贯彻按劳分配原则。所以，实行大学毕业生自主择业的新的就业制度对整个教育和社会经济发展是有益处的。但是，由此要转变政府在大学毕业生分配方面的职能，要削弱政府劳动人事部门的权力，这是很不容易的。目前，从总体上来看，大学毕业生个人仍没有真正实现择业自主权，用人单位仍没有实现用人自主权，各种专门人才仍很难自由流动，其症结都在于没有打破大学毕业生统包统配这个旧体制，即由国家统一招生和给用人单位统一分配毕业生，由国家给毕业生规定工资水平和福利标准。而作为大学毕业生需求方的用人单位，作为供给方的大学毕业生本人，都处于无权的被动地位，这怎么能把高素质的人力资源配置好呢？在这种状况下如何去谈论大学毕业生就业制度的改革呢？这正是现实的障碍，只有克服了这一障碍，才能逐步形成大学毕业生通过劳动力市场自主择业的就业机制。

四、加快我国大学毕业生就业制度改革的主要对策

要真正克服我国大学毕业生就业制度改革过程中所遇到的理论障碍和现实障碍，加快改革步伐，不仅涉及人们观念的转变，而且需要对有关政策进行调整。因此，这种改革不是一蹴而就的事情，必须采取一系列相应的对策。

(1) 转变劳动力和专门人才非商品属性的观念，树立劳动力和专门人才商品属性的观念。克服大学毕业生就业制度改革过程中所遇到的理论和现实障碍，建立和健全劳动力的市场配置和流动机制，无疑意味着要赋予劳动力和专门人才以商品的属性。不如此，在理论上将很难使社会主义市场经济一以贯之。难道可以说，在社会主义市场体系中，资金、技术、生产资料等要素是商品，由市场配置，而劳动力和专门人才虽然也可以由市场配置，却不具有商品的属性吗？或者说其他要素由市场配置，而劳动力和专门人才由于不具有商品的形式而由计划配置吗？这不仅在理论上不通，在逻辑上也不通。这种理论逻辑上的矛盾，不仅会影响大学毕业生就业制度的改革，而且会影响我国劳动力市场的发育和健全。这里的道理很简单，即如果不承认劳动力和专门人才是商品，那么劳动力市场交换关系、交换场所也就失去了真实意义。所以，转变观念，明确劳动力和专门人才是商品，是建立和健全劳动力市场，克服大学毕业生就业制度改革过程中所遇到的种种障碍，让大学毕业生通过劳动力市场自主择业的关键选择。

(2) 废除大学毕业生统包统配的分配制度，实现用人和就业主体的转换。为了使毕业生自主择业得以实现，供求双方必须具有充分的择业和用人的权利，因此，赋予用人单位和大学毕业生以充分的自主权，还原其在用人和就业中的主体地位，是大学毕业生实现自主择业的基本前提。从这个意义上讲，改革大学毕业生分配制度与实现用人和就业主体的转换是同一事物的两个方面。长期的统包统配，还使大学毕业生事实上形成了对国家的某种依附，成为所谓“国家计划内或国家包分配的毕业生”，并由此派生出多种多样的身份界限，如由用

人单位出资培养的委培生、自谋出路的自费生等。这不仅造成招生工作和学校管理的混乱，影响学生之间的团结，而且严重阻碍了劳动力的市场配置和流动。大学毕业生就业制度改革的任务之一，就是要通过毕业生的自主择业，打破“计划内”和“计划外”的界限，拆除“公费生”、“委培生”和“自费生”的“身份”障碍，为大学毕业生的市场配置和自由流动打开通道。

(3) 改革工资制度，强化大学毕业生的市场调节机制。作为一种市场行为，大学毕业生的就业和流动应当是在一定经济利益的引导、驱动、调节下进行的。如果说价格是市场机制的关键，那么工资就是大学毕业生市场调节的核心。在传统体制下，工资对大学毕业生的就业和流动基本上不起作用。现在情况已经起了变化。在一些经济发达地区，在乡镇、“三资”企业和私营企业中，普遍实行的是“议价工资”，用高薪“挖”人才，已成为这些地区和单位常用的手段。部分地区和单位对人才的这种自由“价格”，不能不对传统的统包统配和国家“定价”的旧体制产生巨大冲击。这是当前一些地区和单位出现职工积极性衰退和人才外流现象的一个重要原因。要将大学毕业生的工资分配由国家“定价”转到自由“价格”上来，需逐步减少直至取消国家对用人单位，尤其是企业工资分配的直接干预，使用人单位能够根据本单位和毕业生的实际情况自主、灵活地确定和调整其工资水平。工资作为劳动力市场交换的“价格”，不仅要体现用人单位的经济效益、个人劳动业绩和劳动贡献，还应当反映不同毕业生的素质、能力和水平，反映劳动力市场的供求关系，使其真正能在大学毕业生的就业和流动中发挥重要的调节作用。只有这样，毕业生才能“自由”地选择自已所喜欢的单位和工作，作为用人单位的需求者才能选择到自己所需要的毕业生。

(4) 大力发展职业介绍机构，建立人才市场网络。各种职业介绍机构是劳动力市场的中介，是大学毕业生及其他各类劳动力就业服务体系的主体。当前，在改革大学毕业生就业制度上最为紧迫的，就是撤销现有从中央到地方直至高等学校的毕业生分配和其他专业人员调配机构，普遍建立职业介绍所，负责收集、储存、提供和交流人才供求信息。各个高等学校每年将其毕业生的数量、专业提供给职业介绍机构，所有的毕业生亦应在职业介绍机构登记注册。与此同时，社会各部门和用人单位也应向职业介绍机构提出需要各种专业人才的数量、质量、规格等要求以及本部门本单位的现状、发展方向、工资待遇等。这样，供需双方可取得直接信息。对毕业生来讲，通过职业介绍机构了解用人单位的需求、录用条件和工资待遇等，可以选择理想的工作单位；对用人单位来讲，通过职业介绍机构了解毕业生的专业、数量等方面的信息，也可录用到所需人才。

高等教育大众化面临的问题及对策[①]

【内容摘要】当前我国的高等教育正在朝着大众化的方向发展，但面临的问题不少。这些问题归纳起来主要包括三个方面，即投资保障、质量保证和大学毕业生的就业问题等。本文从理论与实践相结合的角度对此进行了探讨，提出了解决问题的对策和措施。

【关键词】高等教育　大众化　问题　对策

面对21世纪国际经济科技日趋激烈的竞争和我国广大人民群众日益增长的高等教育需求，1999年春党中央、国务院决定进一步扩大高等教育规模，使我国高等教育的毛入学率到2010年达到15%左右。近两年来，高校招生规模经历了一个飞跃过程。据统计，目前北京、上海、江苏、浙江、天津等地的毛入学率已经达到或超过15%，这意味着我国的高等教育正在朝着大众化的方向发展。高等教育大众化能较好地满足广大考生和家长对接受高等教育的需求，缓解升学和就业的压力，促进高等教育自身改革的力度，并且还能扩大消费，拉动内需，促进经济持续增长。但与此同时，我们应当清醒地看到，高等教育大众化还面临着许多问题亟须解决，如钱从哪里来，质量如何保证，大学毕业生的就业问题如何解决等。这些问题已引起了全社会的密切关注，如果处理不好，不仅会影响高等教育大众化的进程，而且会引发新的社会问题。本文试图从理论与实践相结合的角度就此谈谈看法。

一、钱从哪里来

高等教育大众化面临的首要问题就是投资保障问题，也即是钱的问题。这是因为，不管承认与否，教育总是一种花钱的事业。教育要发展，最根本的物质保证是教育投资，换言之，要谋求教育的发展，则必须有充裕的教育经费予

① 本文是作者在2000年11月在武汉举行的“全国高等教育发展战略研讨会”上的发言，《全国高等教育发展战略研讨会论文集》全文收录（武汉出版社2001年4月版），中国人民大学复印报刊资料《高等教育》2001年第9期全文转载。

以支持。二者之间的关系，正如美国教育行政专家罗森庭格所言："学校经费如同教育的脊椎。"① 高等教育大众化，更需要有充裕的经费作保证，因为"在任何社会，高等教育都是一种专门性的、高代价的活动"②。就我国而言，培养一个大学生所需的人力资本投资是小学生的17.9倍，硕士生是小学生的28.5倍，博士生是小学生的42.8倍③，而对某些高精尖专业投入可能会更高。但是，相对于需求来讲，教育投资总是短缺的，特别是在目前我国经济发展水平仍然较低的情况下，高等教育大众化势必会遇到投资障碍。要解决高等教育大众化面临的投资障碍问题，关键是要建立合理的教育成本分担机制。成本分担最早是美国加利福尼亚州在20世纪60年代制定高等教育发展规划时曾经使用过的一个术语，但是当时并没有在加州以外产生太大的影响。20世纪70年代初，美国当代著名教育经济学家布鲁斯·约翰斯通从高等教育成本构成的视角，要求未承担高等教育直接成本，或者承担不足的社会群体增加成本分担份额，并在此原则基础上确定公平有效的大学生资助政策。随着约翰斯通的研究成果在国际学术界的传播，也随着各国教育规模的扩大与教育投入不足矛盾的日益尖锐，"教育成本分担"已成为各国政府重构教育投资政策和解决高等教育大众化面临的投资障碍问题的一项重要的原则。

所谓教育成本分担，是指教育经费由谁支付，如何支付的问题，即教育成本如何在个人家庭、企业团体和政府等社会各方之间合理分担并最终实现的问题。随着知识经济的崛起和高等教育大众化进程的加快，教育投资生产观的日益深入人心，个人投资教育的收益日益丰厚，教育完全由政府当作一种福利来举办，既不合理，而且在日益膨胀的教育需求面前也不太可能。同时，随着居民收入水平的提高和独生子女政策的实施，居民对投资教育的意愿也日益加强。这就使教育成本的分担既有客观的必然性，又有现实的可能性。

首先，应合理确定学生及家庭分担高等教育成本的比例。从总体上看，高等教育可视为一种收益内在化的"私人产品或服务"，而且这种服务能给学生带来一定的预期收入和各种非货币性满足，那么从权益与义务对等这一公平角度看，个人应负担部分高等教育投资，或者说，学生个人原则上至少应按教育的成本价格交纳部分学费。我国高校收费制度经过几年的改革，目前已初步形成高等教育经常性成本分担的机制，学生缴纳的学杂费占经常性成本的比例接近25%～30%，达到了世界大多数国家公立高校学生家庭经常性教育成本的分担

① 转引自蔡保田：《当前我国国民小学教育经费的实际问题》，载台湾《政治大学学报》1970年第23期。

② ［美］西奥多·W·舒尔茨：《论人力资本投资》，北京经济学院出版社1990年版，第10页。

③ 参见周天勇：《劳动与经济增长》，上海三联书店、上海人民出版社1994年版，第253页。

水平。今后，随着我国国民收入水平的稳步提高，虽然仍可适当增加高等学校生均学杂费占教育经常费的比例，但是考虑到目前大多数学生家庭负担能力的限度，预计未来一段时间这一成本分担比例的上升空间不会太大。

其次，政府仍应是高等教育成本的主要分担者。高等教育尽管从总体上可视为一种收益内在化的“私人产品或服务”，但它的外部效应十分显著，因此仍然可视为公共产品。受过高等教育的人，其文化素质、专业技能与没有受过高等教育的人相比都有显著提高，因而这些人对于社会民主的弘扬、社会道德的净化以及社会生产率的提高都会产生巨大的作用。因此，高等教育对于社会的外部效应是巨大的，作为这种收益代表的政府，自然应补偿其成本，加大对高等教育的投入。

当然，我们说应加大政府对高等教育的投入，并不意味着政府对所有的高等院校一律要增加投入，而是应对高等院校——教育投资的直接运用者区别对待，采取一种“分类”区别投资管理的体制，即高等院校的创办与管理可由中央政府、地方政府、企业及私人分别承担进行。其中，中央政府主要管理并重点投资那些教学与科研力量雄厚、水平较高且在整个社会经济发展中具有举足轻重的院校，以保证这些代表着一个国家高等教育发展水平的重点院校能够健康稳定地发展，并保证国家和社会的一些特殊需要及重点需要能得到有效的满足；其他大多数院校，则由地方政府、公司企业及私人根据各地区及社会的需要与可能分别进行投资与管理。与此同时，还应把所有的院校按投资来源划分为三种类型：一类是公益性（公立）院校，其投资主要由政府承担并由政府直接管理；另一类是半公益性院校，其投资主要由政府、公司企业和个人共同承担，但政府投资应占较大比重；还有一类是非公益性（私立）院校，其投资主要由个人承担，政府只提供少量甚至不提供补助。其中，除了公立院校主要由政府直接管理外，其他大多数院校主要由院校自主管理，由院校自主决定教育投资的使用以及专业的设置等，以适应经济社会发展的需要。在现阶段，比较适合我国国情、切实有效地发展高等教育的重要途径是，鼓励普通高校整合民间教育资源创办“国有民办”二级学院，实行“一校两制”，以充分发挥普通高校在设备、师资上的优势。这比新建一所高校投资少、见效快、质量高、受欢迎，反过来还会促进普通高校的改革与发展。

再次，企业也应负担和补偿部分高等教育成本。企业是教育成果的主要摘取者和教育投资的主要受益者。因此，从利益获得原则出发，企业也应参与高等教育投资的分担与补偿。这种补偿可以通过直接创办和管理高等院校，向学校提供捐赠或研究、培训费用，以及向学生提供资助等途径来进行。依据西方一些发达国家的经验，由公司企业出资兴办各种高等职业教育院校和培训中心，不仅可以根据自身需要培养各种人才，而且是使高等教育朝着大众化、普及化方向发展的一条重要途径。如美国有1000多家大公司和大企业都办有自己的大学，其中有多所企业办的大学还具有博士学位授予权。我国也有企业办大学(尤其是成人高校）的历史。这些高校不仅积累了相当可观的教育资源，而且在职业技术教育方面有其独特的优势。但是，由于长期以来受到高等教育办学体制和办学形式以及限制招生规模的影响，许多资源被闲置甚至流失。有些企业、行业办的职工大学囿于为本企业、行业培养人才，规模小，效益低，教育资源严重浪费，不少学校在企业、行业“减员增效”的过程中被停办，资源被企业、行业置换，甚至流失；绝大多数行业、企业办的职工大学由于招生受到限制，现有资源利用不足。因此，应鼓励通过合并、改制等形式，对企业成人高等教育资源进行重组优化配置。如选择办学基础较好和有学科、专业、教学特长的职工大学，在仍保持企业、行业培训功能的同时采取互相合并，与普通高校合并或改制，达到标准与要求的可升格为本科院校，以吸引和鼓励行业、企业参与共建重组；再如将一部分职工大学改制成为普通高等学校的二级学院，在管理体制上实行一校两制，原由企业单位举办的学校，其人、财、物和基本建设继续由举办单位负责和管理；还可将一部分职工大学改制成为民办大学，按民办高等学校的管理体制和办学体制运作。此外，随着高等教育体制改革的进一步深化，对那些应用性、工艺性和单科性的高等院校可交给大的公司、企业集团创办和管理，由公司企业根据各自的实际情况进行投资经营和管理，既可以为本行业、本公司和企业的发展培养所需人才，还能缓解高等教育大众化与投资保障的矛盾。

最后，大胆运用创新的筹资手段进行教育融资。实现高等教育大众化，除了继续加大政府财政投入，增加个人家庭成本分担的比重，鼓励企业创办和管理高等学校外，还要大胆运用创新的筹资手段。为此，一是应加大发行教育国债的力度。比如为配合高校扩招的需求，1999年中央决定向高等学校投放14.7亿元的长期国债，要求地方、部门、学权配套投入约37亿元，用于学校教学和生活设施建设，充分发挥了政府有限资金的扩张效应①。二是改进目前政府对高等学校基本建设投入模式，采用高等学校建设性投入“拨款和贷款相结合”或者允许用政府贴息办法，吸引银行资本加快高校基础设施建设步伐，用于鼓励有生源、有就业市场的高等教育机构利用银行贷款改造或扩建教育的基础设施。三是积极吸纳社会资金，加快学生宿舍建设和高校后勤社会化的进程。四是可试行通过资本市场进行教育融资，使社会上各种闲散资金投向具有高成长性的教育产业，这样做不仅能弥补银行单一融资形式的资金短缺与局限，而且能从多方面推进高等教育大众化的进程。五是大力支持与规范高等学校基于

① 参见董洪量：《高校扩招：民所愿国所需》，载《人民日报》1999年9月11日。

知识生产与技术创新的企业化行为，这样不但能部分弥补高等教育大众化所导致的资金缺口，还有利于增强我国经济的科技创新能力和国际竞争能力。

总之，要较好地解决高等教育大众化所面临的投资障碍问题，关键是必须通过改革，进一步建立并完善教育成本分担机制，加快实现办学主体和投资主体的多元化。

二、质量如何保证

高等教育大众化面临的第二个问题，是质量如何保证的问题。质量是办学的生命线，保证办学质量就是保证学生的就业率和学校的声誉，牺牲质量的数量是无效益的数量，牺牲质量的大众化是一种虚假的大众化。前几年，国家教育主管部门在处理这个问题时的做法是对低于国家规定标准的学校给予“红”、“黄”牌警告和教学工作评估。近年来，随着高等教育大众化的呼声与日俱增，特别是高校的大规模扩招，使得一些学校不顾现有专业、师资、设备条件的缺位与不足，直接在新批的专业上扩招新生，甚至有的教师从没有教过新专业，有的课程如讲座，几百人一起上，对于保证学生质量存在着严重的隐患。因此，高等教育大众化，质量问题已引起社会的担忧。

要解决高等教育大众化与教育质量提高的矛盾，涉及的问题很多，但核心是要建立一支结构优化、素质良好、富有活力的高水平教师队伍，因为大学者，非大楼也，乃大师也。大学之所以大，主要是靠大师、名师来支撑。名师是学校的一块金字招牌，是教学质量的保证。从历史上看，有些学校之所以教学质量高，主要是聚集了一批优秀杰出人才，有些学校之所以成为一流，是有一批造诣精深的知名专家、教授、大师。换言之，没有一支高水平的教师队伍，任何学科都难以创造辉煌，任何学校都难以成为一流，任何想提高教育教学质量的举措也都是无效的。从目前高等学校教师队伍的现状来看，高水平的学科带头人普遍紧缺，骨干教师新老交替形势严峻，高水平的主讲教师为数不多，年龄偏大，青年教师中不安心于教学工作的现象还较普遍。此外，由于教师职称评定的“终身制”与教师隶属的学校所有制未得到根本上突破，缺乏激励竞争机制，整个教师队伍显得活力不够，尤其是影响了中青年教师的进取心和工作积极性。

现有教师队伍中存在的问题，若不加以解决，必将产生高等教育大众化和质量提高的需求与教师整体素质不高的矛盾，因此，必须采取积极措施，促进高校教师队伍建设。

第一，应提高教师职业准入的门槛，规定教师岗位职务任期的聘用年限和年龄要求。今后重点高校教师原则上应具有博士学位，一般高校教师最低需具有硕士学位。教师岗位职务实行聘用任期制，可规定二年一聘或三年一聘，任期满后，重新考核后决定续聘与否；主要学术岗位规定不同职级聘用年龄要求，如一般 40 岁以上不再聘任中级职称岗位，55 岁以上不再聘任副高职称岗位。

第二，教师职称评定开放，聘用岗位数则按学校、学科的学术水平和规模设置。教师职称评定可根据教师达到教学和学术研究水平按标准评定，一般不作硬性比例规定，并适当放宽对教龄最低年限要求。评定后作为聘用的必要资格，这既有利于激励青年人才脱颖而出，也有利于学校在更大范围选用人才，及早完成骨干教师新老交替。按学校、学科的学术水平和发展规模的需要，不同学校、不同学科的高级职称教师岗位数可以有较大差别，以利于高水平学科人才群落的形成。

第三，改革原有教师与学校的终身隶属关系和囿于学校内选聘教师的惯例。一流大学与重点学科带头人的选聘视野应扩展到国际范围，吸引一批能够领导本学科达到国际先进水平的优秀人才；一批高水平的教学研究型大学的教授选聘应在全国范围内进行，按照“选到一个聘任一个”的原则，学校给予重点资助，他们可以在国家政策允许的范围内享有人员聘用和经费使用的自主权，从而希望他们能够领导本学科进入国际国内先进水平；一般高校也应鼓励教师在地区间、学校间互聘，以逐步破除教师身份的学校所有制，形成良性互动的教师合理配置的机制，实现教师资源的合理配置，激活教师队伍。

第四，强化教师考核制度，落实以绩效为中心的分配制度。教师考核不仅要注重工作量，更要注重工作绩效。教师的考核既要重视科研工作的考核，也要重视教学工作在整个教师绩效考核中的分量，对教学工作量大、教学效果好的教师在评聘职称和收入分配中应体现其贡献。教师收入分配，应与评定职称级别逐步脱钩，强化岗位，淡化身份，突出重点，鼓励冒尖，严格考核，注重实绩，优劳优酬，优质优价，拉开差距。在同一职级岗位上，工资收入可设一定弹性幅度，根据岗位要求的完成情况予以分配，不同职级工资可有一定交错，低职级教师如工作出色，收入可以超过表现平平的高职级教师，以激励各级岗位教师的工作进取心。

第五，建立首席教授或特聘教授的任期目标制度，加速形成一批高水平的学科带头人。通过设置学科首席教授或特聘教授，以任期目标形式指标竞标遴选才俊。实行首席教授年薪制，并在工作条件和经费上给予重点配置。学科带头人在人员聘用、经费使用方面享有更高的自主权，促进一批重点学科在其前沿领域赶超国际先进水平，同时也带动高校学术梯队和中年骨干教师队伍的建设。

第六，建立国内和国际访问学者制度。建立国内访问学者制度的主要措施是实行国家重点实验室和开放实验室访问学者制度，国家设立专项基金用于实验室的业务费用，实现重点学科的开放效益，目的在于提高师资队伍的整体水平；国际访问学者制度的主要措施是加强国际学术交流，尤其是注重高层学术骨干之间的交流，如选拔大学系主任和研究所、实验室骨干作为高级访问学者，邀请世界一流大学的教授来国内讲学或任客座教授等，力求提高我国高等学校的教学质量和科研水平。

当然，以上举措仅是抛砖之语，还需从多方面对现行的高校教学进行改革，尤其在教学的思想观念上，应引起高校教师们的高度重视，进而从根本上提升高校的教学质量和解决高等教育大众化所引起的质量保证问题。

三、大学毕业生的就业问题如何解决

高等教育大众化面临的第三个问题是大学毕业生的就业问题如何解决。就业问题不仅是一个经济问题，也是一个敏感的政治问题和社会问题，大学毕业生的就业问题尤其如此。近几年，在我国高校集中的一些大城市已经出现高校毕业生“就业难”的现象，并引起了社会各界的广泛关注和忧虑。高等教育大众化势必带来高校毕业生就业人数剧增，处理不好就会造成大学毕业生失业率的增加，引发新的社会问题。

要解决高等教育大众化所带来的大学毕业生就业问题，涉及社会的方方面面，既有个人家庭就业观念的转变问题，也有学校的人才培养如何适应劳动就业市场的需要问题，还有政府如何营造有关大学毕业生就业的政策环境以及社会用人单位如何提供良好的用人环境等问题，是一个系统工程。具体而言：

第一，大学毕业生个人及其家庭应树立正确的职业观和择业观。职业是社会分工的产物，离开社会就没有职业可言。不可否认的是，在社会各种职业间是存在着差别的，诸如经济收入的多少、劳动条件的好坏、地理位置的优劣、知识构成的繁简、操作技能的难易，等等。这些差别反映在人们的头脑中，必然会形成他们对职业之优劣的认识和评价，并由此产生或喜或恶之情感。比如，目前我国一些大城市出现的高校毕业生“就业难”的现象，并不是单纯的“供过于求”的矛盾，更多的是毕业生就业期望值升高，追求高薪、高待遇、岗位高层次和大城市，而对县以下的基层机构、国有中小企业、民营科技企业、艰苦行业、西部地区等愿意去的少。因此，如果就业的内涵只是大城市的“国家机关”、“科研院所”、“高薪企业”，只愿去当“白领阶层”，这种“学而优则仕”、“学而优则城”的传统观念将使大学毕业生全部滞留在城市，不仅会直接制约高等教育大众化的进程，而且会由于毕业生分不出去，影响他们自身价值的实现。所以，大学毕业生必须摒弃旧的就业观，树立新的择业观，认识到各行各业都是社会物质生产或精神生产这个总体系的一个部分，不能仅仅考虑主观的个体需要，更要考虑客观的社会需要。一个大学生如果没有树立起正确的职业观和择业观，其他方面的素质再好，也很难正确对待职业选择问题，特别是在像我们这样经济文化还不太发达的国家里，职业选择问题显得更为突出。这是由于目前社会生产力发展水平的限制，社会还不能向每个人提供自主选择职业的条件，满足择业的愿望，即每个人还不能做到自主自由地选择职业。大学毕业生如果就业观念陈旧，就业空间就会十分狭窄，就业问题的解决就会非常困难；转变观念，就会寻找到广阔的就业空间，就业问题解决起来就较容易一些。

第二，高校应将毕业生就业率的高低作为衡量学校办学水平的重要指标之一，不断提高办学质量，努力培养社会急需的各种高水平建设人才。为此，在教育模式上，应真正把学生全面素质培养尤其是创造力的培养放到重要位置上，学校要适应学生就业需求，形成有特色的培养方案，提供多样化的学制和多种培养方向，并应根据劳动力市场的发展变化，不断更新教育内容和调整专业方向。在学科结构的设计上，应考虑帮助学生建立合理的知识结构，注意培养复合型人才。为此，应进一步完善学分制，加强主、副修制，适当增加选修课，减少必修课。可以多培养一些双学位学生，即在学完第一本科的基础上，再学习第二本科，取得双学士学位，学制为 6 年左右。还可以发展双专科，即在学完第一专科的基础上，再学习第二专科，取得双专科的文凭，学制 4 年左右。这些都有助于帮助学生建立合理的知识结构，以适应当代科学技术高度分化、高度综合对从业人员知识技术的要求，从而顺利地就业。在专业设置上，应适当减少专业数量和专业知识的课程，扩大专业知识面和加大基础知识的课程，努力把学生培养成既精通本行业务，又具有广泛基础知识的人才，以适应长期广泛地就业，进行技术革新和继续进修的需要。在课程设置上，既要增加学生择业教育的内容，更要加强学生自主创业教育的内容，包括择业观的教育，以及基本的金融、财会、管理、法律等知识教育和技能培训，同时应贯彻以教会学生学习为主的原则，以便他们将来走上工作岗位后，能通过自己的学习探索，不断掌握新的科学知识，以适应经济发展和劳动就业不断变化的需要。

第三，政府应积极营造健康的大学毕业生就业政策环境，要把大众化的高等教育作为终身教育的组成部分或者是基础部分。为此，一是在制度上，政府应创造条件充许学校实行弹性学习制度，允许学生中途就业，边工作边学习等分阶段完成学业；允许普通高校招收成人高校、社区学院、高等职业技术学院低年级学生或以其他形成完成基础学业的学生；允许各类高校毕业生暂缓就业，继续选择原学专业以外的专业学习或接受职业技术培训；二是在政策上，要营造鼓励学生自主创业的政策环境，借鉴一些国家的做法，对自主创业的毕业生采取小额贴息贷款，设立风险基金参与投入等激励机制，同时要积极鼓励毕业生走向西部地区、艰苦行业以及县级以下的基层机构和国有中小型企业，对这部分毕业生可采取小额贴息贷款，实行经费补贴等配套措施；三是在具体操作上，除了应对毕业生进行思想教育与就业指导外，在大学毕业生就业矛盾比较突出的时候可采取过渡性就业的方法，即对一时未落实就业单位的学生，可由政府牵线搭桥，学生自我选择，通过签订短期或临时合同的方式，到一些行业先进、技术领先的大型企业或社会公益性机构从事临时工作。

第四，社会用人单位应提供良好的用人环境。高等教育实现大众化，大学毕业生能否顺利就业，与社会用人单位的用人环境密切相关。这是因为高等教育不同于以传授普通基础知识为主的初、中等教育，它是为整个社会经济活动直接服务的，是为了给社会培养和输送不同类型的高层次专门人才，也即是舒尔茨所讲的“高等教育这种人力资本投资是为了迎合由于经济增长而造成的需求”①。所以，高等教育所培养的各种人才主要不是为自身服务的，而是为社会用人单位服务的，用人单位能否提供良好的用人环境，对大学毕业生就业问题的解决起着至关重要的作用。那么，用人单位怎样才能提供这种环境呢？首先，必须改革用人制度，合理使用人才。所有用人单位都应根据市场需求、岗位需要与大学毕业生按照国家有关法律、法规，在平等自愿、协商一致基础上，通过签订聘用合同，确定单位和个人的人事关系，明确单位和个人的权利和义务，从而实现用人上的公开、公平、公正，促进单位的自主用人，保障毕业生自主择业，进而实现单位的人事管理向岗位管理转变，由单纯行政管理向法制管理转变，由行政依附关系向平等人事主体转变，由国家用人向单位用人转变，真正做到择优录用，用在关键岗位上，形成一种“学而优则俏”的环境。其次，必须改革收入分配制度，实行人才的“优质优价”。知识经济时代，知识、智力是致富的源泉，要实现一流人才、一流岗位、一流业绩、一流的报酬，从而使高等教育大众化的个人高成本在社会得以补偿，个人价值真正得以实现。要贯彻按劳分配和按生产要素分配相结合、效率优先、兼顾公平的分配原则，扩大各单位内部分配的自主权，逐步建立重贡献、重实绩，向优秀人才和关键岗位倾斜，形式多样、自主灵活的分配激励机制。对有重大科技发明、贡献突出的人才，实行重奖；对到艰苦边远地区或在特殊岗位工作的人才，在工资待遇上给予优惠政策，从而充分发挥工资政策的导向作用，为大学毕业生的就业创造良好的制度环境。

总之，如果上述这些观念性、结构性、政策性、制度性问题得到较好的解决，加之经济的发展将会带来人才需求的增长，就会形成经济和教育的良性互动关系，总体上高等教育大众化就不会引发大学毕业生严重的就业问题。

---

① ［美］西奥多·W·舒尔茨：《论人力资本投资》，北京经济学院出版社1990年版，第10页。

税费改革后农村义务教育面临的问题及对策①

【内容摘要】本文就税费改革后我国农村，尤其是中西部地区农村义务教育面临的问题进行了探讨，分析了问题的成因，并就如何从体制上保证农村义务教育的投入，巩固农村税费改革成果，保证我国农村义务教育的顺利实施，提出了相应的对策，即在农村义务教育管理在由乡镇为主转为以县为主的基础上，构建起“国家办学、分类承担”的农村义务教育管理体制和财政体制。

【关键词】税费改革　农村义务教育　问题　对策

我国农村税费改革是20世纪90年代开始酝酿，于2000年开始在安徽省和其他省份的部分县市进行试点的，2002年试点省份扩大到20个，2003年在全国全面推开。税费改革的出发点是调整国家、集体与农民的利益分配关系，目的在于切实减轻农民的过重负担，维护农民的利益，是党和政府对国家、集体与农民三方面利益关系的又一次调整与重构。这项改革在规范税费、稳定税率、减轻农民负担的同时，不可避免地对农村教育，尤其是义务教育产生了广泛深刻的影响。这些影响和变化主要表现在：将义务教育的主要责任上提到县级政府，乡镇教师工资上收县级发放，在公用经费、校舍改造等方面作了比较明确的责任划分。税费改革后，中央和地方财政专门安排转移支付资金，以弥补因税费改革、收入减少造成的基层财政运转困难，同时进一步明确了县乡分配关系。这些措施在一定程度上保证了农村义务教育经费，缓解了部分困难县乡的财政压力。由于农村税费改革的根本目的是减轻农民负担，理顺分配关系，作为配套改革措施之一的农村义务教育改革，必然也会受到减负的影响，特别是对于中西部一些本来就比较困难的县乡镇来说，这种影响会更为突出。因此，如何从体制上保证农村义务教育的投入，巩固农村税费改革成果，防止农民负担反弹，成为中国内地当前迫切需要解决的一个突出问题。本文就税费改革后我国农村，尤其是中西部地区农村义务教育面临的问题进行了探讨，分析问题

① 本文为“十五”国家社科基金《我国教育经济学面临的若干重大理论与实践问题研究》的阶段性成果之一，发表于《华中师范大学学报》（人文社会科学版）2004年第6期，《高等学校文科学术文摘》2005年第2期、中国人民大学复印报刊资料《中小学教育》2005年第3期分别全文转载。

的成因，并就如何从体制上保证农村义务教育的投入，巩固农村税费改革成果，保证我国农村义务教育的顺利实施，提出相应的对策，即在农村义务教育管理在由乡镇为主转为以县为主的基础上，构建起“国家办学、分类承担”的农村义务教育管理体制和财政体制。

一、税费改革后农村义务教育面临的主要问题

农村税费改革是新形势下对国家、集体和个人分配关系进行调整的重大举措。这项改革不仅给农村教育投入带来新的变化，并且使农村“两基”多年来因投入不足而累积的矛盾凸显出来，农村教育特别是义务教育面临严峻的挑战。

（一）农村义务教育供需矛盾更加突出

农村义务教育在整个国民教育体系中占有举足轻重的地位。办好农村义务教育，对于造就数以亿计的高素质劳动者、数以千万计的专门人才和一大批拔尖创新人才，把沉重的人口负担转化为巨大的人力资源，为国民经济增长积累后劲，其重要性是不言而喻的。然而，要使农村适龄儿童均能受到良好的义务教育，必须有一定的经费作保障。与非义务教育相比，义务教育量多面广，需要更多的合格教师，更多的办学设施和教学设备，更多的经费投入。所以，必要的经费投入是保证农村义务教育顺利发展必不可少的前提条件。

税费改革以前，农村义务教育费用实行的是多渠道筹集的方针，即实施义务教育所需的事业费和基本建设投资，由国务院和地方各级人民政府负责筹措；地方各级人民政府按国务院规定，在城乡征收教育事业费附加，主要用于实施义务教育；义务教育所需的基本建设投资，采取地方拨款、群众捐资相结合的办法筹集，其中农村中小学的校舍投资，以乡、村自筹为主；中央只负责对经济困难的地区予以适当补助等。同时，允许中、小学校收取一定的杂费，其中，教育费附加、教育集资和学杂费收入几乎占农村义务教育经费来源的50%。而在税费改革后，农村教育费附加和教育集资被取消，学杂费收取标准也重新进行了规范，由此形成的资金缺口由中央和各省安排的税费改革转移支付资金弥补。但这项收入的数额在一定时期内相对固定，而农村义务教育却有增长的法定要求，且要快于财政支出的增长速度。在这种情况下，农村义务教育经费的供需矛盾就更加突出。据山东省统计，农村税费改革前该省从乡统筹中安排的乡村两级办学经费为15.17亿元，加上农村教育集资5.34亿元，共计20.51亿元；改革后的2002年，中央、省、市财政三级共安排税费改革转移支付资金25.35亿元。要完全弥补缺口，转移支付用于义务教育的比重需要达到或超过80%①，就各

① 杨建松，吴亚卓：《对当前农村义务教育投人问题的思考》，中国人民大学复印报刊资料《教育学》2003年第11期。

地在改革后的实际情况来看，要达到这个比例显然不太现实。

（二）农村中小学教育保障条件大大减弱

改革开放以后，我国逐步形成了以政府财政拨款为主，辅之以征收用于教育的税费，以及收取学杂费、社会捐资集资等多渠道筹资的格局。其中，农村教育费附加是仅次于预算内财政拨款的第二大稳定的教育经费来源渠道。教育费附加和教育集资，对农村学校改造危房、改善条件、扩大规模，对"普九"起到了决定性作用。税费改革后，取消农村教育费附加和教育集资，农村义务教育的主要经费渠道发生重大变化，投入减少，保障机制弱化，将使"普九"成果面临严峻的形势。

1. 农村中小学布局调整问题

农村税费改革后，为减轻县级财政的压力，各地不得不大量撤并中小学和进行教育布局的调整。从现实来看这种调整确有其必要，因为随着农村人口出生率的下降和剩余劳动力的转移，计划经济体制下那种"小学不出村，中学不出乡"的教育布局结构显然是不适宜的。但是，农村中小学布局的调整，必须综合人口密度、地理环境、交通状况等各方面因素来确定，如果只是为了推进农村税费改革和减轻财政压力，而不切实际地大量撤并学校，那必然会给农村中小学教育带来新的问题。比如，近些年在湖北一些县市，由于政府财政的压力而大量撤并中小学，一所完小或教学点要覆盖几个村庄，甚至十多个村庄，方圆达一二十里地甚至更广。且不说这些学生每天来回走读影响学习，其人身安全也缺乏保障，尤其是父母外出打工的"留守儿童"的安全更加令人担忧。

2. 农村中小学的基本办学条件问题

这主要包括两方面的问题：一是农村中小学危房改造问题。目前，全国中小学还有不少危房急需改造。据统计，2000 年全国普通中小学共有校舍 113402 万平方米，其中危房 1123 万平方米，比上年增加 382 万平方米，危房率为 0.99%，年危房自然增长率为 0.33%。按照国家危房改造标准每平方米 600 元计算，共需危房改造资金 67.83 亿元。此外，2000 年以后，每年自然增长的危房约 400 万平方米，另需改造资金 20 亿元①。而中小学危房主要集中在乡村学校，特别是一些贫困县乡。据国家教育发展研究中心对中西部地区农村学校的调查，小学教室或办公室有危房的占 22.3%，初中为 28.8%。在基础教育分级办学、分级管理的体制下，消除中小学危房的责任主要在乡镇政府，经费来源主要是农村教育费附加和教育集资。农村税费改革后，中小学危房改造资金由财政预算安排。但县乡财力有限，安排人员工资尚且困难，已无力解决中小学

① 郭睿等：《农村税费改革后义务教育经费投入面临的问题》，载《教育发展研究》2003 年第 8 期。

危房改造所需资金。二是农村中小学的基本办学条件问题。由于经费不足，相当多农村地区不具备义务教育的基本办学条件。据一项对中西部地区农村学校的抽样调查，样本小学按教学大纲开出所有课程的占 87.2%，初中为 21.8%；小学课桌椅残缺不全的占 37.8%，初中为 45.9%；小学实验教学仪器不全的占 59.5%，初中为 70.3%；小学购置教具、墨水、纸本、粉笔不足的占 32.5%，初中为 35.0%①。面对这种局面，尽管中央和省市政府设立有中小学危房改造等专项资金，但限于财力，仍是杯水车薪，难解燃眉之急。

3. 农村中小学建校债务负担沉重

在 20 世纪 90 年代末期，为了实现“普九”目标，不少农村地区举债进行学校建设，使农村义务教育除了拖欠教师工资外，还承受着巨大的建校债务。据教育部统计，全国农村义务教育举债高达 500 亿元，甚至在经济发达的广东省，农村义务教育负债也很普遍，个别县甚至达到 3 亿元，是其财政收入的 2 倍多②。这些债务原打算利用以后的农村教育费附加和教育集资款来偿还。税费改革后，农村教育费附加和教育集资被取消，以致农村义务教育的债务矛盾非常突出，已经影响到学校教育的正常运行。在一些农村地区，开学时是“学校当会计，债主当出纳”，学生上学时所交学杂费被债主直接收走，甚至有的学校的校门都被债主锁上了。税费改革取消教育费附加和农村教育集资后，如何偿还教育负债，教育部门和学校无能为力，从现在的财政状况看，依靠财政解决也很困难，问题十分尖锐。

4. 农村中小学师资队伍建设问题

农村中小学教师工资上收县级发放后，相应的，教师任免、聘用、学校人事调整等权力也都集中在县级，这样造成三个问题：一是教师队伍的数量问题。税费改革后由于巨大的财政压力，县级政府只好拼命地控制和压缩教师编制，致使教师编制紧张，人员不足。“幸免于难”的在岗教师虽超负荷工作而不敢抱怨，但长期超负荷工作，无论是对教师的身体还是学校的教育教学工作，都是极为不利的。二是教师队伍的质量问题。税费改革后，各地财政经费相对紧张，一般的县财政均只能勉强保教师工资，教师的继续教育经费则非常困难，给教师质量的提高埋下了隐患。三是教师队伍的结构问题。税费改革后，尽管农村中小学急需教师，但由于各地紧缩教师编制，新进教师十分困难，以致农村中小学师资匮乏，年龄老化，结构不合理。

（三）农村中小学教师工资仍不能得到较好解决

发展农村义务教育，提高农村教育的质量，教师是根本。而教师的教育活

① 王善迈等：《我国公共教育财政体制改革的进展、问题及对策》，载《北京师范大学学报》2003 年第 6 期。

② 刘宝超：《中小学负债问题探析》，载《教育与经济》2001 年第 1 期。

动也是一种劳动者的活动，在市场经济条件下，教师是否愿意从事教育事业，即教育劳动力是否供给，教师在岗位上实际劳动的供给，即付出多大的精力教学，取决于从事教育事业和付出教育劳动所能得到的报酬，也取决于其过去人力投资的现在收益。这与其所得的报酬水平有关，报酬与劳动在与其他行业劳动付出与所得之间横向比较的过程中平衡，如果教师报酬与教师劳动付出之间相差较大，从人才收入差别选择机制的角度来看，必然导致这样的结果：能力较强的教师将千方百计调离出去或到城市经济发达地区的学校任教，而教学质量不高，到城市学校或其他岗位也未必会是出色的员工则会安于现状，不能被调出。长此以往，农村教师队伍的质量将会越来越差，教学质量也必然难以提高。因此，提高农村义务教育的质量，实现城乡义务教育的相对公平，关键是要改善和提高教师的经济待遇。

长期以来，由于多方面的原因，我国的教育投入一直满足不了教育发展的需要，全国大范围拖欠教师工资已经持续10多个年头。据教育部的统计表明，至2000年4月，全国除北京、上海、天津、浙江、西藏5个省、市、自治区外，其余26个省、自治区、直辖市都存在拖欠教师工资现象，累计拖欠额135.65亿元。国家总督学柳斌认为，由于很多地方不愿意如实上报欠额，实际的拖欠要比已掌握的数字严重得多①。税费改革期间，中央政府将“确保义务教育经费”确立为税费改革是否成功的标志之一，“保教师工资”成了税费改革期间地方政府的政治任务，为了保住“乌纱帽”，地方政府官员绝对不会有人铤而走险。但是从体制方面分析，由于税费改革后财政对义务教育的投入体制未做相应调整，由乡镇承担上划的农村中小学教师工资基数，实质仍是以乡镇财力发放工资。这种办法只是发放形式有了变化，解决了原来乡镇挤占、挪用教育资金的问题，并没有从根本上解决乡镇的财力困难。在一些地区，由于财政困难，尽管中小学教师工资实行银行统一发放，县级财政也只能解决70%左右，其余则要学校自己来解决。这样，在学校教育经费不足，教师工资得不到保障，利用教育的垄断地位乱收费就是一种无奈的选择。教育乱收费之所以屡禁不止，与教师工资得不到保障有很大的关联。不少学校招收自费生、高价生，就是想通过多收取学费来缓解自身经费不足和弥补教师工资缺口的问题。

二、税费改革后农村义务教育面临问题的原因分析

税费改革后，农村义务教育面临的种种问题，并不完全是由农村税费改革造成的，其实这些问题多年来就存在于农村教育发展过程之中。只不过农村税

① 周大平：《教师工资缘何拖欠到新世纪》，载《瞭望新闻周刊》2001年第9期。

费改革，改变了原有的农村教育投入渠道，导致投入总量进一步减少，使得这些问题的解决更加缺少强有力的手段。为了保证农村义务教育在税费改革后得到顺利实施，2001 年国务院发布了《关于基础教育改革与发展的决定》，将农村基础教育的财政体制改为“以县为主”，即将农村中小学教育纳入县级财政预算，主要由县级财政来负担农村中小学教育。这一改革，遏制了原先的乱收费、乱集资、乱摊派，减轻了农民负担，但并未从根本上解决税费改革后农村教育的投入问题。从其实施效果来看，“以县为主”也并不能切实保证税费改革后农村义务教育的实施，究其原因，主要是这一改革并没有解决县级政府的财力结构与其负担的义务教育责任不相称的问题。

教育财政体制是国家财政制度的一个重要组成部分，它必须与国家的财政体制相适应。20 世纪 90 年代初期以来，我国财政体制进行了以分税制为核心的体制改革。这次改革的显著特征是政府间财政收入分配结构的改变，即国家财政收入中，县乡基层政府所占比例下降，中央、省、地市级等高层政府所占比重大幅提升。如 2001 年，全国财政收入总计 16386 亿元（不含债务收入），其中，中央本级财政收入 8582.70 亿元，占全国财政收入的 52.38%；省本级财政收入 1827.80 亿元，占全国财政收入的 11.15%；地市本级财政收入 2863.10 亿元，占全国财政收入的 17.47%；县本级（含乡镇）财政收入为 3112.40 亿元，占全国财政收入的 18.99%①。由此可见，分税制改革使各级政府财政收入分配格局发生了很大变化，县以上政府特别是中央政府财政收入迅速增长，县级财力则越来越弱。此外，由于县级政府在原包干体制下的收支基数划分不合理的问题并没有得到解决，加之县级政府实现的财政收入除“两税”要按比例上缴中央财政外，省地市政府还将来源比较稳定、数额大的收入种类作为共享收入甚至固定收入，一些省份对县级实现的“两税”增量收入也按比例分成，造成县级财政收入越来越困难。

与此相矛盾，各级政府的事权划分，基本上还是维持着原包干财政体制下的事权格局，也即是说，与县级财政收入能力越来越弱这一状况不相适应的是，县级政府的事权并没有减轻。农村税费改革后，尽管中央通过安排税费改革转移支付资金降低了农民承担的义务教育成本，提高了财政资金在农村义务教育投入中的比重。但是因为转移支付资金不能完全弥补税费改革后农村义务教育的资金缺口，而根据“地方负责，以县为主，分级管理”的要求，不足部分主要都落在县级财政的肩上，因此县级政府在义务教育中的责任是增加的。这样

① 财政部预算司编：《中国政府间财政关系》，中国财政经济出版社 2003 年版；《中国统计年鉴》，中国统计出版社 2002 年版，《中华人民共和国第十届全国人民代表大会第一次会议文件汇编》，人民出版社 2003 年版。

一来，一方面县级财政收入能力越来越弱，另一方面其支出又越来越大。如2001年全国财政支出总计18902.58亿元（含债务收入），其中中央本级支出5768.02亿元，所占比例为30.51%，省本级支出3915.08亿元，占20.71%；地市本级支出3942.47亿元，占20.86%；县本级支出5277.01亿元，占27.92%①。由此可见，只占全国财政收入18.99%的县级财政却担负着占全国财政27.92%的支出。但这27.92%的支出并不能满足县级政府财政支出的全部需要，因为县级政府在财力弱化和事权增强的两难境地下，必然要权衡轻重缓急，什么重要就保什么，上级政府重视哪一块，就保哪一块。对于农村基础教育经费，尤其是义务教育经费，这种带刚性的支出，并且是保证稳定增长的支出，应当说，地方政府不可谓不重视。从县级政府的财政支出情况看，尽管还存在经济建设方面的支出，甚至还包括一些政绩、形象工程建设方面的开支，但实事求是地讲，义务教育支出占县级财政支出的比例在税费改革后是不断提高的，在中西部一些地区，义务教育支出几乎都是县级财政第一位的支出，在有些县义务教育的支出甚至已占县级财政支出的50%甚至比重更大，其他项支出空间在不断压缩。但是，从前面我们分析得出的现行财政体制下政府财政收入分配格局可以看出，如果县级政府财力不足，即使县级政府对义务教育的认识进一步提高，义务教育支出占县级财政支出比例再有更大的上升，也不能满足义务教育发展的进一步需求。在这种情况下，农村义务教育在税费改革后出现种种问题就不足为怪了。

三、解决税费改革后农村义务教育面临问题的根本措施

从上述分析不难看出，要解决税费改革后农村义务教育面临的种种问题，就必须突破县级政府财力结构与其负担的义务教育责任不相称的困境。否则，只能是头痛医头，脚痛医脚，解决不了根本问题。要突破这一困境，要么选择改变现有财力分配格局，要么选择调整现有义务教育事权划分格局。而改变财力分配格局，就要调整财政管理体制，从而重新划分中央与地方政府的利益分配格局。目前中央政府在财力分配上居于既得利益地位的情况下，虽然地方政府有调整财力分配结构的呼声，但作为博弈中处于优势地位的中央政府，是不会轻易改变分税制改革以来取得的利益分配优势的。因此，通过调整财政体制，改变财力分配格局这一途径至少在短期内是行不通的。那么，剩下的一条路就是重新构建农村义务教育事权划分格局，即在农村义务教育管理由以乡镇为主转为以县为主的基础上，构建起“国家办学，分类承担”的农村义务教育管理

① 《中国统计年鉴》，中国统计出版社2002年版；《2001年全国地市县财政统计资料》，中国财政经济出版社2002年版。

体制和财政体制。

所谓“国家办学，分类承担”，就是根据各地经济发展状况，将农村义务教育主办权（主要指投资权）逐步上移至县级以上人民政府，即加大中央、省、地市级政府分担农村义务教育经费的责任。当然，事权责任和财力扶持是相匹配的，加大中央、省、地市级政府承担农村义务教育的财政责任，自然要求中央、省、地市级政府加大对义务教育的投入力度。这里政策层面上的含义，是在不触动现有财政管理体制的基础上，尽可能通过适当上收农村义务教育事权，将县级政府承担义务教育的压力适当扩散，从而尽可能保证农村税费改革后义务教育经费投入的稳定来源，尽可能减弱农村义务教育经费的短缺程度。具体讲，第一，对东部经济发达地区，要坚持“以县为主”，因为这些地区经济发达，县级政府有这个财力和能力，由县级财政依法安排本地区义务教育经费是有保障的。第二，对中西部经济欠发达地区，可以以中央、省、地市级政府为主，以县为辅。中央财政承担农村中小学教师的工资，向贫困地区学生免费提供义务教育阶段教科书，安排农村中小学危房改造专项资金，省级财政承担省政府出台的农村教师各项津贴，配套安排农村中小学危房改造专项资金，免除贫困地区义务教育阶段学生杂费，补助这类地区学校公用经费；地市级财政承担地市级政府出台的农村中小学教师各项津贴补助，按规定配套的农村中小学基建经费和危房改造专项资金，直属中小学教师工资、公用经费、基建经费、教育教学设施经费；县级财政承担中小学校公用经费、基建经费、教育教学设施设备经费、教师教育经费；乡镇政府按有关规定划拨新建、扩建校舍所必需的土地和提供劳动力，负责当地中小学校舍的修缮。第三，对国家级贫困县，实行全部免费的义务教育。国家把这些地方的基础教育完全包下来，其经费由中央财政直列预算，这样可以防止地方财政挪用和截留。据统计，现在全国有592个国家级贫困县，2.2亿人口，其中农村人口达1.98亿，大概有3000多万农村中小学学生。根据测算，按照一个农村小学生一年500元、初中生1000元计算，一年的费用大概是200亿元①。这一费用国家是完全可以承担的。这样通过不断加强中央和省级财政对农村义务教育投入的责任，以弥补农村，特别是中西部农村地区税费改革后财力之不足，促进农村基础教育的均衡发展。

要构建起“国家办学，分类承担”的农村义务教育财政体制，解决税费改革后农村义务教育面临的种种问题，主要应通过财政转移支付来进行。所谓财政转移支付是高层政府为均衡各地方政府的财力状况，协调地区间的经济发展，对全国整体经济实施宏观调控，将中央掌握的一部分财力转移给地方政府使用的一种调节制度，是财政管理体制的重要组成部分。财政转移支付分为一般性

① 《中国教育报》2003年3月18日。

转移支付和专项转移支付。一般性转移支付是指高层政府对地方政府的财政资助，以弥补地方政府财力之不足，专项转移支付是指高层政府为了解决某一问题而对地方政府提供的特定财政资助。两者相比，专项转移支付较之一般转移支付更能得到落实。以 2001 年为例，当年中央对地方的补助支出共计 6001.95 亿元，其中对地方的税收返还 2335 亿元，用于地方的转移支付计 3666.95 亿元。在这 3666.95 亿元中央转移支付资金中全国县级政府安排使用 1834.78 亿元，占中央对地方转移支付资金总额的 50.4%；地市级政府财政安排使用 733.52 亿元，占 20%；省级财政安排使用 1098.65 亿元，占 29.96%①。由此可见，对于一般性财政转移支付县级实际只得到 50%左右，省、地市两级留用比例占 50%。而专项转移支付，尽管也很难落实到位，但情况要好得多。这里以 2000 年和 2001 年两年中央对地方的工资性转移支付为例，2000 年和 2001 年中央财政对地方的工资性转移支付分别为 216.98 亿元和 892 亿元，其中县级使用分别是 163.69 亿元和 528.01 亿元，占 75.44%和 59.19%；地市留用分别为 25.96 亿元和 63.37 亿元，占 11.96%和 7.12%；省级安排使用经费分别为 27.33 亿元和 300.52 亿元，占 12.60%和 33.69%②。由此也可以看出，专项转移支付资金使用到县的比例是要大大高于一般性转移支付用于县的平均比例的。此外，从 20 世纪 80 年代以来，中央政府根据《义务教育法》的有关规定，对经济困难地区、少数民族地区实施的义务教育以及贫困生和无正常学习能力的儿童提供专项补助的情况来看，大都落实得比较好，也很好地证明了这一点。这些专项补助，对促进农村基础教育发展，增进农村基础教育公平与效率均起到了较好的作用。因此，要保证转移支付资金真正用于税费改革后农村义务教育的发展，还是要实行专项财政转移支付，如农村中小学教师工资转移支付、危房改造专项资金、农村义务教育阶段免费提供教科书专项资金等。其中，关键是要确保农村中小学教师的工资福利待遇的不断提高，因为教育经费的使用在中小学基本上是以教师的工资和福利开支为主。如 1999 年我国普通中学和小学用于人员经费部分分别占财政预算内教育事业费的 83.72%和 89.68%，而农村初中和小学分别占 90.14%和 91.79③。由此可见，只要把教师的工资和福利待遇安排好，就能比较好地保证我国农村基础教育的发展。因此，为了切实保障税费改革后农村中小学教师的工资待遇，中央和省级政府可以在全国或全省范围内，按统一标准，规定县级政府把对教师的工资福利支出采用专款的形式交由银行按月足额发放给教师，县级政府经过努力，其经费不足部分由中央和省级政府采用

① 《2001 年全国地市县财政统计资料》，中国财政经济出版社 2002 年版。

② 《2001 年全国地市县财政统计资料》，中国财政经济出版社 2002 年版。

③ 《中国教育统计年鉴》(1999—2000)，中国统计出版社 2000—2001 年。

专项转移支付的方式提供额外财政支持。这样做有利于防止基层政府或教育部门截留、挪用教育经费，确保税费改革后农村中小学教师工资按月足额发放。

总之，高层政府应充分认识对农村义务教育实施专项转移支付的重要性，采取种种措施通过加大财政转移支付的力度来提高对农村义务教育的财政责任，以改变中央和省级政府在整个农村义务教育经费筹措与分配中一般仅占有较低比重和份额的局面，以便能通过上级政府对地方政府和农村中小学教育的投资、资助和协调，保证税费改革后农村义务教育的健康发展。

流动儿童教育面临的问题与对策①

【内容摘要】20世纪80年代以来，伴随着中国城市化进程的加快，越来越多的农村剩余劳动力流入城市，由此而产生的流动儿童教育问题已成为中国社会转型期的一个独特的社会问题，引起了社会的广泛关注。本文主要从制度层面就流动儿童教育面临的主要问题及其原因进行分析，并在此基础上提出进一步调整和改革现行体制和制度的对策思路。

【关键词】流动儿童　教育问题　原因及对策

20世纪80年代以来，伴随着中国城市化进程的加快，越来越多的农村剩余劳动力流入城市，由此而产生的流动儿童教育问题已成为中国社会转型期的一个独特的社会问题，引起了社会的广泛关注。

2004年5月至9月，受教育部基础教育司的委托，华中师范大学中部地区农村基础教育研究中心组织了专门的调研组，就这一问题分别对湖北武汉、英山、京山、随州等县市进行了调查，随后又将这一调查扩大到湖北襄樊、麻城两市，以及安徽、河南、湖南等省部分县市②。调查采用访谈、座谈、问卷、查阅档案、心理测量等方式进行。通过这次调查，结合教育部基础教育司2004年8月18日在北京主持召开的“进城务工就业农民子女义务教育座谈会”上获得的部分省市的资料，对流动儿童受教育的状况有了比较全面、真实的了解。

① 本文是作者在教育部基础教育司2004年8月18日在北京主持召开的“进城务工就业农民子女义务教育座谈会”上的发言，后经修改发表于《当代教育论坛》2005年第2期，文章发表后被《新华文摘》2005年第10期、中国人民大学复印报刊资料《中小学教育》2005年第4期、《中国地质大学学报》（哲社版）2005年第6期等权威期刊先后全文转载和摘载。作者包括本文在内关于流动人口子女教育问题的研究，被21世纪教育研究院等科研机构和社会公益组织评价为，所“提出的观点清晰，解决方案切实可行，并关注问题的持续性发展，大大深化了流动人口子女教育问题研究的深度”，其多篇论文被该院收入《“腾讯公益新公民创新奖”评选案例集（2009年）》（见21世纪教育研究院等：《“腾讯公益新公民创新奖”评选案例集（2009年）》，第96～98页）。

② 2004年5～9月份，受教育部基础教育司的委托，华中师范大学中部地区农村基础教育研究中心的十多位教师和几十位博士、硕士和教育硕士对农村“留守儿童”和随父母进城上学的“流动儿童”的教育问题进行了大规模调查。本文未注明出处的材料均来源于此次调查。由于参与调查的师生较多，在此不一一列举，对他们在调查工作中的组织和支持一并表示衷心感谢。

这里主要从制度层面就流动儿童教育面临的主要问题及其原因进行分析，并在此基础上提出进一步调整和改革现行体制和制度的对策思路。

一、流动儿童的数量与结构

所谓流动儿童，是指随父母移居城市上学的进城务工就业的农民子女。它与父母进城务工就业而将子女留在家乡的留守儿童相对应。目前，关于我国流动儿童的数量，主要是基于宏观估算和微观调查，缺乏精确的统计。从全国来看，2003年11月，国务院妇女儿童工作委员会和全国妇联根据2000年第五次全国人口普查结果推算：我国流动人口规模已超过1亿人。其中18岁以下的流动儿童有1982万人，占全部流动人口的19.37%①。另据国家统计局有关资料显示，2003年农村外出务工的劳动力已达1.14亿人，占农村劳动力的23%，其中举家在外务工的劳动力2430万人，随同父母进入城市的6～14岁义务教育阶段适龄儿童约有643万人②。从微观调查看，据北京市教育委员会统计，北京市进城务工就业农民子女2001年15万人，2002年为18万人，2003年第四季度达到24万人。根据2004年7月最新统计，已有近28.8万适龄流动儿童少年在京就读，仅半年时间就增加了4万余人，秋季开学后，在京就读适龄流动儿童少年数会继续增加，预计将超过北京市常住户口中小学生总数91万人的三分之一。浙江全省流动人口子女达58万人。河北全省义务教育阶段进城务工就业农民子女入学学生总数为10.71万人。陕西全省进城务工就业农民子女接受义务教育的儿童少年共有19.8万人，天津为52525人，占全市义务教育阶段在校生总数的5.16%。成都市为6.34万人③。

从流动儿童的年龄结构来考察，目前主要以小学生为主，如陕西全省流动儿童中小学生14.1万人，占71.2%；河北全省义务教育阶段进城务工就业农民子女中小学阶段为6.81万人，占63.6%；天津市进城务工就业农民子女接受义务教育总人数为52525人，其中小学生为42833人，占80.3%④。其他城市流动儿童的年龄结构也大致如此。这与农村留守儿童的年龄结构也基本吻合。调查显示，在农村留守儿童中，小学生家长外出打工的比初中生家长外出打工的要高出10～30个百分点，而小学低年级学生家长外出打工的又比高年级学生家

① 苏敏：《我国流动儿童失学率高达9.3%》，转引自新浪网，http//www.sina.com.cn，2004年5月14日。

② 《中国教育报》2004年10月5日。

③ 教育部基础教育司2004年8月18日在北京主持召开的“进城务工就业农民子女义务教育座谈会”资料。

④ 教育部基础教育司2004年8月18日在北京主持召开的“进城务工就业农民子女义务教育座谈会”资料。

长外出打工的多10～20个百分点，这实际上反映了当前农民外出打工的一个基本的生态周期：外出打工的农民一般都是青壮年劳动力，他们的子女这个时候正处于小学或初中阶段，而无论是在流动儿童还是在留守儿童中，小学生尤其是小学低年级学生家长进城务工就业的比重之所以高于初中生，是因为前者的年龄大致处在25～35岁之间，一般是小家庭刚建立不久，家庭的经济基础较差，可以通过进城务工来巩固小家庭的经济基础。然而，随着年龄的增大，特别是到了35岁以后，农民进城务工就业的就越来越少。

随着大量农民进城务工就业和工作的日趋稳定，越来越多的农民工倾向将子女带到城里居住和上学。据对武汉市四个社区农民工的抽样调查表明：被调查对象中有超过32%的人自从外出打工以来，没有换过工作，有超过30%的受访者在武汉务工“9年以上”，其他依次务工“5～6年”（23.3%）、“7～8年”（18%）、“3～4年”（17.3%）和“1～2年”（8.3%），务工“1年以下的”仅占2.3%。由于进城务工就业农民很少是短期工作而且其职业也具有一定程度的稳定性，因此大多数农民工倾向于将孩子带到城里来接受教育。总之，无论是从宏观还是从微观上看，流动儿童已形成一个庞大的特殊群体，从发展趋势来看，这个群体的人数将会越来越多。这是全社会必须正视的现实问题。

二、流动儿童教育面临的主要问题

流动儿童是伴随农村剩余劳动力转移出现的一个特殊群体，对于流动儿童教育问题，各级政府及其教育主管部门已做了大量工作。早在1998年3月2日，原国家教委、公安部就发布了《流动儿童少年就学暂行办法》，强调流入地人民政府应为流动儿童少年创造条件，提供接受义务教育的机会。但是，此时对流动儿童进城上学仍采取限制政策，要求“流动儿童少年常住户籍所在地人民政府应严格控制义务教育阶段适龄儿童少年外流。凡常住户籍所在地有监护条件的，应在常住户籍所在地接受义务教育；常住户籍所在地没有监护条件的，可在流入地接受义务教育”。该办法还允许招收流动儿童少年就学的全日制公办中小学收取“借读费”。近年来，国家对流动儿童进城上学逐渐从“限制”转到“支持”。2003年1月，国务院办公厅发布了《关于做好农民进城务工就业管理和服务工作的通知》。同年9月，国务院办公厅又转发了教育部、中央编办、公安部、发展改革委、财政部、劳动保障部等六部委《关于进一步做好进城务工就业农民子女义务教育工作的意见》（以下简称《意见》），规定由流入地人民政府负责进城务工就业农民子女接受义务教育工作，接收的学校以全日制公办中小学为主。近年来，各级政府和教育部门认真贯彻国务院文件精神，坚持“两为主”和民办学校为补充的原则，基本满足了进城务工就业农民子女接受教育的需求。国务院妇女儿童工作委员会办公室和中国儿童中心公布的对北京等9城市的抽样调查表明，81%的流动儿童在公办学校读书①。根据武汉市2003年秋季入学统计，该市进城务工就业农民子女接受义务教育的学生有13.06万人，其中：在公办中小学上学的学生有7.77万人，在已审批的简易民办中小学上学的学生有4.56万人，如未经审批的简易民办中小学上学的学生有0.73万人。公办学校接受的流动儿童占全部进城务工就业农民子女的61.10%。苏州市2004年2月学籍管理专项统计也显示，目前义务教育阶段学生总数636562人，流动儿童少年占24.1%。流动儿童少年在苏州市就读人数为153675人，其中在公办学校就读的有100069人，吸纳比例为65.12%；在民工子弟学校就读的有53606人，占34.88%。这表明，进城务工就业农民子女入学的首选是公办学校，公办学校已成为流动儿童上学的主要场所，体现了流动儿童教育以流入地政府为主和以全日制公办中小学为主的"两为主"方针。不过，流动儿童教育仍然面临着许多亟待解决的问题，必须引起高度重视。

（一）教育财政问题

教育财政问题是流动儿童教育面临的首要问题，也是社会关注的焦点之一。2003年9月国务院办公厅转发教育部等六部委的《意见》提出建立农民工子女接受义务教育的经费筹措保障机制，规定"流入地政府财政部门要对接受进城务工就业农民子女较多的学校给予补助。城市教育费附加中要安排一部分经费，用于进城务工就业农民子女义务教育工作"。"流入地政府制订进城务工就业农民子女接受义务教育的收费标准，减免有关费用，做到收费与当地学生一视同仁"。在实践中，一些省市纷纷宣布取消借读费，加大财政投入，支持公办学校接受更多的流动儿童入学。北京市从2004年春季起，对北京农村地区的公办中小学免收义务教育阶段学生的借读费，从9月新学年开始，全市实施义务教育的公办小学和初中，对符合来京务工农民子女条件的学生免收借读费。武汉市政府将"解决进城务工就业农民子女入学"列为2004年政府要办的十件实事之一；市教育局更是下达硬性指标：13万农民工子女中，必须有60%进入公办学校读书，并纳入对学校的年度考核指标，313所公办学校对进城务工农民子女免收借读费，约有9万名流动人口子女由此进入公办学校学习。其他绝大多数省市也大都取消了流动儿童的借读费。

但是，取消借读费使城市政府的财政压力增大。如果以小学生年人均培养成本800元，初中生1000元计，像北京、武汉这样一些城市为进城务工就业农民子女支付的经费就是一个巨大的数目。以武汉市教育强区——武昌区为例。1999年武昌区率先在6所公办小学中对流动儿童免收借读费，至2004年2月，武昌区86所学校共接收15299名进城务工就业农民子女入学，其中39所免收

① 陈晓蓓：《中国九城市流动儿童大部分就学有保障》，载《中国教育报》2003年11月6日。

借读费的公办学校接收进城务工就业农民子女6625人，占总数的43.3%。2004年全区减免借读费总计300万元。为解决学校免收借读费出现的经费困难，武昌区教育局专门建立资助进城务工就业农民子女入学专项基金200万元，尽管区教育局在资助辖区流动儿童教育上投入了巨大热情，但随着越来越多的进城务工就业农民子女到公办学校上学，区政府的财政将面临巨大的压力。其他地区，特别是中西部地区的城市政府也都普遍面临巨大经费需求的压力。这个问题解决不好，会直接影响流动儿童能否与城里的孩子一视同仁地接受教育。比如，即使政府在大力提倡降低公办学校门槛，取消借读费，但仍有不少公办学校想方设法向流动儿童收取借读费，就是一个很好的例证。

（二）民工子弟学校问题

由于进城务工就业的农民主要分布在城乡结合部，公办学校往往难以辐射到，这就为民工子弟学校提供了生存空间，而这些民工子弟学校有相当一批是未通过审批的，如成都市现有18所民办民工子弟学校，没有通过办学审批的就有14所，就读学生9300余人。北京市未经批准的民工子弟学校2003年“非典”前达到358所，年底减少到250余所，到2004年又增至近300所，多分布在城乡交界的流动人口聚居带①。武汉市经审批的简易学校109所，未经审批的简易学校28所，接受进城务工就业农民子女的学校数和在校学生数分别占全市义务教育阶段的学校数和在校生数的27.34%和12.77%。这些民工子弟学校一般都采用边修建，边招生，边申报的办法，先斩后奏，在教育行政部门收到学校申报材料时，学校一般已有上百名学生在读。因此，办学条件普遍较差，存在的主要问题，一是师资力量不足，学科不配套，质量不高，不少校长和教师无任职资格证书和教师资格证书；二是多数学校在房屋、消防、饮食、交通、防疫等多方面存在着安全隐患，对儿童少年的身心健康发展极为不利；三是学校教育管理不规范和教育质量低下。

民工子弟学校存在的现实基础，一是收费相对较便宜。公办中小学尽管对流动儿童也是实行“一费制”，但并不是说在学期中不再收取任何费用，因为学校经常要开展一些教育教学活动。显然，即使流动儿童能有机会进入公办中小学读书，他们也可能支付不起学校收取的教学活动费用，而民工子弟学校尽管办学条件差，但收费较便宜，必然会吸引部分民工子女入学。二是部分进城务工就业农民对子女的教育期望不高，认为只要孩子在城里有人管，有学上就行了。三是生源构成都是进城务工就业农民的子弟，有的学校学生都是同籍同乡，不会遭受城市孩子的歧视。四是作息时间相对灵活，如学生可早到校晚离校。

① 教育部基础教育司2004年8月18日在北京主持召开的“进城务工就业农民子女义务教育座谈会”资料。

这些都适应了进城务工就业农民家庭的经济状况和培养孩子的需求。但是对这类学校存在的问题决不能听之任之，作为社会管理者，政府应对这类学校的办学行为进行规范，以保障流动儿童的教育权益。

（三）教育机会不均等的问题

教育机会均等，从本来意义上是指出身、民族、肤色、性别或任何其他无关的特性都不妨碍一个人得到受教育的机会，只有他的个性和才干决定着他得到的教育机会和成就。但由于在做出努力保证一种平等或相近的社会条件之前，资源和手段的最初分配总是受到自然和社会因素的强烈影响。换言之，不仅人们的自然禀赋存在差别，而且这些禀赋的培养训练和发展也受到各人所处的不同社会条件的影响，即使有类似天资的人，也可能因为其社会出身的不同而没有同等的受教育机会，由于受户籍制度的影响，进城务工就业农民子女在城市接受义务教育其机会也往往是不均等的。据 2003 年 11 月 5 日国务院妇女儿童工作委员会办公室和中国儿童中心对北京等九城市抽样调查表明：九城市流动儿童约为 280 万人，义务教育阶段失学率为 9.4%左右，照此计算，九城市中有 26 万多流动儿童未入学。并且随着年龄增大，流动儿童中失学的比例逐渐提高，从 8 岁到 14 岁，流动儿童未上学的比例由 0.8%增至 15.4%，在流动儿童中，女孩失学比例为 3.9%，明显地高于男孩（2.6%）。调查还发现，部分流动儿童不能适龄入学，6 周岁儿童中有 46.9%没有接受入学教育。在学流动儿童超龄现象也比较严重。调查表明，在 9 周岁的孩子中，有 20%还在上一、二年级，13 和 14 周岁还在小学就读的孩子占相应年龄流动儿童的 30%和 10%①。这表明流动儿童存在着接受教育机会不均等的问题，并且女童较之男童机会更加不均等。此外，在接受优质教育方面，其机会也是不均等的，如武汉市是全国率先接纳流动儿童入学的城市之一，全市现有 313 所公办中小学接收流动儿童入学，但其中没有一所是重点学校。这意味着流动儿童即使成绩优异，仅仅因为社会身份的差异（无城市户口），他们就不能享受优质的学校教育资源。从社会学的角度看，城市户口具有“世袭”和“先赋”特征，流动儿童发展很大程度上受到户籍制度的牵制。

此外，关于流动儿童学籍管理和教育评价、流动儿童个性发展与学校教育策略等方面也都存在着问题，但目前关键是要解决上述三方面的问题。

三、流动儿童教育问题产生的制度根源及其对策

流动儿童教育问题产生的原因相当复杂，涉及家庭、学校和社会等各个方面，但探寻产生这一问题的根本原因需要从制度的层面进行。制度是影响流动

① 陈晓蓓：《中国九城市流动儿童大部分就学有保障》，载《中国教育报》2003 年 11 月 6 日。

儿童教育的最重要因素，导致流动儿童教育问题产生的制度性因素主要表现在：

（一）长期实行城乡分割的户籍制度

流动儿童教育问题的出现，与长期实行城乡分割的户籍制度密切相关。户籍制度是在计划经济体制下形成的，它的形成虽然有着特殊的历史缘由，甚至有着特定的历史价值与意义，但由此带来的消极影响与作用不可低估。户籍制度最突出的弊端在于它以“农业”和“非农业”户口把中国公民分成标志鲜明的两大类别，也将城市儿童与农村儿童割裂开来，让城乡儿童在不同的制度架构中获取不均等的教育资源，农村青少年要摆脱农村的身份，唯一的途径是通过教育，进入城市高等学校或中等专业学校，改变农村户口。因此，户籍像一道强有力的闸门，维护着二元社会结构。改革开放后，伴随农村适龄儿童不断向城市地区流动，原有僵化的城乡户籍制度和教育制度遭受巨大冲击。为了维护这种僵化的户籍制度和教育制度，即使政府确立了“流入地政府为主”和“公办学校为主”解决流动儿童上学的“两为主”方针，但不少城市公办学校仍以种种理由拒收或少收流动儿童入学，有的地方政府则采取指定招收部分学校流动儿童，而其他学校特别是优质学校则不允许招收流动儿童，有的接受流动儿童的公办学校则将这些孩子单独分班，与当地学生分班学习。这是对流动儿童的一种“隔离”和歧视的做法，它严重阻碍了流动儿童教育问题的解决，并会带来一系列的社会问题。

（二）义务教育财政体制的过度分权

我国现行的义务教育财政体制是一种过于分权的体制，在这种体制下，把普及义务教育所需的资金交由地方负责筹措与分配，实际上等于默许了经济发展不平衡的客观差异对义务教育的不利影响和制约。其结果只能使义务教育的发展取决于各地区的经济发展水平，取决于地方政府的财政收支状况。由于各地区的经济发展是不平衡的，总存在着一定甚至比较悬殊的差距，那么在这样一种义务教育财政体制下，不可避免地使义务教育陷入非均衡发展状态中。我国义务教育普及过程中长期存在的严重城乡差异，实际上正是现行义务教育财政体制实施的必然结果。城乡教育差异的悬殊，一方面必然会诱使农村适龄儿童流入城市接受较为优质的教育，从而对城市义务教育产生巨大的需求效应，另一方面在义务教育过度分权的背景下，一个地方的学生越多，地方政府的财政压力就越大。尽管中央政府反复强调，流入地政府要制订进城务工就业农民子女接受义务教育的收费标准，减免有关费用，做到收费与当地学生一视同仁，但一些学校和地方对进城务工就业农民子女上学仍持排斥态度。目前不少地方均抱怨地方财政困难，难以接受更多的流动儿童入学，有的则认为由流入地政府单独承担流动儿童的教育费用不合理，提出应让其原籍政府承担或分担部分教育费用。有的甚至认为，目前我们国家流动儿童的教育，就相当于择校读书，从较为落后的乡村转到相对发达的城市接受教育，就是一种择校，择校就意味着他们对当地政府提供公共教育的放弃。由此推论，流入地政府不仅可以不承担流动儿童的教育投入，而且可以对其收取较高的学费或借读费。

（三）民工子弟学校遭受不公平的对待

从目前来看，民办中小学及民工子弟学校承担了相当数量的流动儿童的教育，在很大程度上缓解了公办学校及政府的财政压力，分担了政府的责任。但是，从实践来看，公办学校和民办学校及民工子弟学校存在明显的不平等性。尤其是政府的财政投入主要是公办学校，几乎顾及不到民办学校及民工子弟学校。有的甚至认为民办学校或民工子弟学校与公立学校争生源、争教师，损害了公办学校的利益，对这些学校采取不同程度的限制、排挤甚至打击和取缔。当然，为了给流动儿童提供安全和良好的学习环境，对民工子弟学校的办学条件进行相应的规范是必须的，对一些违规办学实行取缔也是必要的，但这种规范应当是在积极鼓励和支持的前提下进行，而政府现行的规范恰恰是在缺乏支持的情况下进行的，并且一律都是按城市学校的标准来规范的，这就在相当程度上制约了民办学校和民工子弟学校的发展，增加了公办学校的压力，减少了流动儿童接受教育的机会。

综上所述，不难发现，流动儿童教育问题的产生涉及现行的户籍制度、义务教育财政体制和现行办学体制等不同方面。为此，必须对现行的体制和制度做重大的调整和改革，为流动儿童的教育提供制度保障。

1. 加快户籍制度改革，逐步消除城乡差别

改革户籍制度并不在于完全取消户籍管理制度，其核心在于逐步强化乃至取消与户籍相联系的城乡隔离的各种制度，从而保障劳动力合理流动。各级政府应切实根据国务院办公厅转发的教育部等六部委的《意见》精神，制订和实施优惠政策，采取相应配套措施，使流入城市的农民享有与城市人口平等的权利和社会权益。同时，逐步实现以户籍制度改革为中心，拆除就业、医疗、住房、教育等制度壁垒，彻底打破维系多年的“城乡二元经济体制”，引导农村富余劳动力在城乡间的有序流动，这是解决流动儿童教育问题的根本所在。为此，应鼓励和支持农民工子女进城上学并为他们提供良好的教育，使他们尽快地融入当地社会，这不仅可以为城市培养人才，也有助于提高城市居民的整体素质，并为城市未来的发展和城市市民未来的生活奠定基础。

2. 放开城市公办中小学，方便流动儿童根据居住地就近入学

城市公办中小学，均是由政府财政举办，其存在的理由就是为了公共服务，必须一视同仁地对待所有公民。城市的公办教育资源不仅属于城市居民，也属于那些未能获得城市居民身份的所有进城务工就业的农民。如果说城市居民的子女可以享受公办教育资源，那么进城务工就业农民的子女也应有权享受这一资源。这样就可以使进城务工就业农民子女能够从小接受较为优质的教育，融入城市文明，在当前城乡教育非均衡发展的情况下，即使是城市里的薄弱学校，在农村一些乡、村均可称得上是优质学校。因此，政府不仅应明确规定“两为主”的方针，而且要规定开放包括重点中小学在内的所有城市公办学校，农民工子女可以根据其居住地选择就近入学，并一律免收借读费，进城务工就业农民子女入学的管理，应以流入地政府教育主管部门为主。每学期初，由学生家长或其他监护人持暂住证、就业证和相关证明材料向暂住地教育部门提出申请，由该教育部门向学生发放《义务教育入学通知书》，并就近安排到指定的学校就读。这些孩子进入公办中小学后，应享有正式学籍，并在评优奖励、竞赛活动、升学等方面和城里学生享有统一的权利和标准，以消除进城务工就业农民子女在城市接受教育所遭受到的歧视，为他们提供均等的接受教育的机会。

3. 积极鼓励和支持社会力量举办民工子弟学校，帮助进城务工就业农民在他们居住比较集中地区解决其子女接受教育的问题

强调进城务工就业农民子女上学以“流入地政府为主”和“公办学校为主”的方针并不排斥其他社会力量参与农民工子女的教育。在现代社会，义务教育作为一种特殊的公共产品主要由国家和政府投入。但是，这种投入并不一定必须投入公办学校或建立公办学校来承担义务教育。流动儿童也不一定必须选择公立学校就学。他可以选择上公办学校，也可以选择上民办学校。对于选择民办或民工子弟学校的学生来说，他们也有权利获得公办学校学生获得的相同的公共财政支持，而接受流动儿童的民办学校或民工子弟学校也应获得政府相应的财政支持。特别是民工子弟学校大多建立在公办学校辐射不到、流动人口密集的区域，在相当程度上弥补了公办学校的供给不足，方便了流动儿童的就近入学，更应得到政府的财政支持。当然，在积极鼓励和支持社会力量举办民工子弟学校的同时，政府及其教育主管部门对民工子弟学校办学资质也应提出明确的要求，办学者为个人的，应当具有政治权力和完全民事行为能力；办学者为单位的，应当具有法人资格。校长应当持有县级及以上教育行政部门出具的任职资格（资历）证书和校长上岗证书，教师应当具有国家规定的教师资格证书，其他职工应具有相关部门颁发的岗位证书。学校应基本符合中小学的办学条件，有必要的开办资金和保证日常教育教学运行的稳定经费来源，有独立、合法的财务管理，民工子弟学校的收费项目和标准按办学成本核定后，报物价部门核准，向社会公布，收费必须出具合法票据，不得以营利为目的。

4. 实行以流入地政府为主的财政供给制度，合理分摊流动儿童的教育成本

无论是鼓励城市公办中小学接纳进城务工就业农民子女入学，还是支持社会力量举办民工子弟学校，流入地政府面临的最大压力是财政压力。这个问题如果得不到妥善解决，将会影响流动儿童教育的持续发展。那么，究竟该由谁来为流动儿童教育买单呢？如何保障其财政来源和投入呢？毫无疑问，流入地政府应是主要的财政供给者。这是因为，第一，流动儿童进城上学不是择校，而是由于父母工作地点的变化而随迁就学，与其他市民工作调动子女转学并无不同，也与那些仅仅是为了子女上更理想的学校而“择校”有本质的区别。第二，大批农民工进城务工就业，不仅为城市创造了财富，也为国家提供了税收，并推动了整个地区社会经济的发展。他们应同当地居民一样享受平等的“市民待遇”，有权享受当地公共资源和公共服务。第三，在现实社会中进城务工就业的农民仍然是城市中的低收入阶层，是社会的弱势群体，应得到社会的关爱和帮助，享受基本的生活保障，更不应向他们及其子女实行歧视性收费。当然，对于一些经济发展比较慢，财政困难的地方和城市，尤其是中西部地区经济较为落后的城市，中央和省级政府可以通过转移支付的方式设立流动儿童教育专项资金，分担流入地政府的财政压力，而决不要将此负担转嫁到进城务工就业农民的身上。为了保证专项资金用于流动儿童的教育，可考虑设立流动儿童“教育券”来解决专项资金拨付中的困难。“教育券”的主要特点是“钱随人走”。与传统的面向学校的财政拨款制度比较，“教育券”的实施有利于学校之间的竞争，流动儿童最大的特点是流向不定，无论是国拨还是地方政府的经费都难以固定在特定的学校和地区。在中央和省级政府加大对流动儿童教育投资的情况下，“教育券”的实施正好能够纠正户籍制对学生自由流动的不利影响。当学校凭流动儿童缴纳的“教育券”在当地政府部门兑换时，教育经费的分配与流动学生规模相匹配。它也有利于不同学校之间为争夺生源（教育券）的竞争，从而提高教育资源配置效率和教育质量，使流动儿童享受到较好的教育。

5. 适应农村剩余劳动力转移的需要，积极开展流动儿童教育问题的研究

流动儿童的教育问题不仅是当今农村劳动力转移过程中带来的问题，而且将是一个时期内长期存在的问题。据统计，2000年我国农村人口为9.28亿人，其中农村劳动力为4.8亿人。未来我国每年新增农村劳动力约在700万～800万人之间，但从长远看我国农业领域只需要1亿～1.5亿劳动力，剔除现在4.8亿农村劳动力包括的1.28亿乡镇企业劳动者，农村剩余劳动力大约需要向城市转移2亿～2.5亿人①。由此引发的流动儿童教育问题是社会转型期我国教育面临的一个迫切需要解决的问题，涉及我国社会、经济的众多领域，因此，需要组织教育学、心理学、社会学、政治学、经济学等领域的力量，进行跨学科的合作研究。建议在有条件的高校设立专门的机构，进行长期深入的研究和实验，以寻求解决问题的对策与办法，既为国家宏观教育决策提供参考，又为地方政府制定具体政策提供具有可操作性的建议。

---

① 参见苏明：《国民经济转型时期工农关系、城乡关系和国民收入分配关系的研究》，载《经济研究参考》2003年第49期。

关于构建“国家办学，分类承担”的农村义务教育财政体制的设想[①]

【内容摘要】2001年国务院在《关于基础教育改革与发展的决定》中提出，在农村“实行在国务院领导下，由地方政府负责，分级管理，以县为主”的基础教育管理体制和财政体制，这是对原有农村基础教育财政管理体制的一个重大突破。但是，从实施效果来看，“以县为主”并不能切实保证农村义务教育的发展，造成这一问题的主要原因是，县级政府的财力结构与其负担的义务教育责任是不相称的。鉴于此，本文提出，解决这一问题的根本出路就是重新构建农村义务教育事权划分格局，即农村义务教育管理在由乡镇为主转为以县为主的基础上，构建起“国家办学，分类承担”的农村义务教育财政体制。

【关键词】构建　国家办学　分类承担　农村义务教育　财政体制

农村义务教育在整个国民教育体系中占有举足轻重的地位，我国是一个农村人口占多数的发展中大国，兴办着世界上规模最大的教育。农村教育面广量大，中小学在校生多达1.6亿。因此，办好农村义务教育，对于造就数以亿计的高素质劳动者、数以千万计的专门人才和一大批拔尖创新人才，把沉重的人口负担转化为巨大的人力资源，为国民经济增长积累后劲，其重要性是不言而喻的。然而，要使农村适龄儿童均能受到良好的义务教育，必须要有一个合适的农村义务教育财政体制作为支撑。为此，2001年国务院在《关于基础教育改革与发展的决定》中提出，在农村“实行在国务院领导下，由地方政府负责，分级管理，以县为主”的基础教育管理体制和财政体制，这是对原有农村基础教育财政管理体制的一个重大突破。但是，从近两年的实施效果来看，“以县为

① 本文为“十五”国家社科基金《我国教育经济学面临的若干重大理论与实践问题研究》的阶段性成果之一。发表于《教育发展研究》2004年第4期，《新华文摘》2004年第7期、中国人民大学复印报刊资料《中小学教育》2004年第7期、《基础教育研究》2004年第8期分别全文或部分转载，中央教育科学研究所编《中国基础教育发展报告》全文收录（教育科学出版社2006年版）。关于“国家办学，分类承担”的观点，被北京大学财政科学研究所所长王蓉教授称为国内对于义务教育转移支付制度的两种最具代表性的观点之一（见王蓉：《我国义务教育财政问题研究：回顾与展望》，载《教育与经济》2004年第4期）。

主”并不能切实保证农村义务教育的发展，造成这一问题的主要原因是，县级政府的财力结构与其负担的义务教育责任是不相称的。

教育财政体制是国家财政制度的一个重要组成部分，它必须与国家的财政体制相适应。随着我国经济体制改革的不断深化，20 世纪 90 年代初期以来，我国财政体制进行了以分税制为核心的体制改革。这次改革的显著特征是，政府间财政收入分配结构的改变，即国家财政收入中，县乡基层政府所占比例下降，中央、省、地市级等高层政府所占比重大幅提升。根据有关资料统计，2001 年全国财政收入总计 16386 亿元（不含债务收入），其中，中央本级财政收入 8582.70 亿元，占全国财政收入的 52.38%；省本级财政收入 1827.80 亿元，占全国财政收入的 11.15%；地市本级财政收入 2863.10 亿元，占全国财政收入的 17.47%；县本级（含乡镇）财政收入为 3112.40 亿元，占全国财政收入的 18.99%[①]。由此可见，分税制改革，使各级政府财政收入分配格局发生了很大变化，县以上政府特别是中央政府财政收入迅速增长，县级财力则越来越弱。此外，由于县级政府在原包干体制下的收支基数划分不合理的问题并没有得到解决，加之县级政府实现的财政收入除“两税”要按比例上缴中央财政外，省、地市政府还将来源比较稳定、数额大的收入种类作为共享收入甚至固定收入，一些省份对县级实现的“两税”增量收入也按比例分成，造成县级财政收入越来越困难。

与此相反，各级政府的事权划分，基本上还是维持着原包干财政体制下的事权格局。这样一来，一方面县级财政收入能力越来越弱，另一方面其担负的事权不仅没有减弱，甚至还在加强。如 2001 年全国财政支出总计 18902.58 亿元（含债务收入），其中中央本级支出 5768.02 亿元，所占比例为 30.51%；省本级支出 3915.08 亿元，占 20.71%；地市本级支出 3942.47 亿元，占 20.86%；县本级支出 5277.01 亿元，占 27.92%[②]。由此可见，只占全国财政收入 18.99%的县级财政却担负着占全国财政 27.92%的支出。但这 27.92%的支出并不能满足县级政府财政支出的全部需要。因为县级政府在财力弱化和事权增强的两难境地下，必然要权衡轻重缓急，什么重要就保什么，上级政府重视哪一块，就保哪一块。尤其是对于农村基础教育经费，特别是义务教育经费，这种带刚性的支出，并且是要保证稳定增长的支出，应当说，地方政府不可谓不重视。从县级政府的财政支出情况看，尽管还存在经济建设方面的支出，甚至

① 财政部预算司编：《中国政府间财政关系》，中国财政经济出版社 2003 年版；《中国统计年鉴》，中国统计出版社 2002 年版；《中华人民共和国第十届全国人民代表大会第一次会议文件汇编》，人民出版社 2003 年版。

② 《中国统计年鉴》，中国统计出版社 2002 年版；《2001 年全国地市县财政统计资料》，中国财政经济出版社 2002 年版。

还包括一些政绩、形象工程建设方面的开支，但实事求是地看，义务教育支出占县级支出的比例是不断提高，在中西部一些地区，义务教育支出几乎都是县级财政第一位的支出，在有些县义务教育的支出甚至已占县级财政支出的50%甚至比重更大，其他项支出空间在不断压缩。但是，从前面我们分析得出的现行财政体制下政府财政收入分配格局可以看出，如果县级政府财力不足，即使县级政府对义务教育的认识进一步提高，义务教育支出占县级财政支出比例再有更大的上升，也不能满足义务教育发展的进一步需求。在这种情况下，指责地方政府特别是县级政府不重视义务教育，是不公平和不实际的，同时也是难以解决问题的。

要突破县级政府的财力结构与其负担的义务教育责任不相称的困境，要么选择改变现有财力分配格局，要么选择调整现有义务教育事权划分格局。而改变财力分配格局，就要调整财政管理体制，从而重新划分中央与地方政府的利益分配格局。在目前中央政府在财力分配上居于既得利益地位的情况下，虽然地方政府有调整财力分配结构的呼声，但作为博弈中处于优势地位的中央政府，是不会轻易改变分税制改革以来取得的利益分配优势的。因此，通过调整财政体制、改变财力分配格局这一途径至少在短期内是行不通的。那么，剩下的一条路就是重新构建农村义务教育事权划分格局，即农村义务教育管理在由乡镇为主转为以县为主的基础上，构建起“国家办学，分类承担”的农村义务教育管理体制和财政体制。

一、实行“国家办学，分类承担”农村义务教育财政体制的含义

所谓“国家办学，分类承担”，就是根据各地经济发展状况，将农村义务教育主办权（主要指投资权）逐步上移至县级以上人民政府，即加大中央、省、地市级政府分担农村义务教育经费的责任。当然，事权责任和财力扶持是相匹配的。加大中央、省、地市级政府承担农村义务教育的财政责任，自然要求中央、省、地市级政府加大对义务教育的投入力度。这里政策层面上的含义，是在不触动现有财政管理体制的基础上，尽可能通过适当上收农村义务教育事权，将县级政府承担义务教育的压力适当扩散，从而尽可能保证农村义务教育经费投入的稳定来源，尽可能减弱农村义务教育经费的短缺程度。具体讲，第一，对东部经济发达地区，要坚持“以县为主”，因为这些地区经济发达，县级政府有这个财力和能力，由县级财政依法安排本地区义务教育经费是有保障的。例如浙江省宁波市是全国比较富裕的地区，在农村实行免费义务教育，已率先迈出了一大步。2002年在20个经济相对不发达的乡镇对学生实行了免费义务教育，杂费全免，住宿免费，教科书减半，总共支出200多万元。第二，对中西

部经济欠发达地区，可以以中央、省、地市级政府为主，以县为辅。中央财政承担农村中小学教师的工资，向贫困地区学生免费提供义务教育阶段教科书，安排农村中小学危房改造专项资金，免除贫困地区义务教育阶段学生杂费，补助这类地区学校公用经费；地市级财政承担地市级政府出台的农村中小学教师各项津贴补助，按规定配套的农村中小学基建经费和危房改造专项资金，直属中小学教师工资、公用经费、基建经费、教育教学设施经费；县级财政承担中小学校公用经费、基建经费、教育教学设施设备经费、教师教育经费；乡镇政府按有关规定划拨新建、扩建校舍所必需的土地和提供劳动力，负责当地中小学校舍的修缮。第三，对国家级贫困县，实行全部免费的义务教育。国家把这些地方的基础教育完全包下来，其经费由中央财政直列预算，这样可以防止地方财政挪用和截留。据统计，现在全国有592个国家级贫困县，2.2亿人口，其中农村人口达1.98亿，大概有3000多万农村中小学生。根据测算，按照一个农村小学生一年500元，初中生1000元计算，一年的费用大概是200亿元①。这一费用国家是完全可以承担的。这样通过不断加强中央和省级财政对农村义务教育投入的责任以弥补各类地区财力之不足，促进农村基础教育的均衡发展。

二、实行“国家办学，分类承担”农村义务教育财政体制的必要性

纵观世界各国现代化进程，发达国家都是在经济欠发达时期就开始普及义务教育，而且对农村教育给予特别关注，正是由于这样做，才有尔后的经济腾飞。我国要实现全面建设小康社会和现代化的宏伟目标，必须从现在做起，进一步动员全社会的力量，把农村教育扎扎实实地搞上去。否则，就有可能丧失机遇，甚至会贻误现代化建设大业。我国是一个农业大国，农村人口达7.9563亿，占全国总人口的62.3%，农村在校生占全国在校生的绝大多数。今天的农村教育已有了较快的发展，农村学生受教育条件已有很大改观，这是不可否认的，也是不容否认的事实。但我国农村人口众多，经济和教育基础薄弱，不少是粮食生产区和农业人口大县，财政比较困难，巩固提高“两基”的任务繁重。长期以来，我国各级各类学校教育经费总投入中义务教育阶段所占比例过低，义务教育阶段在校生合计1.93亿人，占各级各类学校在校生总数的78%，但其经费投入占总投入的比例始终低于60%，而农村义务教育投入占总投入比重近年来还不足30%，这样的经费投入比例显然是不合理的。而且在农村义务教育投入中，政府财政拨款所占比例也不高，尽管近年来由于中央教育财政转移支

① 《中国教育报》2003年3月11日。

付向农村义务教育倾斜有所增加，但最高也只达到64.9%[①]。尤其令人担忧的是，目前农村地区实行的税费改革使义务教育经费更加短缺。尽管2001年全国基础教育工作会议确定的“以县为主”的政策是一个了不起的开端，但“以县为主”作为教育管理体制是可以的，作为投资保障机制则要实事求是地分析。经济发达地区，县级财政充裕，“以县为主”是可行的，但经济欠发达的县，财政捉襟见肘，就不能“以县为主”，必须以“中央和省”为主。现在尚未“普九”的450个县，391个在西部，既是贫困县又处于老少边穷地区，中央应承担起投入的责任。扶贫扶到点子上，在这方面做到了，少给或不给其他方面的扶贫款，地方上也是可以接受的。农村中小学危房改造、“普九”基建用房、归还“普九”欠债等问题，都要求“以县为主”解决，而有这些问题的县又大部分是贫困县，把责任交给它们，势必落空，还是应由省和中央政府统筹解决。建立起各级财政分级分类分地区的教育经费分担机制，明确各级政府的责任，是切实保证义务教育经费投入的“治本之策”。

此外，按照美国经济学家、诺贝尔奖获得者费里德曼的观点，政府的职能主要有四：一是提供国防和外交，二是提供公共产品，三是弥补市场失灵，四是为社会弱势群体提供基本保障。九年义务教育是全国性的公共产品，义务教育所独有的普及、免费和强制这三个特点，决定了政府理当承担这个责任。公民有义务把学龄子女送到学校去接受教育，政府更有义务担负义务教育的全部费用。中央财政予以投入是政府公共政策的重要内容和基本任务。九年义务教育的根本问题是经费问题，如果不把九年义务教育特别是农村教育摆进国家财政的盘子里，不能用“皇粮”来支撑和保证义务教育的发展，不仅不能真正实现“普九”，而且会在经济发展战略上犯错误，贻误整个现代化的进程。

三、实行“国家办学、分类承担”农村义务教育财政体制的可行性

“国家办学，分类承担”就是要求国家在义务教育阶段对各地义务教育实行综合平衡，在财力上给予贫困地区更大支持，这不仅有其客观必然性，也有其现实可能性。

首先，从国际经验来看，我国的教育投资还有很大的增长空间。据有人统计，当一个国家人均GNP分别达300美元、500美元和600美元时，平均教育预算应分别占到GNP的3.2%、3.5%和4%[②]。我国人均GNP已经超过1000美元，而教育经费占国民生产总值的比例却大大低于4%。1993年颁布的《中

① 《中国教育报》2003年3月4日。

② 黄中清：《是大陆加强在人才方面投资的时候》，载《香港虎报》2000年1月26日。

国教育改革和发展纲要》提出财政性教育经费要占国民生产总值4%的要求，1999年中共中央、国务院《关于深化教育体制改革全面推进素质教育的决定》，重申了要逐步实现4%的目标。但长期以来，我国这一指标却一直在2.5%左右徘徊。事实上，4%绝不是一个高标准的要求，1986年我国这一指标曾达到过3.43%。上届政府认真实施科教兴国战略，使得该指标从1997年的2.5%稳步上升到2002年的3.3%①。如果说过去“义务教育不义务”，主要是由于我国经济不发达，条件还不够具备，那么，随着中国经济的快速发展，就现有经济实力而言，完全有能力保证全国适龄少年儿童接受免费的义务教育。有人算过一笔账：到2000年末小学在校生为13013万人，初中在校生为6256万人，即便加上高中在校生1295万人，以每人每年平均1000元费用计，共需约2000亿元，相当于国民生产总值的2.23%。因此，政府逐步加大投入，实行完全免费的义务教育，还是完全有希望的②。

其次，中央政府财政具有对农村贫困地区义务教育进行大力度投入的实力和潜力。1994年分税制改革后，消费税、增值税的75%、关税等比较稳定的税种上缴中央财政，县、乡政府没有稳定的来源，导致中央财政增长较快而县乡财政增长缓慢。2000年中央财政收入占整个财政收入的比重已达到52.2%，但财政支出仅占全国财政支出比重的34.7%，财政收入大头在中央，支出大头在地方的分配格局已基本形成。中央政府集中了优势财力，但目前在义务教育中承担的责任太少，仅占全国义务教育总经费投入比例的2%左右。根据中央和地方财力分配状况，中央政府完全有实力加大对全国贫困地区义务教育的扶持力度。从政府的筹资潜力上讲，也仍有很大的“挖掘空间”。根据中科院、清华大学国情研究中心一项有关腐败问题的研究显示，20世纪90年代后半期，我国因腐败造成的经济损失和消费者福利损失估计平均每年在9875亿～12570亿元之间。只要能把一项损失挽回（如公款吃喝每年2000多亿元，小车费用每年1000多亿元等），全国近2亿接受义务教育孩子的学费就不用拿了。当然，反腐败不是一朝一夕的事，但毕竟可以说明，只要政府严格税费管制，加大执法力度，堵塞财政漏洞，减少腐败损失，就可以挖掘出一笔很大的财政资源。

四、实行“国家办学，分类承担”主要应通过财政转移支付来进行

财政转移支付是高层政府为均衡各地方政府的财力状况，协调地区间的经济发展，对全国整体经济实施宏观调控，将中央掌握的一部分财力转移给地方政府使用的一种调节制度，是财政管理体制的重要组成部分。财政转移支付分

① 《中国教育报》2003年3月13日。

② 夏小雨：《义务教育该“偏心眼”了》，载《北京青年报》2002年7月2日。

为一般性转移支付和专项转移支付。一般性转移支付是指高层政府对地方政府的财政资助，以弥补地方政府财力之不足。专项转移支付是指高层政府为了解决某一问题而对地方政府提供的特定财政资助。两者相比，专项转移支付较之一般转移支付更能得到落实。以2001年为例，当年中央对地方的补助支出共计6001.95亿元，其中对地方的税收返还2335亿元，用于地方的转移支付计3666.95亿元。在这3666.95亿元中央转移支付资金中，全国县级政府安排使用1834.78亿元，占中央对地方转移支付资金总额的50.4%；地市级政府财政安排使用733.52亿元，占20%；省级财政安排使用1098.65亿元，占29.96%①。由此可见，对于一般性财政转移支付县级实际只得到50%左右，省、地市两级留用比例占50%。而专项转移支付，尽管也很难落实到位，但情况要好得多。这里以2000年和2001年两年中央对地方的工资性转移支付为例，2000年和2001年中央财政对地方的工资性转移支付分别为216.98亿元和892亿元，其中县级使用分别为163.69亿元和528.01亿元，占75.44%和59.19%；地市留用分别为25.96亿元和63.37亿元，占11.96%和7.12%；省级安排使用经费分别为27.33亿元和300.52亿元，占12.60%和33.69%②。由此也可以看出，专项转移支付资金使用到县的比例是要大大高于一般性转移支付用于县的平均比例的。此外，从20世纪80年代以来，中央政府根据《义务教育法》的有关规定，对经济困难地区、少数民族地区实施的义务教育以及贫困生和无正常学习能力的儿童提供专项补助的情况来看③，大都落实得比较好，也很好地证明了这一点。这些专项补助，对促进农村基础教育发展，增进农村基础教育公平与效率均起到了较好的作用。因此，要保证转移支付资金真正用于农村义务教育的发展，还是要实行专项财政转移支付，如农村中小学教师工资转移支付、危房改造专项资金、农村义务教育阶段免费提供教科书专项资金等。高层政府应正确认识对农村义务教育实施专项转移支付的意义和重要性，采取种种措施通过加大财政转移支付的力度来提高对农村义务教育的财政责任，以改变中央和省级政府在整个农村义务教育经费筹措与分配中一般仅占有较低比重或份额的局面，以便能通过上级政府对地方政府和农村中小学教育的投资、资助和协调，较好地实现各地区义务教育的均衡发展。

总之，对农村义务教育财政体制进行这样的改革和调整，应该说既符合义务教育的一般特征与教育投资的公平原则，也可以使农村义务教育的发展具有较为充足的经费保障。

---

① 《2001年全国地市县财政统计资料》，中国财政经济出版社2002年版。

② 《2001年全国地市县财政统计资料》，中国财政经济出版社2002年版。

③ 这些专项补助主要包括："七五"期间中央设立的用于支持老少边穷地区普及初等教育的专款、民族教育补助专款、"九五"期间设立的特殊教育补助专款、贫困地区义务教育助学金补助专款、国家贫困地区义务教育工程款等。

构建“以省为主”的农村义务教育财政体制[①]

【内容摘要】本文认为2001年以来所推行的“以县为主”的教育财政体制和管理体制并不能切实保证农村义务教育的实施，其原因主要在于中央和省级政府对基础教育所承担的财政责任较小，而县级政府的财力与其负担的基础教育责任又不相称。因此，为了改变这种状况，根据我国的实际情况，借鉴其他国家的经验，农村义务教育的财政责任不能由基层政府承担。除发达地区外，农村义务教育的财政责任应从“以县为主”转变为“以省为主”，省级政府应该成为农村义务教育最主要的教育财政责任承担者。

【关键词】农村义务教育　财政责任　以县为主　以省为主

针对农村税费改革后的实际情况，2001年国家对农村义务教育体制进行了重大调整，实行“在国务院领导下，由地方政府负责，分级管理，以县为主”的基础教育管理体制和财政体制。“以县为主”实质上是将对义务教育的投入责任以及重要人事管理责任由乡级政府移交给县级政府。这是对原有农村基础教育财政管理体制的一个重大突破，是新中国成立以来第一次明确将农村义务教育的责任主体由农民转交给政府，农村义务教育开始逐步纳入公共财政的保障范围，经费来源从以农民为主转向以财政为主，并主要由地方财政在中央核定的财力范围内自主安排经费，中央财政通过“以财力性转移支付制度为主，以专项转移支付制度为辅”的转移支付制度，履行支持义务教育事业发展的职能。这一制度调整的积极意义非常突出。与乡、村相比，县级政府一般具有更强的财政能力，可以使农村义务教育发展建立在更加坚实的经济基础之上，可以缓解过去普遍存在的一县之内经济发展不平衡导致的义务教育发展不平衡，也为农村税费改革消除了许多现实障碍。从改革后的实践看，成效也很明显，过去普遍存在的教师工资拖欠问题有了明显的好转，多数学校得以正常运转，一些

① 本文为教育部人文社会科学重点研究基地2004年重大项目《农村人口流动背景下义务教育体制研究》（项目批准号：05JJD880011）的阶段性成果之一。发表于《华中师范大学学报》（人文社会科学版）2006年第2期，《新华文摘》2006年第14期、中国人民大学复印报刊资料《中小学教育》2006年第5期分别全文转载；《基础教育参考》2006年第5期、《教育文摘周报》2006年4月16日分别部分摘载。2008年获湖北省人民政府第六届社会科学优秀成果二等奖。

相关的社会矛盾也有所缓解。

然而，从近几年的实施效果来看，“以县为主”并不能切实保证农村义务教育的实施，究其原因，主要是中央和省级政府对基础教育所承担的财政责任较小，而县级政府的财力与其负担的基础教育责任又不相称。因此，根据我国的实际情况，借鉴其他国家的经验，农村义务教育的财政责任不能由基层政府承担。除发达地区外，农村义务教育的财政责任应从“以县为主”转变为“以省为主”，省级政府应该成为农村义务教育最主要的教育财政责任承担者。

一、“以县为主”的农村义务教育财政体制仍然面临诸多问题

“以县为主”实质上是将对义务教育的投入责任以及重要人事管理责任由乡级政府移交给县级政府。这一制度调整的积极意义非常突出。与乡、村相比，县级政府一般具有更强的财政能力，可以使农村义务教育发展建立在更加坚实的经济基础之上，可以缓解过去普遍存在的一县之内经济发展不平衡导致的义务教育发展不平衡，也为农村税费改革消除了许多现实障碍。从改革后的实践看，成效也很明显，过去普遍存在的教师工资拖欠问题有了明显的好转，多数学校得以正常运转，一些相关的社会矛盾也有所缓解。尽管成效值得肯定，但必须看到，“以县为主”的农村义务教育体制仍然面临诸多问题。

第一，相当一部分县级政府缺乏足够的财力。由于经济发展不平衡，中国相当一部分县，特别是中西部以农业为主的县长期存在财政能力薄弱的问题。20世纪90年代中期以来，我国县级财政赤字面一度高达40%，2002年和2003年仍分别高达35.2%和36.1%，而且这种状况在我国越往西部赤字面越大，有的省份赤字面甚至高达60%以上①。不少县，包括部分能够维持自身收支平衡的县，财政状况通常也只能做到维持县本级的人员供养及机构运行；依靠县级财政调整支出结构，加大对教育的投入，总体上来看余地并不大，而这些县往往也就是过去以乡、村为责任主体时，义务教育面临困境的县。一个简单的逻辑推理是：如果改革前县级财政没有富余的财力，乡、村两级普遍存在义务教育的资金缺口，则该县义务教育经费肯定存在总量不足问题；将义务教育的统筹层次提高到县一级，先是将乡、村的资金缺口集中到了县级财政，总量不足问题并没有真正解决。据我们对湖北实施了县级统筹的部分县市的调查来看，有不少地方是勉强维持，往往保了教职工的工资，而保证不了其他方面的经费。许多农村中小学的正常运转仍难以维持。鉴于财务上的压力，一些县市开始采取一些所谓的“变通”措施，例如县财政统一发放的教师工资，只包括国家规

① 汪柱旺：《构建“以国为主”的农村义务教育投入体制》，载《改革与战略》2004年第12期。

定的标准工资，其余政策规定的补贴往往不发，或仍然要求乡、村或学校自筹，各种不合规的收费仍大量存在。显然，如果长期默认这些“变通”做法，农村义务教育财政体制和管理体制改革的预期目标将大打折扣；而要求县市政府严格执行有关的改革规定，相当一部分地区的财力不足问题则会凸显，并有可能带来更加突出的矛盾。

第二，农村教育支出已成为欠发达县市的沉重负担。当前，我国教育财政已经在县级财政中占有较大份额，农村教育支出已经成为欠发达地区县市的沉重负担。一方面，许多县级财政甚至被称为“教育财政”，其教育事业费的支出已经超过行政管理费支出，成为财政支出中的大头。如2001年山东省莘县的教育事业费支出占其支出总额的35.45％，同期行政管理费支出占其支出总额的23.87％；莱州市教育事业费支出为32.7％，同期行政管理费支出占其支出总额的9.7％①。2003年江西省婺源县的教育事业费占其支出总额的38.41％，同期行政管理费支出占其支出总额的23.86％；德兴市的教育事业费占其支出总额的34.07％，同期行政管理费支出占支出总额的20.45％②。可以毫不夸张地说，教育已成为我国县乡两级财政的第一大支出项目。另一方面，我国县级经济发展很不均衡，各县之间财力相差巨大。在我国目前这种基本上是县级财政自求平衡的财政体制下，转移支付在缩小县与县之间差距、协调财力方面发挥的作用很小。这就造成各县用于农村义务教育的资金差距和能力差别。在这种不均衡的结构下，忽视县与县之间的经济实力差别，单纯强调以县为主的义务教育财政体制和管理体制，是无法保证农村义务教育发展需要的，单纯指责县级政府努力程度不够也是不公平的。

第三，现行转移支付制度难以解决目前农村义务教育中存在的经费缺口问题。实施“以县为主”的教育财政体制和管理体制之前，农村义务教育经费来源主要有预算拨款、农村教育费附加、农村教育集资和学杂费收入。2001年，全国农村义务教育阶段政府预算内拨款仅占全部经费的63.14％③，近一半的经费来源于教育费附加、教育集资和学杂费收入。而在实行“以县为主”的教育财政体制之后，农村教育费附加和教育集资被取消，学杂费收取标准也重新进行了规范，由此形成的资金缺口国务院提出通过调整财政体制和增加转移支付的办法予以解决，重点是农村中小学教师的工资问题。这一思路无疑是正确的，但从现实情况来看，目前的转移支付制度还难以承担上述重任。这是因为，转

① 杨建松等：《对当前农村义务教育投入问题的思考》，载《经济研究参考》2003年第64期。

② 汪柱旺：《构建“以国为主”的农村义务教育投入体制》，载《改革与战略》2004年第12期。

③ 中国教育与人力资源问题报告课题组：《从人口大国迈向人力资源强国》，高等教育出版社2003年版，第569页。

移支付资金在一定时期内相对固定，而农村义务教育却有增长的法定要求，且要快于财政支出增长速度。在这种情况下，农村义务教育的经费供需矛盾必然越来越突出。据山东省统计，在实施“以县为主”的教育财政体制和管理体制之前，该省从乡统筹中安排的乡村两级办学经费为15.17亿元，加上农村教育集资5.34亿元，共计20.51亿元；改革后的2002年，中央、省、市财政三级共安排转移支付资金25.35亿元①。要完全弥补缺口，转移支付用于义务教育的比重需要达到或超过80%，就各地在改革后的实际情况来看，要达到这个比例显然不太现实。资金短缺给农村义务教育带来新的难题。除教师工资拖欠、学校基础设施薄弱外，许多农村中小学面临日常运转经费严重短缺等问题。

总之，从2001年开始实施的“以县为主”的农村义务教育财政体制和管理体制改革已取得了明显的成效，但仍然面临着诸多问题。要彻底解决农村义务教育面临的问题，还需要进一步改革与探索。

二、“以县为主”农村义务教育财政体制面临诸多问题的根本原因

“以县为主”的农村义务教育财政体制之所以面临诸多问题，其根本原因在于各级政府对农村义务教育责任不清，尤其是省级政府的投入责任更是不足。

农村义务教育责任和权力在各级政府间如何划分，是由各国历史、政治等许多因素决定的，世界各国各有特点，不尽相同，但总体来说，大致可划分为三种模式，即集权、分权和集权与分权相结合的模式。政府教育责任划分为三种不同的模式，是各国历史传统长期发展的结果，它不存在非此即彼的简单取舍，而是与各国的政治经济体制密切相关，相比较而言，实行分权与集权相结合的教育财政与管理模式，更有利于调动各级政府办教育的积极性，即在维护地方自治的同时，上级政府也承担较大的财政责任。从世界各国的实践来看，无论是联邦制国家还是单一制国家，对教育财政体制，主要是基础教育财政体制的安排都未采取纯粹的集权和纯粹的分权两种极端形式，各个国家之间的区别总是集中在高层政府与基层政府承担教育财政责任大小的不同而已。比如法国基础教育财政体制要相对集中一些，法律规定国家要负担教育经费的85%以上，因为法国所有公立教育机关（包括幼儿园在内）的教员，以及和国家缔结合同的私立教育机关的教员，都是国家的公务员，所有教职工的工资都由中央政府负担。地方政府支出的主要项目，是属于学校建筑和其他设施、设备费中国家补助（五六成）的不足部分和地方当局雇佣的学校职员的工资。这样，即

① 杨建松等：《对当前农村义务教育投入问题的思考》，载《经济研究参考》2003年第64期。

使是基础教育，中央政府也要负起主要责任。此外，像意大利、荷兰、葡萄牙、芬兰、爱尔兰、新西兰、希腊、捷克、匈牙利、土耳其等国都属于这一模式。而美国基础教育财政体制相对分散一些。美国实行10年～12年制义务教育，义务教育经费由地方、州及联邦政府共同负担，但主要由州和地方负担。目前，美国联邦、州、地方学区三级政府初等和中等教育公共经费的负担比例分别为8%、48%和44%①。其中，高层次地方政府负担教育经费的比重高于中央政府和基层地方政府负担的比重。此外，德国、瑞士、加拿大、奥地利、比利时、西班牙、澳大利亚均属这一模式，即高层次地方政府承担主要的教育财政责任。在某些国家，如比利时三个社区政府负担的基础教育经费则高达90%以上，德国州政府负担77%。

不过，上述三种义务教育财政体制模式尽管各不相同，但有几点值得注意：第一，尽管上述三种模式都倚重于不同层级的政府，但本质上都是分担体制，只有极少数国家完全依靠单一层级政府，尤其是地方基层政府负担；第二，无论是发达国家抑或是发展中国家，农村义务教育作为基本公共物品，一般都是中央和省级政府为主要提供者，即实行集中或相对集中的负担模式；第三，部分采取分散模式的国家，虽然投入主要依靠基层政府，但其前提是中央政府实施了较强的一般性转移支付。就是说，这种模式是以地方财力的大致均等化为基础的。

我国是一个地域辽阔，人口众多，区域间经济发展严重不均衡，地方政府划分为多个层级的大国，农村义务教育责任在各级政府之间的合理划分，其重要性不亚于中央与地方责任的划分。地方政府间教育职能的划分原则，应该与中央与地方的划分相同。但较低一级政府承担农村义务教育责任需要具备两个条件：一是能对辖区内居民的教育需求作出积极回应，有能力管理教育；二是通过教育财政转移支付制度解决了较低一级政府事权与财力不对称的矛盾。如果不具备这些条件，农村义务教育的职能就不宜过多地由较低级政府来承担。

恰恰相反，20世纪80年代以后，我国确立的农村义务教育财政和管理体制的核心就是“分级办学，地方为主”。这一教育财政和管理体制的确立，从实施的效果来看，应该说在一定程度上消除了传统教育财政体制中所固有的一些缺陷和弊端，调动了基层政府和广大人民群众办教育的积极性，对促进整个教育和社会经济的发展起到了十分重要和积极的作用。但与此同时，也应当看到，这种现行的义务教育财政和管理体制，由于对各级政府的教育财政责任没有明确规定，因而导致各级政府教育财政责任不明确，尤其是省级政府的财政责任不明确。省级政府在中国的政府层次上一直占有极为重要的地位。不仅理论上

① 高如峰：《中国农村义务教育财政体制研究》，人民教育出版社2005年版，第41页。

的责任重大，而且绝大多数省级政府财力集中程度远远高于县乡基层政府。根据分税制后的事权划分，省级政府有责任来保证自己辖区内各项公共事业的正常运行。然而，在农村义务教育问题上，绝大多数省级政府并未发挥其应有的作用，其角色在很大程度上只是一个“二传手”，即向下传达中央政府的要求，转移分配中央下达的各种形式的转移支付资金，或最多再按照中央政府的要求提供部分配套资金。当县级及县级以下的地方政府在义务教育方面面临困境时，通常都没有制度化的解决方式和手段，或要求其基层政府自己解决，或将矛盾上交给中央政府。

省级政府没有充分履行自己在农村义务教育上的责任，一方面使县乡政府承担的义务教育责任相对其财力来说过多。在当前我国的财力分配格局中，中央和省级政府掌握了主要财力，但很少承担义务教育的责任；县乡政府财力薄弱，却承担了大部分义务教育经费。这种政府间财力与义务教育责任的不对称，是我国农村义务教育发展滞后的重要制度因素，也是县乡基层财力紧张的主要原因。以我国经济较发达的山东省为例，2001 年省市两级财政总支出为 610 亿元，县乡两级财政总支出为 685 亿元，同年，省市两级义务教育阶段在校生为 215 万人，县乡义务教育阶段在校生为 1062 万人，也就是说，县乡两级政府以占全省 52.9%的支出，担负着全省 83.1%的中小学教育任务[①]。事实上，长期以来，我国农村义务教育投入一直以县乡基层政府为主，实施以县为主虽有所改善，但本质上仍属于分散模式，这种把发展农村义务教育所需要资金交由地方基层政府负责的做法，实际上等于默许了经济发展不平衡这种客观差异对农村义务教育的不利影响和制约。其结果，只能使农村义务教育的发展取决于各地区的经济发展水平，取决于地方政府的财政收入状况。由于各地区经济发展是不平衡的，总存在着一定甚至比较悬殊的差距，那么在这样一种义务教育财政体制模式下，不可避免地使农村义务教育陷入非均衡发展状态中。可以这样说，省级政府投入不足是农村义务教育实行以县为主以后仍然无法走出困境的根本原因。另一方面也使得中央政府陷入两难的境地。如果中央政府在分税制划定的事权范围之外，直接承担农村义务教育的投入责任，不仅面临财政能力问题，而且在操作上也存在很大的困难，投入效果无法保证；如果不承担投入责任，仍然依靠县级政府，势必要面对许多地区农村义务教育陷入困境的事实。在这种情况下，中央政府特别是中央财政不得不头痛医头，脚痛医脚，那里出现问题，中央政府就不得不提供各种专项资金加以解决，俨然变成了“救护队”。虽然缓解了很多矛盾，解决了不少问题，但这种责任分担方式保证不了农村义务教育的稳定，也无法保证投入效率。

① 杨建松等：《对当前农村义务教育投入问题的思考》，载《经济研究参考》2003 年第 64 期。

三、省级政府应该成为农村义务教育最主要的财政责任承担者

要使农村义务教育走出困境，基本出路只能是对各级政府之间的责任关系进行全面调整，从我国财政收入分配的格局和多年的实践看，这种调整和改革的关键是，省级政府应该成为农村义务教育最主要的教育财政责任承担者。

第一，从我国的现实国情来看，县级政府，除少数发达地区外，管理能力和所拥有的财力，对承担全部义务教育职能是不具备条件的，因而义务教育职能不宜下放到县乡基层政府。同时，由于我国地域辽阔，人口众多，由中央政府直接承担义务教育投入责任或直接面对县级实施转移支付也是不现实的。当前，我国有近三千个县及县级市，农村中小学的数量高达数十万所，基础信息分散在基层，不仅难以集中，而且难得准确。由于信息不对称，由中央政府直接承担义务教育投入责任或直接面对县级政府实施转移支付显然是行不通的。即使中央政府对县级政府掌握了足够准确的基础信息，对一个地方政府划分为多个层级的大国来说，绕过中间层级政府，由中央政府和县级政府直接分担责任，也不符合政府管理的一般规律，容易引发其他方面的矛盾。

第二，从财政结构的变化来看，1994 年我国实行分税制财政改革以来，财政结构已发生了重大变化，中央政府和省级财政收入占全国财政收入的比重大大提高，省级政府有能力成为义务教育最主要的财政责任承担者。就全国大多数省级的情况来看，以人均财力为标准，省级财力远远高于县级政府，让省级政府承担农村义务教育主要财政责任，不会对省级财政构成太大压力。此外，省级政府管辖范围内的县级政府数量不算太多，长期以来，大多数省份省以下的政府间财政关系也都直接到县，有比较可靠的信息和预算基础。从具体操作与管理的角度讲，让省级政府承担农村义务教育主要的财政责任也具备可行性。

第三，从缩小省内教育差距来看，省级地方高层政府有必要成为农村义务教育最主要的教育财政责任承担者。我国不仅存在大区域的发展平衡问题，而且各省之内的发展不平衡问题也很严重。在教育方面也是如此。根据“缩小差距——中国教育政策的重大命题”课题组的研究，我国教育省内差距大于省际差距①。导致这一问题的根本原因是，省级政府对教育的投入与责任不相称。因此，要解决省内教育差距大于省际教育差距的根本办法是，必须让省级政府成为义务教育最重要的财政责任承担者，使其更好地在全省范围内发挥应有的宏观调控能力，保证在全省不同地区提供大体相同的义务教育发展条件。

第四，从世界范围来看，在当今世界，虽然各国财政体制差异很大，但是

① 《缩小差距——中国教育政策的重大命题》，转引自中国人民大学复印报刊资料《教育学》2005 年第 8 期。

大部分国家在义务教育财政体制上选择了集中模式或相对集中模式，投资主体或是中央政府，或是高层次地方政府，完全采取以基层地方政府作为投资主体的分散模式的国家却为数较少。

让省级政府成为农村义务教育最主要的教育财政责任承担者。这里政策层面上的含义，是尽可能通过上收农村义务教育事权，将县乡基层政府承担农村义务教育的责任逐步上移至省级以上人民政府，从而尽可能保证农村义务教育经费投入的稳定来源，减弱农村义务教育经费的短缺程度。借鉴世界一些国家发展基础教育的成功经验并结合我国的现实国情，省级政府要真正对农村义务教育负起财政责任，重点是要确保农村中小学教师的工资福利待遇及其公用经费的不断提高，这是因为搞好农村义务教育的关键首先在于有一支高质量、稳定的教师队伍，而义务教育的经费使用，在中小学中基本上以教师的工资和福利开支为主，如我国普通中学和普通小学用于人员经费部分分别占财政预算内教育事业费的 83.72％和 89.68％，其中农村初中和小学分别占 90.14％和 91.79％①。由此可见，只要把教师的工资和福利待遇安排好，一般就能比较好地保证农村义务教育的发展。因此，为了切实保障教师的工资待遇和教师队伍的稳定，省级政府可以在全省范围内按国家统一规定的编制标准和工资标准把对教师的工资福利支出采用专款的形式交由银行按月足额发放给教师。这样做，应该说不仅不会对农村义务教育投资的运用产生管得过死的弊端，反而有利于防止基层政府或教育部门截留、挪用义务教育经费，拖欠教师工资，同时也利于在全省范围内为中小学教师创造一个大体相近的工资福利条件，从而有利于贫困落后地区教师队伍的稳定和基础教育的发展。此外，学校公用经费是学校行政和教学活动的基本保证，提高学校公用经费在义务教育经费中的比重是不断改善办学条件，提高教育质量的必要条件。长期以来，一直由县乡政府负责义务教育的公用经费，造成义务教育公用经费严重短缺，危及不少学校的正常运转。因此，让省级高层政府负担农村义务教育的财政责任不仅包括义务教育教职工的工资福利，而且包括承担学校公用经费的财政责任。

四、“以省为主”并不意味着中央政府对农村义务教育不承担财政责任

强化省级政府的责任，让省级政府成为农村义务教育最主要的财政责任承担者，并不意味着中央政府对农村义务教育不承担经济责任。这是因为依国际经验，政府间的财政收支结构呈现这样的情形：收入结构划分以中央政府为主，

① 《中国教育经费统计年鉴》（1999—2000），中国统计出版社 2001 年版。

支出结构的划分以地方为主，即在年度财政收支总量中，划归中央政府掌握的收入要超出其实质性职权范围的一定比例，而地方政府所承担的职权往往超过直接收入划分所拥有的财力。我国也大致如此。如根据有关资料统计，2001年，我国财政收入总计16386亿元（不含债务收入），其中，中央本级财政收入为8582.70亿元，占全国财政收入的52.38%；省本级财政收入为1827.80亿元，占全国财政收入的11.15%；地市本级财政收入为2863.10亿元，占全国财政收入的17.47%；县本级（含乡镇）财政收入为3112.40亿元，占全国财政收入的18.99%①，与此相反，在当年全国财政支出总计18902.58亿元（含债务收入）中，中央本级支出5768.02亿元，所占比例为30.51%；省本级支出3915.08亿元，占全国财政支出的20.71%；地市本级支出3942.47亿元，占全国财政支出的20.86%；县本级支出5277.01亿元，占全国财政支出的27.92%②。这种收入结构与支出结构的非对称性安排，主要出于两方面的考虑：一方面，绝大部分公共需要的受益范围具有区域性，各地企业与居民对公共服务的需求均有质和量的差别，由各地方政府针对需求提供比中央政府提供更为便利，也更有利于降低成本，提高财政资金的使用效益；另一方面，中央政府拥有相对较多的财力，使地方政府在一定程度上依赖于中央政府的支持，同时中央政府也有能力予以支持，从而有利于保证中央政府在宏观调控中的主导地位，维护中央政府的权威性。

那么，中央政府怎样才能承担相应的义务教育财政责任呢？这种责任主要体现在对省级政府的一般性转移支付上。所谓一般性转移支付是指高层政府对地方政府的财政资助，以弥补地方政府财力之不足。通过强化一般性转移支付，确保省级政府发展包括义务教育在内的各项社会事业的基本财政能力。特别是对于经济发展比较慢、财政困难的省市，尤其是中西部地区经济较为落后的省市，中央政府应当通过转移支付的方式对这些省市农村义务教育负起较大的责任。具体来讲，可以从我国的实际出发，按照各省市的财政实力，将全国33个省市、自治区分为三种类型。

一是人均财政收入大大高于全国各省市的平均水平，这些省市的经济实力雄厚，农村义务教育的费用均可由省级政府的财政来负担。

二是人均财政收入接近或略高于全国各省市的平均水平，但农村义务教育面广量大，面临财政问题较多的省市。多数财政接近或略高于全国平均水平的

① 范先佐：《构建“国家办学，分类承担”的农村义务教育财政体制》，载《教育发展研究》2004年第4期。

② 范先佐：《构建“国家办学，分类承担”的农村义务教育财政体制》，载《教育发展研究》2004年第4期。

省市，都有一定的财政实力，尽管农村义务教育面临诸多财政问题，但这些省市的农村义务教育仍应主要由省级政府的财政来负担，中央政府可视具体情况提供一定的财政补贴。

三是人均财政收入低于全国平均水平的省市，这些省市大多数处于中西部地区，财政较为困难，农村义务教育的普及面临艰巨的任务。对这些省市的农村义务教育，中央政府应负主要责任，这样不仅可以减轻这些省市政府的财政负担，而且有利于全国教育的均衡发展。在操作上，应根据全国义务教育发展的目标和基本要求，以保证教师工资发放、学校正常运转和义务教育适度发展为前提，确定生均经费基础水平。以此为基础，根据各省教育发展需求、实际财力等因素，确定中央财政转移支付的数额。同时，根据省级财政增长情况、学生及教师数量变动情况，形成规范的调整机制。

鉴于中国地区间差异过大，偶然因素较多，除通过一般性转移支付确保省级政府发展义务教育的基本能力外，中央政府还应通过专项转移支付，处理可能出现的特殊问题，并对义务教育的发展方向进行探索和引导。所谓专项转移支付，是指高层政府为了解决某一问题而对地方政府提供的特定财政资助，与一般性转移支付相比，专项转移支付更能得到落实。比如，20 世纪 80 年代以来，中央政府根据《义务教育法》的有关规定，对经济困难地区、少数民族地区实施的义务教育以及贫困生和无正常学习能力的儿童提供专项补助的情况来看，大都落实得比较好。这些专项补助，对促进农村义务教育的发展，增进农村义务教育公平与效率均起到了较好的作用。因此，要保证转移支付资金真正用于农村义务教育的发展，除一般性转移支付外，也要实行专项财政转移支付，如贫困地区农村中小学教师工资转移支付、危房改造专项资金、农村义务教育阶段免费提供教科书专项资金等。中央政府应认识到对农村义务教育实施专项转移支付的重要性，采取种种措施通过加大财政转移支付的力度来提高对农村义务教育的财政责任，以改变中央政府在整个农村义务教育经费筹措与分配中一般仅占较低比重或份额的局面，以便能通过中央政府对地方政府和农村中小学教育的投资、资助和协调，较好地实现各地区义务教育的均衡发展。

此外，县乡政府必须继续承担一定比例的投入责任。强化省级政府和中央政府对农村义务教育的财政责任，建立相对集中型的义务教育财政体制，并不意味着县乡基层政府可以摆脱责任。一方面，县乡政府作为基层政府，组织上发展包括农村义务教育在内的基础性社会事业是其无法回避的基本职责，也是其作为独立财政层级的基本要求；另一方面，义务教育是必须分散组织的社会事业，涉及校舍建设及维护、人员工资发放、日常教学活动等诸多方面，财务支出内容繁杂，如果县乡基层政府不承担投入责任，完全依靠高层级政府，在操作上也很困难。具体来讲，县级政府应继续负责农村义务教育的管理和基础设施建设，包括教学管理、校舍建设、设备购置、环境治理、危房改造和经费管理等；乡镇政府应按有关规定划拨新建、扩建校舍所必需的土地和提供劳动力，负责当地中小学校舍的修缮。从世界上绝大多数国家的实践来看，将基础教育的校舍建设和修缮放到县乡基层政府是比较合理的。这样既能满足社区对基础教育投资需求的意愿，也有利于调动基层社会办学的积极性。

总之，将农村义务教育的财政责任从“以县为主”转变为“以省为主”，应该说既符合我国的现实国情和义务教育的一般特性，也可以使农村义务教育的普及和发展具有较为充足的经费保障。

关于农村留守儿童教育公平问题的调查分析及政策建议[①]

【内容摘要】20 世纪 80 年代以来，伴随着中国城市化进程的加快，越来越多的农村剩余劳动力流入城市，由此而产生的农村留守儿童的教育公平问题已成为中国社会转型期的一个独特的社会问题。本文根据对中部地区的湖北、河南等劳务输出大省部分县市的调查，就农村留守儿童的教育公平问题及其产生的原因进行了比较全面的分析，并在此基础上提出了保障农村留守儿童公平接受教育问题的政策建议。

【关键词】留守儿童　教育公平　政策建议

20 世纪 80 年代以来，伴随着中国城市化进程的加快，越来越多的农村剩余劳动力流入城市，其中一部分孩子随父母进入城市，但是，更多的孩子没有条件随父母流动到城市，只好继续留在农村，由自己的祖父母、外祖父母或其他亲戚朋友照料。根据我们对中部地区的湖北、河南等劳务输出大省部分县市的调查，尽管牵家带口进城务工的农民正在逐步增加，但与庞大的农民工相比，其人数仍相对较少，大约 80%进城务工农民的子女留在老家，成为留守儿童。由于留守儿童的父母一方或双方进入城市，导致家庭生活和教育的缺陷，使这些孩子无法享受正常的亲情关爱，成为社会不可忽视的弱势群体。因此，如何保证农村留守儿童公平接受教育，为他们健康成长创造良好的条件，已成为中国社会转型期的一个独特的社会问题，必须引起社会的广泛关注。

一、农村留守儿童面临的教育公平问题

对于农村留守儿童公平接受教育问题，学校、家庭和社会已做了大量工作。但由于家庭教育的严重缺失、农村教育环境的不理想以及社会的忽视，留守儿童在卫生保健、安全、学习、品行、心理等方面的问题越来越突出，从而影响

---

① 本文为教育部人文社会科学重点研究基地 2004 年重大项目《农村人口流动背景下义务教育体制研究》（项目批准号：05JJD880011）的阶段性成果之一。发表于《湖南师范大学学报》（教育科学版）2008 年第 6 期，《高等学校文科学术文摘》2009 年第 1 期全文转载。

他们公平接受教育。

1. 留守儿童基本的人身权利得不到完全保障

卫生保健和人身安全是儿童享有的最基本的人身权利。农村留守儿童作为整体儿童的一部分，其素质优劣和人身安全不仅关系到他们的健康成长，而且关系到未来农村和国家的发展。显然从社会可持续发展的战略高度出发，应该充分重视这部分儿童的卫生健康状况的改善并保障其人身安全。但是，从卫生保健方面来看，由于社会经济及自然环境等原因，农村的卫生保健工作历来是一个难点，人口的流动更进一步加大了农村卫生保健工作的难度，其薄弱环节在于留守儿童数量多，分布散，而且生活环境特殊，潜在流动性大。留守儿童的卫生保健问题显得更为突出。据我们调查了解，农村儿童的传染病、地方病发病率比城市高，因而大力发展基础免疫是农村儿童健康的保证，但留守儿童的免疫接种现状令人担忧。留守儿童流动无规则，在流入地和流出地是经常变换的，随意性大，全程接种、按期接种的坚持性差。儿童中接种率低，超期接种、免疫空白等现象较严重，由于其抗体水平低，易造成易感人群的累积，不能形成有效的免疫屏障，一旦发病，极易导致相应传染病的传播甚至流行。尤其是在隔代监护的家庭，由于监护人的文化程度低，缺乏卫生保健知识，预防意识薄弱，主动参与性差，认为只要能维持三餐温饱即可，有病也不能及时就医。如湖北荆州郊区初二的一个男孩，2 岁时父母就去浙江打工了，从小跟爷爷奶奶生活在一起，奶奶忙于打麻将，一天只做一顿饭，其他两顿都吃剩饭，没做饭的时候就让他自己拿钱去买零食吃，才 13 岁就得了严重的胃病，由于身体经常不舒服，学习成绩也由原来班上第 6 名下降到 20 多名，便血一周后才被回娘家的姑妈发现送到医院动手术。所以，父母外出务工虽然增加了家庭的收入，但比起父母在家的孩子，农村留守儿童的日常生活和健康并没有得到显著的改善，相反还呈现出比较严重的问题。

从人身安全方面来看，农村留守儿童由于家庭方面的监管不力，其人身安全也常常得不到保障。这主要表现在：一是由于得不到亲情照顾而产生的安全问题。2004 年湖北省阳新县就发生了这样一个真实的悲剧。一名 7 岁的农村男孩，因其父母外出打工，家里只留下他和年迈的爷爷。由于平时基本没人管，男孩得了疥疮，痒痛难耐时，就用脏手抓，结果伤口感染，演变成严重败血症，最终夭折，一个幼小的生命就这样消失了。二是受到他人的人身侵害。近年来，湖北随州市曾都区法院少年审判庭审理的 48 宗案件中，留守女童遭性侵害的占 1/3，给留守女童造成了严重的身体伤害和心理创伤。类似的案例在其他地方的调查中也经常碰到。三是自己行为失控导致的安全问题。如湖北沙洋县官垱镇小学有个 12 岁的男生，他很小父母就外出务工，和爷爷奶奶生活在一起，爷爷养了好几头牛，他有时帮着爷爷放牛，并经常把牛的缰绳缠在脖子上玩。2006

年开春下雪的一天，爷爷有事外出了，他和奶奶一块去放牛，同往常一样，他又把缰绳缠在脖子上玩，结果牛狂奔起来，怎么也拦不住，他就这样被活活勒死了。此外，由于父母的“缺席”，缺少亲情照顾，导致孩子轻生自杀的案例也不少见。

2. 留守儿童的学业受到较大影响

公平地接受国民教育，是每一个儿童的法定权利。所谓“有教无类”，也就是这个意思。而教育公平本身就是实现社会公平的重要手段。正如人们常说的，消除贫富悬殊，最重要的手段不是税收调节，而是教育公平，因为公平地接受教育可以使所有的人都有可能获得受教育的机会，从而提高全民的知识、技能和素质水平，实现脱贫致富的目标。所以体现社会公平，最主要的就是教育公平。本来，绝大多数农民工之所以背井离乡外出务工，是希望通过自己的艰苦努力，改善家庭的经济状况，让孩子能有条件上好学，读好书，日后有出息。但大部分人的希望最后都事与愿违，结果是“挣了票子误了孩子”，因为这些父母一年到头忙于打工，没有时间和精力过问孩子的学习，所以，父母进城务工对孩子的学习确实造成了较大的影响。这主要表现在三个方面：

一是学习心理问题。一些留守儿童因为父母外出打工而在学习上变得消沉，上课不能集中注意力。据我们调查，尽管有少数孩子在父母外出打工后变得更加坚强自信，而且能够理解父母的做法，把对父母的思念变为学习的动力，自觉上进，表现良好。但这样的孩子毕竟是少数，大多数留守儿童在父母外出(大多数为半个月到一个月的时间）后都表现出一些学习心理问题，其中年龄越小的孩子越突出，女生比男生突出。

二是学习习惯问题。孩子是天生需要教育、帮助和监督的一个群体，由于缺乏父母的督促，农村留守儿童学习习惯普遍不好，自觉性相对较差，作业不认真，上课迟到的多，逃学和辍学等情况时有发生。据我们调查，47%的留守儿童作业完成情况不好，39.6%的留守儿童经常迟到或迟到过，分别比非留守儿童高出25和20个百分点。留守儿童之所以作业不认真和上学迟到，主要是由于父母外出后，现在的监护人很少督促孩子做作业和叫孩子起床，或者是孩子过于贪玩等原因造成的。此外，也有留守儿童认为读书无用，看到自己的父母没有文化，照样天南海北做生意、挣钱，认为自己将来也会像父母一样能挣钱，现在学习好坏无关紧要。从不想学到厌学、逃学，恶性循环。

三是学习成绩下降。很多留守儿童在父母外出后学习成绩都有所下降。据我们对湖北、河南7个县市78位教师的问卷和访谈结果显示，78.4%的教师认为“父母外出打工后，孩子的成绩差了”。另据一位班主任介绍，他所带的班级留守儿童占了70%，这些留守儿童中，80%的人学习成绩处于班上中等以下水平，其中超过40%的属于学习成绩很差。对很多教师而言，留守儿童已成为拖教学成绩后腿的一块心病。留守儿童的学习成绩之所以下降，主要原因是父母外出后，很多孩子学习上得不到很好的辅导与监督。

3. 留守儿童的品行发展缺乏监督

个体的品德行为发展是一个从自律向他律的发展过程，但这个过程并不是自发形成的，需要学校、家庭等的引导和管束。留守儿童由于父母长期不在身边，不能得到父母的亲情、关照和教育，其品行发展往往缺乏监督。而处于身心迅速发展时期的儿童，缺乏对事物正确与否的判断能力，从父母那里得不到的教育，孩子很容易从其他渠道获取。一些同龄人的不良习惯，越轨行为很容易钻空子。如有的孩子整天沉迷于武侠小说、网络游戏或武打色情电影中；有的流落街头，整天呆在台球室、理发店或村头小商店里。因为缺失家庭的亲情、关怀和正常教育，甚至受到家庭和邻里的冷落，便干脆和社会上的失足青年混在一起，成为他们的打手和帮凶；有的在农村偷鸡摸狗，干一些令人不齿的勾当，使农村社会治安问题成为令人头痛的难题；有的整天无所事事，漂流不定，人小又不引人注意，公安局、派出所对他们无法可施，因为他们打架斗殴不注意后果，动辄动刀行凶。不少学校老师也反映，在学校不守纪律、调皮捣蛋的孩子相当数量来自打工家庭。一些无学上、无工打、未成年的留守青少年品行问题则更加严重，在一些地区这类青少年犯罪案件占到全部案件的40%以上。难怪在调查中，不少农村中小学教师发出感慨："父母打工挣钱，多数是为了孩子，假如因此而毁了孩子，真是得不偿失。"

4. 留守儿童的心理问题更加突出

为了使儿童能充分、和谐地发展其个性和形成健康的心理，儿童应在一个充满快乐、爱和了解的家庭环境中成长。农村留守儿童由于缺少家庭的亲情关怀，常年难与父母生活在一起，寄养在亲戚家里或由他人代管，或同爷爷、奶奶等长辈生活在一起，有的孩子甚至由于托管的亲戚又外出，出现被二次托管的现象，心理健康和人格发展问题也就成为最为突出的问题。主要表现为：

(1) 柔弱无助。如不愿与人交流，与人谈话时易掉眼泪，性格内向，不开朗，感到压抑和苦闷。我们曾对 2862 名留守儿童就"父母外出打工，你是否感到压抑和苦闷"进行问卷调查，其中 775 人明确表示"非常压抑和苦闷"的占被调查者的 27.1%，"有压抑和苦闷"的 628 人占 21.9%。这是因为中小学生正处于身心迅速成长的时期，他们对自身变化、学业压力、人际交往等方面有独特的理解与认识，也产生了许多烦恼与冲突。这个时候他们需要有畅通的倾诉渠道，更需要有人加以正确的引导。但由于父母远离他们，往往缺少了与父母直接沟通与交流的机会，因而也就感到柔弱无助。

(2) 孤单寂寞。父母外出打工，不少孩子都感到家庭空落，心理寂寞。据我们对湖北、河南两省 2851 名留守儿童的问卷调查，父母外出打工后，感到非常孤独和孤独的分别占到13%和21.7%。在调研中有很多老师也反映，农村留守儿童有一个共同的特点就是放假都不是很想回家，开学的时候都提前返校，因为他们在家里没有玩伴，又没有人说话，和祖辈没有什么话好说。如一位初三女生在日记里这样写道："妈妈，你知不知道，自从你和爸爸、妹妹走后，我一个人在家里有多么寂寞，有多么伤心，从你们走后，我几乎从来没有笑过，天天我一个人在家里哭，回想着以前咱们在一起的快乐时光……"因为在父母外出的日子里，留守儿童不仅失去了以前父母在家的关爱，也感受到了由于主要家庭成员的缺少所带来的家庭气氛的冷清。

(3) 有被遗弃的感觉。调查发现，在留守儿童的潜意识里，经常会拿自己和村里那些父母都在家的非留守儿童对比，而这种对比往往更让他们感觉到内心的孤单和寂寞。他们所感受到的，不光是日常生活照顾的不一样，别的儿童所得到的关爱以及其完整的家庭，也往往成为他们羡慕的对象和自卑的缘由。特别是有的孩子长久没与父母联系，生活学习没有得到妥善安置时，往往有种被父母遗弃的感觉。如湖北沙洋县烟垢中学有个八年级的学生，每到星期五就哭，因为别人都有人来接，他没有，每次都是附近的邻居或有时候来个亲戚带他走，他就感觉父母不要他了。还有一个孩子在日记中写道：每次学校开家长会的时候，别人都是父母来，而我自己只有亲戚来或没人来；换季的时候，别的孩子的父母都会送衣服来，自己却没人送，感到自己就像没父母一样。

(4) 对父母充满怨恨。少数孩子认为家里穷，父母无能耐，才会出去打工挣钱，对父母打工不理解，由此而产生怨恨情绪。有的孩子在父母回家后疏远父母，产生情感隔膜。我们曾经对一位留守男孩的姑姑进行过访谈，姑姑是孩子的监护人，这位姑姑告诉我们，以前孩子心里觉得他爸妈最好，最重要，最亲，可是他父母出去几年后，现在他一点都不想他们，也不知道是什么原因。孩子平时和他爸妈很陌生，除了没钱的时候向他们要外，很少和他爸妈说话。孩子爸妈刚走的那年他才5岁，那个时候他特别想他们。他爸爸妈妈因为去得远，很长时间才会回来一次，他那时一想就哭，爸妈回来了就拉着不让走。可是到了8岁的时候，他就觉得爸妈在不在身边已经无所谓。爸妈好不容易回来一趟，他也没有表现出什么亲近感，就像家里来了个外人一样。在对其他监护人的访谈时，也屡屡碰到过类似的情况。这是因为父母外出务工，不仅让留守儿童感到了内心的孤单与忧虑，并且由于父母与子女之间长时间缺少交流与沟通，很多留守儿童常常感觉到父母的陌生和遥远，从而导致孩子与父母情感上的隔膜和疏远。

(5) 盲目反抗或逆反心理。总感到别人在欺负他，一点小事就计较当真，与人交流时充满警惕甚至敌意。对老师、监护人、亲友的管教和批评产生较强的逆反心理。沙洋县联合小学四年级一男同学，父母去上海打工一年，在家和奶奶一起生活，奶奶很宠他，基本上不怕奶奶，在家经常和奶奶顶嘴。奶奶和学校老师不让干的事他偏要干。有次学校春游本来不让骑车，后来他想方设法从别人家弄来一辆旧车，结果骑车受伤了。据他的老师反映，这个孩子原来并不是这样，他在作文中写道：快过年了，我总是梦见爸爸妈妈，我宁愿他们在家里，即使再苦也愿意。因为对于留守儿童来说，父母的外出不仅使他们缺少关爱和照顾，也同样影响了他们的安全感和自信心。在孩子眼里，监护人没有父母对自己那么强大而有力，更不是自己安全的保护伞，缺少父母在身边的保护与照顾，孩子容易产生害怕和恐惧，因而时刻充满警惕，并且往往通过盲目反抗来寻求自我保护。

农村留守儿童因为缺乏亲情而导致的心理问题影响到其身心健康成长，他们渴望与父母生活在一起，但现实让他们很无奈。进城务工的父母以谋取生存和经济利益作为主要目的，他们首先希望在物质上能改善家庭生活和孩子的学习条件，很少能顾及孩子的心理和情感世界。据我们对湖北、河南两省 1814 名 3～9 年级留守儿童问卷调查的分析，其中就“让外出打工的父母回来和你一起生活，这种想法对你来说”“特别迫切”、“比较迫切”、“迫切”、“不迫切”和“根本没想过”等选项作出选择时，选择“特别迫切”的占 31.5％，“比较迫切”的占 24.3％，“迫切”的占 24.9％，“不迫切”的占 8.5％，“根本没想过”的占 10.8％。数据表明，有 80.7％的孩子是希望跟父母生活在一起的，而不迫切和根本没想过的那部分留守儿童，都是从小就没有跟父母生活在一起、对父母概念很淡薄的孩子。在农村劳动力向城镇转移的进程中，让这些年幼的孩子来承受从小与父母分离的痛苦，对他们的健康心理和人格的形成产生的负面影响是较大的，这对他们来说也是极为不公平的。

二、农村留守儿童教育公平问题产生的原因分析

留守儿童教育公平问题产生的原因相当复杂，涉及家庭、学校和社会等各个方面，显然不能简单地将之归咎于其中的任何一方，必须进行系统的研究，方能得出正确的结论，采取有效的应对策略。否则，只能是头痛医头，脚痛医脚。

1. 家庭教育的缺失

家庭是社会的细胞，是一种独特的文化圈。家庭成员之间的联系纽带具有深厚的自然生理因素，带有不可更改的血缘性的遗传性联系。子女的诞生既是生物意义上的人的培育，又是社会意义上的人的诞生。家庭的功能不仅是生儿育女，而且是人生的摇篮。父母对子女的责任主要不是养育而是教育。特别是小学和初中这个年龄段的子女更需要父母的关爱、指导和家庭早期教育的支持；如果这个时期父母一方甚至双方的“缺席”，就会使孩子与父母缺乏正常的情感交流和亲子互动，孩子没有机会向父母表达自己的感受，父母也没有机会传达

自己对子女的爱。长此以往，将会使父母与子女产生心理上的隔阂，使儿童丧失基本的心理归属和心理依恋。而“人生最重要的关系是父母和子女的关系，任何一种人生哲学如果不讲求这个根本的关系便不能说是适当的哲学，甚至不能说是哲学”①。因此，父母与子女的关系作为一种教育因素直接影响着教育的质量和孩子的发展水平。然而，大部分农民外出打工原本是为了支付子女的教育费用，使之尽可能接受较好的教育，但是由于他们只想到城里赚钱而置子女的要求和情感于不顾，甚至有人外出多年都没有回家看看孩子，平时和孩子的联系也很少，这就等于放弃了自己监护和教育子女的责任。

尽管父母进城务工的留守儿童大多是交给爷爷奶奶照料或寄住在亲戚家中，但爷爷奶奶都是 50 岁以上的老人，文盲居多，往往只能照顾孙子们的日常起居，学习上的事情大多是心有余而力不足。据我们调查，部分祖父母对孩子在校读几年级几班、班主任姓甚名谁都不知道。加之爷爷奶奶对孙辈的溺爱，他们更加放任孩子；即便是管教，也存在一个交流、沟通上的“代沟”问题。因此，隔代监护人不仅大多缺少监督孩子学习的意识，而且孩子也往往不服从其管束。至于寄养在亲戚家中，亲戚一般不会像对自己的子女那样管教这些孩子，认为管得太严，孩子不理解。因此往往疏于管理，从而使孩子失去有效的监管。同辈或自我监护下的孩子根本就没有监督，只有自律。

这样一来，相当一部分留守儿童由于缺乏父母的管教而任性妄为，在家中不听从爷爷奶奶、亲戚的话，在学校经常不遵守校纪班规，甚至与社会上的一些“三无”（指无学上，无业就，未成年的青少年）人员浪迹在一起，不但学习成绩差，而且存在比较严重的性格缺陷和行为偏差。有的进城务工的父母认为在感情上对子女有所亏欠，想通过金钱来弥补，而这些子女则往往不珍惜父母在外辛苦赚来的钱，花钱如流水，进一步助长了他们养成不良的习气。还有的父母分隔两地，多年不在一起，感情淡漠，造成离婚或近似离婚的事实，使孩子成为“单亲家庭”的孩子，心灵上遭受到更大的冲击和伤害。

2. 学校管理的失控与教育的失误

农村留守儿童由于父母双方或一方已离开家庭外出打工，他们很难得到父母的关怀，而关怀与被关怀是孩子的基本需要。如果家庭不能满足孩子对关怀的需要，那么其他机构必须满足这一需要，这就需要从其他途径寻求有力的责任者。而学校就是这样一种机构和责任者，因为学校是负有培养人这一特殊使命的场所，当然也是留守儿童的教养主体，理应全面承担起孩子的教育与管理的责任，使他们公平接受教育。从目前来看，对于留守儿童较好的管护措施是

---

① 林语堂：《人生的盛宴》，见《古今中外伟人智者明言精粹》，中国国际广播出版社 1993 年版，第 168 页。

实行寄宿制，即将他们统一安排在学校住读，由学校进行统一管理。学校寄宿的集体生活，可以增强师生、同伴之间的交往，在一定程度上能消解留守儿童的心理问题，提高他们的生活自理能力和与人合作的能力，对于他们的成长无疑具有积极的作用。但从所调查的县市来看，大部分农村中小学缺乏寄宿条件，甚至根本没有将寄宿制纳入中小学的发展规划之中。即使是住校，一般条件都较差。从我们所调查的几十所农村寄宿制学校的情况来看，基本上是两个学生挤一个铺位，一张高低床睡 4 个学生，一间宿舍一般睡几十个学生。此外，由于编制的限制，农村中小学对于寄宿学生一般都没有配备专门的生活教师，住校生的管理基本上是由任课教师和班主任负责。而这些任课教师和班主任往往又都是义务服务，没有额外的津贴补助，他们每天从早上 5 点多钟一直要工作到晚上 10 点半钟。由于学校的寄宿条件较差，许多打工家长宁可将孩子寄养在亲戚家，也不让其住校，而这些孩子也认为寄养在亲戚家里比住校自由。这样一来，留守儿童寄养多于寄宿。据京山县曹武镇初中介绍，该校住校生只有 60%，除了家在学校附近的学生以外，相当一部分路远的学生寄住在学校附近的亲戚家中。在这些学生中，绝大部分是留守儿童，住校的不足一半，于是这部分孩子在学校和亲戚之间就形成了一种管理上的失控区。在这个失控区间，留守儿童自然很容易沾染社会上的不良习气，例如乱花钱、泡网吧、赌博、打架斗殴、与社会上的小混混搅在一起，等等。

与此同时，当前不少农村中小学的教育工作仍存在较为严重的缺陷。一般来说，留守儿童由于缺少父母监管或其他原因，大多数学习成绩较差，常常被忽视，很难得到老师和同学的帮助。调查显示，在不少教师眼里，“留守儿童”已与“双差生”画上了等号，属于不讨人“喜欢”的一群，他们从教师那里得到的关爱明显要少于非留守儿童。留守儿童在家中得不到本该应有的关爱和温暖，如果在学校也得不到鼓励和帮助，反而经常受到批评、讽刺和怀疑，长此以往，孩子就会感到没有安全感，缺乏生活的乐趣，结果必然会出现心理缺陷或行为变异。如湖北随州市曾都区一位服毒自杀和另一位卧轨自杀的留守学生平时都是因成绩差，不大受老师和同学的欢迎，感到思想苦闷，而走上绝路的。究其原因，主要是当前农村中小学教育仍然着眼于应试和追求升学率，对教师的评价也主要是看学生的成绩，至于用什么方式、采取什么手段教育学生，则不在学校的管理考核之列，因此导致有的老师方式粗暴，用体罚、辱骂等极端行为管教学生。还有的教师对打工家庭的留守儿童则采取不闻不问，放任自流，或在班上造成这些孩子是“嫌弃儿”的印象。这样的做法，自然伤害了孩子的自尊心。孩子的心灵一旦受到伤害，就会留下长久的阴影，形成恶性循环，导致其厌学甚至厌世心理的产生。即使有的学校对留守儿童的教育问题虽有认识，但由于经费的紧张，师资的短缺，也没有能力采取相关的措施来帮助这些孩子。

访谈中不少农村中小学校长反映，目前农村的学校都是入不敷出，教师流失严重，对于留守儿童的教育问题只能是心有余而力不足了。

3. 社会缺乏实质性的关注

较之流动儿童，农村留守儿童出现更早，数量更多，教育公平问题更加严重。早在20世纪80年代中期我国流动人口开始大规模出现以来，农村留守儿童教育公平问题就已经产生了，但一直没有引起社会的关注。从我们调研的湖北、河南两省的情况来看，地方政府（主要指县乡两级政府）对农村剩余劳动力转移都很关注，并认为这是带动当地经济发展的一个重要途径。不少地区的县乡政府还实施过很多鼓励农民外出务工的政策和措施，如组织对农民的技能培训、联系打工的地点等。但在谈及留守儿童教育问题时，很多县乡负责人却承认农民外出打工确实会给留守儿童带来诸多影响，但是这些县乡负责人对留守儿童教育问题却了解甚少，也没有针对留守儿童教育采取任何相应的措施。而地方教育行政部门尽管对这一问题比较重视，做了大量工作，但其主要做法是要求学校建立留守儿童档案，可是下面执行的情况也并不理想，有相当一部分学校并没有建档。社会的漠不关心必然会反映到学校中来，学校教育也很少给予农村留守儿童以特别关注。特别是在广大农村学校，学生两极分化现象比较突出，学校更是把注意力放在所谓“优等生”上，对“差生”或多或少都欠缺一些关爱。即使有的学校、有的教师意识到了问题的重要性，但面对留守儿童教育这样一个系统工程，面临着方方面面孤立无助的境地，学校和教师也常常表现出一种爱莫能助的心态。由此可见，尽管目前关于进城务工就业农民子女的教育问题已引起社会的重视，但对留守儿童的教育问题，无论是家庭还是学校，也无论是社区还是政府，都还缺乏实质性的关注。

三、保障农村留守儿童公平接受教育的政策建议

农村留守儿童是当前和今后相当长一段时间普遍存在的一个社会问题，能否成功地解决他们公平接受教育的问题，不仅直接关系到他们的健康成长，而且涉及农村剩余劳动力能否顺利转移，关系到中国现代化的成败。而解决好农村留守儿童公平接受教育问题，不应只是学校和农民工自身的事情，而应该由学校、家庭、社会及政府各方面共同努力，协调合作，共同为留守儿童撑起一片蓝天。

1. 搞好农村寄宿制学校建设，充分发挥学校教育的主体作用

在家庭功能不健全的情况下，学校应成为留守儿童社会化过程中一个极其重要的场所，如果学校能给予更多的关爱与帮助，将会在很大程度上弥补他们家庭教育上的缺憾和保证他们公平接受教育。如前所述，要弥补留守儿童家庭教育上的缺憾和保证他们公平接受教育，搞好农村寄宿制学校建设不失为一种

好的选择。寄宿制学校可以解决留守儿童无人照看、学习和安全得不到保障的问题，解除进城务工农民的后顾之忧。因此，在当前中小学布局调整过程中，应在有条件且必要的地方改扩建一批农村中小学寄宿制学校，同时加强对寄宿制学校教学、生活、安全方面的管理，以充分发挥学校教育的主体作用，帮助留守儿童克服面临的各种困难。

为此，第一，国家应加大对农村义务教育的投入，为寄宿制学校的建设提供财政支持。由于社会经济发展相对落后，绝大多数农村县市政府财政困难，难以承受寄宿学校的财政投入，因此，各级政府应按比例给农村寄宿制学校建设提供经费支持，给寄宿制学校建设在用地及收费等各方面实行减免等优惠政策，为寄宿制学校建设创造条件，使确需寄宿的农村留守儿童能进入具备基本办学条件的寄宿制学校学习。第二，适当放宽农村寄宿制学校教师的编制，配备专门的生活教师，并对生活教师和其他相关后勤人员的素质提出相应要求。生活教师的职责不仅仅是照顾孩子的饮食起居，还应树立“保教结合”意识，身体力行、言传身教，担负起对孩子的教养责任。学校其他相关后勤人员也应从“服务育人”的宗旨出发，注重自身品德修养，克服不良生活、卫生习惯，给孩子一个好的行为榜样。尤其应对寄宿制学校的女生加强监护管理，防止和杜绝她们的人身遭受侵害。第三，学校应在政府的支持下千方百计改善学生寄宿条件或开办专门的留守儿童宿舍，给留守儿童及广大农民子女提供比较好的学习和生活环境，以吸引打工者将他们的孩子寄宿在学校，从而加强对留守儿童的管护。第四，加强寄宿制学校的日常管理。要严格卫生制度，防止流行性疾病发生。学校食堂要办好伙食，注意营养搭配，保证成长发育中孩子的营养健康。学校管理者也应把寄宿制作为切实服务于学生、服务于进城务工农民家庭的办学形式，严禁通过收取过高的住宿搭伙费，或采取统一配发生活用具的方式来增加学生及其家庭的负担。寄宿制学校对许多贫困家庭来说，无疑增加了上学成本和经济负担，因此，学校绝不能把寄宿制当成勤工俭学的途径，通过不合理收取寄宿费去弥补学校经费的困难，更不允许将学生的寄宿费挪作他用，从而降低寄宿生的生活标准。第五，学校应开展丰富多彩的有益身心的活动来吸引学生。如主题班会、联谊会、道德法制讲座以及“我为留守儿童献爱心”等活动，让留守儿童充分感受到来自学校大家庭的温暖。同时，学校还应提供更多适合儿童的图书、报纸、杂志等读物，并且增加儿童的体育娱乐设施，增添儿童精神上的慰藉及生活上的乐趣。第六，重视学生的心理咨询与辅导，建立留守儿童心理发展档案，设立“心理健康咨询室”，安排有经验的教师担任心理医生，及时发现和诊治留守儿童出现的心理健康问题，帮助解决他们心理上的困惑。第七，学校应有专门的机构和人员来承担与留守儿童家庭的联系，实施全天候跟踪管理，并协调各方的关系。如建立留守儿童的专门档案，建立与留守儿童父母及监护人的联系卡；开通“亲情热线”，让外出务工家长定期与子女通电话；开通“师长热线”，让外出务工家长随时与班主任进行沟通，以制度形式保障与留守儿童父母及监护人经常性的联系。

2. 积极营造良好的家庭教育氛围，让留守儿童感受父母的关爱和家庭的温暖

在孩子的成长过程中，父母的帮助教育作用是其他人无法取代的。他们通过亲子关系、家庭互动以及所营造的家庭氛围影响孩子的行为和价值观，通过教育影响孩子的学习成就感，通过教养方式让孩子养成良好的生活习惯。因而，作为“留守儿童”的父母应充分认识到自己的重要性，认识到孩子教育的重要性，应尽自己最大的能力把他们带在身边，给他们一个完整的家，让他们时时刻刻能够享受到父母的关爱和教育，从而拥有一个良好的家庭教育氛围。如果条件不允许，应尽最大可能降低母亲“出行率”。调查中，当留守儿童被问及“如果父母有一个要外出打工，你希望谁在身边时”，有80%的留守儿童回答是母亲。因为不管是照顾孩子的饮食起居还是教育孩子，母亲更有优势。母亲在家孩子会感觉有安全感，有倾诉对象。母亲丢下孩子外出打工，对孩子的健康成长是弊大于利的。同时，还要注意家庭教育方式，不要溺爱孩子，当孩子做错了事要及时管教。一般情况下，不要满足孩子正常需要之外的要求，以养成孩子自我克制的习惯。如果父母都在外务工，家长应该充分利用农忙季节、春节返乡等机会，多向老师和监护人了解孩子在学校、家里的学习、生活情况，或借助电话多与孩子交流沟通，让孩子感受到父母的关爱、家庭的温暖。

3. 调动社会各方面的力量，为农村留守儿童公平接受教育创造良好的外部环境

农村留守儿童的整体生活环境主要可以分解为两类：第一类是家庭生活、学校生活和同辈群体生活；第二类是社区及宏观的社会文化生活环境。尽管学校生活是留守儿童最主要的生活方式之一，但是整个社会生活中的任何一类因素都会或主或次、或隐或现、或直接或间接地影响留守儿童的成长与发展。从所调查的情况看，绝大多数农村留守儿童的心理障碍和失范行为，都可以从他们现实生活环境的差异、矛盾和冲突中找到原因。因此，要保证农村留守儿童公平接受教育，必须动员社会各方面的力量实行齐抓共管。

具体来讲：第一，政府有责任为留守儿童创造健康成长的良好环境。有关部门应当积极采取措施，积极制定和实施关爱留守儿童的工作计划与方案。要加快完善农村的基础设施建设，改善小城镇的投资环境，增加农村剩余劳动力在家庭附近就业的机会，使他们能在乡镇里打工，从而可以缩短农民工回家的周期。另外，针对目前农村学校普遍的经费不足、人员流失、教学设施差的现状，政府要加大对农村社区的教育投入，制订和实施相应的政策和措施，从根本上帮助学校走出当前所面临的困境，只有这样，学校才能心有余力也足，才能对留守儿童问题真正重视起来。第二，在进城务工农民较多的地方，应积极鼓励社会力量开办各种各样的看护中心、寄宿公寓，给有不同需求的打工子女提供不同的学习、看护和寄宿条件。对目前一些地方出现的“代理家长”、“抚养中心”之类的民间托管形式，国家应制定相应的政策，明确其职责，规范其行为。第三，政府的公安、文化、新闻、出版等职能部门应切实履行自己的职责，与学校共同承担起留守儿童教育和保护的责任。当前，尤其要加强农村乡镇文化建设，大力整治校园周边环境，打击违法经营的网吧，根治各种精神污染对孩子的毒化，让农村中小学生在良好的环境中接受教育和熏陶。第四，积极组织“青年志愿者”和大中专学生参与农村留守儿童的教育工作，以多种形式为留守儿童提供教育和生活支持。同时，应强化社会关爱，充分发挥各地“关工委”和“五老”的作用，组织机关干部、社会热心人士与留守儿童结对子，让富有爱心、责任心的成年人在一定程度上扮演父母的角色，引导他们成长。第五，在充分调动社会各方面的力量帮助农村留守儿童健康成长的同时，地方各级党委和政府，尤其是乡镇党委和政府、村党支部和村民委员会，要把关心留守儿童作为维护农民工的合法权益，加快本地经济发展，构建和谐社会的一件大事来抓。此外，政府有关部门应对进城务工的农村家长进行引导和教育，强化农民工家长的家庭教育观念，让农民工家长学会与孩子沟通、交流及教育孩子的正确方式，发挥家长对孩子独特的教育功能，引导孩子健康成长。

4. 积极鼓励城市公办中小学降低入学门槛，尽可能地接纳进城务工农民子女入学

城市公办中小学，均是由政府财政举办的，其存在的理由就是为了公共服务，必须一视同仁地对待所有公民。城市的公共教育资源不仅属于城市居民，也属于那些未能获得城市居民身份的所有进城务工就业的农民工。如果说城市居民的子女可以享受公共教育资源，那么进城务工就业的农民子女也有权享受这一资源。因此，积极鼓励城市公办中小学尽可能接纳进城务工就业农民子女入学，一方面可以减少农村留守儿童的比重，另一方面更为重要的是可以使农村的孩子能够从小接受较为优质的教育，融入城市文明。因为从某种意义上说，在当前城乡教育非均衡发展的情况下，即使是城市里的薄弱学校，在农村一些乡村均可称得上是优质学校。因此，城市政府应切实贯彻“两为主”的精神，允许进城务工就业农民子女在城市公办中小学就读，并一律免收学杂费。这些孩子进入公办中小学后，应该有正式学籍，并在评优奖励、竞赛活动、升学等方面和城里学生享有统一的权利和标准，以消除进城务工就业农民子女在城市接受教育所遭受到的歧视，为他们提供公平接受教育的机会。

在鼓励城市公办中小学接纳进城务工就业农民子女入学的同时，应积极支持社会力量举办民工子弟学校，以帮助进城务工就业农民工比较集中地区解决其子女接受教育的问题。在现代社会，义务教育作为一种特殊公共产品主要由国家和政府投入。但是这种投入并不一定必须投入公办学校或建立公办学校来承担义务教育，农民工子女也不一定必须选择公立学校就读，他可以选择上公办学校，也可以选择上民办学校。对于选择上民办或民工子弟学校的学生来说，他们也有权获得相同的公共财政支持，而接受农民工子女的民办学校也应获得政府的财政支持。特别是民工子弟学校大多建立在公办学校辐射不到、流动人口密集的区域，在相当程度上弥补了公办学校的供给不足，方便了农民工子女就近入学，更应得到政府的财政支持。当然，在积极鼓励和支持社会力量举办民工子弟学校的同时，政府及其教育主管部门对民工子弟学校办学资质应提出明确的要求，办学者为个人的，应当具有政治权力和完全民事行为能力；办学者为单位的，应当具有法人资格。校长应当持有县级及以上教育行政部门出具的任职资格（资历）证书和校长上岗证书，教师应当具有国家规定的教师资格证书，其他职工应具有相关部门颁发的岗位证书。学校应基本符合中小学的办学条件，有必要的开办资金和保证日常教育教学运行的稳定经费来源，有独立、合法的财务管理，民工子弟学校的收费项目和标准按办学成本核定后，报物价部门核准，向社会公布，收费必须出具合法票据，但不得以营利为目的。

当然，无论是鼓励城市公办中小学接纳进城务工就业农民子女入学，还是支持社会力量举办民工子弟学校，流入地政府面临的最大压力是财政压力。这个问题如果得不到妥善解决，将会影响流入地政府的积极性和进城务工就业农民子女公平接受教育的问题。解决这个问题，一方面要求流入地政府应千方百计依靠自身财力满足流动儿童接受教育的需要，另一方面随着农村义务教育经费保障新机制的建立和城市免费义务教育的即将实行，可考虑在义务教育阶段设立学生“教育券”来缓解城市政府面临的财政压力。“教育券”的主要特点是“钱随人走”。与传统的面向学校的财政拨款制度比较，“教育券”的实施有利于学校之间的竞争。流动儿童最大的特点是流向不定，无论是国拨还是地方政府的经费难以固定在特定的学校和地区。在中央和省级政府加大对义务教育投资的背景下，“教育券”的实施正好能够纠正户籍制对学生自由流动的不利影响。当学校凭流动儿童缴纳的“教育券”在当地政府部门兑换时，教育经费的分配与流动学生规模相匹配。这种方式不仅有利于使学生及不同的学校公平地获得政府的财政支持，而且也有利于不同学校之间为争夺生源的竞争，从而提高教育资源配置效率和教育质量，促进教育公平。不过，“教育券”的实施应该有一个过程，应先局部试点再逐步推广。

总之，农村留守儿童同其他孩子一样，也是国家的未来。对这一缺少关爱、存在问题较多的庞大特殊群体，如果现在不采取措施保证他们公平接受教育，会使问题变得更加复杂。因此，农村留守儿童能否公平接受教育，不仅是一个教育问题，也是一个社会问题。这一难题的破解，是一个系统工程。但只要学校、家庭倾情参与，政府、社会各方共同努力，采取切实可行的措施，问题就不难解决。

我国农村中小学布局调整的成效、问题及对策[①]

——基于中西部地区6省区的调查与分析

【内容摘要】本文通过对中西部地区的湖北、河南、广西、云南、陕西和内蒙古6个省（自治区）38个县市177个乡镇中小学布局调整的调研，全面、深入地了解了我国农村中小学布局调整的成效与问题，分析了问题存在的原因，并在此基础上提出了农村中小学合理布局的对策思路。

【关键词】农村中小学　布局调整　成效与问题　对策思路

20世纪90年代中后期开始，我国农村地区，特别是中西部农村地区开始了新一轮中小学布局的大调整。那么，这一次农村中小学布局调整取得了哪些成效？存在什么问题？为了客观把握我国农村中小学布局调整的真实情况，全面了解当前我国农村中小学布局调整的经验及其存在的主要问题，探讨科学、合理的农村中小学布局调整的途径和方法，并结合我国农村义务教育政策的调整和各地实际情况，提出一套科学、合理的农村地区中小学布局方案，我们华中师范大学《中西部地区农村中小学合理布局结构研究》课题组，受教育部财务司的委托，在英国政府双边赠款“西部地区基础教育”项目的资助下，从2005年7月至2008年7月，对中西部地区的湖北、河南、广西、云南、陕西和内蒙古6个省（自治区）38个县市177个乡镇的中小学布局调整情况进行了深入、细致的调查研究。基于本次调查，本文对我国农村中小学布局调整的成效、问题及其原因进行了全面、深入的分析，并在此基础上提出了农村中小学合理布局的对策思路。

一、农村中小学布局调整的成效

农村中小学教育布局既要受经济社会发展的影响，又要受地理环境、人口密度、空间分布及增长速度等多种因素的制约。经过布局调整，教育资源是否

① 本文为英国政府双边赠款“西部地区基础教育研究”项目、国家级研究课题“中西部地区农村学校合理布局研究”的阶段性成果之一，发表于《教育研究》2009年第1期，《新华文摘》2009年第7期论点摘编。本文第二作者为郭清扬。

得到合理配置和有效利用，区域内教育是否得到均衡发展，农村中小学教育质量是否得到提高等，便成为摆在人们面前的现实问题。

（一）农村中小学布局调整的总体评价

在一定区域内是否设置、如何设置普通中小学校，受许多因素的影响，在决策时，要同时考虑学校规模、服务人口、服务范围等因素。同理，对农村中小学布局调整进行总体性评价也必须充分考虑这些因素。

1. 布局调整后农村中小学学校规模

农村中小学布局调整的具体方式就是撤点并校，把一些教学质量差、生源不足的教学点撤并到中心学校，扩大学校规模，并集中资金、校舍、教师以及教学仪器、图书资料等资源，改善这些学校的教学条件和教育质量。而反映学校规模的指标主要是学生人数和班级数。

就校均学生人数而言，所调查的中西部农村地区的小学校均 295 人，初中校均 1020 人，九年一贯制学校校均 748 人，高中校均 2025 人（见表 1）。其中，规模最大的小学有 2200 人，最小的小学（教学点）只有 3 名学生，学校之间的差异非常大；学生人数最多的初中和高中分别有 5802 人、5097 人，学生人数最少的初中只有 111 人，高中是 400 人。就学生人数最大值而言，学校规模已是够大的。就学校班级数和班级人数来看，小学平均 8.2 个班，每班 36 人，初中平均 16.7 个班，每班 61 人，九年一贯制学校平均 19.8 个班，每班 38 人，高中平均 32.6 个班，每班 62 人，可以看出初中和高中目前平均每班学生人数已超过 60 人，班级规模较大，高中的校均班级数达到 30 多个班。就区分不同地理位置的学校来看，山区、丘陵、平原的小学校均学生数分别为 278 人、336 人、312.4 人，相互之间差别很小；山区、丘陵、平原初中校均学生人数分别为 878 人、961 人、1244 人，班级数分别为 15.8、14.6、17.9。本次调查的实际情况表明，小学、初中的学校规模均超过了教育部的规定，高中的情况与初中基本相似。

表 1　6 省区农村中小学布局调整前后学校规模及师生比比较（单位：人）

比较项目及年份		6 省区平均	陕西	广西	湖北	云南	河南	内蒙古
小学校均学生数	1999 年	228	129	343	248	206	271	168
	2006 年	295	303	230	445	336	304	560
小学师生比	1999 年	1∶25.2	1∶28.6	1∶29.5	1∶26.5	1∶24.1	1∶27.2	1∶15.2
	2003 年	1∶20.7	1∶21.1	1∶24.7	1∶23.6	1∶20.0	1∶22.1	1∶12.6
初中校均学生数	1999 年	874	788	891	953	620	944	648
	2006 年	1020	801	698	1359	1004	1139	2445

续表

比较项目及年份		6省区平均	陕西	广西	湖北	云南	河南	内蒙古
高中校均学生数	1999年	773	710	753	1093	801	953	640
	2006年	2025	1680	2492	1404	1404	3267	—
中学师生比	1999年	1∶19.3	1∶18.3	1∶22.5	1∶17.9	1∶17.2	1∶20.5	1∶15.9
	2003年	1∶19.9	1∶20.1	1∶21.4	1∶20.7	1∶19.2	1∶21.5	1∶16.6

数据来源：2003年的数据根据《2004年中国统计年鉴》中各级各类学校数、各级各类学校教师数、各级各类学校在校学生数等数据计算得出。

将农村中小学布局调整前的学校规模数据与本次调研所获得的学校规模数据进行比较分析，可以了解学校规模的变化情况。从6省区农村中小学布局调整前（1999年）的学校规模与布局调整后（2006年）的规模比较中，能够明显看到各级学校的校均在校学生人数都有显著增长：农村小学校均学生数由228人增加到295人，增长了29.5%；初中校均学生数由874人增加到1020人，增长了16.6%；高中校均学生数由773人增加到2025人，增长了162%（见表2)。高中的规模增长极为显著，这是由于高校扩招后对普通高中产生了极为显著的拉动作用。

表2　布局调整前后6省区农村中小学学校规模变化情况

学校类别	布局调整前（人）	布局调整后（人）	增长幅度（%）
小　学	228	295	29.5
初　中	874	1020	16.6
高　中	773	2025	162.0

2. 布局调整后农村中小学的服务人口

中西部6省区农村中小学服务人口的数据统计显示：小学的平均服务人口为5168人，初中为27902人，九年一贯制学校为10220人，高中为158116人，比布局调整前均有显著的增加，其中小学增长幅度高达180.7%，初中为34.9%（见表3)。可见小学布局的调整幅度是最大的。

表3　布局调整前后6省区农村中小学服务人口变化情况

学校类别	布局调整前（人）	布局调整后（人）	增长幅度（%）
小学	1841	5168	180.7
初中	20681	27902	34.9

就不同地区、同一层次学校而言，山区、丘陵、平原的小学服务人口分别为5062人、5747人、5201人，三者之间十分接近，但牧区小学的服务人口则达到11300人，是前三类学校的2倍左右，这是因为牧区中小学普遍实行寄宿

制，其中服务人口要比其他地区高得多。山区、丘陵初中的服务人口比较接近，分别为 24427 人和 22103 人；比较而言平原初中的服务人口要多一些，为 31418 人；最多的是牧区初中，达到 147589 人。就普通高中而言，丘陵地区的服务人口最少（73202 人），其次是山区（150819 人），最多为平原地区（211963 人）。地理位置不同的学校服务人口不同的最主要原因是，不同地区人口分布密度存在较大差异。此外，学校是否实行寄宿制对该学校的服务人口影响非常大（见表 4）。

表 4　6 省区不同地理环境的学校布局情况

学校类型与位置		校均班级数（个）	校均学生数（人）	服务人口（人）	服务范围（公里）
小学	山区	8.2	278	5062	3.1
	丘陵	8.1	336	5747	2.5
	平原	7.9	312	5201	2.1
	牧区	14.9	624	11300	23.2
初中	山区	15.8	878	24427	13.4
	丘陵	14.6	961	22103	6.9
	平原	17.9	1244	31418	9.0
	牧区	50.3	3150	147589	55.1
九年一贯制学校	山区	21.2	699	9130	5.1
	丘陵	16.8	811	16409	7.8
	平原	12.5	1114	14620	4.6
	牧区	—	—	—	—
高中	山区	30.2	1737	150819	42.3
	丘陵	20.8	1057	73202	43.1
	平原	43.5	3206	211963	52.6
	牧区	—	—	—	—

3. 布局调整后农村中小学的服务半径

根据课题组对 6 省区问卷调查的统计分析，目前农村中小学服务半径的均值约是：小学校均服务范围为 2.8 公里、初中为 12.2 公里、高中为 81.8 公里。就小学而言，与 1998 年全国小学的服务半径 1.24 公里相比，增加了 1.3 倍；与 1998 年中西部 6 省区的均值 0.99 公里相比，增长了 1.9 倍。中学方面由于缺乏布局调整前的有关数据，难以得出其服务半径变化情况的准确数据，不过根据课题组对 6 个省区的调研汇总情况来分析，农村中学在布局调整后实行寄宿制的学校更多、寄宿学生人数更多，加上撤并了相当数量的校点，因此中学服务半径的增加幅度不会低于小学。总体来说，布局调整使农村中小学的服务半径都大幅度增加。

综合上述对布局调整后中西部地区农村中小学学校布局现状的总体分析，可以总结为：农村中小学的布局调整力度较大，中小学的服务人口和服务范围都有显著的增加和扩大，学校规模的扩大更加明显，以前存在的学校规模过小、布局分散、资源利用效率低的状况得到了相当程度的改善。

（二）农村中小学布局调整的具体成效

以上是对中西部地区农村中小学布局调整的总体评价。那么，农村中小学布局调整究竟取得了哪些具体成效呢？课题组通过对中西部6省区的调研发现，经过几年的努力，农村中小学布局调整已经取得明显的具体成效。

1. 促进了教育资源的合理配置

在布局调整之前，各地农村中小学普遍存在着布局分散，校点过多，学校规模过小，需要改造的危房多等问题。由于教育资源的投入具有整体性和不可分割性，学校无论规模大小，都要有校舍建筑和教学设备等固定资本投入，都要有教师、行政管理人员等人力资源投入，这使得本来就短缺的资源过于分散，难以形成规模效益。当规模小的学校和一些教学点被撤并以后，各地就将有限的教育资源集中使用，从而避免了过去分散办学时普遍存在的教育资源利用效率低下的问题。

结果显示，接受调查的县乡两级教育行政部门负责人中有高达95.5%的人认为，农村中小学布局调整促进了教育资源的合理配置，而在所有接受调查的县教育局局长（副局长）中，这一比例高达100%。尽管在对学校校长、中层管理人员、教师及其他（教辅和工勤人员）的调查中，对这一问题的认同比例呈递减趋势，分别为78.7%、77.6%、69.8%、66.9%，但在各项选择中仍居首位（见表5）。由此可见，尽管教育行政部门负责人、农村中小学校长、中层管理干部、教师以及教辅、工勤人员对这一问题的看法不完全一致，但大多数人都认为，农村中小学布局调整促进了教育资源的合理配置。

表5　不同样本群体对当地农村中小学布局调整的看法（单位:%）

人员类别	有效样本（份）	提高了学校规模效益	实现了教育资源的合理配置	提高了教育质量	减轻了教师的负担	有助于教育的均衡发展	其他
行政人员	178	70.8	95.5	78.7	37.1	70.8	3.2
学校校长	893	57.6	78.7	64.7	28.8	56.1	2.7
中层干部	736	56.0	77.6	52.4	21.6	53.7	3.5
教师	8884	50.3	69.8	47.6	19.1	50.1	3.2
其他	121	49.6	66.9	52.1	19.8	48.8	5.0

注：县（市）、乡（镇）教育行政部门负责人卷缺失值为3，学校卷缺失值为829。

2. 提高了农村学校的规模效益

农村中小学布局调整不仅促进了教育资源的合理配置，而且有利于农村学校形成适度规模，提高学校的规模效益。所谓学校适度规模，是指在教育的其他条件不变的情况下，学校拥有恰好可以使所有资源得以充分和恰当利用，并在不违背教育规律的前提下，保证培养规格、教育质量不受影响的合理限额的班级数和学生人数。因此，学校规模是判断和评价农村中小学布局是否合理的主要标准之一。因为在教育资源一定时，如果学校过多、单个学校规模较小，那么每所学校就无法发挥规模效益，必然导致教育资源的利用效率低下。农村中小学布局调整后，学校数量得以减少，每所学校可支配的教育资源大大增加，形成了规模效益，其教育资源利用效率整体得到提高。

调查发现，在所有受访人员中，分别有70.8%的教育行政人员、57.6%的中小学校长、56.0%的学校中层干部、50.3%的教师和49.6%的教辅及工勤人员认为农村中小学布局调整提高了学校的规模效益（见表5)。而从实地调研情况来看，近几年各地对农村中小学的调整幅度都很大，效果比较明显。

3. 促进了区域内教育的均衡发展

促进义务教育的均衡发展，既是近年来我国政府一直努力的目标，也是建设社会主义和谐社会、促进社会公平正义的重要方面。教育均衡发展的最基本要求是在教育机构和教育群体之间，公平地配置教育资源，达到教育需求与教育供给的相对均衡。那么，农村中小学布局调整是否促进了教育的均衡发展呢？对6省区的调查结果显示，有关各方都认为农村中小学布局调整有助于教育的均衡发展，其比例分别达到了70.8%（教育行政人员）、56.1%（中小学校长）、53.7%（学校中层干部）和50.1%（教师）（见表5)。超过50%的各方认同度反映出农村中小学布局调整对于促进教育均衡发展，缩小地区之间、城乡之间、学校之间的差距确实起到了积极作用。

在实地调查中我们看到，首先，农村中小学布局调整以后，一些基础设施较好、教学质量较高的农村中心校，由于投入加大、资源集中，其办学条件在当地农村达到一流水平，其基础设施、师资、教学仪器设备、管理水平等也朝着与城镇水平差距缩小的方向发展，在这样的情况下，农村学龄儿童可就近接受高质量、高水平的教育；从长远来看，对缩小区域内、城乡之间的教育差距，推进区域内、城乡间的教育均衡发展起到了积极作用。其次，布局调整对于推动县域、乡域之间的教育均衡发展起了积极作用。当前，我国农村教育管理体制的一个重要特点就是“以县为主”，县级政府负有组织实施义务教育方面的主要责任，包括统筹管理教育经费，调配和管理中小学校长和教师，指导中小学教育教学工作等。因此，虽然一个县域内各乡镇的经济发展程度有差别，但县级政府有权对全县的教育经费进行统筹安排，有权对全县的教育资源进行合理布局和调整，这对促进县域、乡域的教育均衡发展有着十分积极的意义。比如在广西，很多乡镇中心学校的校长认为，当地在进行学校布局调整以后，除了乡镇中心小学条件要明显好一些以外，其他的所有小学条件都差不多，学生可以选择在全乡镇范围内的任何一所小学就读。

总之，农村中小学布局调整后，一大批规模小、办学条件差的中小学被调整和撤销，教育资源得以进一步集中，师资队伍进一步优化，定点学校的教育质量不断提高，使更多孩子享受到了优质的学校教育，促进了区域内义务教育的均衡发展，为进一步缩小城乡之间的差距打下了良好的基础。

4. 促进了农村学校教育质量的提高

追求教育质量的提高，是农村中小学布局调整的最终目的。调查发现，6省区分别有78.7%的教育行政人员、64.7%的中小学校长、52.4%的学校中层干部和47.6%的教师认为，农村中小学布局调整促进了教育质量的提高；同时有51.9%的家长认为，孩子的学习成绩提高了；49.4%的学生认为，自己的学习成绩提高了。此外，有26.1%的教育行政人员和35.6%的教师认为入学率上升了，67.6%的教育行政人员和47.9%的教师认为升学率和调整前大致相当。

农村中小学布局调整之所以能促进农村学校教育质量的提高，除了布局调整后教育资源得到了合理配置，办学条件得到改善外，关键是教师的责任心增强了。布局调整后清退了大量民办教师，改变了以往农村教师“教书农活双肩挑”的局面，教师能更专心于教学工作。家长和学生也更切实地体会到了客观的变化，高达75.4%的家长认为布局调整后学校老师对学生更负责任了，还有63.5%的学生认为老师与自己相处的时间变多了。

综上所述，不难看出，农村中小学布局调整应该说是取得了较好的成效，即促进了教育资源的合理配置，提高了农村学校的规模效益，促进了区域内教育的均衡发展和农村学校教育质量的提高，因此，得到了有关各方的充分肯定。

二、农村中小学布局调整中存在的问题

农村中小学布局调整在促进教育资源的合理配置、提高教育资源利用效率、促进教育均衡发展和提高教育质量等方面取得了显著的成效，但由于经济发展的差距和历史形成的体制、机制等原因，农村中小学布局调整过程中也存在着这样或那样的问题。

1. 学生上学路程太远

调查结果显示，不论是教育行政部门负责人，还是学校校长和教师，或者家长及学生，都认为学生上学路程太远是目前农村中小学布局调整后遇到的最大问题。其中，有74.0%的教育行政人员、77.5%的中小学校长、70.5%的学校中层干部、69.8%的教师和62.1%的教辅人员，将学生上学路程太远列为当

地农村中小学布局调整中存在的最主要问题之一（见表6）。在所有受访的学生家长中，有44.4%的人将孩子的安全问题看作是他们最关心的问题（见表7）。由此可见，有关各方的意见基本一致，即农村中小学布局调整以后，学生上学路程太远已经成为一个突出的问题。

表6　农村中小学布局调整中存在的问题（单位:%）

人员类别	有效问卷（份）	学生上学路程太远	家长负担加重	班级规模过大	缺乏后续配套资金	教师工作负担加重	教育质量下降	学生生活压力加大	其他
行政人员	177	74.0	40.7	13.6	76.8	22.0	4.0	24.9	7.3
学校校长	901	77.5	34.0	27.7	64.2	33.7	8.8	26.1	2.4
中层干部	739	70.5	34.8	36.9	65.9	50.3	10.3	31.4	1.6
教师	9018	69.8	33.9	39.8	52.9	56.8	12.8	32.9	1.7
其他	124	62.1	33.9	30.6	55.6	57.3	8.1	37.1	4.8

注：县（市）、乡（镇）教育行政部门负责人卷缺失值为4，学校卷缺失值为681。

表7　家长对孩子上学最担心的问题

	孩子的安全问题	家庭经济负担	孩子学习成绩下降	孩子的生活问题	其他	合计
人数	3213	1477	2229	234	89	7242
百分比（%）	44.4	20.4	30.8	3.2	1.2	100

注：缺失值为179。

2. 学校缺乏后续配套资金

农村中小学布局调整的主要原因之一，是税费改革导致教育经费不足。那么，布局调整是否缓解了经费不足的问题？6省区的调查显示，经费不足仍是布局调整后的主要问题，同时由于缺乏后续配套资金，布局调整后一些地方的学校又增添了新的债务。其中，有76.8%的教育行政人员、64.2%的中小学校长、65.9%的学校中层干部、52.9%的教师和55.6%的教辅及工勤人员认为布局调整中存在的问题是缺乏后续配套资金，学校的工作难度加大（见表6）。

3. 增加了教师不少额外负担

农村中小学布局调整后，尽管教师的教学工作负担有所减轻，但其整个工作负担并没有减轻，大多数教师反映工作量和工作压力加大。调查显示，有50.3%的学校中层干部、56.8%的教师和57.3%的教辅及工勤人员认为布局调整以后教师的工作负担加重了（见表6）。农村中小学布局调整之所以给教师增加了不少额外负担，主要是因为农村教师，尤其是寄宿制学校教师的编制太紧。农村中小学布局调整后，相当一部分学校实行了寄宿制，但由于学校没有保育人员的编制，学生在校的保育任务只得由任课教师担任。农村中小学教师的教学负担本来就很重，现在还要让他们额外管理寄宿生的生活和安全，负担必然加重。

4. 家长的经济负担和学生的生活压力加重

农村中小学布局调整后，由于路途远，有部分学生需要寄宿，其成本必然增大。在调研中，有40.7%教育行政人员和33.9%的教师认为布局调整中存在的问题是家长负担加重，有20.4%的家长和52.7%的学生表示上学最担心的问题是加重了家庭的负担；还有71.6%的家长和57.0%的学生表示家庭负担寄宿生的住宿费和生活费存在困难；同时，有24.9%的教育行政人员和32.2%的教师认为学生生活压力加大。

综上所述，我国农村中小学布局调整取得了显著的成效，但也存在着这样或那样的问题。这些问题如果得不到妥善解决，不仅会影响农村中小学布局调整，而且会影响农村教育的进一步发展，必须引起高度重视。

三、农村中小学布局调整存在问题的原因分析

农村中小学布局调整过程中存在的问题，其原因是相当复杂的，既有经济社会发展差距的影响，又有历史形成的体制、机制方面的原因，必须进行系统的研究，才能得出正确的结论，采取行之有效的应对策略。

1. 缺乏科学合理的规划

农村中小学布局调整是一项复杂的系统工程，要其能够顺利实施，必须制定科学合理的规划，但由于一些地方政府对政绩的片面追求，导致布局调整忽视当地的实际情况，缺乏长远考虑。

据我们了解，目前各地布局调整规划方案重点考虑的是学校规模、服务范围、服务人口等因素，并参照国内同类地区的做法先后出台的。应当说，这些是很必要的，但对老百姓的心理感情、经济承受能力、自然条件等也不能忽视。然而，一些地方政府对此却缺乏全面和深刻的认识，将调整仅仅理解为效率的提高和“撤并”或“减少”农村中小学，将农村中小学布局调整的目标错误地等同于在一定年限内（甚至短期内）撤并一大批农村中小学。因而一些地区政府为揽政绩，不顾客观实际，层层加码，一味追求撤并的数量与速度，以求超额完成任务。如西南某县，在一次介绍布局调整的经验时谈到，“两年来，我县顺利撤并小学261所、初中15所，从而提前三年完成农村中小学布局调整的十

五规划”①。其实，类似的介绍在我们对6省区的调研过程中是屡见不鲜的。然而，在这些地方政府引以为荣的“政绩”背后，却是边远贫困地区的学生和家长为此付出的艰苦代价。

2. 缺乏相应的政策保障机制

布局调整的顺利实施需要一定的政策保障机制，特别是经费保障机制来支撑，才能保证其积极效应的发挥。但是，目前政府的资金投入远没有达到布局调整规划的要求。因此，由资金投入不足而引发的问题，如布局调整过程中予以保留的农村中小学的基础设施不足问题、寄宿制学校贫困生的生活负担问题、寄宿制学校建设和管理费用问题等已成为当前农村中小学布局调整过程中各种矛盾的集合点。当然，国家可以通过财政转移支付、专项拨款等政策加大对农村特别是边远贫困地区农村布局调整的支持，但是，这些资金的分配和使用都是有条件的。

首先，中央和省的专项拨款需要地方资金予以配套。以农村中小学布局调整主要资金来源的“国家贫困地区义务教育工程”和“中小学危房改造工程”为例，这两项工程都要求各地要按相应比例进行配套，如果配套资金无法落实，中央和省的专项拨款就无法到位。而越是贫困的县、乡、村、校，其配套资金的筹集就越困难。这就导致下述情况的产生，如被撤并学校的学生，每天要花大量时间在路上奔走却无法在新学校享受到条件更好的教育；有些甚至因住宿条件太差，不得不几个人挤在一张床上，没有地方洗澡，没有人做饭，导致逃学、失学，为此，老百姓议论纷纷，强烈要求恢复原来的教学点。而这样的问题，越是在贫困的地方、交通不便的地方就越突出。

其次，中央和省的专项资金分配不合理。调查发现，布局调整过程中有关专项资金的分配，各地一般是根据项目县社会经济发展和教育发展状况，并考虑人口数、危房状况、生均校舍、人均财政收入、农民人均纯收入、义务教育普及程度、地域特点、办学条件基础及规划目标等各方面因素，按照因素的权重，运用计算机建立模型，计算出分配给各项目县的中央专款、省级配套资金额度。一般来讲，这样的资金分配方法确实能避免人为因素的干扰，消除随意性，确保资金分配的公平、合理。但调研中发现，由于缺乏充分的调查，不少项目资金的分配过程就是自下而上的材料申报过程；而在材料申报的过程中，有些乡、村、校为了得到资金和多拿资金而在申报材料上弄虚作假，如把新建不久的学校用房当做已使用几十年的危房，张冠李戴地把甲校的危房当做乙校的危房上报，把农家的危房当做学校的危房上报，等等。而规划资金的决策层由于人手少、时间紧、工作量大，根本无法对每一项申报材料进行调查、核实，

① 宋洲：《农村中小学布局调整之痒》，载《时代潮》2004年第7期。

因此对其中的失真材料就缺乏了解和洞悉，这样，无论运用什么手段模拟计算出的资金分配去向、额度等都难做到公平、合理。一些特别贫困、最需要教育扶贫的乡、村、校，则因为他们的贫穷、落后、闭塞及在当地政治生活中的弱势地位而从一开始便失去了递送申报材料的机会。

最后，办学条件的恶化得不到及时反映。由于农村中小学布局调整是一项由上到下的政策推进工程，从中央至省、自治区到县、乡的各级政府都须层层制定中小学布局调整规划，并有相应的奖惩措施。在这种情况下，无法按照有关文件在规定时间内撤并学校的一些乡村，只好编造数字上报。结果，不少边远贫困山区的农村中小学，在上级政府的统计资料中已经被撤并，而事实上这些学校还依然存在，只是原来的公办教育变成了没有编制、没有工资、没有文凭的代课教师，原来多多少少还可以分得教育资源“一杯羹”的艰苦办学变成了连粉笔、三角板也难以为继的苦苦支撑办学，而且这种状况还因为长期被掩盖而使上级政府及外界很难知晓。长此下去，边远贫困山区农村的教育落后状况无疑将会进一步加大。

3. 布局调整遭遇教师危机

农村中小学合理布局的目的是通过合理配置教育资源，实现教育资源利用效率和教育质量的提高，而教育质量提升的关键在于师资条件的改善。学校布局调整不仅是对教育有形的物质资源的整合，更重要的是学校人力资源的整合，它对农村中小学布局调整能否顺利推进具有决定性的意义。但从调研情况来看，目前农村中小学教师队伍建设尽管已取得了较好的效果，但还远远不能适应布局调整后农村教育发展的需要。

第一，优秀教师大量减少和流失。由于农村中小学教师工资水平低，并且存在不能按时发放的现象，严重影响了农村教师队伍的稳定与工作积极性，造成农村优秀教师大量减少和流失。一方面名牌学校的毕业生不愿意到边远贫困地区当教师，另一方面当地培养的优秀教师又不断流失。因此，现在在一些农村地区，学校都不敢让教师去参加学科竞赛，只要获了奖，出了名，要么被县城的学校挖走，要么自己找门路调走。这种反向流动，造成城乡教师分布失衡，农村中小学教师越来越紧张，城镇的教师越来越富余，几乎成为农村中小学布局调整后的一种普遍现象。

第二，教师年龄老化现象严重。调查发现，农村中小学教师队伍老化是一种普遍现象，并且学段越低，学校越偏远，老化的程度越严重。之所以出现这种现象，主要原因在于农村中小学师资队伍缺乏年轻教师的补充。由于农村中小学学生数量的减少，对教师的需求在不断下降，加上不少县由于财力不足，难以支付教师工资，长期处于有编不补的状态，所以多年来一直没有新教师补充到农村中小学教师队伍中来。

第三，教师数量和学科结构不能满足需要。农村地区的中小学由于地域广、校点多、规模小，所有学生按区域分散在不同学校上学，所以相同数量的城乡学生在农村就读的学校数要多于城镇，所需要的教师应多于城镇。在调研过程中，绝大部分地区的教育管理者和中小学教师都反映，农村中小学教师编制过紧。农村中小学教师不仅在数量上短缺，而且还存在着严重的结构性短缺，缺编主要学科为英语、音乐、体育、美术、计算机等。与此同时，农村中小学还存在骨干教师和学科带头人严重短缺的问题。无论是骨干教师还是学科带头人，几乎都分布在城市学校，个别会在城镇学校，乡村中小学几乎没有，即使有也很快就被城镇学校挖走。

第四，专职生活教师普遍缺乏。农村中小学布局调整之后，寄宿制学校大量增加，也导致教师编制不足。农村中小学实行寄宿制之后，由于缺少甚至没有专职生活教师、保安人员的编制，导致农村教师除了教学任务之外，还要承担学生的生活管理、学校的治安工作。

综上所述，农村中小学布局调整遇到这样或那样的问题，其中的原因固然很多，但缺乏科学合理的规划和相应的政策保障机制，以及农村教师队伍建设满足不了布局调整后农村中小学教育发展的需要，是较为根本的原因。

四、合理实施农村中小学布局调整的对策思路

农村中小学布局调整不是一个静止的过程，而是一个动态的过程。农村中小学布局是否合理，不仅关系到教育资源的合理配置，而且直接涉及广大农村中小学学生、家长和教师的切身利益，关系到农村教育能否可持续发展。因此，必须采取切实可行的措施，解决农村中小学布局调整过程中出现的问题，确保农村中小学布局调整的顺利进行和农村教育的发展。

1. 科学制定农村中小学布局调整规划

农村中小学布局调整规划，是指国家、地区为农村中小学合理布局而作出的具有全局性、长远性和根本性的谋划与决策。农村中小学布局调整规划的制定和执行必须严肃、准确和科学。当前，我国正处于人口变动的社会历史时期，人口增长的速度和城乡人口分布较以往都有很大的不同。因此，准确预测学龄人口变动趋势是科学制定农村中小学布局调整规划的前提。

从现有的预测分析来看，我国未来义务教育学龄人口和在校生数呈下降趋势。据段成荣等人的预测，21 世纪上半叶，我国小学适龄人口规模将会较大幅度减少，2050 年小学适龄人口数将减少到 1.02 亿人，比 2000 年减少 24%①。

① 段成荣等：《21 世纪上半叶我国各级学校适龄人口数量变动趋势分析》，载《人口与经济》2000 年第 4 期。

根据这一预测分析，未来我国义务教育学龄儿童总数将不断减少，这主要表现在：小学和初中阶段适龄人口总数会大幅下降，农村义务教育阶段学生数继续减少，同时，由于人口流动和城镇化程度的提高，城镇小学阶段学生数将有所提高。因此，农村学校布局的调整要考虑两个问题：一是便于学生入学；二是有利于提高教育资源的利用效率。但现实生活中，这二者似乎存在着矛盾：从学生入学的方便考虑，学校越分散越好；从提高效益来看，学校应具有一定的规模，过小的学校应当撤并。这样，农村中小学布局调整往往便会遇到经典的公共政策目标的权衡问题，即公平与效率该如何取舍。在公平与效率之间，义务教育阶段应是公平优先基础上兼顾效率。学校布局调整必须在公平与效率之间寻求一种动态的平衡。

2. 切实保证边远贫困地区的孩子能够公平地享受优质教育

农村中小学布局调整后，由于政府加强了乡镇中心学校和县城学校的建设，这些学校的教学质量、教学设施和教学环境都比原来分散在下面村屯的教学点要好得多，促使更多的家长愿意把孩子送到城镇的学校就读。学校布局调整并不意味着完全消除小规模学校和“教学点”，考虑到未来学龄人口的波动与学生入学的实际困难，对我国广大的农村地区，尤其是学生居住较为分散的地区而言，村小和教学点这种办学模式仍是有效的。针对当前农村村小和教学点存在的问题，我们认为，关键是要做好以下几方面的工作：

第一，正确认识农村村小和教学点的作用，慎重对待村小和教学点的撤留问题。从当前及今后一段时间来看，在偏远农村地区，村小和教学点仍然是一种有效的教学组织形式。从教育教学方面来看，村小和教学点学校和班级规模小，教师容易根据学生的特点因材施教，对学生的辅导时间较多，有利于教学活动的顺利开展。从学生生活方面来讲，村小和教学点确实有助于解决学生上学难的问题。偏远农村学生大多家庭贫困，他们最关心的是自己的上学成本问题，就近入学能节省相当数量的交通费和食宿费。因此，村小和教学点为改善山区、边远地区儿童接受基础教育困难的状况提供了条件。所以，在对待村小和教学点的撤留问题上，不能根据单一的标准来判定其去留，主要应考虑这样几个因素：位于偏远地区、山区的学生转到其他学校上学确实不方便的不能撤；中心校或完小如果不能解决学生的寄宿问题，其所辖的村小或教学点不能撤；对于村民及家长都不同意撤销的村小和教学点，应该遵从群众的意愿不能强行撤并。

第二，理顺关系，对保留下来的村小和教学点给予适当支持。农村义务教育新机制实行以后，农村学校维持运转主要靠上级政府下拨的公用经费和免除学生杂费资金。现在的问题是，村小和教学点所需经费由中心校掌握，而中心校运转经费短缺，双方在争取经费方面形成博弈。所以，有必要在此基础上对当前的投入和管理机制进行改革，比如，制定投入标准，要求中心校对保留下来的村小和教学点予以支持，建立强有力的监督机制或问责制保证中心校对村小和教学点的投入；如有可能，可将村小和教学点的经费由县级教育行政部门统一管理，专款专用。

第三，加强师资队伍建设，提高村小和教学点的教育质量。由于农村教育经费短缺，师生比的限制以及缺乏有效的教师流动机制，农村教师整体上结构性短缺，老龄化问题严重，这些问题不可避免地波及村小和教学点，而且目前村小和教学点教师数量少、年龄大、知识陈旧，处于青黄不接的状态。因此，要改善村小和教学点的师资状况，首先要适当放宽农村中小学教师编制，因为村小和教学点学生数量少是客观事实，几名或十几名学生需要两到三位教师既是合理的也是必需的。其次要对进入村小和教学点工作的教师实行优惠政策，如岗位津贴、评聘调配优先等，且必须及时兑现以形成长效机制。再次要实行教师走教，在我国很多偏远农村地区，教师走教是解决部分学科师资不足问题的重要途径之一。

3. 大力加强农村中小学师资队伍建设

中国教育的根本问题是农村教育问题，农村教育问题的关键是教师问题。没有一支数量充足和素质优良的教师队伍，就谈不上农村教育的发展。经过布局调整，农村中小学教师虽相对集中，但从现状来看，其整体水平远远不能适应农村教育发展的需要。因此，可以说优化教师队伍，提高教师素质，是巩固农村中小学布局调整成果的根本所在。为此需要：

第一，建立农村中小学教师保障制度。众所周知，农村学校教师紧缺，特别是边远山区学校教师严重不足，这些学校的教师工作量特别大，任务繁重，每天工作时间很长。一些村小或教学点的教师要包一个班甚至两个班，所有的课程都是一个人任教，每天在学校从早忙到晚，回家还要批改作业。但目前给学校教师定编制都是按学生人数定，农村中小学人数少，这样教师编制就少，而学校开设的课程并不少。政府及教育主管部门对农村中小学教师在编制方面应制定特殊政策进行倾斜，让农村教师也有充裕的时间研究教材教法。

第二，建立农村中小学教师激励制度。按《教师法》规定，在待遇上建立面向农村、边远和艰苦地区中小学教师优惠制度。可参照国家对农林、卫生等行业的优惠政策，设立农村、边远和艰苦地区中小学教师特殊津贴制度，以吸引和稳定教师在该地区任教。目前的当务之急是，鉴于农村地区中小学骨干教师流失问题严重，政府和教育主管部门应尽快出台骨干教师的优待政策，解决待遇低的问题。按县、市骨干教师级别和学校边远程度，每月分别向骨干教师足额发放骨干教师等级津贴和交通费用补助，使农村骨干教师的工资收入比城镇同等的骨干教师高，从而使他们在农村安心工作，不再向往城里学校，确保农村教师队伍稳定和留住骨干教师。

第三，建立教师定期交流轮岗制度。交流重点是由城市向农村、由强校向弱校、由超编校向缺编校定期流动。在部分地区已经探索的基础上，可进一步探索建立一定数量的流动编制以保障教师流动任教；尽快建立城镇教师到农村任教服务期制度，并以此作为教师职务晋升和评优的重要条件；鼓励城镇教师到农村支教，鼓励他们当中的优秀者去最艰苦的地区工作；对支教教师给予必要的交通、食宿等补贴。此外，可根据需要推行政府购买教师岗位，让新补充教师先到最需要的农村学校工作；实施大学毕业生服务农村教育和大学毕业生青年志愿者行动计划，鼓励大学毕业生到基层、到农村任教和支教；推进高等学校留校青年教师、各级党政机关新进公务员到农村学校支教服务。

第四，完善农村中小学教师管理与培训制度。要抓住我国中小学教师供求关系正在发生变化和农村中小学布局调整的契机，加大农村中小学人事制度改革，优化、调整农村教师队伍结构。要按照“凡进必考”原则，实行新任教师公开招聘制度和教师资格认定制度，严把新聘教师入口关，杜绝不具备教师资格的人员进入教师队伍。在当前要充分利用近些年高校毕业生充裕的有利时机，力争经过若干年的努力，使农村小学教师大专学历占主导地位，初中教师本科学历成为主体，同时应通过扩大实施农村中小学教师教育硕士培养计划等多种方式，为农村学校补充一批具有较高素质、较高学历的青年教师。

第五，改善农村中小学的教学与生活条件。当前，一些农村地区学校教师生活条件十分艰苦。大部分学校无宿舍、无食堂，外地教师均寄住在由教室改建成的集体宿舍中，生活配套设施缺乏，教师吃饭、洗澡十分不便。要稳定农村教师队伍，政府和教育主管部门就必须着重改善农村教师的生活条件，如兴建教工宿舍，完善用水、用电和娱乐等生活配套设施，使教师有良好舒适的生活环境。此外，还应大力改善农村中小学的办学条件，如添置计算机、建立多媒体教室和语言室等，缩小农村中小学与城市中小学的差距，这也将极大地提高教师教学的积极性，有助于稳定农村教师队伍。

4. 千方百计加大对农村贫困地区学生资助的力度

2005 年 12 月，国务院印发了《关于深化农村义务教育经费保障机制改革的通知》，一项中国教育史上惠及人口最多的改革自西向东在神州大地上迅速推进。2007 年春季新学期，继我国西部和中部试点地区义务教育阶段免交学杂费后，中东部地区农村中小学生也开始享受这一政策，至此，所有农村孩子上学都不用再交费了。这是一项被认为在中国教育史上具有里程碑意义的改革。但是，即使如此，根据我们的调查，农村地区仍然有数量不少的学生完成九年义务教育面临着经费困难。这是因为，现在所免除的教育费用在整个家庭教育开支中仅占一部分。

据我们了解，现在一个农村中小学生如果住校每年的教育开支大约是1500元～2000元，而实行新机制后按2007年调整的标准计算，每个小学生年均减负最多为730元～770元（包括免杂费140元～180元，免费教科书90元，部分家庭经济困难寄宿生生活补助500元），而一般小学生年均减负仅为230元～270元；初中生年均减负最多为1290元～1340元（包括免杂费180元～230元，免费教科书180元，部分家庭经济困难寄宿生生活补助750元），而一般初中生年均减负仅为360元～410元。照此计算，免除学杂费后一般家庭每年还要负担1000元以上的教育支出，对于农村富裕家庭来讲负担这笔开支是没有问题的，但对于贫困家庭而言这仍然是非常沉重的负担。

因此，针对边远贫困地区和少数民族地区农民家庭贫困的现实和农村中小学布局调整后家长负担加重的实际情况，我们认为，随着义务教育新机制在我国广大农村地区的全面实行，应进一步加大对农村贫困学生资助的力度，对这些学生从实行全免学杂费和教科书费过渡到“义务教育全免费”，即不仅完全免收学杂费和免费给这些学生提供教科书，而且还应扩大义务教育阶段家庭经济困难寄宿生生活补助的范围，免费给这些学生提供伙食、校服、交通补助等，以解决义务教育阶段农村贫困家庭学生面临的经费困难问题，保证他们公平接受教育。

5. 切实加强农村寄宿制学校建设

农村中小学布局调整后，学生上学路程太远已经成为一个突出的问题。从各地的经验来看，要解决这一问题，保证农村中小学布局调整顺利实施，搞好农村寄宿制学校建设不失为一种好的选择。为此：

第一，加大对农村寄宿学校建设的投入力度。由于社会经济发展相对落后，中西部地区绝大多数农村县市政府财政困难，难以承担寄宿学校的财政投入，因此，各级政府应制定农村寄宿制学校建设标准，加大对寄宿制学校建设投入的力度，按比例给农村寄宿制学校建设提供经费支持，给寄宿制学校建设在用地及收费等方面实行减免等优惠政策，为寄宿制学校建设创造条件，使确需寄宿的农村中小学生能进入具备基本办学条件的寄宿制学校学习。

第二，适当放宽农村寄宿制学校教师的编制。根据中小学生（主要是小学低年级学生）年龄小、生活自理能力差的特点，应按一定比例（小学低年级最好按1∶30或1∶40的比例）给寄宿制学校配备专门的生活教师和适当数量的后勤人员，并对生活教师和其他相关后勤人员的素质提出相应要求。生活教师的职责不仅仅是照顾孩子的饮食起居，还应树立“保教结合”意识，身体力行、言传身教，担负起对孩子的教养责任。学校其他相关后勤人员也应从“服务育人”的宗旨出发，注重自身品德修养，克服不良生活、卫生习惯，给孩子树立一个好的行为榜样。

第三，千方百计改善农村寄宿制学校的条件。农村寄宿制学校要在政府的支持下，大力完善学校的基础设施建设，要从最基本的改水、建厕、建食堂和澡堂等工作做起，搞好基本生活设施配套建设，切实保障学生和教师的基本生活。具体来讲：一是要改善学生住宿条件，使床铺结实，有安全保障，住得舒心。同时，要配备相应数量的浴室、洗衣池，保证学生能吃得上饭，有水喝，有热水洗澡。二是要配置一定数量的课桌椅、图书、实验设备和体育器械等，满足学生学习、生活和运动的需要，让学生学得开心，玩得开心，得到全面发展，以吸引村民将他们的孩子寄宿在学校，从而加强对农村中小学寄宿生的管护。

第四，加强寄宿制学校的日常管理。学校要依据法律法规制定各种规章制度，作为学校日常管理的重要依据。在学生日常管理上：一是要安排教师全天值班。寄宿生全天都在学校里生活，课余时间多，学生一起玩耍，容易发生安全事故，必须安排教师值班。二是要建立陪护制度。生活指导教师应与寄宿生同睡，并负责处理突发事件，与家长电话联系等，保证学生夜间住宿安全。三是要强化卫生管理。要严格卫生制度，防止流行性疾病发生，配好学校医务人员。四是要办好食堂。学校食堂要办好伙食，注意营养搭配，保证成长发育中孩子的营养健康。五是要定期排查安全隐患。对校内外环境定时检查，及时排除隐患。同时还要对学生进行安全知识教育，提高他们的安全意识。

第五，开展丰富多彩、有益身心的活动。学校应从寄宿的特点出发，开展丰富多彩的活动来满足寄宿生的需要：一是晚自习除了完成当天的作业外，可组织学生看电视、读书看报、下棋、进行各种体育比赛等；二是可以根据学生的爱好特长，由专门的教师对学生进行特长培养，如组织艺术团、科普活动小组、各种兴趣小组等；三是开展主题班会、联谊会、道德法制讲座等活动，让寄宿生充分感受到来自学校大家庭的温暖。为此，学校应提供更多适合儿童的图书、报纸、杂志等读物，并且增加儿童的体育娱乐设施，增添儿童精神上的慰藉及生活上的乐趣。

第六，重视寄宿生的心理咨询与辅导。建立寄宿生心理发展档案，设立“心理健康咨询室”，安排有经验的教师担任心理医生，及时发现和诊治寄宿生出现的心理健康问题，帮助解决他们心理上的困惑。

总之，农村中小学布局调整，既涉及教育资源能否合理配置和农村中小学布局是否合理，又关涉农村义务教育的发展和质量提高，如果不采取有效措施，其问题将会变得更加复杂，解决的难度将会更大。这些问题的解决是一个系统工程，但只要各级政府高度重视，社会各方共同努力，从一点一滴做起，问题就不难解决。

农村义务教育新机制实施的背景、成效、问题及对策①

【内容摘要】本文通过对中西部部分县市的多次调研，全面、深入地分析了农村义务教育新机制实施以来所取得的成效、存在的问题及原因，并在此基础上提出了进一步完善农村义务教育新机制的对策思路。

【关键词】新机制　成效　问题　对策

2005 年 12 月，国务院印发了《关于深化农村义务教育经费保障机制改革的通知》(以下简称新机制)，自此，一项中国教育史上惠及人口最多的改革自西向东在神州大地上迅速推进。2007 年春季新学期，继我国西部和中部试点地区义务教育阶段免交学杂费后，中东部地区农村中小学生也开始享受这一政策，至此，沿袭千年的历史在这里画上了一个圆满的句号。那么，新机制实施的背景是什么？取得了哪些成效？存在什么问题？为什么会存在这些问题？本文试图结合对中西部部分县市的多次调研②，对上述问题进行全面、深入的分析，并在此基础上提出进一步完善农村义务教育新机制的对策思路。

一、新机制实施的背景

农村义务教育新机制的实施是我国义务教育财政体制的一次重大改革和调整。而每一次义务教育财政体制的改革和调整都是在特定的历史背景下进行的，农村义务教育新机制的改革也不例外。

1. 普及义务教育的必然要求

“义务教育”又称“免费教育”、“强迫教育”或普及教育，是指国家权力机

---

① 本文为英国政府双边赠款“西部地区基础教育研究”项目、国家级研究课题“中国中西部地区农村中小学合理布局结构”的阶段性成果之一，发表于《华中师范大学学报》(人文社会科学版) 2009 年第 4 期，《新华文摘》2009 年第 20 期、中国人民大学复印报刊资料《中小学教育》2009 年第 10 期、《高等学校文科学术文摘》2009 年第 5 期分别全文转载或论点摘编。本文第二作者为付卫东。

② 这些调研包括：对鄂、豫、皖 3 省 9 县市农村留守儿童教育问题的调研；对中西部地区的湖北、河南、广西、云南、陕西和内蒙古 6 个省（区）38 个县市 177 个乡镇农村中小学布局调整的调研；2007 年和 2008 年暑期对参与“湖北省农村教师素质提高工程”培训的部分教师和校长的问卷调查和访谈。文中未注明出处的数据和资料均来自上述调研和访谈。

关通过法律的形式，规定所有适龄儿童和青少年必须接受一定年限的学校教育，并要求国家、社会和家长必须予以保障。普及义务教育既是现代经济和民主政治发展的客观要求，也是现代文明的标志。自1619年德意志魏玛邦公布的学校法令规定父母应送其6～12岁子女入学，否则政府强迫其履行义务开始，历经几个世纪，到2000年为止，全世界192个国家或地区中共有170个宣布实施义务教育。从义务教育的性质和各国实施义务教育的相关法律中不难看出，义务教育具有三个显著特点：一是强制性；二是普及性；三是采取免费的学校教育形式。其中，免费是实施义务教育的重要支柱，是强制性和普及性的经济保障。

正是基于上述原因，自19世纪以来，无论是否有财政能力真正实行免费的义务教育，在制度设计上越来越多的国家都把义务教育视为政府的责任，要求由政府予以保障，是各国普遍的共识，这一共识在各国宪法上也得到了具体的体现。

新中国成立以后，特别是党的十一届三中全会以来，普及义务教育一直得到了党和政府的高度重视。1986年4月12日第六届全国人民代表大会第四次会议通过的《中华人民共和国义务教育法》规定："对接受义务教育的学生免收学费。实施义务教育所需事业费和基本建设费投资，由国务院和各级地方政府负责筹措，予以保证。"2006年6月29日第十届全国人大常委会第二十二次会议修订的《义务教育法》又明确规定："凡具有中华人民共和国国籍的适龄儿童、少年，不分性别、民族、种族、家庭财产状况、宗教信仰等，依法享有平等接受义务教育的权利，并履行接受义务教育的义务。"广大农村适龄儿童，同样都是依法受保护的少年儿童，应同样享有平等的受教育权利。他们的义务教育是我国义务教育的重要组成部分，是一种应由政府来保障的公共产品，具有重要的社会公益性。所以，政府应义不容辞地承担起广大农村适龄儿童的义务教育责任。新机制的实施，是政府履行义务教育职责，保证广大农村适龄儿童公平接受教育的必然要求。

2. 完善"以县为主"体制的客观需要

进入20世纪90年代以后，"三农"问题引起党和政府的高度关注，因为向农民多摊滥派造成农民负担沉重的问题已经引起社会的广泛共识，农村税费改革提上议事日程。2000年，中共中央在《关于进行农村税费改革试点工作的通知》中指出，要通过税费改革，从根本上解决农村的问题。实践证明，中央关于农村税费改革的决策是完全正确的，得到了亿万农民的衷心拥护。但税费改革也引发了一些新的问题，就农村教育而言，税费改革之前，农村中小学教育投入主要来源于乡镇，即教育费附加、教育集资和财政拨款（县乡财政）。由于国家投入甚少，县乡财力薄弱，农村教育费附加和教育集资实际上是农村义务教育的主要经费来源。税费改革后，随着农业附加税及农村集资等的废除，县乡财政收入减少。尽管国家对农村义务教育管理体制进行了重大调整，实行“在国务院领导下，由地方政府负责，分级管理，以县为主”的义务教育管理体制，由过去的乡镇政府和当地农民集资办学，改为由县级政府举办和管理，教育经费纳入县级财政，并建立和完善农村义务教育经费保障机制，县级财政主要保证教师工资按国家规定标准及时足额发放和学校公用经费的不足，中央和省级政府加大对农村义务教育的转移支付力度。但由于投入机制没有建立起来，资金投入出现“空档”，导致农村义务教育投入普遍减少，基本办学条件得不到保证，特别是农村中小学的危房改造面临困境。过去，农村学校危房改造资金主要靠农民集资解决，税费改革取消了教育集资，又没有规定相应的资金来源，这样一来，县级财政在客观上不得不对教育投入更多的资金。一个简单的逻辑推理是：如果改革前县级财政没有富余的财力，乡、村两级普遍存在义务教育的资金缺口，则该县义务教育经费肯定总量不足；税费改革后将义务教育的统筹层次提高到县一级，只是将乡、村的资金缺口集中到了县级财政，总量不足问题并没有真正得到解决，而与此同时又切断了向农民不定时收取教育经费的可能性，农村教育经费紧张的问题必然会突显出来。特别是中西部地区贫困县基本属于吃饭财政和教育财政，教育经费在财政投入中占有重要分量，因而影响也就更大。据我们对湖北实施了“以县为主”的部分县市的调查来看，有不少地方是勉强维持，往往保了教职工的工资，而保证不了其他方面的经费。许多农村中小学的正常运转仍难以维持。鉴于财务上的压力，一些县市往往采取一些所谓的“变通”措施，例如县财政统一发放的教师工资，只包括国家规定的标准工资，其余政策规定的补贴往往不发，或仍然要求乡、村或学校自筹，各种不合规的收费仍大量存在。显然，如果长期默认这些“变通”做法，农村义务教育财政体制和管理体制改革的预期目标将大打折扣；而要求县市政府严格执行有关的改革规定，相当一部分地区的地方财力不足问题则会凸现，并有可能带来更加突出的矛盾。

“以县为主”并不能切实保证农村义务教育的实施，究其原因，主要是中央和省级政府对义务教育所承担的财政责任较小，而县级政府的财力与其负担的义务教育责任又不相称。因此，根据我国的实际情况，借鉴其他国家的经验，农村义务教育的财政责任不能由基层政府承担。除发达地区外，农村义务教育的财政责任应从“以县为主”转变为“以中央和省为主”，中央和省级政府应该成为农村义务教育最主要的财政责任承担者。所以，农村义务教育新机制的实施，是对“以县为主”的义务教育财政体制进行调整和完善的客观需要。

3. 维护教育公平和促进义务教育均衡发展的必要举措

教育公平是社会公平的基础，而义务教育均衡发展则是社会公平的基石。义务教育是国家保证全民族素质提高的基本途径，没有教育机会的均等，就没有社会公平，代际传递会加速社会分化。因此，追求教育公平的核心是使每一个受教育者都能得到与其智力相当的合理开发，通过自身的能力和努力，使其进入社会能找到适合自己的社会地位。义务教育作为政府提供的最低标准的合格规范教育，保障的是广大人民群众及其子女的基本人权和发展权利。所以，国家及其各级政府有责任保证公民依法平等享有接受良好教育的权利，保障受教育者接受教育的过程公平。以追求教育公平为主旨的义务教育均衡发展既是一种政策取向，也是一种规范的教育实践。教育均衡实质上是指在教育公平思想和教育平等原则的支配下，教育机构、受教育者在教育活动中享受平等待遇的教育理想和确保其操作的教育政策和法律制度。其最基本的要求是在教育机构和教育群体之间平等地分配教育资源，达到教育需求和教育供给的相对平衡，并最终落实到人们对教育资源的分配和使用上。

但是，在相当长时间内，我国教育发展最突出的问题就是地区之间、城乡之间教育发展不均衡，这种不均衡一方面表现在各级各类教育的普及率上，另一方面也是最主要的，是教育质量的差异——无论是办学条件，还是师资水平，农村无法和城市相比，并且差距越拉越大。实施农村义务教育新机制，国家将农村义务教育全面纳入公共财政的保障范围，不断加大对农村义务教育的投入，会从根本上扭转这种城乡教育发展严重不均衡的局面，使农村中小学教育在办学经费投入、硬件设施等方面拥有和城市大体上相当的条件，大大缩小区域之间、城乡之间办学水平的差距，促进城乡义务教育的均衡发展。因此，农村义务教育新机制的实施，是维护教育公平，促进城乡义务教育均衡发展的必要举措。

二、农村义务教育新机制实施的成效

经过近几年的努力，新机制在我国广大农村地区已得到很好的实施并取得明显的成效，初步解决了长期以来农村义务教育投入上责任不清、目标不明的问题。新机制实施后，中小学公用经费、校舍维修经费得到了一定程度的保障，办学条件大大改善，促进了区域内义务教育的均衡发展，为进一步缩小城乡之间的教育差距打下了良好的基础。

1. 明确了各级政府的责任，建立起了中央和地方共担的农村义务教育经费保障机制

根据义务教育的性质，政府应为广大适龄儿童公平接受义务教育提供财政保障，这是毫无疑问的。现在的问题是，在一个政府被划分为多个层级的大国，义务教育财政责任在中央政府和地方政府，以及地方各级政府之间如何划分，也就是说，究竟该由哪级政府来为义务教育买单？在我国，这是一个长期以来没有得到很好解决的问题，各级政府在义务教育投入上可以说是责任不清，目标不明。这次改革按照“明确各级责任、中央地方共担、加大财政投入、提高保障水平、分步组织实施”的基本原则，将农村义务教育全面纳入公共财政保障范围，建立中央和地方分项目、按比例分担的农村义务教育经费保障机制。对免除学杂费和提高公用经费保障水平资金，中央和地方分担的比例西部地区为8∶2，中部地区为6∶4，东部地区除直辖市以外，按照财力状况分省确定。对校舍维修改造的分担比例，中西部地区为5∶5，东部地区主要由地方承担，中央给予适当奖励。对农村学生提供免费教科书资金，中西部地区由中央全额承担，东部地区由地方自行承担；对寄宿生补助生活费资金，中央财政对中西部地区落实基本标准所需资金按照50％的比例给予奖励性补助，中西部地区地方财政承担的50％部分，由省级财政统筹落实。

各地也根据国务院《通知》的精神，分项目、按比例划分了各级政府承担义务教育经费的比例。如2007年7月24日，湖北省人民政府颁布了《湖北省人民政府关于实施农村义务教育经费保障机制改革的通知》，明确规定：(1) 全面免除农村义务教育阶段学生学杂费，对贫困家庭学生免费提供教科书并补助寄宿生生活费。按照省政府确定的“一费制”标准，免除农村义务教育阶段学生学杂费，所需资金由中央和地方按比例分担，其中，恩施州所属县市为8∶2，其他县（市）及带农村市辖区为6∶4；对贫困家庭学生免费提供教科书，资金由中央全额负担；对寄宿生中的贫困学生生活费补助由县（市、区）负担，补助标准及方式由县（市、区）人民政府确定。(2) 提高农村义务教育阶段公用经费保障水平。所需资金由中央和地方按比例承担，其中，恩施州所属县市为8∶2，其他县（市）及带农村市辖区为6∶4；29个贫困县（市）属地方负担的公用经费全部由省级财政负担；其他县市属地方负担的公用经费按省与县（市）5∶5的比例分担；带农村的市辖区属地方负担的公用经费按省、市、区2∶5∶3的比例分担。(3) 建立农村义务教育阶段中小学校舍维修改造长效机制。中央根据农村义务教育阶段中小学在校生人数和校舍生均面积、使用年限、单位造价等因素，所需资金由中央和地方按照5∶5比例共同承担；29个贫困县（市）不足部分全部由省级财政负担；其他县市不足部分按省与县（市）5∶5的比例分担；带农村的市辖区不足部分按省、市、区2∶5∶3的比例分担。(4) 巩固和完善农村中小学教师工资保障机制。各地在编制财政预算时，对教师工资必须足额安排，不留“缺口”。省人民政府进一步加大对财力薄弱地区的转移支付力度，确保农村中小学教师工资按国家标准按时足额发放，教师各项政策性津贴、补贴不得低于当地公务员水平。

总之，新机制明确了中央政府和地方各级政府分担义务教育经费的责任，科学地划分了各级政府承担义务教育经费的比例，有效地防止了各级政府在义务教育投入上责任不清，目标不明，并从根本上解决了“以县为主”管理体制下县级政府财力与义务教育责任不对称的问题，有利于促进农村义务教育健康稳定发展。这是一项被认为在中国教育史上乃至整个社会发展中具有里程碑意义的改革。

2. 实现了农村免费义务教育，使免费义务教育由理想变为了现实

在我国，义务教育免费由理想变为现实是经历了一百多年的时间。早在20世纪初，当西方主要资本主义国家已经实施义务教育时，清政府就提到了“义务教育”问题。在1903年颁布的《奏定初等小学堂章程》中曾写明：“外国通例，初等小学堂，全国人民均应入学，名为强迫教育。”[①] 张百熙、荣庆、张之洞在所拟定的《奏定学堂章程：学务纲要》中也写道：“初等小学堂为养正始基，各国均任为义务教育。东西各国政令凡小儿及就学之年而不入小学者，罪其父母，名为强迫教育。盖深知立国之本全在于此。”[②] 但当时只有这种认识，并未仿效外国加以施行。正式提出试办义务教育是在1911年（清宣统3年）。当年的7月，学部派人在北京主持召集中央教育会议，在会议决议案之一《试办义务教育章程》中明确规定：小学校四年为义务教育，并提出试办义务教育的办法。但未及实行，清政府就被推翻了。中华民国成立后，南京临时政府教育部在《壬子癸丑学制》中又再次规定：小学校四年毕业为义务教育。这是中国政府法令中明确规定的义务教育开端。1947年公布的《宪法》也规定：6岁至12岁之学龄儿童，一律属基本义务教育，免纳学费。尽管当时历届政府的教育行政部门，为实施义务教育也曾召开过一系列会议，发布过各种有关的条例、计划、方案。但在积贫积弱的半殖民地半封建社会，这些条例、计划和方案很难落到实处，义务教育普及进展极其缓慢，收效甚微，更谈不上免费。新中国成立后，虽然党和政府一直重视义务教育的普及，并且在1986年颁布的《义务教育法》中明确规定：对接受义务教育的学生免收学费，但在1990年初的义务教育实施细则中，又允许“实施义务教育的学校可收取杂费”，这就为后来愈演愈烈的种种乱收费埋下了伏笔。加之长期以来，在“地方负责，分级管理”的义务教育管理体制下，逐步形成了“城市教育国家办，农村教育农民办”的二元教育格局，农民负担日益加重，农村教育乱收费屡禁不止。2001年农村税费改革和实行“以县为主”的教育管理体制后，由于取消了农村教育费附加和教育集资，农村中小学公用经费没有保障，“一费制”收费标准偏低，教育经费供需矛盾更加突出，农村中小学变相乱收费愈演愈烈，农民负担沉重，造成相当部分农村学生的辍学。

新机制免除了农村义务教育阶段学生的学杂费和免费提供教科书，对贫困

---

① 吴文侃、杨汉清主编：《比较教育学》，人民教育出版社1991年版，第448～454页。

② 吴文侃、杨汉清主编：《比较教育学》，人民教育出版社1991年版，第448～454页。

寄宿生还提供生活补助，使免费义务教育由理想变为了现实。新机制不仅保证了在校农村学生不会“因贫辍学”，也促使已经辍学的农村学生重返校园，农村学生辍学现象得到有效遏制。调查发现，新机制实施后，贫困地区的学生“因贫辍学”现象明显减少了，大批辍学的学生纷纷返回课堂。不仅如此，随父母外出的流动儿童、民办学校的学生也纷纷返校就读。根据湖北省教育厅的统计，2007年春季开学全省小学适龄儿童入学率达到99.49%，普通初中学龄人口入学率达到了98.7%，出现了初中入学新生多于小学毕业生人数的特殊现象，升学率达到102.55%，这在湖北省的历史上尚属首次①。荆门市沙洋县长林中学校长张文深有感触地说：“过去开学头几天，教室后面空一大片，校长办公室家长坐了一大堆。总有十几个学生不来报到，家长都要求免费。现在开学第一天所有学生都到齐了，第二天就能按课表正式上课了。”新机制实施后，浠水县汪岗镇中学2007年上半年回流的学生有100多名，下半年回流的学生超过50名，学校再也不用担心贫困学生的上学问题了，“因贫辍学”的现象很少见了。

“在许多发展中国家，儿童一旦入学，要他们坚持读完是一个大问题，这些国家的高留级率和高辍学率造成教育的低效和原已不敷的财力的浪费，导致辍学的一个重要因素是贫困。”② 湖北省鹤峰县邬阳民族学校一位姓胡的学生，他的父亲下肢瘫痪，母亲是个聋哑人，父亲曾用双手支撑着瘫痪的身躯上街乞讨，供他读书。数年来，在学校、老师、同学及社会上一些好心人的热心帮助下，他虽然仍在勉强坚持读书，但随时都有辍学的危险。从2006年春天起，他将再也不用为没钱上学而发愁了。父母双亡，寄养在亲戚家的建始县长梁乡小学生王梅高兴得合不拢嘴：“读书不交钱，太好了！”湖北省来凤县绿水中学读书的易红梅、易红艳，家里有4个兄妹在读书，另外两个在茅坝小学。易家姐妹是七（4）班的同班同学，姐姐易红梅解释了她和妹妹同班的原因：去年家里发生变故，同时供4个孩子读书太吃力，家里只好让她休学半年。今年不用交纳学杂费了，父母的小本生意又做起来了，家里的孩子们才都回到了学校。“学校还给我发了免费课本和作业本，我报名只交了30元的住宿费。弟弟的课本费和作业本费也免了。”易红梅乐呵呵地说，现在父母的负担一下子轻了好多，她不用担心再度失学。长期以来，困扰农村义务教育发展的适龄儿童“上学难、上学贵”的问题基本得到解决。

3. 缩小了城乡义务教育发展的差距，促进了城乡义务教育的均衡发展

义务教育的均衡发展，是近年来我国政府一直致力的目标，是建设社会主

---

① 《郑年春同志在全省落实农村义务教育阶段教师绩效考核津贴电视电话上的讲话》，http://bzb.e21.cn/content.php? acticle _ id=149。

② ［法］雅克·哈拉克著，尤莉莉、徐贵平译：《投资于未来：确定发展中国家重点》，教育科学出版社1993年版，第38页。

义和谐社会，促进社会公平正义的重要方面。2005年5月，教育部颁布《关于进一步推进义务教育均衡发展的若干意见》，把推进义务教育均衡发展摆上了重要议事日程，明确要求各地把义务教育工作重心进一步落实到办好每一所学校和关注每一个孩子健康成长上来。而教育均衡发展的最基本要求是在教育机构和教育群体之间，公平地配置教育资源，达到教育需求与教育供给的相对均衡。农村义务教育新机制的实施则大大改善了农村中小学的办学条件，缩小了城乡义务教育发展的差距，促进了城乡义务教育的均衡发展。

如湖北省沙洋县是被确定为2006年秋季中部地区农村义务教育经费保障机制改革的试点县。新机制实施后，全县累计投入危房改造资金1412万元，改造D级危房面积27143平方米，在全省率先消灭了D级危房。该县沈集一中校长王汉中喜滋滋地说："为了修缮学校破乱不堪的教学楼，我多次打报告都没有解决。新机制实施后，有了专项资金，便有了现在修葺一新的教学楼。"他强调说："我们沈集一中还利用专项资金粉刷了实验楼，改造了运动场。以前一遇到刮风下雨，就尘土飞扬，泥泞满地，如今校园靓丽多了，师生们的笑容灿烂多了。"新机制实施后，湖北省英山县积极争取危房改造专项资金，扎实有效地推进农村中小学危房改造工作。到2007年底共筹集危房改造专款1200余万元，消除农村中小学D级危房48000平方米，改造校舍总面积40000平方米。该县教育局主管义务教育的郑局长乐呵呵地说："我们英山县是一个国家级贫困县，地方政府财力十分薄弱，农村'普九'债务重，根本无力解决农村中小学危房问题。现在国家加大了农村中小学改造力度，并且建立了农村中小学危房维修改造长效机制。我相信，再过几年，我们英山县就会彻底消除农村中小学危房问题，从根本上改善办学条件。"在实地调查中我们也看到，新机制实施后，一些基础设施较好、教学质量较高的农村中心校，由于投入加大、资源集中，其办学条件在当地农村达到一流水平，其基础设施、师资、教学仪器设备、管理水平等与城镇学校的差距不断缩小。在这样的情况下，农村学龄儿童可就近接受高质量、高水平的教育。比如在广西调研时，很多乡镇中心学校的校长认为，新机制实施以后，除了乡镇中心小学条件要明显好一些以外，其他的所有小学条件都差不多，学生可以选择在全乡镇范围内的任何一所小学就读。这表明新机制的实施对于促进教育均衡发展，缩小地区之间、城乡之间、学校之间的差距确实起到了积极作用。

4. 切实减轻了农民负担，有利于广大农民共享现代化建设成果

农村义务教育经费保障机制的实施，不仅惠及全国约40万所农村中小学校近1.5亿学生，而且事关我国几亿农民的切身利益。因此，新机制的实施不仅是我国农村义务教育发展的里程碑，而且是切实减轻农民负担，加快社会主义新农村建设，构建社会主义和谐社会的重大举措。新机制实施后，我国中西部农村仅免除杂费一项，平均每年每名小学生减负140～180元，初中生减负180～230元；同时享受免费教科书政策的，平均每年每名小学生减负210～250元，初中生减负320～370元；同时享受寄宿生生活费补助的，平均每年每名小学生减负多达510～550元，初中生减负多达620～670元。这为农村家庭减轻了不小的负担，也扫除了经济困难家庭孩子上学的最大障碍。世界银行著名经济学家汤敏说：对农村义务教育实行免费，相当于通过减少农民支出而增加收入。以每年农民可减少140～400亿元教育负担计算，等同于增加农民平均收入0.5到2个百分点，其效果不亚于减免农业税。可见，实施新机制，是贯彻落实“多予少取放活”方针，进一步减轻农民负担，巩固和发展农村税费改革成果，推进农村综合改革的重要内容；是完善以人为本的公共财政支出体系，扩大公共财政覆盖农村范围，强化政府对农村的公共服务，推进基层公共服务均等化的必然要求；也是贯彻“工业反哺农业、城市支持农村”方针的重要举措，有利于广大农民共享现代化建设成果，并对社会的发展带来积极的影响。

三、新机制实施中的问题

新机制在实施过程中已取得了巨大成就，是毫无疑义的。但由于多方面的原因，新机制在实施过程中也存在着这样或那样的问题。而这些问题如果得不到妥善解决，必然会影响到农村义务教育的发展，必须引起社会的广泛关注和重视。

1. 农村教育经费仍感不足，难以满足办学的实际需要

新机制实施后，中央和地方财政都加大了对农村义务教育的投入，在继续巩固和完善农村教师工资保障机制的基础上，把“两免一补”、提高公立学校经费保障水平、校舍维修改造所需经费全面纳入公共财政的范围。到2007年底，全国财政共投入资金926亿元，其中免除学杂费资金442亿元，补助公用经费资金118亿元，校舍维修改造补助资金229亿元，免费提供教科书资金90亿元，补助家庭经济困难寄宿生生活费资金47亿元。全国所有农村中小学都拿到了政府拨付的公用经费，学校的维修改造资金也有了稳定的渠道①。尽管如此，农村教育经费仍感不足，难以满足办学的实际需要，特别是一些薄弱学校，由于历史欠账太多，依然步履维艰，入不敷出。如湖北省浠水县巴河镇西河学校是1998年长江流域发生特大洪水后重建的学校。1999年，西河乡政府利用上级拨款和各级组织捐款重建该校，当时学校负债300多万元。2000年该县进行乡镇布局调整，西河乡被撤并到巴河镇。由于该校不是中心学校，所以很难得

① 陈至立：《完善经费保障机制，提高农村义务教育经费保障水平——陈至立国务委员在完善农村义务教育经费保障机制工作会议上的讲话》，教育部网站2007年12月4日。

到上级政府的重视，目前学校最大的压力是代课教师的工资和学校债务。该校现有12名代课教师，他们的工资全部由学校自己解决，2007年上级下拨教师工资约45万元，而该校支付的教师工资50余万元；学校总债务约180万元，其中“普九”债务138.8万元。新机制实施后，学校资金缺口大，学校运转依然十分艰难。

西河学校只是湖北省广大农村地区薄弱学校的一个缩影。2008年我们对参加“湖北省农村教师素质提高工程”的部分教师和校长进行了问卷调查，当问到“新机制改革后，您所在的学校能否维持正常的运转”的问题时，在回收的350份有效教师卷中，仅6.3%的教师认为“完全可以运转”，21.4%和54.3%的教师认为“可以运转”和“基本可以运转”，选择“不能运转”和“根本不能运转”的分别占15.1%和2.9%；在回收的200份有效校长卷中，仅6%的校长认为“完全可以运转”，有10%和57%的校长认为“可以运转”和“基本可以运转”，而认为“不能运转”和“根本不能运转”的分别占20%和7%。当问到“您认为目前您所在的学校运转依然困难的原因是什么”的问题时，教师卷和校长卷选择较多的选项是“学校基础设施差”、“代课教师数量多”、“经费补助标准低”和“学校债务重”等。可见，新机制实施后，由于种种原因，仍有部分农村学校，特别是薄弱学校不能维持正常的运转。

2. 农村教师待遇低，部分教师实际收入下降

实施新机制之前，教师的实际收入中相当部分是地方津补贴，一般情况下占教师总收入的30%左右。它包括：地方财政统一发放的津补贴；地方政府出台政策由学校自筹资金发放的津补贴；学校自行确定和发放的津补贴等。后两类主要从学校收取的杂费和其他服务性收费中开支。实施新机制之后，学校收费项目被取消，这两类津补贴失去了资金来源，属于地方津补贴范围的中小学绩效工资分配政策迟迟未出台，而农村义务教育阶段教师绩效考核补贴①和新机制实施前的教师地方津补贴相比少了许多。因为新机制实施后国家明文规定，坚决禁止通过向学生收费、举债和挪用公用经费和“两免一补”专项资金发放教师地方津贴，导致部分教师的实际收入下降。调查结果显示，当问到“新机

① 考虑到公务员规范津贴补贴后，农村义务教育教师与公务员的津补贴水平存在差距。因此，在国家对事业单位绩效工资实施办法还未出台之前，为保证农村义务教育阶段教师的工资性收入保持一个合理的水平，湖北省委、省政府决定在规范公务员津贴补贴的同时，对全省农村义务教育阶段教师按人月平均150元（全年1800元）的标准安排绩效考核补贴，由省财政给予转移支付补助。为此，省财政厅已在2007年预算中安排了7.35亿元，并在年初拨付到各市、州、县财政局，充分体现了省委、省政府对广大农村义务教育阶段教师的关心。周顺明：《周顺明同志在全省落实农村义务教育阶段绩效考核补贴电视电话会议上的讲话》2007年7月26日湖北省农村义务教育经费保障新机制网站：http://bzb.e21.cn/content。

制实施后，您的基本工资有何变化”问题时，有61.4%的教师和64%的校长回答“增加”，有34.3%的教师和32.5%的校长回答“没什么变化”，仅4.3%的教师和3.5%的校长回答“减少”。这说明新机制实施后教师的基本工资是增加了。但在回答“新机制实施后您的津补贴和奖金有何变化”问题时，仅11.4%的教师和8.5%的校长回答“增加”，有20.3%的教师和25%的校长回答“没什么变化”，回答“减少”的教师和校长分别达68.3%和66.5%。在回答“新机制实施后您的总收入有何变化”问题时，分别有12.8%的教师和9.5%的校长回答“减少”。可见，新机制实施后，地方性津补贴不到位，导致部分农村教师的实际收入下降。例如，张友家是湖北省五峰县渔洋关镇中学的一名普通教师，教龄近20年，工资还算比较高的。2007年新机制实施后，教师课时补贴和班主任补贴都取消了，每月收入平均少了100多元。对于上养4位老人，下供女儿上初中，爱人在家务农的他来说，这100多元可不是个小数目。湖北省浠水县巴河镇中心小学教务主任王老师扳起手指算了一笔账：“我参加工作18年了，2006年我的月收入是1356元，而2007年实施新机制后，我的月收入只有1303元。收入下降最主要的原因是农村教师地方津补贴不到位，2006年前我们农村教师每年有近5000元的地方津补贴和奖金，2007年却不到3000元（包括湖北省人均1800元的绩效考核补贴和县级财政补助）。农村教师地方津补贴不到位，直接影响农村教师队伍的稳定和教学质量的提高。”

由于新机制实施后，学校收费项目被取消，农村教师地方津补贴不到位，而国家明文规定，坚决禁止通过向学生收费、举债和挪用公用经费和“两免一补”专项资金发放教师地方津补贴，农村教师实际收入和当地公务员实际收入差距拉大。《教师法》和《义务教育法》中关于“教师的平均工资水平应不低于当地公务员平均工资水平”的规定得不到落实。调查结果显示，在回答“您目前收入和本地公务员相比属于哪一类”问题时，仅0.9%的教师和0.5%的校长认为是“上等”，4.6%的教师和2%的校长认为是“中上等”，有5.7%的教师和6.5%的校长认为是“中等”，认为是“中下等”的教师和校长分别占18.6%和28.6%，认为是“下等”的教师和校长竟分别达70.2%和62.3%。可见，新机制实施后，和当地公务员相比，收入的反差使大部分农村教师对自身的经济地位不满意。事实上，农村教师工资水平和当地公务员实际收入差距拉大，已经带来了很大的负面影响。例如，新机制实施后，湖北省恩施州不少农村教师对教师地方津补贴和奖金不能到位抵触情绪比较大，部分教师工作积极性下降。“恩施州公务员一年下来，除工资以外大概能拿到7100元的津贴奖金，大家生活在一个地方，而教师更辛苦一些，我们该如何面对超负荷的农村教师，怎能保证他们内心的长久平静？在市场经济的浪潮下，只讲奉献能保障农村教师队伍的稳定吗？”恩施州教育局谢苹副局长对此不无担忧地说：“目前，我们教育行政部门、校长正全力以赴做教师的思想工作，靠工作惯性，全州的教师还比较稳定。虽然部分教师有情绪，但波动不是很大，时间长了就不好说了。”[①] 湖北省浠水县教育局基教科负责人也有相同的感受：“我们县公务员除工资外最低可以拿到8600元的津补贴和奖金，而中小学教师只能拿到不到3000元补助，农村教师意见很大。近一段时间很多农村教师到省市信访部门上访，上级没有明确的答复，只是让我们做思想工作，现在我们工作很被动，不知怎么办才好。”

新机制实施后农村中小学教师不仅实际收入下降，而且社会保障也不健全。社会保障制度作为社会经济的“安全阀”和“稳定器”，具有保障公民的生存权、稳定社会秩序、促进经济发展的功能。因此，建立农村教师社会保障制度是各级政府义不容辞的职责。但在问到新机制实施后农村教师医疗、失业和养老保险以及住房公积金办理情况时，在回收的350份有效教师卷中，分别有92.8%、21.8%和25.1%的教师已经办理了医疗保险、失业保险和养老保险，仅仅只有8.9%的教师办理了住房公积金；在回收的200份有效校长问卷中，分别有94.2%、30.5%和23%的校长已经办理了医疗保险、失业保险和养老保险，办理住房公积金的校长仅占11.6%。可见，新机制实施后，农村教师社会保障政策没有到位，失业保险、养老保险和住房公积金办理情况令人担忧，相当部分的农村教师被排斥在社会保障网络之外。此外，农村教师住房问题一直也是个老大难问题。例如，湖北沙洋县现有4336名农村中小学教师，就有3212名教师无住房，很多教师住的是学校公房，大部分年轻教师甚至是几个人合住一间，有些公房年代久远，已经成为危房。虽然近年来国家不断加大农村学校危房改造力度，但此项资金只能用于教学楼、学生食堂等维修改造，农村教师住房问题一直无人问津。英山县三门河中学因为学校住房紧张，相当部分的年轻教师至今还和学生住在一起，教师备课和生活起居很不方便。虽然有部分教师已经在县城买房，但巨额的房贷早已压得他们喘不过气来，而且除了周末能回家外，大部分时间还要和学生挤着住。

在谈到农村中小学教师的收入和社会保障问题时，还必须注意到代课教师这样一个特殊群体。到2007年底，全国中小学还有代课教师37.9万人[②]。代课教师在群体分布上有一个特点，就是地区间、城乡间非均衡分布，而且越是经济欠发达的省份和地区，越是贫困、偏远、条件艰苦的农村，代课教师的比例就越大，不少农村边远地区学校和教学点，完全由代课教师支撑。调查结果显示，从回收的350份有效教师卷和200份有效校长卷来看，受访的322所农村

① 肖昌斌，曾宪波：《完善之后是完美——恩施州农村义务教育经费保障机制改革运行一年之痒》，载《湖北教育》2006年第12期。

② 周济：《农村义务教育普及实现新跨越》，载《中国教育报》2008年2月26日。

中小学中有代课教师的学校超过总数10%。其中经济欠发达地区如蕲春、阳新、孝昌和巴东等县（市）有代课教师的学校比例较大，部分地区超过20%；而经济相对比较富裕的地区如仙桃、潜江、新洲和鄂州等县（市）有农村代课教师的学校比例则较小，大部分地区不足5%。调查发现，新机制实施前，有56.3%的农村代课教师工资在300元以内，36%的农村代课教师工资在300～600元之间，超过600元的农村代课教师仅占7.7%。另外，48.6%的受访人员认为代课教师的工资由地方政府发，认为代课教师工资由学校发的受访人员占51.4%。而新机制实施后，工资在300元以内的代课教师仅占9.4%，300～600元的代课教师占83.3%，超过600元的代课教师占8.3%。有50.2%的受访人员认为代课教师的工资由地方政府发放，认为代课教师工资由学校发放的占49.8%。可以看出，新机制实施后，农村代课教师的工资有了明显增长，但农村代课教师工资发放渠道没有发生根本变化，基本上维持原来的工资发放途径。可以肯定，新机制实施后，农村代课教师工资没有纳入新机制的保障范围，仍然由地方政府或学校自行解决。事实上，我们在湖北英山和浠水等地农村中小学的调研结果也印证了这一点。例如，英山县杨柳镇代课教师吴永容，从1992年中等师范学校毕业后就在陈家岩教学点任教，教学质量在全镇8所小学中总是名列前茅，因为参加工作晚，不具备“民转公”条件，2004年被辞退。后来因为村民的强烈要求又回到陈岩教学点任教，月工资只有400元。新机制实施后，吴老师的工资仍没有被纳入财政保障范围，仅靠挤占学校仅有的公用经费来解决她的工资。浠水县汪岗镇南凉小学南老师在该小学任教12年，因为教学质量好，又是全校唯一的英语教师，所以一直被该校聘用至今。她每月工资500元，也是从学校公用经费中挤出来的。代课教师不仅工资低，而且养老保险、医疗保险等更无保障。

3. 教育乱收费问题仍然存在，治理工作任重而道远

教育乱收费是一种追求本单位或本校的利益而利用手中的垄断权力违规违纪的收费行为。实施农村义务教育新机制的重要目的之一，就是要切实加强学校收费管理，坚决治理乱收费。2007年10月教育部下发的《关于进一步做好农村义务教育经费保障机制改革有关工作的通知》明确规定，农村中小学除收取教科书费、作业本费和寄宿生住宿费以外，严禁再向学生收取其他任何费用。2008年3月湖北省人民政府也下发了《关于明确2008年春季学期全省义务教育学校收费政策的通知》，规定全省农村义务教育阶段只允许收取住宿费和伙食费两项；其他收费（如教辅材料费、寒暑假作业费、校服费、保险费、体检防疫费、电影费等）都不列入学校收费项目，其费用按照学生及家长自愿的原则，由提供服务的有关部门收取，学校和教师一律不得参与或组织此类活动并收费；学校不得收取补课费、晚自习费、小班费、试卷费等；取消各种服务性收费项目，如搭伙费、饮水费等，相应的合理开支应纳入公用经费开支范围，不得向学生收取。

那么，实施新机制后的实际情况又是怎样的呢？为了了解农村中小学收费的真实情况，我们在调查问卷中设计了“目前您所在的学校是否进行过以下收费”问题，包括“教辅材料费、寒暑假作业费、校服费、保险费、体检防疫费、电影费、补课费、饮水费、搭伙费、多媒体费、其他和以上都没有”12个选项。对参加2008年“湖北省农村教师素质提高工程”的部分教师和校长进行了问卷调查。在回收的350份有效教师问卷中，仅仅只有15.1%的教师认为所在的学校是“零收费”，学校收费较多的项目分别是寒暑假作业费、保险费、校服费和搭伙费；从回收的200份有效校长问卷来看，只有28.1%的校长认为所在学校是“零收费”，学校收费较多的项目分别是寒暑假作业费、保险费、体检防疫费和搭伙费。校长卷和教师卷中关于学校“零收费”这一项的选择比例悬殊，我们认为，其原因是农村教师回答问题比较客观，而农村中小学校长担心政绩受到影响或害怕暴露教育乱收费问题而有意隐瞒部分事实。调查还发现，绝大部分学校都是自行收费，并没有由提供服务的有关部门收取。可以看出，新机制实施后，农村中小学实行“零收费”的比例低，服务性收费不规范导致部分学校仍存在教育乱收费问题。这些乱收费归纳起来大致包括：贫困偏远地区农村完小、初小和教学点为解决代课教师工资问题而进行的生存型乱收费；农村薄弱学校（包括普通初中、完小和初小等）为解决本校发展问题而收取的搭伙费、饮水费、上机费等发展型乱收费；部分学校因为高额回扣进行的利益驱动型乱收费，如收取保险费、体检防疫费等；也有少数学校因为上级部门乱摊派不得已而进行的利益转嫁型乱收费，如收取教辅材料费、寒暑假作业本费等。可以看出，尽管实施新机制的重要目的之一是要禁止教育乱收费，但由于种种原因，新机制实施后，农村中小学服务性收费不规范导致教育乱收费依然存在。教育乱收费的治理工作任重而道远。

4. 农村“普九”债务负担沉重，偿债矛盾十分突出

农村“普九”债务是各地在普及九年义务教育过程中为改善办学条件、实现“普九”达标活动所欠的债务。它是地方政府为满足人们日益增长的教育需求，实现超前借支的财政行为。20世纪90年代至21世纪初，为实现“普九”达标，各地纷纷改造学校，新建、改建和扩建校舍。据调查，目前的“普九”债务有72.5%是在新建校舍和“普九”达标中形成的①。另据教育部提供的数据，目前全国各地为“普九”而背上的债务至今已达500多亿元，成为影响农

① 茆琛，廖君，刘大江：《贯彻新〈义务教育法〉，须解县乡债务之困》，载《教育》2006年第9期。

村义务教育健康发展的“烫手山芋”和诱导农民负担反弹的重要隐患①。2006年，湖北省审计厅对全省94个县（市、区）1208个乡镇的1.52万所农村中小学的学校总债务和“普九”债务进行了逐校认定，最后确认全省“普九”债务为31亿元，全省农村中小学平均负债近20万元②。调查结果显示，教师卷中有27.7%的学校“普九”债务在20万元以上，有32.1%和33.8%的学校“普九”债务是0～10万元和10～20万元，没有任何“普九”债务的学校仅占7.2%；校长卷中有30.5%的学校“普九”债务在20万元以上，47%和11%的学校“普九”债务是0～10万元和10～20万元，没有任何“普九”债务的学校仅占11.5%。

实地调查发现，有些地方有“普九”债务的农村中小学几乎占农村学校总数的2/3以上。例如，浠水县义务教育阶段中小学共213所，其中有“普九”债务的学校达170所；沙洋县90所农村中小学，“普九”欠债的学校有88所，占学校总数的98%，全县农村中小学平均负债近90万元；监利县几乎所有的农村中小学都有数额不等的“普九”债务。这些学校的“普九”债务都是在20世纪90年代中后期新建校舍和“普九”达标形成的，负债形式是银行贷款、施工队垫款以及向教师和社会借款等，其中拖欠施工队的欠款比较普遍。农村税费改革前，这些学校通过农村教育费附加和教育集资来偿还“普九”债务。农村税费改革后，学校通常通过学杂费、其他变相乱收费收入来偿还部分“普九”债务。新机制实施后，取消了农村学校学生的学杂费，取消部分由政府财政负担，而且政策明文规定这部分经费必须专款专用，不能用于偿还学校各类债务，“普九”债务变成了一堆死债。地方政府对待“普九”债务是“认账不还账，全要学校扛”。由于欠债长期得不到解决，偿债矛盾非常突出，一些学校经常被债主强行封门逼债，学校领导常常官司缠身，严重影响了学校教学的正常运行。例如，湖北省团风县出现过因无力偿还“普九”债务，有20所学校的校门先后被封的事件。湖北省安陆市刘店小学“普九”负债38万，债主经常到学校闹事，校长经常东躲西藏，不敢在学校办公，教师整天人心惶惶，无心教学，严重影响了学校正常的教育教学工作。

四、存在问题的原因分析

新机制实施过程中出现这样或那样的问题，其原因是相当复杂的，既有经济社会发展差距的影响，又有历史形成的体制、机制等方面的原因，必须进行

① 半月谈记者：《中国3年化解500亿农村“普九”债务》，载《中国教育报》2007年9月30日。

② 《郭生练同志在中东部农村义务教育经费保障机制改革座谈会上的发言》，http://bzb.e21.cn/content.php?acticle_id=91。

系统的研究，方能得出正确的结论，采取行之有效的应对策略。

1. 公共财政对农村义务教育投入依然不足

从产品的角度划分，凡是满足人们公共需求，具有“公共品”性质的产品和服务就是公共产品和公共服务。按经济学的分析，人们的需求产品分为三大类型：公共产品、私人产品及介于公共和私人产品之间的混合产品。公共产品和私人产品的根本区别是否有“竞争性”和“排他性”。公共产品是那些具有非竞争性和非排他性产品，只能由政府承担。作为公共权力机关，向国民提供均等的公共产品和公共服务是各级政府的基本职责。一般来说，政府间公共服务的责任划分主要依据公共服务的收益范围来确定，对于收益范围溢出地方的或具有外部性的公共服务，应由省级政府或中央政府提供，地方政府承担地方受益的公共服务的财政投入和管理职责。

基本公共服务通常指在一定共识基础上，一国全体公民不论其种族、收入和地位差异如何，都应公平、普遍享有的服务，主要包括公共安全、基础教育、公共卫生、基础设施、社会保障、环境保护、科学技术与文化、人权保护等方面的内容。近年来，我国政府不断加大公共服务的财政投入，大大改善了基本公共服务的条件，提升了公共服务的品质。不过，我们也应看到，与一些国家相比，基本公共服务的投入仍有相当的差距。从公共教育的角度来看，已有研究表明，当人均 GDP 达到 800～1000 美元时，要实现教育与经济的良性发展，公共教育支出占 GDP 的比重必须达到的下限为 4.07%～4.25%①。2003 年我国人均 GDP 就已超过 1000 美元，达到 1090 美元，2006 年人均 GDP 首次突破 2000 美元②。2003 年我国公共财政对公共教育的支出占 GDP 的 3.41%，2004 年为 2.79%，2005 年为 3.12%，2006 年降到 2.86%，2007 年为 3.32%。这不仅低于 20 世纪末世界的平均水平，也没有达到国家规定的 2000 年达到年我国公共财政对公共教育的支出占 4%的目标。可见，同世界一些国家相比，我国公共财政对教育的投入还有不少的差距。新机制实施后，中央和省级政府加大了对农村义务教育的投入，农村义务教育经费显著增长，但和国民经济与社会发展规划要求相比，公共财政对农村义务教育投入依然不足。

2. 农村教师工资发放仍沿袭“以县为主”的体制

“教育的发展和质量的提高，是和一支稳定的、训练有素的、积极性高又可靠的教师队伍分不开的。”③ 而保障农村教师工资，提高农村教师福利待遇则是

① 刘明慧：《城乡二元结构的财政视角研究》，中国财政经济出版社 2008 年版，第 224 页。

② 刘明慧：《城乡二元结构的财政视角研究》，中国财政经济出版社 2008 年版，第 114 页。

③ ［法］雅克·哈拉克著，尤莉莉、徐贵平译：《投资于未来：确定发展中国家教育重点》，教育科学出版社 1993 年版，第 118 页。

稳定农村教师队伍，促进农村教育持续发展的关键因素。但实施新机制所要解决的主要问题是，免除农村义务教育阶段学生的学杂费和免费提供教科书，对贫困寄宿生提供生活补助，提高农村义务教育阶段公用经费保障水平，建立农村义务教育阶段中小学校舍维修改造长效机制，使农村的孩子有学上和上得起学。而对于农村中小学教师工资则“继续按照现行体制”，中央“对中西部及东部部分地区农村中小学教师工资经费给予支持。省级人民政府要加大对本地区区域内财力薄弱地区的转移支付力度，确保农村中小学教师工资按照国家标准按时足额发放”。这里所说的“现行体制”就是“以县为主”的体制。“以县为主”实质上是将对义务教育的投入责任以及重要人事管理责任由乡级政府移交给县级政府。历史地看，这一制度调整的积极意义非常突出。与乡、村相比，县级政府一般具有更强的财政能力，可以使农村义务教育发展建立在更加坚实的经济基础之上，可以缓解过去普遍存在的一县之内经济发展不平衡导致的义务教育发展不平衡，也为农村税费改革消除了许多现实障碍。

但也必须看到，“以县为主”的体制存在的问题是十分突出的。1994 年分税制后我国各级政府财政收入关系发生很大变化，财政收入重心上移，多数县级政府财力薄弱，入不敷出，基本上成为“吃饭财政”，根本无力解决义务教育阶段农村教师的工资及地方津补贴问题。以湖北省沙洋县和英山县为例，沙洋县现有义务教育阶段农村正式教师 4336 人，按照本地公务员最低月津补贴标准 660 元计算，全县兑现农村义务教育教师地方津补贴地方财政每年需要 3455 万元，扣除湖北省政府安排的农村教师绩效考核补贴每月人均 150 元，全年合计 1800 元，该县兑现农村义务教育教师津贴地方财政还需 2675 万元。而沙洋县 2007 年新增财力仅 500 多万元，即使新增财力全部用于兑现农村义务教育教师津补贴都远远不够，更不用说发展其他事业了。英山县现有义务教育阶段农村中小学教师 3656 人，如果按照本地公务员最低月津补贴计算，全县兑现农村义务教育教师地方津补贴地方财政每年需要 2105 万元（除省财政每月 150 元的农村教师绩效考核补贴合计 658 万外）。而英山县是一个国家级贫困县，全县 2006 年财政收入 13272 万元，财政支出为 26964 万元，其中农村中小学教师工资支出 5290 万元，而该县“普九”债务达 4000 多万元。由此可见，新机制实施后，农村教师工资津贴发放仍沿袭“以县为主”的体制，这是导致农村中小学教师实际收入下降的根本原因。

3. 政府财政投入存在“挤出效应”

挤出效应（crowding-out effect），是作为财政开支的乘数效应的对立面提出来的，意思是政府支出的增加所引起的私人消费或投资降低的效果①。这里所

① 张强等：《农村义务教育经费“挤出”效应研究》，载《清华大学教育研究》2004 年第 5 期。

说的“挤出效应”，是指新机制实施后，中央财政对农村义务教育投入大幅度增加，而一些地方则存在中央增加了投入而减少了对原来农村义务教育的投入。从2006年教育经费统计数据来看，当年全国农村义务教育财政预算内拨款比2005年增加了314亿元，而中央和省级财政增加的资金就达351亿元①。由此可见，省级以下政府财政不仅没有增加，甚至减少了对农村义务教育的投入。另从审计署2008年对全国16个省54个县2006—2007年农村义务教育经费审计情况来看，新机制实施后，中央加大了对各地，重点是中西部地区农村义务教育专项转移支付力度。2006年和2007年上半年，中央财政补助16个省份的农村义务教育专项经费分别为153.26亿元和98.49亿元，同比增长90.49%和59.55%。同时，省级政府也加大了全省统筹力度，投入农村义务教育的经费实现较快增长。但审计发现，部分地区却存在经费投入不到位的问题：(1) 部分地区未落实应由地方承担的资金1.22亿元。审计调查的16个省份中，有3个省未按照规定的分担比例落实资金，少承担资金1.08亿元，占应承担资金总额的8.65%。审计调查的54个县，有8个县未按规定落实应承担的资金1350.58万元，占应承担资金总额的71.78%。(2) 有5个县的县级政府减少了对农村义务教育经费的投入，2006年与2005年相比，共计减少3186.90万元，减幅为13.2%。(3) 资金拨付不及时，长期滞留在财政或教育部门。在审计调查的54个县中，有29个县的财政、教育部门未按规定期限分配并拨付到有关中小学校的资金1.10亿元，占这29个县农村义务教育同类经费总额的45.32%②。

2007年湖北省全面实施新机制后，省政府明确要求“各级财政安排的新机制专项资金必须专款专用，各地不得因上级增加政策性转移支付补助而减少本级财政的预算投入，坚决杜绝‘挤出效应’，搞‘上进下退’。要继续落实年度预算本级财政对教育投入的‘三个增长’和省政府已明确的教育投入政策，如‘税费改革固定性转移支付用于教育的比例不低于60%，其中用于危房改造的比例不低于10%’、‘按每生不低于15元的标准安排农村中小学公用经费补助等’政策”③。然而，新机制实施后该省仍有部分县级政府由于种种原因减少了本级财政的预算投入。例如，从对湖北省各地2006—2007年农村校舍维修改造改造资金审计结果来看，全省有39个县（市、区）没有统筹安排好校舍维修改造资金，出现‘撒胡椒面现象’，甚至有部分县（市、区）安排的校舍维修改造

① 孟庆瑜：《当前我国农村义务教育面临的突出问题及对策建议》，载《教育理论和实践》2008年第5期。

② 《八成以上被审计县挤占挪用教育经费》，2008年7月6日人民网《人民日报》，http://edu.people.com.cn/GB/1053/7473536.html。

③ 《省财政厅、省教育厅关于调整完善农村义务教育经费保障机制有关政策的通知》鄂财教发［2008］27号。

资金不足1万元；有19个县（市、区）未安排或足额安排农村税费改革固定性转移支付用于中小学危房改造的6%部分；有2个县（市）专项资金未落实到项目①。另据我们对该省×县的调查，同样存在类似的情况。根据湖北省政府相关文件的规定，2006年和2007年×县级财政应拨付生均公用经费210万元和84万元，校舍维修改造资金369万元，贫困寄宿学生生活补助180万元，但到2007年底，这些地方财政配套资金仍然没有到位。由此可见，新机制实施后，中央加大了对农村义务教育的投入，农村义务教育经费明显增加。但大量增加的上级财政投入并没有提高地方政府对教育投入的努力程度，相反产生了“挤出效应”，造成新机制改革中地方政府配套资金不到位，甚至出现地方政府挤占、挪用农村义务教育专项经费的现象，导致整个教育投入不足。

4. 农村中小学公用经费标准偏低

农村中小学公用经费是指保证农村中小学正常运转、在教学活动和后勤服务等方面开支的费用。公用经费开支范围包括：教学业务与管理、教师培训、实验实习、文体活动、水电、取暖、交通差旅、邮电、仪器设备及图书资料等的购置，房屋、建筑物及仪器设备的日常维修维护等。不得用于人员经费、基本建设投资、偿还债务等方面的开支。

各级财政、教育部门分配中小学公用经费，应主要依据在校学生人数，同时又要兼顾不同地区不同规模学校运转的实际情况，制订不同的标准，以保证日常教育教学活动所需的基本开支。因为从学校成本来看，不同的地域和不同类型的学校，学校的人员性成本和资本成本肯定是不一样的。如北方和南方学校成本差异很大。北方中小学公用经费支出大头是取暖费，以内蒙古一所300名学生的农村小学为例，每年6个月的取暖期要耗煤13吨，以2006年煤价的市场行情计算需资金4.3万元，而新机制实施后，该地区的公用经费标准为每年每生11元钱，该小学公用经费共计3.3万元，用来支付取暖费都不够②。此外，相当部分学校的教学设备维护费用和电费也是一笔不菲的支出，有些农村中小学在“普九”期间花巨资装备的微机室和语音室，也因无钱维持或交不起电费，而不对学生开放。例如，湖北省罗田县河岸小学是全省信息技术试点学校，前几年贷款买来30台微机，现在由于难以支付每年5.5万元的维持费用和电费而停止使用，原因是该校的公用经费如果支付微机维护费用和电费的话，其他的什么事都不能干了。再从学校类型上看，寄宿制学校和非寄宿制学校的学校成本大不相同。“寄宿制学校的办学成本要比非寄宿制办学成本高40%”③，

---

① 湖北省农村义务教育经费保障机制网站，http://bzb.21.cn/content.php?article_id=39，2007年5月11日。

② 周大平：《让新机制在实施中完美》，载《河南教育》2006年第10期。

③ 肖昌斌，曾宪波：《完善之后是完美——恩施州农村义务教育经费保障机制改革运行一年之痒》，载《湖北教育》2006年第12期。

寄宿制学校需要大量教育投入，如建食堂、宿舍、浴室等；需配备专职的炊事员、宿舍管理员和保育员，确保寄宿生正常的学习和生活。因此，寄宿运行费用、食堂及宿舍管理人员的工资等大大增加了学校运行成本。而新机制实施后湖北省义务教育阶段收费政策规定："由政府财政资金建设的学生宿舍，不得收取住宿费，所需相关费用从学校公用经费开支；学校为学生提供的饭菜按成本定价，不得盈利或节余。"① 可见，不同地域和不同类型的学校的运行成本差异很大，如果按照相同的经费补助标准，肯定会造成部分学校入不敷出，运转艰难。不仅如此，新机制实施后，公用经费拨款标准主要是参考前两年的生均公用经费水平和"一费制"水平。因为受经济发展水平所限，我国许多地方尤其中西部地区教育投入长期不足，其自定的生均公用经费和"一费制"标准普遍偏低。例如，2006 年实施新机制的 12 个西部省（自治区）就有 9 个省农村义务教育公用经费低于 200 元②。所以，公用经费标准偏低是难以保证部分学校正常运转的重要原因。

五、进一步完善农村义务教育新机制的对策思路

农村义务教育新机制能否顺利实施，不仅关系到教育资源在城乡之间能否得到合理配置，而且直接涉及广大农村中小学学生、家长和教师的切身利益，关系到农村教育能否健康顺利发展。因此，必须采取切实可行的措施，解决新机制实施过程中出现的问题，确保农村教育的健康发展。

（一）加大公共财政的投入力度，促进农村义务教育均等化

基本服务均等化，是指一国范围内全体居民应当享有水平大致相当的基本公共服务。教育服务是政府提供公共服务的重要组成部分，提供均等化的教育服务是公共财政的基本职能，是公共财政"公共性"的重要表现，也是公共财政改革与发展的基本目标之一。党的十六届六中全会强调"以发展社会事业和解决民生问题为重点，优化公共资源配置，注重向农村、基层和欠发达地区倾斜，逐步形成惠及全民的基本公共服务体系"，实现"基本服务均等化"。党的十七大报告中强调"要加快推进以改善以民生为重点的社会建设，扩大公共服务，并将人人享有基本公共服务作为促进社会公平和正义，让人们共同享有社会发展成果"。

对于一个城乡二元结构明显，农村人口占主体的发展中大国来说，农村义务教育均等化的重要性不言而喻。义务教育是农村最大的公共事业，公共产品

---

① 湖北省物价局、省财政厅、省教育厅：《关于明确 2008 年春季学期全省义务教育收费政策的通知》鄂价费［2008］37 号。

② 庞丽娟：《完善经费保障机制，扎实推进免费义务教育》，载《教育研究》2008 年第 5 期。

的供给均等化的意义，在我国农村义务教育领域得到最集中的表现，即只有保障教育公共产品供给均等化，才能最大限度保证广大农民生存和发展方面的机会的公平和公正。作为具有较强公共物品特性的农村义务教育，在我国全面建设小康社会，构建社会主义和谐社会中，具有基础性、先导性和全局性的重要作用。巩固和普及农村义务教育，是实施科教兴国战略，推进农村综合改革，建设社会主义新农村的重要举措；是贯彻“工业反哺农业，城市支援农村”方针，推进教育公平和社会公平，使广大农民共享发展成果的重要举措；是强化政府对农村公共服务，扩大公共财政覆盖农村范围的必然要求。

从公共财政的视角来看，义务教育是一种具有全国性特征的公共产品或是一种正外溢性很强的地方性公共产品，中央和省政府应当担负更多的财政责任。因为公共财政在对中央政府和地方政府财政责任分工时，主要遵循“公共产品受益层次论”和“财政联邦主义理论”①。公共产品受益层次论认为，政府责任的划分是根据公共产品的受益范围决定，受益范围覆盖全国的由中央政府负责，受益范围覆盖地方的由地方政府负责。同时，根据财政联邦主义理论，地方公共产品存在收益外溢时，中央政府必须对地方政府进行适当补偿。另外，财政联邦主义理论还规定基本公共服务最低供应原则，即上级政府有责任帮助经济不发达地区居民享受最基本的公共服务。所以，义务教育公共产品性质决定了中央和省政府必须加大对农村义务教育的投入。

因此，面对新机制实施后农村义务教育存在的种种问题，各级政府尤其中央和省级政府必须加大对农村义务教育的投入。首先，各级政府要依法落实教育经费的“三个增长”，确保财政性教育经费增长速度明显高于财政经常性收入增长幅度，确保在2010年前后实现国家“十一五”规划提出的逐步使财政性教育经费占GDP的比例达到4%的目标。其次，根据公共财政的基本要求，各级政府尤其是中央和省政府应继续将农村义务教育作为公共财政支出的重点，继续将新增教育经费主要用于农村义务教育，逐步缩小农村义务教育的地区间和学校间的差异，促进农村义务教育均等化，让更多的人享受到社会发展成果。

（二）创新农村义务教育经费分配和监管机制，促进农村义务教育健康发展

高效安全的管理和有效的监督是农村义务教育经费保障机制改革成败的关键。为了保证新机制的顺利实行，促进农村义务教育健康发展，必须创新农村义务教育经费分配和监管机制，加强监督管理。

1. 建立农村义务教育经费国库集中支付制度

国库集中支付，就是把财政资金由传统的层层划拨改为国库单一账户的公共财政管理体系。具体地说，就是将所有的财政性资金全部集中到国库单一账

① 杨会良：《当代中国教育财政发展史纲》，人民教育出版社2006年版，第336页。

户，所有的财政支出由国库单一账户支付，对财政资金从预算分配、预算拨付及收款人账户实行财政直接全过程监督、控制的一种制度。实行国库集中支付制度后，预算单位通过支出确认收入，实际支付的款项才是财政拨款。按照财政部关于财政国库集中支付改革“横向到边、纵向到底”的要求，在进行农村义务教育经费保障机制改革的同时，要切实做好改革向乡镇的延伸工作，将农村中小学经费全面纳入财政国库集中支付系统，从制度上防范农村义务教育经费被截留、挪用和挤占，增强农村义务教育经费预算执行的透明度，加强对农村义务教育经费使用的监督。如建立和完善农村中小学教师工资由县级财政集中发放制度，县级财政按照工资统一发放的程序，将岗位工资、薪级工资、绩效工资和津补贴全部通过国库集中支付，由银行直接划入教师账户，避免农村教师工资被学校或教育行政部门挤占、挪用，同时也防止学校挪用公用经费或通过教育乱收费发放教师的福利和奖金；免费提供教科书资金和寄宿生生活费补助资金，由县级财政部门直接通过国库支付系统支付采购教科书资金和拨付给寄宿生所在学校用于生活补助。

2. 积极推进部门预算、政府采购等配套改革

根据新机制的要求，所有农村中小学应逐步实行“校财局管”的管理体制，以加强对农村中小学财务工作的统一管理。同时，建立规范的农村中小学预算编制制度，农村中小学各项收支由县级教育行政部门汇总后全部纳入财政预算。因此，农村中小学预算要清晰反映学校所有收支项目，不仅要把学校维持基本运转的日常费用和保证事业发展的建设经费足额纳入预算，而且要研究新形势、新情况下农村义务教育的各种新需要，如远程教育建设、新课程培训等。农村中小学公用经费支出中大宗的教学仪器设备由县级教育行政部门通过招标进行集团购买，其他教学仪器购置及其他支出应及时拨付给学校按预算项目使用。学校维修改造资金，不能直接拨付到学校，应由县级财政部门或教育行政部门统一核算支付使用，县级教育行政部门会同建设部门、县级财政部门每年定期对农村中小学校舍进行检查，制定危房维修改造方案，将农村中小学维修改造资金纳入地方财政预算。所有的建设项目应招标、投标决定施工单位，财政部门按施工进度及时拨付资金，教育行政部门、建设部门和学校对施工质量进行监督。

3. 努力探索实行“农村义务教育基金”制

按照政府会计惯例，基金是指一套拥有各自平衡账户的财务和会计主体，用于记录现金和其他的经济资源、相关的负债和剩余权益或余额及其变动的资金及其管理体系。基金的划分遵从特定的规则、限制和约束，并以进行特定活动和实现一定目标为目的。在一些国家，将财政资金划分为若干政府基金，已经成为一种习惯做法。例如，为了促进基础教育健康稳定发展，巴西成立了基础教育维持与发展及教学促进基金会（FUNDEF），基金主要来自各州、市的资金。教育基金会的资金被自动存入巴西银行的专门账户，巴西银行按照教育文化部提供的分配率，分别在各州范围内按比例分配，不受政府及其他因素的影响，有效地解决了教育资金被挪用的问题①。为了保证农村义务教育经费高效、安全、规范运作、避免地方政府的干预，增加资金管理的透明度，便于社会监督，促进农村中小学的正常运转与良性发展。可以探索实行新的农村义务教育经费管理机制，即在省级人民政府的领导下，组建成立专门的省级农村义务教育经费管理基金会。该基金会作为公益性社会中介机构，单独管理，专门运营农村义务教育经费。这样就可以解决我国教育经费采用的层次管理方式带来的上下级信息不对称、下级滥用委托权力、挪用和挥霍教育经费、资金拨付不到位和经费监管成本高等问题，因而极大地提高农村义务教育经费的使用效率，使有效的资金取得最大的效用。

4. 改进农村义务教育经费分配和管理方式

新机制实施后，农村学校维持运转主要靠上级政府下拨的公用经费和免杂费补助。目前，这笔经费由县财政和教育局计财科管理，地方行政部门根据县域内中心学校的规模、学生的人数进行再分配。经费分配基本采用“定员定额”方法，这种经费分配方式主要是以学生为依据，校际资源分配的差异主要由学校的规模所决定。县财政和教育局计财科按照“定员定额”的拨款方式，把资金划拨到中心学校管理，中心学校在经费方面具有支配权，为了本校的建设和发展势必会忽视教学点、完小和其他类型薄弱学校的建设，所以有必要对当前的经费划拨和管理方式进行改革，即采用“综合定额＋专项补助”的拨款模式，“综合定额”是对农村中小学拨款时，不仅考虑到学生数量，还考虑到校园校舍面积、学校基础设施、学校规模和师资编制等反映学校实际运行成本的多种政策参数。为确保综合定额的公正性和合理性，应建立由政府、学校、社会共同参与组成的拨款中介组织，并从规模、质量和效益三个维度，对农村中小学进行合理评价。“专项补助”是专门用来解决农村偏远地区寄宿制学校、完小、初小和教学点等薄弱学校的补助资金，因为“政策的制定者被告诫不要设计一个‘平均’的政策用在不同的条件之中。不同条件的学校可能有不同的需要，因此需要区别对待”②。2006年修订的《义务教育法》也明确规定：“县级人民政府编制预算，除向农村地区学校和薄弱学校倾斜外，应当均衡安排义务教育经费。”因此，设立“专项补助”，有助于保证农村偏远地区薄弱学校维持正常运

① 《免费义务教育，各国在行动》，《中国教育报》2005年12月16日。

② ［美］M·卡诺依编著，闵维方等译：《教育经济学国际百科全书》，高等教育出版社1999年版，第503页。

转，从而促进农村义务教育均衡发展。

5. 建立健全农村义务教育经费监督管理机制

对义务教育经费的投入方向、使用及效果实施严格的监督管理是政府义不容辞的责任。政府监管的主要方式或手段是完善义务教育经费的审计制度。为此，应建立学校内部审计和国家审计、社会审计相结合，以国家审计为主导的审计体系。同时，审计结论要向政府和人大报告，向社会公众公开，将义务教育经费的投入、分配和使用置于公共监督之下，对违纪者要追究其经济和行政乃至法律责任。

（三）建立农村教师工资保障机制，大力提高农村教师经济待遇

“教育的发展和质量的提高，是和一支稳定的、训练有素的、积极性高又可靠的教师队伍分不开的。”① 而保障农村教师工资、提高农村教师经济待遇是稳定农村教师队伍、促进农村教育持续发展的关键因素。为此：

1. 逐步建立由中央或省级统筹为主的农村教师工资保障机制，确保其工资按时足额发放

从世界各国经验来看，义务教育阶段教师工资由中央或较高层次政府承担，是解决教师工资问题的基本途径。在世界各国，教师工资即人员经费，历来是各国义务教育公共经费的最重要支出，一般达到政府公共投资的80%左右。许多国家在实施义务教育之初，曾将义务教育视为基层政府的责任，这种做法不仅给地方财政造成很大负担，而且无法切实保证教师的工资。为了解决这一问题，各国相继调整了教师工资的筹措机制，采取的基本办法是将保障教师的工资适当上移，由中央和高层次地方政府负责。例如，在法国、泰国、韩国、埃及等国，均将义务教育教师工资全额作为中央财政预算，由中央财政独立负担。在日本，国立学校教师工资的全额由中央财政独立负担，地方学校教师工资由中央财政和都道府县财政各负担一半。在德国和印度，义务教育教师工资全额由州或邦财政独立负担。在美国，教师工资虽然由地方学区支付，但由于地方学区经费的半数以上来自州政府的财政补助拨款，因此，实际上教师工资是由州和地方政府共同负担的。在瑞士，教师工资州负担七分之三，市镇负担七分之四②。

借鉴其他国家的经验，为了确保农村中小学教师工资能按时足额发放，应逐步建立由中央或省级统筹为主的农村教师工资保障机制。中央或省级政府在全国或全省范围内按国家统一规定的编制标准和工资标准把教师工资按月足额

---

① ［法］雅克·哈拉克著，尤莉莉、徐贵平译：《投资于未来：确定发展中国家教育重点》，教育科学出版社1993年版，第118页。

② 高如峰：《义务教育投资国际比较》，人民教育出版社2003年版，第380页。

发放给教师。这样做，应该说不会对农村义务教育投资的运用产生管得过死的弊端，反而有利于防止基层政府或教育部门截留、挪用教育经费，拖欠教师工资，同时有利于在全国或全省范围内为中小学教师创造一个大体相近的工资福利条件，不仅有利于提高农村教师的社会地位，而且有利于促进贫困落后地区教师队伍的稳定和基础教育的发展。此外，从国家的经济实力和财政收入来看，中央和省级政府完全有能力统筹农村教师工资。国家"十一五"国民经济和社会发展规划要求，采取切实措施保证2010年全国财政性教育经费达到GDP的4%。根据国内生产总值当年价格比上年平均增长15%（扣除产品、消费品和服务价格上涨后GDP可比价格年增长率10%左右）计算，2010年全国国民生产总值将达到37万亿元，当年财政性教育经费应达到14800亿元，应比2005年5161亿元增加9600亿元。也就是说，"十一五"期间全国公共教育经费年增长23.5%，平均每年增长1900亿元以上①。目前，全国大约有农村义务教育阶段教师510万人，如果以平均月收入1500元计算，中央财政每年应支付农村教师工资918亿元；如果以较低标准（月平均工资1000元）中央财政应支付农村教师612亿元。如果东部发达地区农村教师工资主要由当地政府自己承担，中央政府在上述方案大约需支付总额的2/3。因此，在高工资方案中，中央大约支付农村教师工资600亿元；在低工资方案中，中央大约支付农村教师工资400亿元②。所以，无论是高工资方案还是低工资方案，农村教师工资支付总额都是在全国公共财政教育经费增幅范围之内，中央财政完全能够承担。东部地区农村教师工资让东部省级政府自行解决，中央财政可以给予适当的补助。

2. 实施绩效工资制度，确保农村义务教育阶段教师平均工资收入不低于当地公务员的平均工资收入水平

根据《义务教育法》和事业单位收入分配制度改革的要求，国务院决定义务教育学校自2009年1月1日起，率先实施绩效工资，这是党中央、国务院优先发展教育的重大决策，充分体现了党中央、国务院对广大教师的亲切关怀，是教育改革和发展的重大基础性工程。为确保《义务教育法》规定的教师的平均工资水平不低于当地公务员的平均工资水平提供了重要的制度保障，是教育人事制度的重大改革，也是对新机制的进一步完善。它有利于进一步提高教师的地位，充分调动广大教师的积极性、创造性，吸引和鼓励各类优秀人才到义务教育学校，特别是到农村义务教育学校长期从教、终生从教。为了使义务教

① 胡瑞文：《影响我国教育公平和质量提升的教育经费缺口分析》，《教育发展研究》2007年11月A期。

② 雷万鹏：《中国农村教育焦点问题实证研究》，华中科技大学出版社2007年版，第44～45页。

育学校绩效工资能够顺利实施，应将绩效工资的实施同深化学校人事制度改革，加强队伍建设紧密结合，同完善农村义务教育经费保障机制、规范学校收费行为和经费管理紧密结合。其中，义务教育教师规范后的津贴补贴平均水平，应由县级以上人民政府人事、财政部门按照教师平均工资水平不低于当地公务员平均工资水平的原则确定。绩效工资总量随基本工资和学校所在县级行政区域公务员规范后津贴补贴的调整相应调整。同时，在人事、财政部门核定的绩效工资总量内，学校主管部门具体核定学校绩效工资总量时，要合理统筹，逐步实现同一县级行政区域义务教育学校绩效工资水平大体平衡。对农村学校，特别是条件艰苦的学校要给予适当倾斜。对于义务教育学校实施绩效工资所需经费，应全额纳入财政预算，按照管理以县为主、经费省级统筹、中央适当支持的原则，确保义务教育学校实施绩效工资所需资金落实到位。县级财政要优先保障义务教育学校实施绩效工资所需经费，省级财政要强化责任，加强经费统筹力度，中央财政应进一步加大转移支付力度，对中西部及东部部分财力薄弱地区农村义务教育学校实施绩效工资给予适当支持。

3. 建立农村中小学教师激励制度，鼓励优秀教师到农村薄弱学校任教

按《教师法》规定，在待遇上建立面向农村、边远和艰苦地区中小学教师优惠制度。可参照国家对农林、卫生等行业的优惠政策，设立农村、边远和艰苦地区中小学教师特殊津贴制度，以吸引和稳定教师在该地区任教。目前的当务之急是，鉴于农村地区中小学骨干教师流失问题严重，政府和教育主管部门应尽快出台骨干教师的优待政策，解决待遇低的问题。按县、市骨干教师级别和学校边远程度，每月分别向骨干教师足额发放骨干教师等级津贴和交通费用补助，使农村骨干教师的工资收入比城镇同等的骨干教师高，从而使他们在农村安心工作，不再向往城里学校，确保农村教师队伍稳定。

4. 健全医疗养老等社会保障制度，保证农村中小学教师安居乐教

健全农村教师社会保障制度，有利于解决农村教师的后顾之忧，使他们安居乐教，全心全意投入教育教学中去。首先，全面实施农村教师养老、医疗和事业保险制度。各地根据实际情况确定各种保险总额，一般占教师本人基本工资的20%左右，其中教师个人缴纳7%左右，剩余部分由地方财政缴纳。教职工无论是公办教师还是代课教师，都按规定缴纳社会保险金，享受基本的社会保险待遇。地方财政要将属于地方政府缴纳部分保险资金全额纳入预算，不得留有资金缺口，不得将责任转嫁给学校或教师个人。其次，积极实施农村教师住房公积金制度和农村教师安居工程。地方政府要将农村教师住房公积金全额纳入地方财政预算，并保证和当地公务员享受的住房公积金待遇完全一致。不仅如此，有条件的县（区）还要实施农村教师安居工程，将本地低收入家庭困难的教师纳入政策保障范围，努力争取教师住房享受国家安居工程、经济适用房工程等各项优惠政策，积极争取对建设教师住房进行专项补贴、减免土地费用和税费等政策，努力建立政府、学校和教师共同分担住房建设资金机制。同时，在县城、乡镇政府所在地兴建教师公寓或教师生活小区，实现农村中小学教师生活城镇化，使他们安居乐教。

5. 正确面对农村教育的现实，妥善解决农村代课教师工资待遇问题

代课教师是我国教师队伍中的一个特殊群体。他们在极为艰苦的条件下坚守农村义务教育第一线，兢兢业业，任劳任怨，弥补了农村中小学师资的不足，缓解了广大农村特别是偏远、贫困地区义务教育师资的供求矛盾，实际上已成为支撑我国中西部农村贫困地区义务教育的重要力量。因此，必须妥善解决农村中小学代课教师工资待遇问题。第一，必须正视农村代课教师在一定时期内仍将存在的事实，尽快出台相应的政策和管理办法，及早制定农村代课教师的聘用标准、考核办法和辞退制度。第二，因地制宜，每年安排一定的教师编制，将多年在教学中兢兢业业、已取得大专学历和教师资格证的优秀农村代课教师直接转为公办教师，其余农村代课教师必须与其签订劳动合同，明确聘期、权利和待遇等。第三，将农村代课教师工资全额纳入县级财政预算，直接在农村税费改革固定性转移支付资金中列支，以解决农村中小学的后顾之忧，消除农村中小学教育乱收费的隐患。第四，努力提高农村代课教师的工资待遇，尽可能地与当地公办教师同工同酬，至少要达到当地最低工资标准。第五，应逐步将农村代课教师医疗、失业和养老保险等纳入社会保障范围，让他们安心从教。

（四）加大对农村贫困学生资助的力度，确保贫困家庭子女上得起学

新机制实施后，各级政府加大了农村义务教育阶段家庭经济困难寄宿生的生活费补助力度，从 2007 年秋季学期起，小学生每生每天补助 2 元，初中生每生每天补助 3 元，学生每年在校天数均按 250 天计算。享受寄宿生生活费补助的家庭经济困难学生的比例，由省级财政、教育部门根据当地实际情况确定。中央财政对中西部地区落实基本标准所需资金按照 50% 的比例给予奖励性补助。但是，即使如此，根据我们的调查，农村地区仍然有数量不少的学生完成九年义务教育面临着经费困难。这是因为，现在所免除的教育费用在整个家庭教育开支中仅占一部分。据我们了解，现在一个农村中小学生如果住校，每年的教育开支大约是 1500 元～2000 元，而实行新机制后一般学生只能免除学杂费和教科书费，即使能同时享受寄宿生生活费补助，家庭每年还要负担 1000 元左右的教育支出。对于农村富裕家庭来讲，负担这笔开支是没有问题的，但对于贫困家庭而言，仍然是较重的负担。因此，针对边远贫困地区和少数民族地区农民家庭贫困的现实，我们认为，随着义务教育新机制在我国广大农村地区的全面推进，应进一步加大对农村贫困学生资助的力度，对这些学生从实行全免学杂费和教科书费过渡到“义务教育全免费”，即不仅应当完全免收学杂费和教科书费，而且应当免费给这些学生提供伙食、校服、交通补助等，以解决义务教育阶段农村贫困家庭学生面临的经费困难问题，确保贫困家庭子女上得起学。

从现象上看，贫困是农村贫困地区的孩子能否及时就学、继续学业的问题。从根本上讲，这是贫困家庭的孩子能否享受教育权，关系到教育为什么人的问题。对于布局调整后农村义务教育阶段家庭经济困难的贫困生基本生活费的补助，当前亟须解决的问题：一是标准测定问题，即何谓贫困生。由于标准不明确，在一些地方往往出现该享受生活补助的学生没有得到补助，而不该享受生活补助的学生却得到了补助，这是极不合理的。因此，必须合理确定贫困生的标准，使确需资助的学生真正能够得到资助。二是补助范围问题。据不完全统计，中西部地区农村义务教育阶段寄宿生已经接近2800万人。由于财力困难等原因，一些地区补助范围偏小，比例偏低。建议将中西部地区国家级贫困县及少数民族聚居区农村义务教育阶段家庭经济困难寄宿生基本生活费的补助提高到100%，其他地区分两步走，即在“十一五”期间提高到50%，在“十二五”期间提高到100%。三是补助标准问题。尽管从2007年秋季学期起，国家已较大幅度提高了农村义务教育阶段家庭经济困难贫困生基本生活费的补助额度，农村现在大多数贫困地区中小学寄宿生的生活补助是每天2元～3元，这是难以满足正处在生长发育中的中小学生的生活需要的，建议各地在中央确定的基本标准的基础上，根据当地实际情况和物价上涨情况调高补助标准，以满足贫困生的最低生活需要。调高标准所需资金，由地方财政负责解决。四是增加透明度，防止少数人暗箱操作，杜绝各种不正之风，让真正需要生活补助的贫困生享受到补助，感受到政府和社会的关爱。

在寄宿生生活补助上，以往的政策是由省、市、县三级政府出资解决。应当肯定，这种分担机制有其合理的一面。它体现了新机制中确立的根据农村义务教育经费支出的不同内容，建立中央和地方分项目按比例分担的原则。但与此同时，应当看到，我国地域辽阔，各地经济发展严重不均衡，将寄宿生的生活补助，完全交由省、市、县三级政府出资解决，实际上等于默许了经济发展不平衡这种差异对贫困生资助的不利影响和制约，其结果，只能使贫困生的生活补助取决于各地区的经济发展水平，取决于地方政府的财政收入状况。由于各地区的经济发展是不平衡的，总存在着一定甚至是比较悬殊的差距，那么在完全由省市县承担寄宿生生活补助的机制下，不可避免地会出现一些经济贫困地区无力承担寄宿生生活补助的情况，加之越是贫困地区，需要补助的寄宿生就越多，这些地方政府负担就越重。这样一来，学校要么拿不到，要么不能按时拿到补助的情况就会发生。针对这种情况，中央决定，从2007年秋季学期起，中央财政对中西部地区落实基本标准所需资金按照50%的比例给予奖励性补助。中西部地区地方财政应承担的50%部分，由省级财政统筹落实。在中西部一些贫困地区将寄宿生的补助金由省级财政统筹解决是较为妥当的。这是因为：第一，从这些地区的实际情况来看，寄宿生占的比重较高，需要补助的人多，而绝大多数市县级政府，其所拥有的财力，是不具备承担包括寄宿生补助在内全部义务教育职能条件的，因而寄宿生的生活补助不宜完全由市县基层政府承担。第二，以人均财力标准，这些地区省级财力远远高于市县基层政府，让省级政府承担农村义务教育阶段寄宿生生活补助，不会对省级财政构成太大的压力。第三，省级政府管辖范围内的市县级政府数量不算太多。长期以来，大多数省份以下的政府间财政关系也都直接到市县，有比较可靠的信息和预算基础，从具体操作与管理的角度来讲，让经济不发达的中西部地区省级政府承担农村义务教育阶段贫困寄宿生的生活补助也具备可行性。当然，由于我国各地经济发展极不平衡，对贫困生的资助决不要搞一刀切。比如，一些经济较发达的省份，市县财力雄厚，加之越是经济发达地区，贫困生的比重越小，由市县财政全额解决贫困生的资助问题，也有可能比由省级财政解决更好。

按照美国著名经济学家、诺贝尔奖获得者弗里德曼教授的观点，政府的职能主要有四：一是提供国防和外交；二是提供公共产品；三是弥补市场失灵；四是为社会弱势群体提供基本保障。义务教育属于公共产品，应当由政府提供。公民有义务把学龄子女送到学校去接受教育，政府更有义务担负义务教育的全部费用。特别是对于老、少、边、山、穷地区，经济基础薄弱，地方财政十分拮据，老百姓的生活十分困难，对这样的地区，不仅应当完全免收学生的学杂费，而且应当免费给学生提供教科书、伙食、校服、交通补助费等。

通过政府公共财政来解决义务教育阶段贫困家庭学生面临的经费困难问题，成本较为低廉，这是因为从全国范围来看，义务教育阶段学生面临经费困难问题的发生率已经非常之小。由于我国经济的快速发展，大部地区义务教育阶段学生面临经费困难的问题已基本不存在，即使在经济欠发达的地区，学生因家庭贫困而完不成义务教育的现象也非常少见。只是在那些经济最为落后的边远贫困地区这一问题才较为突出。但是，相对于我国目前的经济发展水平而言，解决这一问题并不是一个十分困难的问题。

（五）采取有力的措施，彻底解决农村“普九”债务问题

如前所述，农村“普九”债务已经成为影响新机制顺利实施的桎梏，必须采取有力措施加以解决。要彻底解决农村“普九”债务问题，必须多管齐下，标本兼治。

1. 摸清底数，锁定债务数额

化解“普九”债务，前提是要清理和锁定债务。为此，各级财政、教育、审计部门要密切配合，对农村学校应收、应付、暂付等款项进行认真的清理和核实，认定“普九”债务的类型和债权人的基本情况，严格区分农村“普九”

债务本金和利息，对高息借款、贷款一律“换据减息，挂息还本，息不转本”，挤干“水分”，摸清底数，锁定农村“普九”债务具体数额。同时，应根据农村“普九”债务的来源和具体用途，逐笔登记造册，建立农村“普九”债务台账和数据库，打造县乡两级农村“普九”债务信息网，实行动态管理。

2. 坚持区别对待的原则，划清各级政府的责任

无论是从义务教育的责权比重来看，还是从目前的财力现状来看，“普九”债务完全由乡镇或县偿还，是不应该也是不现实的，应建立由中央、省、市、县和乡镇分项目、按比例分担的偿债机制，相应设立财政专项偿债资金，确保每年新增财力中的一部分用于“普九”债务的偿还。要根据区别对待的原则对债务进行严格界定、比例偿还：凡是达标验收阶段因改善办学条件而形成的“普九”债务，由中央和省财政按一定的比例负担，或全部由省财政兜底负担，通过专项转移支付的办法逐年解决；凡是达标验收后巩固提高阶段因改善办学条件形成的“普九”债务，由县、乡镇按一定比例分担并逐年偿还，其比例大小由当地县人民政府划分；凡因学校乱发乱补、集资建教师住房等形成的债务，则应由学校通过清理剥离和实施住房改革的办法负责偿还。

首先，我们必须明确以县为主化解农村中小学“普九”债务的目标，县级财政必须从每年新增财力中安排专项用于偿还农村“普九”债务的资金。其次，区别对待，划清各级政府“普九”债务化解责任。对于现有国家级贫困县，其农村“普九”债务应由国家和省政府全部承担；对于欠发达地区，其“普九”债务主要由省政府承担，中央政府给予适当的补助；对于发达地区，其“普九”债务全部由县市自己承担。最后，建立激励约束机制，将“普九”债务化解的实绩纳入政府政绩考核的重要内容，对化债实绩实行以奖代补，对县市每偿还一定的农村“普九”欠债，中央和省政府按一定的数量给予奖励，奖励经费可以继续用于偿还农村“普九”债务，从而形成良性的循环，直至农村“普九”债务完全消解。同时，建立严格的问责制和责任追究制度，对于“普九”债务化解不力的县市，要追究地方行政官员的领导责任。

3. 整合教育资源，多渠道筹集偿债资金

由于农村“普九”债务负担较重，要确保偿债资金有稳定可靠的来源，必须多渠道筹集偿债资金。第一，各级政府要加大财政性教育投入，确保每年新增财力的一部分用于偿还农村“普九”债务；建立农村“普九”债务清偿专用资金，帮助农村中小学摆脱债务危机。第二，中央特别是省级政府要加大对县市财政支出结构的监管力度，确保财政支出结构的调整能够充分满足农村义务教育的发展和逐步偿还农村“普九”债务的需要。第三，对农村中小学布局调整后的闲置校舍和资产，通过出售、租赁、招商等形式进行资产变现，所得款项和收益全部用于偿还农村“普九”债务。第四，积极利用地方预算外资金、部分教育专项资金、社会和民间自愿捐资赞助资金等用于偿还农村“普九”债务。第五，鼓励和支持学校积极发展校办产业，增强自身造血功能，通过依照市场法则开办服务实体创收还债。

4. 强化学校经费管理，严防新的债务发生

按照《义务教育法》的要求，各级政府应将农村义务教育经费（包括教师津补贴和代课教师工资等）全面纳入财政予以保障，一律不得以举债的形式筹措学校经费，不得超越自身财力举债搞建设，上项目，不准搞不切实际的达标升级活动，不得向教师集资。各地政府在安排农村中小学校舍维修改造、农村薄弱学校改造和寄宿制学校建设等项目时，不得留有资金缺口，不得增加新的债务。对于违反规定擅自借债的，要追究有关领导和相关责任人的责任。

总之，农村义务教育新机制的实施，是一个复杂的系统工程，涉及的问题较多，但只要各级政府高度重视，社会各方共同努力，从一点一滴做起，新机制的实施就会取得成功。

义务教育学校教师绩效工资制度改革：背景、成效、问题与对策①

——基于对湖北、河南、江西和湖南4个省32个县（市）的调研

【内容摘要】义务教育学校率先实施绩效工资制度改革，是我国教育改革和发展的重大基础性工程。义务教育学校教师绩效工资制度改革，为确保《义务教育法》规定的教师的平均工资水平不低于当地公务员的平均工资水平提供了重要的制度保障。它对于进一步提高教师的社会地位，充分调动广大教师的工作积极性，吸引和鼓励各类优秀人才到义务教育学校，特别是到农村义务教育学校长期从教、终生从教，促进义务教育均衡发展，都具有十分重要的意义。那么，改革取得了哪些成效？存在什么问题？为什么会存在这些问题？怎样进一步改革和完善义务教育学校教师绩效工资制度？本文基于对中部地区的湖北、河南、江西、湖南4个省、32个县市区、60余所义务教育学校教师绩效工资制度改革的调研，并借鉴一些现有资料，对上述问题进行了全面、深入的分析，在此基础上提出了进一步改革和完善义务教育学校教师绩效工资制度的对策思路。

【关键词】义务教育　教师绩效工资制度　改革

根据《义务教育法》和事业单位收入分配制度改革的要求，2009年9月2日国务院常务会议决定，从2009年1月1日起，我国开始在义务教育学校率先实施绩效工资制度改革。这是党中央、国务院优先发展教育的重大决策，充分体现了党中央、国务院对广大教师的亲切关怀，是教育改革和发展的重大基础性工程。义务教育学校教师绩效工资制度改革，为确保《义务教育法》规定的教师的平均工资水平不低于当地公务员的平均工资水平提供了重要的制度保障。这对于进一步提高教师的社会地位，充分调动广大教师的工作积极性，吸引和

① 本文为教育部哲学社会科学研究重大课题攻关项目《我国义务教育均衡发展改革研究》（10JZD0036）的阶段性成果之一，发表于《华中师范大学学报》（人文社会科学版）2011年第6期，《高等学校文科学术文摘》2012年第1期摘载。本文第二作者为付卫东。

鼓励各类优秀人才到义务教育学校，特别是到农村义务教育学校长期从教、终生从教，促进义务教育均衡发展，都具有十分重要的意义。

那么，义务教育学校教师绩效工资制度改革取得了哪些成效？存在什么问题？为什么会存在这些问题？怎样进一步改革和完善义务教育学校教师绩效工资制度？本文基于对中部地区的湖北、河南、江西、湖南等4个省、32个县市区（以下简称县）、60余所义务教育学校教师绩效工资制度改革的调研①，并借鉴一些现有资料，对上述问题进行全面、深入的分析，在此基础上提出进一步改革和完善义务教育学校教师绩效工资制度的对策思路。

一、义务教育学校教师绩效工资制度改革的背景

绩效工资（Performance related pay，简称PRP）又称绩效加薪、奖励工资（Merit pay）或与评估挂钩的工资（Appraisal related pay），是以职工被聘上岗的工作岗位为主，根据岗位技术含量、责任大小、劳动强度和环境优劣确定岗级，以企业经济效益和劳动力价位确定工资总量，以职工的劳动成果为依据支付劳动报酬，是劳动制度、人事制度与工资制度密切结合的工资制度。义务教育学校实施绩效工资，就是要充分体现学校工作的特点，以工作人员的实绩和贡献为依据，坚持多劳多得，优绩优酬，适当拉开分配差距，坚持向关键岗位、一线教师、骨干教师，特别是作出突出成绩的优秀教师倾斜，充分发挥绩效工资的激励导向作用。义务教育学校教师绩效工资的实施，是我国教师工资制度的又一次重大改革和调整，而每一次教师工资制度改革都是在特定的历史背景

---

① 为了客观地把握我国义务教育学校教师绩效工资制度改革的真实情况，全面了解义务教育学校教师绩效工资制度改革的成效及其存在的主要问题，认真分析造成这些问题的深层次原因，提出进一步改革和完善义务教育学校教师绩效工资制度的对策建议。近年来，我们华中师范大学《我国义务教育均衡发展改革研究》课题组一直跟踪和关注这一问题，并于2010年3月至7月，对我国中部地区的湖北、河南、江西、湖南等4个省、32个县、60余所中小学进行了深入、细致的调查研究。这些县包括：湖北省武汉市洪山区、武昌区、江岸区、汉阳区，黄冈市的黄州区、浠水县、英山县、红安县，恩施土家族苗族自治州所辖的恩施市、利川市、鹤峰县，襄樊市的南漳县，咸宁市、赤壁市、崇阳县，黄石市、大冶市，钟祥市、沙洋县，宜昌市、长阳土家族自治县、五峰县，十堰市郧县；河南省驻马店市驿城区，洛阳市孟津县、许昌市魏都区、禹州市，周口市的商水县；江西省南昌市、九江市、赣州市赣县；湖南省长沙市、平江县。基本上涵盖了城乡各类地区。调研主要采用问卷和访谈两种形式进行。我们总共发放问卷2078份（其中教职工卷2000份，校长卷55份，教育行政人员卷23份）；收回问卷2020份（其中教职工卷1950份，校长卷50份，教育行政人员卷20份），回收率97.20%；有效问卷1976份（其中教职工卷1906份，校长卷50份，教育行政人员卷20份），有效率95%。除了问卷调查外，课题组还对30名教育行政人员、50名校长、75名教师进行了结构性访谈，获得了大量一手资料。此外，在整个调研过程中，我们还收集到不少县市有关义务教育学校实施绩效工资的文献资料。这些资料为全面了解义务教育学校教师绩效工资实施情况奠定了良好的基础。文中未注明出处的数据和资料均来自上述调研和访谈。

下进行的，教师绩效工资制度改革也不例外。

1. 进一步完善我国教师工资制度的迫切需要

教师工资制度是一个国家工资制度的重要组成部分。长期以来，我国教师工资制度都是与国家机关和事业单位工作人员工资制度紧密联系在一起的。1951 年，我国政府在对解放区的供给制和旧中国的工资制度进行充分研究、分析、比较的基础上，进行了必要的改革，形成了新中国第一套工资制度。1955 年 7 月政务院颁布命令，国家机关工作人员全部由供给制改为工资制，即货币工资制，从此结束了供给制与工资制并存的局面，全面实行工资制。我国事业单位工作人员工资制度初步确立，确定了包括教师在内的诸多职业类别的工资标准，工资水平普遍得到提高。在 1955 年工资制度改革的基础上，1956 年，我国又在普遍提高工资的基础上，进行了新中国成立后第一次重大的工资制度改革，规定了工矿企业实行八级技术等级工资制。国家机关、包括公办各级各类学校在内的事业单位实行职务和技术等级工资制度。1956 年制定的工资制度，曾经对发展社会生产力，调动广大机关干部、工矿企业职工、教职工和所有知识分子的积极性、创造性起过重要作用。但是，从 1956 年到 1984 年，在近 30 年时间内没有再进行改革，原有的工资制度已不适应现代化建设的需要。1985 年，当我国财政经济状况有所好转，改革的时机与条件基本成熟之际，我国政府根据党的十二届三中全会关于经济体制改革决定的精神及按劳分配的原则，从国家财力的现实情况出发，对国家机关和包括各级各类学校在内的事业单位的工资制度进行了又一次重大改革。这次工资制度改革以后，包括教师在内的事业单位工作人员，均实行了以职务工资为主的结构工资制。1985 年的工资制度改革在当时起到了积极的作用，但由于国家过分强调工资标准的统一性，学校各类人员的工资形式、工资水平，一律要求机械地比照国家机关工资制度模式制定。学校规格，大、中、小学分别纳入司局级、正副处级、科股级等范围；学校工资标准，管理人员、教学人员都同行政机关人员工资挂钩。这种机械统一工资制度的弊端在于：第一，抹煞了教育的特殊性和教师劳动的特点；第二，不能正确反映教师的劳动价值，降低了教师工资标准水平。为此，根据党的十三届七中全会和十四大关于事业单位要逐步建立符合自身特点的工资制度的要求，在调查研究和总结以往工资制度改革经验的基础上，1993 年国务院制定了事业单位工作人员工资制度改革方案。这次工资制度改革，根据包括各级各类学校教师在内的事业单位工作人员的劳动性质和特点，初步建立起了与国家机关工作人员工资制度相脱离的、符合事业单位工作人员自身特点的专业技术职务等级工资制。专业技术职务等级工资制在工资构成上，主要分为专业技术职务工资和津贴两部分。这是党中央、国务院从实施“人才强国”战略，建设高素质干部、教师、科研队伍的需要出发所作出的一项重大决策，体现了党中央、国务院对广大人民教师的关心和爱护，对加强教师队伍建设，提高教育教学质量起到了十分重要的作用。但由于经济社会发展严重不平衡，在地区之间、城乡之间、校际之间，教师的工资待遇差距明显，特别是在一些偏远农村地区，教师的工资待遇不仅偏低，而且存在着大量拖欠的问题。

为了改善和提高教师的经济待遇，结合高等学校、中小学、中等职业学校的特点和具体情况，国家决定在高等学校、中等职业学校和中小学实行岗位绩效工资制度。岗位绩效工资由岗位工资、薪级工资、绩效工资和津贴补贴四部分组成，其中岗位工资和薪级工资为基本工资。基本工资执行国家统一的政策和标准。建立岗位绩效工资制度，适应了事业单位人事制度改革由身份管理向岗位管理转变的需要，将工作人员的收入与岗位职责、工作业绩、实际贡献紧密联系起来了。几年来，教师的岗位工资、薪级工资都能及时发放到位，但是，由于多方面的原因，绩效工资一直没有实施和兑现，特别是 2006 年农村义务教育经费保障机制和 2008 年秋季学期开始的城市免费义务教育实施后，国家明文规定，坚决禁止通过向学生收费、举债和挪用公用经费和"两免一补"专项资金发放教师地方津补贴，学校收费项目被取消，农村教师地方津补贴不到位。与此同时，2006 年工资制度改革以后，公务员工资中的职务工资、级别工资、津补贴等开始逐步到位，这在客观上导致义务教育学校教师实际收入和当地公务员实际收入差距拉大。《教师法》和《义务教育法》中关于教师的平均工资水平应不低于当地公务员平均工资水平的规定得不到落实。如实施绩效工资前，河南省驻马店市义务教育学校教师与公务员津补贴的差距，市直为 5880 元，城区为 3140 元，县及以下为 1911.6 元。湖北省浠水县公务员除工资外最低可以拿到 8600 元的津补贴和奖金，而中小学教师只能拿到不到 3000 元的补助。《国家教育督导报告》(2008) 中提供的数据也印证了这一点，2006 年全国普通小学、普通初中教职工年均工资收入为 17729 元和 20979 元，分别比国家机关职工收入低 5198 元和 1948 元①。由于教师和当地公务员实际收入差距的拉大，严重挫伤了义务教育学校教师工作的积极性，一些地区中小学教师甚至采取变相罢教的方式来表达自己的不满情绪②。因此，为了进一步完善我国教师工资制度，充分调动义务教育学校教师工作的积极性，吸引和鼓励各类优秀人才到义务教育学校，特别是到农村义务教育学校长期从教、终生从教，根据事业单位工作人员收入分配制度改革的要求，迫切需要在义务教育学校率先实施绩效工资制度改革。

---

① 国家教育督导团:《国家教育督导报告——关注义务教育教师》(2008)，载《教育发展研究》2009 年第 1 期。

② 尹鸿伟:《"秀才"造反:川渝教师停课要待遇》，载《南风窗》2008 年第 24 期。

2. 依法保证义务教育学校教师工资待遇的必然要求

“百年大计，教育为本。”而教育的发展，教师又是根本。但在市场经济条件下，教师是否愿意从事教育事业，即教育劳动力是否供给，教师在教育岗位上实际劳动的供给，即付出多大的精力教学，取决于从事教育事业和付出劳动所能得到的报酬，也取决于其过去人力投资的现在收益。这与其所得的报酬水平有关。报酬与劳动在和其他行业劳动付出与所得之间横向比较的过程中平衡，如果教师报酬与教育劳动付出之间相差较大，会发生以下4种情况：(1) 人们不愿选择教育职业，也就是说劳动力有不愿向教育供给的行为；目前从事教育职业的教师，也会努力从教育行业退出，停止对教育的智力和体力供给。这不仅在我国是这样，在一些发达国家发展教育的初始阶段，也出现过诸如由于教师地位和待遇偏低，致使教师队伍不稳的情况。(2) 如果拟退出的教师，在退出教育行业时遇到行政和其他方面的障碍，他将在教育岗位上尽力减少教学过程中实际劳动的消耗，即出工不出力，使其与所得的报酬相符合。(3) 拟退出者如果遇到障碍时，他或许会寻找第二职业，谋取薪金以外的收入，来补偿和平衡现在较低的收益；然而，这必然会将相当的精力付之于第二职业，而分配给第一职业——教学的精力将是有限的。(4) 教师实际的低待遇，从人才收入差别选择机制的角度来看，必然导致这样的结果：能力较强的教师将千方百计调离出去，而教学质量不高到其他岗位也未必会出色的员工，则将会安于现状，不能被调出，长此以往，教师队伍的质量将会越来越差①。要大力发展教育事业，提高国民素质，一定要尊师重教、尊重知识、尊重人才，特别要注意提高义务教育阶段教师的社会地位和生活待遇，因为义务教育阶段是我国各级教育中年限最长、所有人必经的阶段，在这一阶段受到什么样的教育，对学生能力的提高具有决定性意义，对他们的一生和国家的长远发展产生着基础性影响。正因为如此，党和政府历来重视义务教育阶段教师工资问题。在1994年1月1日开始实行的《中华人民共和国教师法》就明确要求，各级人民政府应当采取措施，“改善教师的工作条件和生活条件，保障教师的合法权益，提高教师的社会地位”，保证“教师的平均工资水平应当不低于或者高于国家公务员的平均工资水平，并逐步提高”。2006年修订的《中华人民共和国义务教育法》中又明确规定：各级人民政府要“保障教师工资福利和社会保险待遇，改善教师工作和生活条件；完善农村教师工资保障机制。教师的平均工资水平应当不低于当地公务员平均工资水平”。《国家中长期教育改革和发展规划纲要（2010－2020年)》(以下简称《规划纲要》) 则再次重申，要“不断改善教师的工作、学习和生活条件，吸引优秀人才长期从教、终生从教。依法保证教师平均工资水平不

① 参见周天勇：《劳动与经济增长》，上海三联书店、上海人民出版社1994年版，第252页。

低于或者高于国家公务员的平均工资水平，并逐步提高”。

长期以来，我国义务教育阶段教师工资水平偏低，教育系统的工资水平在国民经济各行业中一直排名靠后。1978年教育文化系统职工的平均工资在国民经济12大行业中居倒数第一，之后多年都在倒数第一和倒数第三之间徘徊①。另据津京陕皖等11省市的调研，1988年教育系统职工平均工资与全民所有制职工平均工资的差距大体在150元以上。1990—1999年间，在15个社会行业系统中教育系统平均工资一直处于第十位至第十三位之间，并且大多数年份教育系统平均工资都达不到社会平均工资水平②。2001—2006年教育系统平均工资尽管都超过了社会平均工资水平，但在国民经济各行业排名中依然比较靠后，2001—2002年教育系统在15个行业中排名第九，2003—2006年在19个行业中排名第十一或第十二。2006年，全国有273个县（占区县总数的8.5%）的小学教职工和210个县（占6.5%）的初中教职工人均年工资收入低于1.2万元，人均月收入不足1000元，其中河南、陕西、山东尤为突出，小学教职工人均月工资收入低于1000元的县占本省县数的比例分别为34.1%、21.2%和18.2%，初中分别为25%、20.7%和18%③。而教师工资水平又是教师与社会其他部门劳动者之间分配关系的反映。在市场经济条件下，教师工资是调节和配置教育领域人力资源的经济杠杆，也是影响教师队伍的数量、质量、结构以及稳定的重要因素。所以，义务教育学校率先实施绩效工资制度改革，是依法保证义务教育阶段教师工资待遇的必然要求，也是加强义务教育阶段教师队伍建设的必然要求。

3. 促进义务教育均衡发展的必要举措

20世纪末以来，伴随着我国经济社会的不断发展和人们观念的不断更新，社会对于教育资源特别是优质教育资源的需求越来越多，人们对教育公平问题给予了前所未有的关注。与此相适应，一种新的教育理念——教育均衡发展的思想日益成为人们关注的焦点和关系国家战略的重大问题。2005年5月，教育部就颁布了《关于进一步推进义务教育均衡发展的若干意见》，将推进义务教育均衡发展摆上了重要议事日程，明确要求各地把义务教育工作重心进一步落实到办好每一所学校和关注每一个孩子健康成长上来。2006年6月，全国人大常委会修订的《义务教育法》第六条规定：“国务院和县级以上地方人民政府应当合理配置教育资源，促进义务教育均衡发展，改善薄弱学校的办学条件，并采取措施，保障农村地区、民族地区实施义务教育，保障家庭经济困难的和残疾

① 孙喜亭：《教育原理》，北京师范大学出版社1993年版，第75页。

② 陈赟：《20世纪90年代教师工资问题研究》，载《清华大学教育研究》2003年第1期。

③ 国家教育督导团：《国家教育督导报告——关注义务教育教师》（2008），载《教育发展研究》2009年第1期。

的适龄儿童、少年接受义务教育。”这是我国首次以法律的形式提出“义务教育均衡发展”的思想。2007年10月，党的十七大报告中明确提出：“优化教育结构，促进义务教育均衡发展。”这是党的政治报告中第一次提出“义务教育均衡发展”的思想。《规划纲要》则将推进义务教育均衡发展提升为义务教育战略性任务的高度，要求建立健全义务教育均衡发展保障机制，均衡配置教师、设备、图书、校舍等各项资源，切实缩小校际差距，加快缩小城乡差距，努力缩小区域差距，到2020年基本实现区域内义务教育均衡发展。由此可见，促进义务教育均衡发展，已成为党和国家确立的在新的历史时期我国教育发展的战略方针，充分体现了党和国家对促进义务教育均衡发展的高度重视。

教育均衡发展的最基本要求是在教育机构和教育群体之间，公平地配置教育资源，达到教育供给和教育需求的相对均衡。义务教育均衡发展的关键是学校的均衡，学校均衡的关键在于教师的均衡。可以说，义务教育能否均衡发展关键看教师，教师队伍能否均衡看流动，教师流动能否实现关键在于教师收入分配制度的改革①。如果说经济社会发展不平衡是义务教育和义务教育阶段师资发展不均衡的主要原因，那么，这种经济发展的不平衡引起教师收入的巨大差距，就是导致义务教育阶段师资无序流动的根本原因。因此，若想实现义务教育阶段师资的均衡配置，应该消除教师收入的过大差距，实现义务教育阶段教师收入的均衡。从教育均衡发展角度来看，只有提高贫困地区、农村地区学校教师的待遇，才能吸引和留住优秀教师，并能为教师合理流动提供长效保证。但长期以来，我国义务教育学校教师收入差距过大已成为不争的事实，这种差距具体表现在不同区域以及同一区域的不同学校之间。例如，据《国家教育督导报告》（2008）抽样调查结果表明，全国近50%的农村教师和县镇教师反映没有按时或足额领到津补贴。全国农村小学、初中教职工人均年工资收入分别仅相当于城市教职工的68.8%和69.2%。其中广东省小学、初中农村教职工人均年工资收入仅为城市教职工的48.2%和55.2%。2006年与2005年相比，分别有13个省、自治区、直辖市农村小学、初中城乡教职工工资收入差距有所拉大，不利于农村教师队伍的稳定②。由于农村地区教师待遇普遍偏低、生活环境艰苦，个人发展机会少，有的地区连教师的基本工资都不能保障，致使农村中小学教师尤其是骨干教师和优秀年轻教师流失严重。据我们对一些艰苦地区学校的抽样调查表明，50%的校长反映近年来有教师流失的情况，并且认为流失的主要是骨干教师和35岁以下的青年教师，甚至有的地方由于教师的大量流

① 王晋堂：《教育均衡发展重在规范教师工资待遇》，载《人民教育》2008年第2期。

② 国家教育督导团：《国家教育督导报告——关注义务教育教师》（2008），载《教育发展研究》2009年第1期。

失，致使学校无法正常开课，有些村小只剩下一个“留守”教师。农村教师的大量流失加剧了农村地区中小学师资短缺，尤其流失的大多是优秀年轻教师、骨干教师，造成了义务教育阶段师资配置严重不均衡，这无疑给农村地区义务教育的发展带来了十分不利的影响。实施绩效工资制度改革，通过政府有目的地调控和引导，可以在一个特定的行政区域内使义务教育学校教师工资水平达到基本均衡。因此，义务教育学校率先实施绩效工资制度改革，是促进义务教育均衡发展的必要举措。

二、义务教育学校教师绩效工资制度改革的成效

义务教育学校教师绩效工资的实施，是我国教师收入分配制度的一次重大改革和调整。目前，义务教育学校教师绩效工资已经在我国广大中小学得到很好的实施，改革取得了明显的成效，解决了许多多年得不到解决的问题，得到了义务教育学校广大教职工的衷心拥护和支持。

1. 初步解决了义务教育学校教师收入偏低、同当地同级别公务员平均工资水平差距拉大的问题

教师待遇的高低，是教师职业是否具有吸引力的重要条件之一，同时也是教师能否解除后顾之忧，全心全意投入教育教学工作的物质基础。绩效工资实施的显著成效是，普遍提高了义务教育学校教师的待遇，初步解决了义务教育学校教师收入偏低的问题。

调查结果显示，当问到“义务教育学校教师绩效工资制度改革后，教职工的收入是否增加了”的问题时，在1906份教师卷中回答“增幅明显”和“增加了”的分别占21.7%和36.2%，回答“不确定”的占15.7%，回答“没增加”和“根本没增加”的仅占21.8%和2.3%；在50份校长卷中分别有72%和20%的人回答“增幅明显”和“增加了”，只有8%的校长回答“不确定”；在20份教育行政人员卷中90%和10%的人都认为“增幅明显”或“增加了”(见表1)。

表1　教师、校长、行政人员对绩效工资制度改革后收入是否增加的看法

义务教育学校教师绩效工资制度改革后，教职工的收入是否增加了	人数	增幅明显		增加了		不确定		没增加		根本没增加	
		人数	%	人数	%	人数	%	人数	%	人数	%
	教师 1906	414	21.7	690	36.2	299	15.7	415	21.8	44	2.3
	校长 50	36	72	10	20	4	8	—		—	
	行政人员 20	18	90	2	10	—		—		—	

注：教师缺失值n=44，占2.3%①。

---

① 在回收的有效问卷中由于存在部分题项没有做答或不符合要求而被剔除的数据，这些数据用“缺失值n=”表示，下文同。

另从对所调研省份1906位教师绩效工资制度改革前后工资收入的比较来看，绩效工资实施后，义务教育学校大部分教师的收入增加了。如表2所示，绩效工资制度改革前，教师年收入在15000～20000元和20001～25000元的分别占59.5%和14.9%，在25001～30000元和30001～35000元的分别占4.2%和1.4%，在35001～40000元和40001～45000元的分别占0.5%和0.4%，在45001～50000元的占0.1%；绩效工资制度改革后，教师收入在15000～20000元和20001～25000元的分别占32.1%和36.7%，收入在25001～30000元和30001～35000元的分别占11.7%和2.9%，收入在35001～40000元和40001～45000元的分别占1.6%和1%，收入在50000元以上的占0.3%。实地调研和访谈更证明了这一点，绩效工资制度改革后，湖北省义务教育学校教师收入均有所增加，其中欠发达地区，如恩施土家族苗族自治州、红安县和英山县等地义务教育学校教师年收入增加了2000～4000元；中等发达地区，如浠水县、黄冈市黄州区和赤壁市等地增加了3000～6000元；经济条件比较好的黄石市、宜昌市等地增加了5000～8000元；发达地区，如武汉市洪山区、武昌区等地增加了15000～18000元。在2009年11月的一次访谈中，武汉市江岸区一位张老师给我们晒起了他的工资，他说："10月份我的工资共3547.8元，主要由三个部分组成：基本工资1422元，国家规定的补贴52.5元，基础性绩效工资2073元。虽然现在30%奖励性工资还没兑现，但从已经兑现的基础性绩效工资来看，工资增幅明显。"他还说："绩效工资实施前，我每月的收入为2409元，现在不含奖励性绩效工资就能拿到3500多元，月收入增加了1100多元。"

表2　绩效工资制度改革前后义务教育学校教师工资收入的比较（教师卷）

教职工收入	应答样本	绩效工资实施前		绩效工资实施后	
		实答样本	比重%	实答样本	比重%
15000～20000元	1906	1134	59.5	611	32.1
20001～25000元	1906	284	14.9	700	36.7
25001～30000元	1906	81	4.2	223	11.7
30001～35000元	1906	27	1.4	56	2.9
35001～40000元	1906	10	0.5	30	1.6
40001～45000元	1906	8	0.4	20	1
45001～50000元	1906	1	0.1	—	—
50000元以上	1906	—	—	5	0.3
缺失值n		357	18.7	259	13.6

绩效工资制度改革，不仅初步解决了义务教育学校教师收入偏低的问题，

而且大大缩小了同当地同级别公务员平均工资水平的差距。因为义务教育学校教师绩效工资总量和水平的核定，是按照教师平均工资水平不低于或者高于当地公务员平均水平的原则确定的，绩效工资总量随基本工资和学校所在县级行政区域公务员规范后的津补贴调整而调整。之所以按照当地公务员平均工资水平来确定义务教育学校教师的工资水平，这是因为：首先，国家公务员工资水平比较稳定，而且还有稳定的财政保障机制，与之相联动，有利于义务教育学校教师工资水平的稳步增长。其次，根据世界各国的经验，教师工资如果低于公务员的工资会导致教师大量流失。所以，联合国教科文组织在国际公共教育大会第七届会议上就教师工资问题提出过以下建议："在考虑国家财政状况的情况下，教师应获得与其作用的重要性相适应的工资，工资水平应足够使他们同相应的官员或雇员持平。"① 联合国教科文组织国际教育规划研究所的雅克·哈拉克（Jacques Hallak）也认为："教师的报酬应是以使有才干的青年教师选择这个职业，并应具有与公务员薪金水平相似的合理数额。"② 此外，义务教育学校教师的绩效工资总量随基本工资和学校所在县级行政区域公务员规范后的津补贴调整而调整，这就有利于建立起和当地公务员收入的联动机制，依法保障义务教育学校教师的待遇。

2008年5月我们课题组在湖北省浠水县巴河镇中心小学进行实地调研时，该校教务主任王老师给我们算了一笔账，他说他参加工作18年了，月收入只有1303元，每年的绩效考核补贴和县级财政补助总共不到3000元，并且常常不到位。2010年3月我们再次对他进行访谈时，他非常高兴地对我们说："2009年我们这里中小学教师津补贴已经完全到位，现在津补贴部分和公务员基本一致，整个收入比本地公务员还略高一些，现在教师的积极性普遍提高了。"

绩效工资制度改革前，河南省驻马店市义务教育学校教师与公务员津补贴存在较大的差距，2009年绩效工资实施后，扣除不可比因素，该市义务教育学校教师工资收入都高于本地公务员收入。市直义务教育学校教师绩效工资按年人均15600元核算，在职月工资收入2612元，人均月增592元，月人均收入较公务员高94元；该市开发区义务教育学校教师绩效工资和市直同比发放，年人均为15600元，月人均较公务员高135.6元；驿城区绩效工资按年人均10000元发放，月人均收入较公务员高86元；各县绩效工资年人均发放4800元，月人均收入较公务员高94.4元③。

---

① 赵中建：《全球教育发展的历史轨迹——联合国教科文组织国家大会建议书专集》，教育科学出版社2005年版，第53页。

② ［法］雅克·哈拉克著，尤莉莉、徐贵平译：《投资于未来：确定发展中国家教育重点》，教育科学出版社1993年版，第197页。

③ 冯广明等：《做好绩效工资发放，确保教师收入稳步提高》，载《河南教育》2010年第4期。

总之，无论是对问卷调查的分析还是通过实地调研和访谈，都证明义务教育学校教师绩效工资制度改革普遍提高了教师的待遇，初步解决了义务教育学校教师收入偏低的问题。

2. 保证了同一县域内义务教育学校教师工资水平大体平衡，促进了县域内义务教育的均衡发展

众所周知，同一县域内不同学校之间教师收入上的差距是制约教师合理流动、影响义务教育均衡发展的关键因素。义务教育学校教师绩效工资制度改革为缩小不同学校教师收入差距创造了有利条件。义务教育学校实施绩效工资后，各种津贴补贴在统一规范的基础上纳入绩效工资，所需经费全额纳入财政保障。学校各种非税收入一律按照国家有关规定上缴同级财政，严格实行“收支两条线”管理。这既有效解决了过去学校依靠自筹经费发放津补贴造成的学校之间收入差距问题，也有利于促进学校规范办学行为，集中力量做好教书育人工作。同时，绩效工资制度改革强化了向农村教师倾斜的导向，明确在绩效工资核定上对农村学校，特别是条件艰苦的学校适当倾斜，设立农村学校教师津贴，从根本上消除了同一县域内教师收入差距。如湖北省赤壁市规定，在市人事局、财政局核定的绩效工资总量范围内，根据全市学校所在地自然环境和经济社会发展情况，设立农村学校教师津贴，各乡镇镇中、镇小教师按月人均60元标准执行；其他义务教育学校教师按月人均100元标准执行。城区义务教育学校教师不享受农村学校教师补贴。以往教师都不愿到农村偏远地区的初小和教学点任教的状况得到了改变，现在扎根于农村偏远地区的初小和教学点的教师显著增加了。

绩效工资制度改革前，湖北省恩施土家族苗族自治州所辖的8个县市普遍存在城市学校教师严重超编，而偏远地区农村学校师资又极其短缺的问题。据统计，全州88个乡镇，有47个乡镇没有专职的信息技术教师，有32个乡镇没有专职艺术教师，有16个乡镇没有科班英语教师。绩效工资实施后，该州按照“绩效工资向农村适当倾斜”的原则，通过绩效工资的杠杆，有效地解决了城镇教师超编与农村学校教师缺编的矛盾。一是制定农村教师绩效工资高于城镇教师的标准。设立农村偏远地区教师津贴，鼓励和引导优秀教师到农村偏远地区任教。二是积极组织城镇教师定期到农村支教，城镇教师到农村偏远地区任教可以享受义务教育阶段农村教师津贴。三是积极组织城镇教师向农村中小学送教活动，将城镇义务教育教师向农村送教的成绩纳入绩效工资考核的范围。四是城镇学校与农村结对发展，绩效工资也予以捆绑。

江西省赣县是该省有名的老少边穷地区，地理环境十分恶劣，义务教育学校教师待遇差，流失十分严重。义务教育学校教师绩效工资实施后，该县根据江西省有关文件精神，发放了艰苦边远地区农村中小学教师特殊津贴。根据边远程度分为两个档次：边远地区每月补助70元，最边远地区每月120元。边远地区共70所学校616人，最边远地区共126所学校560人，全县共有1176名中小学教师已经享受到此项津贴。农村教师特殊津贴由省级财政专项支付提供，不增加县级财政任何压力。义务教育学校教师绩效工资制度改革后，该县中小学教师流失现象大大减少了。

调查结果显示，当问到“绩效工资实施后，您所在地区同一县域内教师工资水平是否大致平衡”的问题时，教师卷中回答“大致平衡”的占45%，回答“不平衡”的占12.8%，回答“不清楚”的占38.5%；校长卷中回答“大致平衡”的占88%，回答“不平衡”的占8%，回答“不清楚”的仅占4%；教育行政人员卷中回答“大致平衡”的占90%，只有10%的人回答“不清楚”，没有人作否定回答（见表3）。当问到“义务教育绩效工资制度改革是否促进了城乡义务教育均衡发展”的问题时，教师卷、校长卷和教育行政人员卷分别有25.4%和37.5%、22%和56%、45%和40%的人回答“大大促进了”或“促进了”城乡义务教育均衡发展（见表4）。可以看出，义务教育学校教师绩效工资制度改革，保证了同一县域内义务教育学校教师收入大致相同，进而促进了城乡义务教育均衡发展。

表3　教师、校长、行政人员对所在地区同一县域内教师工资水平的看法

绩效工资实施后，您所在地区同一县域内教师工资水平是否大致平衡	人数		大致平衡		不平衡		不清楚	
			人数	比重%	人数	比重%	人数	比重%
	教师	1906	857	45	244	12.8	734	38.5
	校长	50	44	88	4	8	2	4
	行政人员	20	18	90	—	—	2	10

注：教师缺失值n=71，占3.8%

表4　教师、校长、行政人员对义务教育绩效工资制度改革与义务教育均衡发展的看法

义务教育绩效工资制度改革是否促进了城乡义务教育均衡发展	人数		大大促进了		促进了		不确定		没促进	
			人数	%	人数	%	人数	%	人数	%
	教师	1906	484	25.4	715	37.5	366	19.2	341	17.9
	校长	50	11	22	28	56	6	12	5	10
	行政人员	20	9	45	8	40	3	15	—	

对校长和教育行政人员的访谈更验证了上述结论。湖北省恩施市红土乡民族中学的李校长说：“绩效工资制度改革，对于我们这些仅仅依靠财政投入解决教师待遇的边远农村中小学，如同久旱逢甘露。绩效工资实施前，我们学校基础设施落后，教师待遇差，教师流失尤为严重，仅2007年就有12名年轻优秀

教师调离我们学校。绩效工资实施后，我们边远地区还享有农村教师补贴，收入略高于城区教师，现在绝大部分教师都安心工作了。绩效工资制度改革，必将促进学校的快速发展，为实现区域内义务教育均衡发展提供了有力保障。”

该省浠水县汪岗镇中心学校潘干事说：“前几年，农村义务教育发展极不平衡，校际间办学条件和教师收入差距越来越大，导致大量农村教师往城里涌。我们镇位于我县北部山区，自然条件差，教师待遇赶不上城里学校，每年要求工作调动的非常多，每天要应付那些托关系、走后门的人，弄得我很头疼。绩效工资实施后，城乡教师工资水平大致平衡了，我们贫困山区的农村教师还可以享受绩效工资总量10%的补贴，收入比城里教师还高。现在要求工作调动的教师越来越少了。可以说，绩效工资制度改革，是实现区域内教育均衡发展的重要措施。”

调动进城、待遇有保障一直是农村教师的梦想。仅 2007 年、2008 年两年间，湖北省浠水县西河中学就有 14 名骨干教师调入城区或改行，造成学校师资匮乏，严重影响了学校教育质量。现在城乡同工同酬，愿意扎根农村的教师越来越多。正如该校一位姓胡的青年教师所言：“现在城乡学校教师收入差距日趋缩小，抚慰了农村教师的心灵。扎根农村，投身农村教育就成为众多年轻教师的人生理想。”

总之，义务教育学校教师绩效工资制度改革后，各地统筹兼顾城乡教育发展，逐步实现同一县域内教师绩效工资大致平衡，并对农村学校特别是条件艰苦的学校给予适当倾斜，这就有利于稳定农村教师队伍，吸引优秀人才到农村任教，促进城镇教师向农村流动，改变了以往教师由农村向城镇单向流动的局面，保证了农村偏远地区拥有优质的教师资源，从而促进了同一县域内义务教育的均衡发展。

3. 坚持多劳多得、优绩优酬的原则，调动了广大教职工的工作积极性

绩效工资制度改革后，各地都以义务教育学校教师绩效工资实施为契机，充分发挥绩效工资分配的激励导向作用，建立科学规范的中小学收入分配机制，真正做到干与不干不一样、干多干少不一样、干好干坏不一样，激励广大教职工爱岗敬业，扎实工作，开拓进取，积极主动地完成各项工作任务目标，充分调动了义务教育学校广大教职工的工作积极性。

调查发现，当问到“义务教育学校教师绩效工资制度改革是否提高了教职工工作积极性”的问题时，教师卷中回答“显著提高了”和“提高了”的分别占 20.4%和 40.7%，回答“不一定”的占 28.1%，回答“没提高”和“根本没提高”的仅占 6.5%和 4.3%。校长卷中分别有 52%和 36%的人回答“显著提高了”和“提高了”，教育行政人员卷中有 75%和 25%的人回答“显著提高了”或“提高了”（见表 5）。可以看出，义务教育学校教师绩效工资制度改革，充分调动了广大教职工的工作积极性。

表5 教师、校长、行政人员对绩效工资制度改革是否提高了教职工工作积极性的看法

义务教育绩效工资政策实施后，教师积极性是否提高了	人数		显著提高		提高		不一定		没提高		根本没提高	
			人数	%	人数	%	人数	%	人数	%	人数	%
	教师	1906	389	20.4	776	40.7	535	28.1	124	6.5	82	4.3
	校长	50	26	52	18	36	6	12	—	—	—	—
	行政人员	20	15	75	5	25	—	—	—	—	—	—

从一些县市调研了解的情况更加印证了这一点。湖北省五峰县仁和坪中学是该省最偏远、最贫穷地区的学校之一。绩效工资实施后，学校有28名教师主动申请班主任岗位，32名教师申请兼任各类管理工作（包括保育员、生活教师等）。该校校长动情地说："以前我校教师待遇很低，每月只有1000元左右的收入，绩效工资实施后，坚持多劳多得、优绩优酬的原则，教师工作积极性普遍提高了。"张友家是该县渔洋关镇中学的一名普通教师，教龄近20年，他说："绩效工资制度改革前，由于缺少激励机制，教师上课多少，教学好坏，在收入上完全体现不出来，必然难以调动教师的工作积极性。绩效工资实施后，实行了多劳多得、优绩优酬的原则，我既是班主任，又是学校骨干教师，2009年年收入一下子就涨了5000多元，这对于一个国家级贫困地区的教师来说，可不是一个小数目。感到党和政府的确是在关心我们这些贫困山区的教师，自然我的干劲也大了，工作积极性也随之提高。"

武汉市汉阳区一所学校负责人也认为，此次绩效工资制度改革最大的变化是，绩效工资实施过程中，坚持多劳多得、优绩优酬的原则，重点向一线教师、骨干教师和有突出贡献的工作人员倾斜。例如，绩效工资实施后，汉阳区高级教师工资比绩效工资实施前每月增加1600元，中级教师每月增加1300元，初级教师每月高出1000元。现在最明显的变化是，教师工作积极性普遍提高了。

4. 坚持向一线教师、骨干教师倾斜，促进了学校教育教学质量的提高

随着经济社会的发展以及教育在个人的就业、经济收益的获得和自我价值的实现等方面作用的不断增强，广大人民及其子女对优质教育的需求日益迫切。但长期以来我国不少地区由于中小学教师工资待遇过低，队伍不稳定，流失严重，加之办学条件差，导致不少学校教学质量低，难以满足广大人民及其子女对优质教育的需求。而绩效工资制度改革不仅大幅度提高了教师的工资待遇，而且主要考虑教师的工作业绩和实际贡献，在考核的基础上，由学校确定分配方式和办法。根据实际情况，坚持向一线教师、骨干教师倾斜，在绩效工资中设立班主任津贴、岗位津贴、农村教师津贴、超课时津贴、教育教学成果奖励等项目。这样，"教师绩效提供了一个强有力的工具（绩效或者通过考试客观评价或者基于监督者的主观评价所得)，能够促进学校体制或者监督者的目标最大化”①，进而促进了学校教育教学质量的显著提高。

调查发现，当问到“绩效工资制度改革是否促进了学校教育教学质量的提高”的问题时，教师卷中回答“明显促进了”和“促进了”的分别占 23.5%和38.2%，回答“不确定”的占 27.1%，回答“没促进”和“根本没促进”的仅占 7.6%和 3.6%。校长卷中分别有 44%和 38%的人回答“明显促进了”和“促进了”，教育行政人员卷中有 65%和 25%的人回答“明显促进了”或“促进了”(见表 6)。由此可见，义务教育学校教师绩效工资制度改革的确促进了学校教育教学质量的提高。

表 6　教师、校长、行政人员对绩效工资制度改革是否促进了教育教学质量提高的看法

绩效工资制度改革是否促进了学校教育教学质量的提高	人数	明显促进了		促进了		不确定		没促进		根本没促进	
		人数	%	人数	%	人数	%	人数	%	人数	%
	教师 1906	448	23.5	728	38.2	516	27.1	146	7.6	68	3.6
	校长 50	22	44	19	38	4	8	5	10		—
	行政人员 20	13	65	5	25	2	10	—			—

绩效工资制度改革之所以促进了学校教育教学质量的提高，这是因为，一方面，绩效工资制度改革作为一种制度的激励，可以规定人们行为的方向，改变人们的偏好，影响人们的选择②。如绩效工资实施后，湖北省恩施土家族苗族自治州所辖的恩施市、利川市、鹤峰县等市县义务教育学校教师中都出现了“三多三少”现象：主动学习进修的多了，争当班主任的多了，要求任课、挑重担的多了；无事闲聊的少了，小病大养的少了，要求离开一线的少了。义务教育阶段教师绩效工资的实施有效地调动了教师的工作热情和工作积极性、主动性，从而有力地促进了学校教育教学质量的提高。河南省商水县东城中学张校长也认为，绩效工资实施后，学校出现了“四多四少”的可喜现象：安心工作的人多了，争当班主任的人多了，要求多任课挑重担的人多了，工作精益求精的人多了；无事闲聊的人少了，要求离开一线的人少了，认为教好教坏一个样的人少了。挽月中学是武汉市洪山区位置十分偏僻的一所农村学校，从该校到武汉市城区坐车要花一个多小时，交通十分不便。该校彭校长说，绩效工资实施后，学校教职工收入每月平均上涨约 1800 元，年收入增加了近 20000 元。和城区一些学校相比，学校教师平均绩效工资相差不过几十元，城乡中小学教师

① ［美］罗伯特・W・麦克米金著，武向荣译：《教育发展的激励理论》，北京师范大学出版社 2008 年版，第 128 页。

② 卢现祥：《新制度经济学》，武汉大学出版社 2004 年版，第 138 页。

的收入已经十分接近了，想要调动的自然也就很少了。可以肯定地说，绩效工资制度改革，大大促进了学校教育教学质量的提高。

另一方面，绩效工资制度改革可以使校长将主要精力集中到学校教育教学管理方面。这从对各地校长的访谈中得到了充分的印证。河南省孟津县马屯中学王校长说："过去实行的结构工资有国家拨付和自筹两部分，自筹部分需要我们校长去想办法，这给我们带来了很大的压力。绩效工资制度改革后，教师工资全部由国家拨付和地方财政支持，我们校长的压力大大减轻了，现在再也不用整天去为教师工资发愁了，我们有更多的时间和精力投入到学校教育教学管理中去。"湖北省钟祥市双桥小学黄校长讲："以往自己绝大部分的精力用在如何筹措教师工资上，现在再也不为教师工资担心了，教师的积极性也提高了，我可以把全部的精力放在学校教育教学管理上。"南漳县九集中学邵校长动情地说："以往我的主要精力不是应付各方讨债者，就是奔波在机关、企业和政府四处'化缘'解决学校教师工资问题，为了一个'钱'字，跑断了腿，磨破了嘴。绩效工资制度改革，将广大农村中小学校长从经费短缺的困扰中解脱出来了，再也不必担心教师的工资发放了，可以用更多的时间和精力去抓教育教学工作。"

三、义务教育学校教师绩效工资制度改革存在的问题

义务教育学校教师绩效工资制度改革已经取得了巨大成就，这是毫无疑义的。但由于多方面的原因，改革也存在着这样或那样的问题。而这些问题如果得不到妥善解决，必然会影响到义务教育学校教师绩效工资的实施乃至整个义务教育的发展，必须引起社会的广泛关注和重视。

1. 部分地区义务教育学校教师绩效工资难以得到保障

义务教育学校教师绩效工资的实施，需要有充足的经费支持，如果仅有政策而没有相应的经费保障，那么这项政策就会大打折扣。有学者认为："在达到政策目标的过程中，（政策）方案确定的功能只占 10%，而其余的 90%则取决于有效的实施。"① 在义务教育学校教师绩效工资制度改革过程中，尽管各级政府尽了最大的努力，但部分县因财政困难，义务教育学校教师绩效工资仍难以得到保障。调查结果显示，当问到"您所在学校教师绩效工资是否能得到保障"的问题时，在所调研的 4 个省中，尽管认为绩效工资"完全能得到保障"的教师分别占到 69.1%、69.8%、65.1%和 65.4%；认为"基本能得到保障"的教师分别占到 21.7%、22.4%、23.5%和 23.4%；但认为"得不到保障"的分别

① 陈振明：《政策科学——公共政策分析导论》，中国人民大学出版社 2003 年版，第 260 页。

也占到了9.2%、7.8%、11.4%和11.2%（见表7)。由此可见，在所调研的4个省中仍然还有相当一部分义务教育学校教师绩效工资难以得到保障。

表7 您所在学校教师绩效工资能否得到保障（教师卷）

省份	教师人数	完全能（%）	基本能（%）	得不到（%）
湖北	595	69.1	21.7	9.2
湖南	508	69.8	22.4	7.8
河南	584	65.1	23.5	11.4
江西	219	65.4	23.4	11.2

实地调研也证明了这一点。例如，湖南省平江县政府规定，该县义务教育学校实施绩效工资标准平均每人每年12000元，所需经费来源渠道分为两部分：一是中央、省、市、县四级财政专项补助，标准为每人每年8500元；二是各学校应纳入财政统筹的合法性收入。根据各类学校应纳入财政统筹的合法性收入的不同，财政补助又将其分为四类：一类学校财政补助标准为每人每年6000元；二类学校每人每年7800元；三类学校每人每年8000元；四类学校每人每年9100元。由此可见，该县义务教育绩效工资并没有完全纳入该县财政预算，仍有一部分资金需学校自筹解决，低的要自筹2900元，高的要自筹6000元。据我们对该县几所农村中小学和教学点的调查，有的学校因创收能力有限，仍有部分绩效工资不能到位，严重影响这些学校教师工作的积极性。

湖北省黄冈市黄州区A中学位于该市闹市区，教师绩效工资年均9800元/人，区财政只拨7000元/人的基础性绩效工资，其余30%的奖励性绩效工资则由学校自行解决。其原因：一是该区尽管位于市中心位置，但由于工业基础薄弱，财政收入少，区财政根本无力完全负担中小学教师的绩效工资；二是该校位于闹市区，地理位置好，有不少门面出租收入。于是，学校只好通过卖早点赚取利润、出去拉赞助、出租门面、周末办补习班甚至挪用公用经费等办法解决30%的奖励性绩效工资，这势必会加重学生家长的负担，甚至会引发新一轮教育乱收费。尽管如此，该校仍有一部分绩效工资无法解决，教师工作积极性受到很大影响。据了解，该区其他几所中小学同样存在奖励性绩效工资需自筹解决的情况，学校如果有门面出租等收入的，绩效工资还能勉强到位，而位置偏僻的学校根本无法解决教师属于学校自筹部分的奖励性绩效工资。

我们调查的湖北省浠水县几所中小学，同样存在绩效工资得不到保障的问题。该县巴河镇西河中学是一所九年一贯制学校，该校王校长说："我们学校教师绩效工资年每人均9800元，其中财政拨款人均8800元，还有人均约1000元由学校自筹。我们学校不是镇中心学校，学生数量少，地处偏僻，几乎没有什么外来收入，学校债务重。所以绩效工资实施后，我们仍有部分绩效工资无法到位，教职工意见比较大。”据了解，该县有相当部分中小学教师绩效工资没有完全到位，特别是那些地理位置偏僻、学校债务重的学校。例如我们调查的该县汪岗镇初级中学、杨祠小学和绿杨乡初级中学、读书小学等学校教师绩效工资均没有完全到位。县政府规定属于学校自筹部分（占绩效工资10%左右），由于相当部分学校没有创收来源至今没有发放，也有部分学校通过借贷或挪用公用经费解决。还有些学校只好通过周末办补习班、课余办小班或日托班等形式收费来弥补绩效工资经费的缺口。这些学校校长均表示向学生乱收费实在是无奈之举，原因就是因为绩效工资经费短缺严重影响到学校教师工作的积极性。

2. 城乡、地区之间义务教育学校教师绩效工资差距拉大

义务教育学校教师绩效工资，由县级以上人民政府人事、财政部门按照教师平均工资水平不低于当地公务员平均工资水平的原则确定，其总量随基本工资和学校所在县级行政区域公务员规范后津贴补贴的调整而相应调整。

从义务教育学校教师工资收入构成来看，岗位工资和薪级工资标准全国基本上是固定和统一的，但绩效工资并没有形成统一的标准，因此造成不同经济发展区域，义务教育学校教师绩效工资差距拉大。特别是欠发达地区，由于经济落后、地方财政十分困难，义务教育学校教师绩效工资标准普遍偏低。

例如，湖北省宜昌市长阳土家族自治县义务教育学校教师绩效工资年平均为6711元，而该市市属学校年平均为15600元，两者相差2.32倍；咸宁市崇阳县义务教育学校教师绩效工资年平均为6500元，而该市下辖的赤壁市年平均为12000元，相差近1倍；黄冈市浠水县和黄州区义务教育学校教师绩效工资年平均为9800元，而该市市属学校为15600元，相差近6000元；武汉市大部分城区绩效工资年平均28000元左右，几乎是湖北省一些经济落后地区的3～4倍。江西南昌市在职在编教职工的福利补贴按平均每年2.1万元的标准执行，而该省九江市则只按年平均12000元发放，两市相差9000元。河南省周口市川汇区义务教育学校教师绩效工资平均为每月416元，年均约为5000元，而该市市属学校年均数为14000元，两者相差9000多元；该省驻马店市辖九县两区，各县义务教育学校教师绩效工资年平均执行4800元的标准，而该市行政所在地驿城区执行年人均10000元标准，市直和经济开发区则执行年人均15600元标准①，该市义务教育学校教师绩效工资最低和最高年均相差超过10000元。

不仅城乡、地区之间义务教育学校教师绩效工资差距较大，而且农村教师津补贴标准偏低。义务教育学校教师绩效工资制度改革要求，教师绩效工资要对农村学校特别是条件艰苦的偏远地区学校给予适当倾斜。调查发现，尽管各

① 冯广明，史发泉等：《做好绩效工资发放，确保教师收入稳步提高》，载《河南教育》2010年第4期。

个省都要求建立农村学校教师补贴，鼓励优秀教师到农村偏远地区任教，但从实际情况来看，除了江西省规定，在绩效工资总量范围内，全省统一标准按学校所在地艰苦程度的不同分为边远、最边远地区，农村教师津贴标准相应分为每月70元、120元两个档次，平均每月为81元，约占其工资总额的4%。其余3个省大部分县规定，在绩效工资总量范围内，根据学校所在地自然环境和经济社会发展情况，建立农村学校教师津贴，具体的标准大都是不超过基础性绩效工资的10%，按照农村学校地理环境、艰苦程度等因素分为若干档次，农村教师调离该地区后立即取消该项补贴。如湖北省农村教师津贴最低为每月10元，最高为每月97元，平均为65元，约占其工资总额的3.3%；湖南省农村教师津贴最低为每月20元，最高为每月210元，平均为69元，约占其工资总额的3.5%；河南省农村教师津贴最低为每月10元，最高为每月95元，平均为62元，约占其工资总额的3.1%；中部4省样本县农村教师津贴平均每月最低为27元，最高为130元，平均为69元，农村教师津贴约占其工资总额的3.5%。可以看出，大部分县市农村教师津补贴不足1000元，农村教师津补贴标准偏低（见表8）。

表8　中部4省样本县义务教育学校农村教师补贴标准比较（单位：元）

省份	最高	最低	平均	标准差	农村教师补贴平均约占其工资总额比例
湖北省	10	97	65	181.2	3.3%
江西省	70	120	81	195.3	4%
湖南省	20	210	69	157.2	3.5%
河南省	10	95	62	211.2	3.1%
平　均	27	130	69	186.2	3.5%

3. 同一县域及同一学校内教职工绩效工资分配不均

所谓教师绩效工资分配不均，主要包括同一县域内不同类型学校校长和教师绩效工资差距大，以及同一学校内不同人员绩效工资标准不统一。

义务教育学校教师绩效工资制度改革后，一般的做法是，校长的绩效工资由教育局考核和发放，而考核的主要依据是学校规模的大小。如湖北省大冶市教育局规定，学生人数在300人以下的学校校长每月绩效工资为970元，学生人数在301～500人之间的学校校长绩效工资为每月1132元，学生人数在501～1000人之间的校长绩效工资为每月1294元，学生人数在1001～3000人之间的校长绩效工资为每月1455元，学生人数在3001人以上的校长绩效工资为每月1617元。可以看出，该市校长最高绩效工资和最低绩效工资每月相差647元。湖南省平江县则规定，乡（镇）中心学校和初中学校校长绩效工资标准按校长绩效工资的平均水平与义务教育学校工作人员绩效工资平均水平 1.3∶1 的标准确定；乡（镇）中心小学校长绩效工资标准按校长绩效工资的平均水平与义务教育学校工作人员绩效工资平均水平 1.2∶1 的标准确定；完全小学校长绩效工资标准按校长绩效工资的平均水平与义务教育学校工作人员绩效工资平均水平 1.1∶1 的标准确定，其依据也是学校规模。湖北省郧县校长的基础性绩效工资按所聘同级别专业技术职务教师的标准按月统一发放，其岗位津贴与奖励性绩效工资单列，按教育局考核方案和考核结果年终统一发放，其标准为：中心学校每月 70 元，初级中学（含九年一贯制学校）每月 60 元，中心小学每月 50 元，完全小学每月 40 元，初级小学每月 30 元，由此可见，该县的做法尽管有所不同，但其依据仍然是学校规模。这种按照学校规模大小确定义务教育学校校长绩效工资的做法，拉大了规模不同学校校长之间工资差距，严重挫伤了小规模学校校长的工作积极性。

教职工和一般管理人员的考核，一般以乡镇初中、中心学校或完小、县直学校为单位进行，初小和教学点由所属中心学校或完小负责。如湖北省宜昌市教育局规定，农村各初小和教学点由所属完小负责考核，各完小考评细则要报中心学校审查，绩效工资由中心学校统一管理。恩施市教育局规定，各中心学校成立相应的领导小组，负责所辖中小学奖励性绩效工资考核分配的组织、指导、督查和管理，绩效工资由中心学校统一管理。这种考核方法有利于学校根据教职工和一般管理人员的工作表现确定奖励性绩效工资的分配，但调查发现，中心学校或完小在分配绩效工资时，往往会为了自己学校的利益而忽视了初小和教学点教师的切身利益，人为地拉大了不同类型学校教师绩效工资的差距。而初小和教学点往往又是条件最为艰苦的地方，教师绩效工资如果不能体现其补偿性，则将难以吸引优秀教师到这些地方去工作。

此外，这种分配不均还表现在同一学校内不同人员绩效工资标准不统一。义务教育学校教师绩效工资制度改革涉及学校教师、管理人员和后勤服务人员等。尽管绩效工资制度改革要求学校进行绩效考核时，要根据教师、管理、工勤技能等岗位不同特点，实行分类考核，重点向一线教师、骨干教师和作出有突出贡献的其他工作人员倾斜，以充分发挥绩效工资分配的激励导向作用。然而，由于种种原因，同一学校内不同人员绩效工资分配标准并不合理，学校进行绩效工资分配时，往往会出现“管理人员拿上限，后勤服务人员拿下限，普通教师拿平均数”的问题。

为了全面了解义务教育学校教师绩效工资制度改革后不同人员绩效工资发放的真实情况，我们在调查问卷中设计了“请您将所在学校教职工奖励性绩效工资按校长、非毕业班班主任、毕业班教师及班主任、学校中层干部、非毕业班教师、教辅人员、工勤人员排序”这样一个问题，在回收的 1906 份教师问卷中，有近80%的教师选择从高到低的排序是“校长、学校中层干部、毕业班教师及班主任、非毕业班班主任、非毕业班教师、教辅人员、工勤人员”。而回收的50份校长问卷中，近60%的校长基本认同教师的排序。这恰好印证了我们在一些中小学调研时部分教职工反映的事实，即绩效工资变成了“官效工资”。如2010年3月底，我们在武汉市某区一所重点中学调研时，一位不愿透露姓名的教师无奈地说：“绩效工资实施后，学校行政人员最高工资可达一线教师的2.5倍。”据该教师反映，该校一线教师对学校绩效工资分配方案普遍不满，因为他们的收入原地踏步甚至还有所减少，而中层领导、校领导待遇增加的幅度过大。另外一名教师也有同感：“在这种绩效工资方案下，一线教师辛勤劳动没有得到体现，积极性备受打击。没有一线教师辛勤劳动，就靠几个行政领导能行吗？这种不公平的现象，如果长期下去，必然会导致教育质量的下降。”2010年4月，我们在黄冈市B中学调研时，也听到类似的反映。一位已经工作了近20年的教师说：“绩效工资制度改革要求打破大锅饭，那应该就是干多少活，拿多少钱；工作成绩越出色，拿的钱越多。可事实呢？”这位教师顿了顿说：“就拿我们学校来说，方案明确规定奖励性绩效工资这一块是人均3000元，但校长可以是这个平均数的2.5～2.8倍，教务主任等中层干部达1.7～2.2倍。他们拿得多，我们就拿得少，等于挖我们的去补他们的。难道校长、中层干部比一线教师干的活多一两倍吗？”最后这位教师若有所思地说：“干得好，不如当个领导。”在其他地方调研时，往往也都会听到类似的反映。这种按照行政级别来分配义务教育学校教师绩效工资的做法，很显然是把管理者置于学校教职工之上，必然会引起教学一线教师的不满，也违背了义务教育学校教师绩效工资制度改革的初衷。

4. 代课教师的绩效工资没有纳入保障范围

代课教师是我国教师队伍中的一个特殊群体。他们在极为艰苦的条件下坚守农村义务教育第一线，兢兢业业，任劳任怨，弥补了农村中小学师资的不足，缓解了广大农村特别是偏远、贫困地区义务教育师资的供求矛盾，实际上已成为支撑我国农村，特别是中西部农村贫困地区义务教育的重要力量。近年来，尽管国家采取了很多措施，试图逐步取消代课教师，但代课教师在我国中西部农村地区仍有相当的数量，据统计，到2007年底，全国中小学还有代课教师37.9万人①。可是，义务教育学校绩效工资制度改革却没有将代课教师纳入保障范围，而是要求由学校自行解决。如湖北省浠水县大吉岭教学点属该县巴驿镇中心小学管辖，现有学生180余名，其中1～4年级学生124名，幼儿园学生56名。因为地理位置偏僻，条件尤为艰苦，加上该县师资一直十分紧张，该教

① 周济：《农村义务教育普及实现新跨越》，载《中国教育报》2008年2月26日。

学点一直没有正式教师到那里任教，只好聘用5名代课教师，实行包班上课。他们的收入是每月400元，共计2000元，由巴驿中心小学从每月的公用经费中解决。

该县汪岗镇和绿杨乡所属的几个教学点也存在类似的情况。据汪岗镇中心学校负责人潘干事介绍，该镇目前有1所初中，5所完小，5个教学点。现有学生5186人（其中小学生3168人，初中生2018人），正式在职教师206人，代课教师48人，接近1/4，其中5个教学点全部都是代课教师。代课教师的工资主要由中心学校从公用经费、学前班学杂费和收取少量的早餐费来解决。绩效工资实施后，他们也均没有拿到绩效工资。绿杨乡目前有初中1所，完全小学5所，9个教学点。教学点都是在地理位置偏远的高山上和白莲河水库库尾，最近的教学点离绿杨乡中心学校也有约20公里，交通尤为不便。教学点只有学前班和小学一年级，一般只有10来个学生，1名到2名代课教师，是典型的复式教学。这些代课教师的工资每月400元左右，一般由村里出一部分（据该乡教育干事介绍，这些教学点本来都要撤并，因为学生上学路程太远，村民强烈要求保留。因此，教学点所在村自行聘请本村受过教育的人为代课教师，村里想办法解决一部分工资），中心学校从公用经费中解决一部分。绩效工资实施后，他们同样没有拿到任何绩效工资。

调查中还发现，不仅地理位置偏僻的教学点存在代课教师，就是普通中小学也同样存在代课教师。例如，浠水县汪岗镇初级中学自2000年以来没有进1名正式教师，该校最高峰时聘有40名代课教师，目前还有代课教师13人，他们的工资是每月630元，全部由学校自行解决。每年仅代课教师工资就需近10万元。该镇杨祠小学有540名学生，11名正式教师，8名“特岗教师”，6名代课教师。代课教师每月工资约400元，从公用经费和学校食堂获得的利润中解决。由于代课教师工资挤占了学校公用经费，学校运转尤为艰难。同样，该县绿杨乡初级中学自2000年以来也没进1名正式教师，目前该校还有代课教师10人，后勤临时工作人员10人，每年学校仅支付他们的工资就需要15万元，学校校长的压力相当大。

不仅农村普通中小学存在代课教师，城市中小学也同样有代课教师。我们在湖北省黄冈市黄州区某中学调研时发现，该校共有教师121名，其中正式教师79名，有编无资的教师6名（这些教师有编制，是通过正常渠道招聘进来的，但由于该区财政困难，目前他们的工资还没有纳入财政预算，暂时由学校自行解决），学校自聘教师30名（实际上是代课教师，这些教师没有财政编制和教师编制，其工资完全由学校解决），政府招聘教师6人（他们是政府安置的复员退伍军人等特殊政策照顾的，暂时还没有财政编制，但区政府每月每人下拨644元工资，剩余部分由学校自己解决），该校仅这些教师学校每年至少需承担40万元经费。由于代课教师工资挤占了学校公用经费，学校运转尤为艰难。

由于代课教师在群体分布上呈现地区间、城乡间的非均衡分布，而且越是经济欠发达的省份和地区，越是贫困、偏远、条件艰苦的农村地区，代课教师的比例就越大，不少农村边远地区学校和教学点，几乎完全由代课教师支撑。而他们又是我国教师队伍中的弱势群体，每月只领取几百元的工资，义务教育学校教师绩效工资制度改革后，他们没有任何绩效工资，还远远赶不上外出打工的农民工，他们又怎能安心在农村偏远地区任教呢？

四、义务教育学校教师绩效工资制度改革存在问题的原因分析

义务教育学校教师绩效工资制度改革中出现的这样或那样的问题，其原因是相当复杂的，既有经济社会发展差距的影响，又有历史形成的体制、机制等方面的原因，必须进行系统的研究，方能得出正确的结论，并采取行之有效的应对策略。

1. 公共财政对义务教育投入依然不足

公共财政（Public Finance）是指在市场经济条件下国家提供公共产品或服务的分配活动或分配关系，是满足社会公共需要的政府收支模式或财政运行机制模式，是与市场经济相适应的一种财政类型，是市场经济国家通行的财政体制和财政制度。公共财政的基本特征是它的公共性，即公共财政着眼于满足社会公共需要。公共财政的职能范围是以满足社会公共需要为口径界定的，凡不属于或不能纳入社会公共需要领域的事项，公共财政不涉及其中；凡属于或可以纳入社会公共需要领域的事项，公共财政就必须发挥作用。在市场经济条件下，义务教育是广大人民最迫切的公共需要，满足社会公共需要的意义，在我国义务教育领域得到最集中的表现，即只有保障适龄儿童公平接受义务教育，才能最大限度地保证广大人民生存和发展方面的机会的公平和公正。作为具有较强公共物品特性的义务教育，在我国全面建设小康社会，构建社会主义和谐社会中，具有基础性、先导性和全局性的重要作用。巩固和普及义务教育，是实施科教兴国战略，推进教育公平和社会公平，使广大人民群众共享发展成果的重要举措；是强化政府对公共服务，扩大公共财政覆盖范围的必然要求。总之，从公共财政的视角来看，义务教育既是广大人民最迫切的公共需要，也是各级政府应当提供的基本的公共服务。

正是基于此，近年来，我国政府不断加大了对包括义务教育在内的公共服务的财政投入，大大改善了基本公共服务的条件，提升了公共服务的品质。不过，也应当看到，与一些国家相比，我国基本公共服务的投入仍有相当的差距。从公共教育的角度来看，已有研究表明，当人均GDP达到800～1000美元时，要实现教育与经济的良性发展，公共教育支出占GDP的比重必须达到下限为

4.07%～4.25%[①]。2003 年我国人均 GDP 就已超过 1000 美元，达到 1090 美元，2006 年人均 GDP 首次突破 2000 美元[②]，2009 年人均 GDP 达到 3770 美元。但 2003 年我国公共财政对公共教育的支出仅占 GDP 的 3.41%，2004 年为 2.79%，2005 年为 3.12%，2006 年降到 2.86%，2007 年为 3.32%，2009 年为 3.48%[③]。这不仅低于 20 世纪末世界的平均水平，也没有达到国家规定的我国公共财政对公共教育的支出占 4%的目标。可见，同世界一些国家相比，我国公共财政对教育的投入还有不少的差距。义务教育学校教师绩效工资实施后，尽管中央和省级政府加大了对义务教育的投入，但和实际需要相比，公共财政对义务教育投入依然不足。如目前我国义务教育阶段学校教师总数约为 1200 万人，2009 年中央财政转移支付用于支持各地落实绩效工资的资金总额仅为 120 亿元，每位教师平均只有 1000 元。据全国人大代表、云南省常务副省长罗正富测算，教师绩效工资参照当地公务员水平，按照每人每年 1 万元的最低标准，地方财政要给每人至少补 9000 元[④]。而地方政府或者实在拿不出钱，或者片面夸大本地区的经济困难，往往以种种理由直接减少经费投入，最终导致义务教育学校教师绩效工资经费供给严重不足，中小学教师绩效工资无法完全落实到位。

2. 义务教育学校教师绩效工资发放仍沿袭“以县为主”的体制

义务教育学校教师绩效工资制度改革，离不开政府公共财政的支持，这是毫无疑问的。现在的问题是，在我们这样一个由多级政府组成的发展中大国，义务教育学校教师绩效工资究竟该由哪级政府来负担？从绩效工资制度改革的要求来看，义务教育学校实施绩效工资所需经费，应纳入财政预算，按照管理以县为主、经费省级统筹、中央适当支持的原则，确保义务教育学校实施绩效工资所需经费落实到位。但由于绩效工资制度改革没有明确划分中央、省、市、县四级政府的财政责任，也没有具体规定各级政府应承担的比例，加上中央政府对省级统筹和省级投入缺乏有力的监管督导措施，最终造成绩效工资财政保障的责任层层下移，最后仍落到了县级财政上。

2009 年 10 月全国人大对湖北省的专项调研结果表明，该省义务教育学校实施绩效工资需新增经费 58 亿元，除了中央投入 4.8 亿元外，尚需地方配套资金 53.2 亿元，其中省级财政拿出 12 亿元，其余缺口由县级财政自行承担，平均每个县需支付 3000 多万元，这笔钱对于该省大多数县来说是一个极大的压力[⑤]。2009 年湖南省义务教育学校实施绩效工资所需经费 91.8 亿元，其中中央专项转移支付资金为 6.07 亿元，省级财政补助 15 亿元，共计 21.07 亿元，占

① 刘明慧：《城乡二元结构的财政视角研究》，中国财政经济出版社 2008 年版，第 224 页。

② 刘明慧：《城乡二元结构的财政视角研究》，中国财政经济出版社 2008 年版，第 114 页。

③ 《2009 年我国教育经费投入占 GDP 比例达 16 年最高》，腾讯网：2010-2-24。

④ 张晓震：《十五年浮出水面的绩效工资》，载《教育旬刊》2010 年第 1 期。

⑤ 翟帆：《绩效工资：好政策呼唤有力的财政保障》，载《中国教育报》2010 年 4 月 23 日。

绩效工资总量的22.95%，其余76.73亿元，占总量的67.05%，全部由各县财政自行负担[①]；江西省义务教育学校实施绩效工资所需经费约51亿元，2009年中央下拨专项转移支付资金4亿元，省级政府下拨9亿元，共计13亿元，约占绩效工资总量的25.49%，还有38亿元，约占总量的74.51%，需各县财政自行解决[②]。可以看出，上述三省义务教育学校教师绩效工资大约只有1/4是由中央和省级财政负担的，约3/4的经费需由各县财政自行承担。其他省（市、自治区）的情况也大致如此，即义务教育学校教师绩效工资经费的负担仍沿袭"以县为主"的体制。

"以县为主"的体制，尽管相对于以前"以乡镇为主"的体制而言，可以缓解过去长期普遍存在的一县之内经济发展不平衡导致的义务教育发展不均衡的问题，因为与乡、村相比，县级政府一般具有更强的财政能力，可以使义务教育发展建立在更加坚实的经济基础之上。但也必须看到，"以县为主"的体制存在的问题是十分突出的。1994年分税制后我国各级政府财政收入关系发生很大变化，财政收入重心上移，中央财政占全国财政收入的比重明显提高，占50%左右，再加上省级的财政收入，所占比重超过60%，而县乡财政收入的比重在20%左右。这样一来，多数县级政府，特别是中西部地区的县级政府财力薄弱，入不敷出，基本上成为"吃饭财政"，根本无力负担义务教育学校教师绩效工资经费。据统计，在中国2860多个县级政府中，其财政赤字的比例高达73%，占县级财政支出总量的77%；全国县辖乡、村债务总规模高达5355亿元，乡村两级公共债务平均每个县高达2.55亿元[③]。可以看出，义务教育学校教师绩效工资的主要筹资重任仍压在县级财政的肩上，但在这些省很多地方，教师正常工资的发放已让地方财政捉襟见肘，很难拿出钱来安排义务教育学校教师绩效工资。

这里以湖北省沙洋县、英山县和长阳土家族自治县为例。沙洋县现有义务教育学校教师4336人，按照本地公务员最低月津补贴标准660元计算，全县兑现义务教育学校教师绩效工资每年需要3434万元，扣除湖北省政府安排的教师绩效考核补贴每月人均150元，全年合计1800元，该县兑现义务教育学校教师绩效工资还需2654万元。而沙洋县年新增财力仅500多万元，即使新增财力全部用于兑现义务教育学校教师绩效工资都远远不够，更不用说发展其他事业了。英山县现有义务教育阶段中小学教师3656人，如果按照本地公务员最低月津补

① 刘声：《中央开口子地方掏腰包，绩效工资难倒财政拮据县》，载《中国青年报》2010年3月9日。

② 全来龙：《江西省预计发放51亿元义务教育学校绩效工资》，载《新法制报》2010年2月23日。

③ 秦大军：《数千亿县乡财政赤字成中国新农村建设绊脚石》，http://news.xinhuanet.com/misc/2006.03.04.

贴计算，全县兑现义务教育学校教师绩效工资，除省财政每月 150 元的教师绩效考核补贴合计 658 万元外，县财政每年需要 2105 万元。而英山县是一个国家级贫困县，全县 2007 年财政收入 7961 万元，财政支出为 30331 万元，上级转移支付资金不足 5000 万元，其中中小学教师基本工资支出 5290 万元，而该县“普九”债务达 4000 多万元。长阳土家族自治县既是一个少数民族自治县，又是一个国家级贫困县。该县有义务教育学校 87 所，其中农村学校 72 所；义务教育学校在职教职工 2110 人，其中农村教师 1599 人。2009 年全县义务教育学校教师绩效工资按年人均 6711 元发放，共需 1350 万元；义务教育学校校长绩效工资按年人均 7545 元发放，共需 66 万元；农村学校教师津贴按人均月 30 元到 50 元标准发放，共需 74 万元；离退休教职工 1774 人，生活补贴发放需 667 万元；4 项相加，总共需财政预算资金 2157 万元。由于是少数民族自治县，2009 年中央和省级财政通过专项转移支付，给该县下拨 1243 万元义务教育学校教师绩效工资专项经费，占义务教育学校绩效工资总量的 57.62%，但剩下的 914 万元，占绩效工资总量的 42.38%，仍需县财政自筹。而该县的财政收入近些年最多为 1.2 亿元左右，支出却高达 5～6 亿元，每年上级下拨的转移支付资金仅 9000 多万元。显然，要支付义务教育学校教师绩效工资是十分困难的。

由此可见，义务教育学校教师绩效工资发放仍沿袭“以县为主”的体制，是导致部分地区义务教育学校教师绩效工资得不到保障的根本原因。

3. 绩效考核中教师评价方式不合理

绩效考核是指学校在一定时期内，根据绩效管理的需要，针对教师承担的工作，运用各种科学的定性和定量的方法，对教师的工作结果和工作表现进行考核和评价，它是确定学校教职工绩效工资的重要依据。绩效考核离不开对教师的工作结果和工作表现的合理评价。绩效考核中教师评价方式是否合理，会严重影响到教职工绩效考核的结果和绩效工资的分配。教育部在《关于做好义务教育学校教师绩效考核的指导意见》中规定，绩效考核的基本内容主要是：教师履行《义务教育法》、《教师法》等法律法规规定的教师法定职责，以及完成学校规定的岗位职责和工作任务的实绩，包括师德和教育教学、从事班主任工作等实绩。但不得把升学率作为考核指标。绩效考核的方法主要是：采用定性与定量相结合，教师自评与学科组评议、年级组评议、考核组评议相结合，形成性评价和阶段性评价相结合等方法，同时适当听取学生、家长及社区的意见，要充分发挥校长、教职工在绩效考核中的作用。但在调研中我们发现，在实际操作过程中，对教师的绩效考核和评价往往不太合理。

第一，从教师评价的目标来看，部分学校尤其是一些重点中学仍将升学率作为绩效考核的重要内容。这些学校表面上绩效考核标准中不体现升学率标准，但教师绩效考核各项指标无不与升学率有着千丝万缕的联系。由于教师评价的目标没有发生根本的变化，因此许多学校教师绩效考核仍是“穿新鞋，走老路”。

第二，从教师评价主体看，很多学校教职工绩效考核成员全部都是学校相关部门负责人，主要包括学校领导、班主任、教研组长和德育处的负责人等，而占全校教职工大多数的普通一线教师、教育管理人员和后勤人员很少有人参加，也没有学生和家长及社区代表参加。因此，学校在制订教职工绩效考核方案时，明显地偏向于学校相关负责人（包括学校行政干部、年级组长、班主任等）的利益，而忽视了广大一线教师和教辅人员、后勤人员的利益，最后绩效工资变成了“官效工资”。那么为什么会出现这种情况呢？在对中小学教职工的访谈中得知，出现这一问题的主要原因是，不少地方在制订绩效工资分配方案时，将校长、副校长和中层干部等管理岗位折合成“绩效”系数。例如，设定绩效基数后，校长所得绩效工资用基数乘以绩效系数 2，副校长乘以 1.5，中层干部乘以 1.2，还有教研组长、年级组长、学科组长、备课组长等，这些业务带头人的绩效基数在 1.1～1.2 之间。这样一来，凡是带“长”字的，绩效工资自然就高，而长期奋斗在教学一线的大多数普通教师则收获不多，有些教师甚至连“绩效”基数都没有达到。不仅如此，几乎所有学校管理人员的职务工作都是按 0.5～1 个工作量计算，所以在安排教学工作时他们一般都只有普通教师一半左右的课时量，却拿到了普通教师 1.1～2 倍左右的岗位津贴。因此，不少教学一线的普通教师颇有怨言，甚至愤愤不平。

第三，绩效考核过分地强调奖惩结果，忽视了教师专业发展。众所周知，教学活动的复杂性要求教师在整个教育教学活动中投入大量的精力、情感以及智慧等，但教师在教育教学活动中的投入与结果有时不一定成正比。许多学校把教学效果作为绩效奖惩的主要依据，而没有着重关注教师在工作过程中的实际表现，更不会刻意关注教师作为专业人员的成长历程。因此，过分重视奖惩性教师评价，不仅未能充分发挥评价的激励和导向功能，反而使教师工作积极性受到影响。

第四，绩效考核中过分强调个人激励，忽视了团体激励。然而，“给少部分老师提供奖励在非正式制度中制造了破坏性的‘噪音’，而非正式制度是健康制度环境中的一部分。最后，金钱激励带来了机会主义的可能，即为考试而教学，或者成为提高个人形象的‘平台’，这损害了学校的主要使命”①。过分重视个体激励计划，奖励教职工个体的突出贡献，拉大了教职工之间的收入差距，尽管提高了教职工竞争意识和工作积极性，但造成了教职工之间缺乏合作意识，

① ［美］罗伯特·W·麦克米金，武向荣译：《教育发展的激励理论》，北京师范大学出版社 2008 年版，第 128 页。

不利于团体协作。

第五，绩效考核指标过分量化，忽视了质性评价。现在大部分学校在绩效考核中过分强调量化指标，如考勤、教学工作量和班主任工作等，甚至师德、安全和教学过程等也都被详细地量化成相应的指标。尽管量化评价比较客观，不易受评价参与者个人因素的影响，而且结果比较精确，能够对细微的差别进行区分。但量化评价忽视了教育的一些重要的因素，例如，教育中的许多因素，如态度、情感、品行、理想等根本不能量化，对师德、教育教学质量进行公正合理的评估，一直都是教育评价难以解决的问题。事实上，质性评价法是一种更为人性化、人文化的方法，对于评价的改进功能来说，它更有利于评价对象的进步。

五、进一步完善义务教育学校教师绩效工资制度的对策思路

义务教育学校教师绩效工资制度改革能否顺利进行，不仅关系到教育资源在城乡间能否得到合理配置，而且直接涉及义务教育阶段中小学教师的切身利益，关系到事业单位绩效工资制度改革的成败。因此，必须采取切实可行的措施，解决义务教育学校教师绩效工资制度改革过程中出现的问题，确保城乡义务教育健康稳定发展和事业单位绩效工资制度改革顺利进行。

1. 加大公共财政的投入力度，确保义务教育学校教师绩效工资制度改革顺利进行

公共财政是政府为社会提供公共产品的行为，面对义务教育学校教师绩效工资制度改革中出现的种种问题，政府财政必须加大对义务教育的投入力度。之所以如此，这是因为，首先，从我国的现实情况来看，义务教育的经费使用，在中小学中基本上以教师的工资和福利开支为主，如 1990 年我国普通中学和普通小学教师工资分别占财政预算内教育事业费的 72.41％和 80.07％，2006 年仍高达 63.06％和 74.92％①，而农村中学和小学所占比重更高。由此可见，只有政府加大对义务教育的投入力度，义务教育学校教师绩效工资实施过程中出现的种种问题才能得到解决。因此，根据公共财政的基本要求，各级政府应继续将义务教育作为公共财政支出的重点。其次，从国家的经济实力和财政收入来看，政府完全有能力统筹义务教育学校教师工资，保证绩效工资按时足额发放。按照《规划纲要》的要求，要提高国家财政性教育经费支出占国内生产总值的比例，2012 年达到 4％。根据国家统计局发布的 2009 年国民经济和社会发展统计公报，2009 年我国国内生产总值为 335353 亿元，如果按 GDP 增长率 8％估

① 国家教育发展研究中心：《2007 年中国教育绿皮书》，教育科学出版社 2007 年版，第 87 页。

算，2012 年我国 GDP 将达到 422448 亿元。如果按国内生产总值的 4% 计算，2012 年我国财政性教育经费将达到 16898 亿元。而 2008 年我国 GDP 为 300670 亿元，当年国家财政性教育经费占 GDP 的比例为 3.48%。算起来，2008 年我国财政性教育经费 10463 亿元。也就是说，2012 年我国财政性教育经费将比 2008 年增加 6345 亿元。粗略估算，从 2008 年到 2012 年，每年仅新增的教育经费就将超过 1600 亿元①。目前我国义务教育阶段教师大约 1200 万人，绩效工资以每人年均 10000 元计算，财政应支付教师绩效工资 1200 亿元，在国家公共财政教育经费增幅范围之内，政府财政是应当能够承担的。如果考虑到东部发达地区教师绩效工资主要由当地政府承担，中央政府在上述方案中只需支付总额的 2/3，也就是大约 800 亿元，政府公共财政是完全能够承担的。如果进一步考虑到中西部地区一些经济发达的大中城市义务教育学校教师绩效工资由当地政府负担，那么，由政府公共财政主要负担农村义务教育学校教师绩效工资更应该是没有问题的。

2. 明确各级政府的责任，逐步建立省级统筹的教师工资保障机制

根据我国的实际情况，借鉴其他国家的经验，要让政府真正负担起义务教育学校教师绩效工资，必经进一步明确各级政府的财政责任。从我国财政收入分配的格局和多年的实践来看，义务教育学校教师绩效工资不能由基层政府负担。除发达地区外，义务教育学校教师绩效工资应实行省级统筹，让省级政府成为教师绩效工资最主要的负担者。这是因为：

第一，从我国的现实国情来看，除发达地区外，县级政府所拥有的财力，对负担义务教育学校教师绩效工资是不具备条件的，因而义务教育学校教师绩效工资不宜下放到基层政府。同时，由于我国地域辽阔，人口众多，由中央政府直接负担义务教育学校教师绩效工资或直接面对县级实施转移支付也是不现实的，当前，我国有近三千个县及县级市，中小学的数量庞大，基础信息分散在基层，不仅难以集中，而且难得准确。由于信息不对称，由中央政府直接负担义务教育学校教师绩效工资或直接面对基层政府实施转移支付显然是行不通的。即使中央政府对基层政府掌握了足够准确的基础信息，对一个地方政府划分为多个层级的大国来说，绕过中间层级政府，由中央政府和县级政府直接分担责任，也不符合政府管理的一般规律，容易引发其他方面的矛盾。

第二，从财政结构的变化来看，1994 年我国实行分税制财政改革以来，财政结构已发生了重大变化，中央政府和省级财政收入占全国财政收入的比重大大提高，省级政府有能力负担义务教育学校教师绩效工资。就全国大多数省级

① 蔡继乐：《应明确地方政府教育投入责任——代表委员谈 2012 年教育投入实现 4% 的目标》，载《中国教育报》2010 年 3 月 8 日。

的情况来看，以人均财力为标准，省级财力远远高于县级政府，实行省级统筹，让省级政府负担义务教育学校教师绩效工资，不会对省级财政构成太大压力。此外，省级政府管辖范围内的县级政府数量不算太多，长期以来，大多数省份省以下的政府间财政关系也都直接到县，特别是省直管县制度的推行，省级政府有比较可靠的信息和预算基础。从具体操作与管理的角度上讲，实行省级统筹，让省级政府负担义务教育学校教师绩效工资也具备可行性。

第三，从缩小省内义务教育学校教师工资待遇差距来看，省级地方高层政府有必要负担义务教育学校教师绩效工资。我国义务教育学校教师工资待遇不仅在大区域内存在较大差距，各省之内的差距也很严重，甚至省内差距大于省际差距。导致这一问题的根本原因是，教师工资待遇长期“以县为主”。当前，在义务教育学校教师岗位工资和薪级工资标准全国基本固定和统一的情况下，教师工资待遇的差距主要是由于绩效工资没有形成统一标准而造成的。因此，要解决省内义务教育学校教师工资待遇差距过大的问题，其根本办法是，必须实行省级统筹，让省级政府负担起义务教育学校教师绩效工资，使其更好地在全省范围内发挥应有的宏观调控能力，保证在全省不同地区给教师提供大致不相上下的工资待遇。

第四，从世界范围来看，当今世界，虽然各国财政体制差异很大，但是大部分国家义务教育阶段教师工资是由中央或较高层次政府来负担的。在世界各国，教师工资即人员经费，历来是各国义务教育公共经费的最重要支出。许多国家在实施义务教育之初，曾将义务教育视为基层政府的责任，这种做法不仅给地方财政造成很大负担，而且无法切实保证教师的工资。为了解决这一问题，各国相继调整了教师工资的筹措机制，采取的基本办法是将保障教师的工资适当上移，由中央和高层次地方政府负责。例如，在法国、泰国、韩国、埃及等国，均将义务教育学校教师工资全额作为中央财政预算，由中央财政独立负担；在日本，国立学校教师工资的全额由中央财政独立负担，地方学校教师工资由中央财政和都道府县财政各负担一半；在德国和印度，义务教育学校教师工资全额由州或邦财政独立负担；在美国，教师工资虽然由地方学区支付，但由于地方学区经费的半数以上来自州政府的财政补助拨款，因此实际上教师工资是由州和地方政府共同负担的；在瑞士，教师工资州负担 3/7，市镇负担 4/7①。

实行省级统筹，让省级政府成为义务教育学校教师工资待遇主要的负担者。这里政策层面上的含义，是尽可能通过上收义务教育事权，将地方基层政府负担义务教育学校教师工资待遇的责任逐步上移至省级人民政府，从而尽可能保证义务教育学校教师工资待遇的稳定来源，尽可能减弱绩效工资经费的短缺程

---

① 高如峰：《义务教育投资国际比较》，人民教育出版社 2003 年版，第 380 页。

度。为此，应逐步建立由省级统筹为主的义务教育学校教师工资保障机制，省级政府可以在全省范围内按国家统一规定的编制标准和工资标准把对教师的工资福利支出采用专款的形式交由银行按月足额发放给教师。这样做，应该说不仅不会对义务教育学校教师工资待遇产生管得过死的弊端，反而有利于防止基层政府或教育部门截留、挪用义务教育经费，拖欠教师工资，同时也有利于在全省范围内为中小学教师创造一个大体相近的工资福利条件，从而有利于贫困落后地区教师队伍的稳定和义务教育的均衡发展。

当然，实行省级统筹，强化省级政府的责任，让省级政府成为义务教育学校教师工资待遇最主要的财政责任承担者，并不意味着中央政府不承担财政责任。这是因为依国际经验，政府间的财政收支结构呈现这样的情形：收入结构划分以中央政府为主，支出结构的划分以地方为主，即在年度财政收支总量中，划归中央政府掌握的收入要超出其实质性职权范围的一定比例，而地方政府所承担的职权往往超过直接收入划分所拥有的财力。这种收入结构与支出结构的非对称性安排，主要出于两方面的考虑：一方面，绝大部分公共需要的受益范围具有区域性，各地企业与居民对公共服务的需求均有质和量的差别，由各地方政府针对需求提供比中央政府提供更为便利，也更有利于降低成本，提高财政资金的使用效益；另一方面，中央政府拥有相对较多的财力，使地方政府在一定程度上依赖于中央政府的支持，同时中央政府也有能力予以支持，从而有利于保证中央政府在宏观调控中的主导地位，维护中央政府的权威性。

那么，中央政府怎样才能承担相应的义务教育学校教师工资待遇的财政责任呢？这种责任主要体现在对省级政府的一般性转移支付上。所谓一般性转移支付，是指高层政府对地方政府的财政资助，以弥补地方政府财力之不足。通过强化一般性转移支付，确保省级政府发展包括义务教育在内的各项社会事业的基本财政能力。特别是对于经济发展比较慢、财政困难的省、自治区，中央政府应当通过转移支付的方式对这些地区义务教育负起较大的责任。鉴于中国地区间差异过大，偶然因素较多，除通过一般性转移支付确保省级政府承担义务教育学校教师工资待遇的财政责任外，中央政府还应通过专项转移支付，处理可能出现的特殊问题。所谓专项转移支付，是指高层政府为了解决某一问题而对地方政府提供的特定财政资助，与一般性转移支付相比，专项转移支付更能得到落实。比如，20 世纪 80 年代以来，中央政府根据《义务教育法》的有关规定，对经济困难地区、少数民族地区实施的义务教育以及贫困生和无正常学习能力的儿童提供专项补助的情况来看，大都落实得比较好。这些专项补助，对促进经济困难地区、少数民族地区义务教育的发展，增进义务教育公平与效率均起到了较好的作用。因此，要保证义务教育学校教师工资待遇得到落实，除一般性转移支付外，也要对经济困难地区、少数民族地区义务教育学校教师工资待遇实行专项财政转移支付，采取种种措施通过加大专项财政转移支付的力度来提高对贫困地区义务教育学校教师工资待遇的财政责任，以便能通过中央政府的专项财政转移支付，缩小贫困地区与发达地区义务教育学校教师工资待遇的差距，较好地实现各地区义务教育的均衡发展。

3. 大力提高农村，特别是边远、贫困地区教师的经济待遇，稳定农村教师队伍

义务教育学校教师绩效工资实施后，尽管大部分县都设立了农村教师津贴，积极鼓励优秀教师到农村偏远地区任教。但农村，特别是边远、贫困地区教师的津贴标准普遍偏低，大部分县每月不到100元，最低的每月只有10元，对农村教师激励作用十分有限。而要吸引大批优秀教师到农村任教，稳定农村教师队伍，调动农村教师的工作积极性，关键是要提高教师的经济待遇，改善教师的物质生活条件。联合国教科文组织1966年在给各国政府《关于教学人员地位的建议》中写道："应当承认，改善教师的社会及经济地位，改善他们的生活与工作条件、改善他们的就业条件和职业前途，是解决缺乏有能力，有经验教师的所有问题的最佳途径，是使完全合格的人进入教师职业或回到教师职业中来的最好办法。"① 因为不可否认，根据目前世界上越来越明显的趋势，诸如教师的社会地位及人们对他们职能的评价等其他因素，像在别的许多类似职业中一样，在很大程度上取决于他们的经济地位。为此：

(1) 建立农村中小学教师激励制度，鼓励优秀教师到边远、贫困地区学校任教。按《教师法》规定，在待遇上建立面向农村、边远和艰苦地区中小学教师优惠制度。可参照国家对农林、卫生等行业的优惠政策，设立农村、边远和艰苦地区中小学教师特殊津贴制度，以吸引和稳定教师在该地区任教。目前的当务之急是，鉴于农村地区中小学骨干教师流失问题严重，政府和教育主管部门应尽快出台骨干教师的优待政策，解决待遇低的问题。按县市骨干教师级别和学校边远程度，每月分别向骨干教师足额发放骨干教师等级津贴和交通费用补助，使农村骨干教师的工资收入比城镇同等的骨干教师高，从而使他们在农村安心工作，不再向往城里学校，确保农村教师队伍稳定。也可以借鉴国外的经验，根据农村地理环境和条件恶劣程度对农村教师补贴进行适当分类，对不同类型地区的农村教师给予高低不等的偏远地区教师津贴，鼓励优秀教师扎根农村偏远地区、献身农村义务教育事业。以日本和韩国为例，日本针对偏远地区教育落后的状况，实施了偏远地区教师津贴，积极鼓励教师到农村偏远地区任教。他们的具体做法是，各都、道、府、县必须以特殊的勤务津贴的方式为处于偏远地区的公立小学、初中的教师及职员发放偏远地区教师津贴。偏远地

① 苏真：《比较师范教育》，北京师范大学出版社1991年版，第448页。

区津贴每月实际支付额度由工资和抚养补贴的月额之和乘以偏远地区的偏远级别率得出。偏远地区的级别分为五级，一级率为8%、二级率为12%、三级率为16%、四级率为20%、五级率为25%①。韩国为了改善教师待遇，提高教师地位，促进教育事业发展，1991年制定了为提高教师地位的特例法。该法律规定实行岛屿偏远地区教师津贴，凡是工作在岛屿、偏远地区的教员都可以享受，根据地理位置远近和偏远程度分为五类地区，A类地区教师每年可以享受23000韩元的岛屿偏远地区教师津贴，B类地区教师每年可以享受17000韩元，C类地区教师每年可以享受12000韩元，D类地区教师每年可以享受7000韩元②。借鉴国外的经验，省级政府依据农村地理环境和条件恶劣程度对农村教师津贴进行适当分类，形成合理的等差梯度，建立全省统一分类标准的农村教师补贴。这样做的好处是：一方面可以平衡统一省域内义务教育阶段教师收入；另一方面因为条件越恶劣、距离越偏远的农村学校教师补贴越多，可以激励更多的优秀教师到农村偏远地区任教，从而促进城乡义务教育均衡发展。

(2) 健全医疗养老等社会保障制度，保证农村中小学教师安居乐教。1999年国际教育大会提出“应该给农村和边远地区的小学教师们提供补偿措施，例如给予特殊津贴，对边远或不利于健康的地区定期地观察，为教师提供住房、娱乐设备以及免费交通工具，对教师的家属给予免费的医疗服务，为其子女提供寄宿和学习的便利设备”③。健全农村教师社会保障制度，有利于解决农村教师的后顾之忧，使他们安居乐教，全心全意投入教育教学中去。首先，全面实施农村教师养老、医疗和事业保险制度。各地根据实际情况确定各种保险总额，一般在教师本人基本工资的20%左右，其中教师个人缴纳7%左右，剩余部分由地方财政缴纳。教职工无论是公办教师还是代课教师，都按规定缴纳社会保险金，享受基本的社会保险待遇。地方财政要将属于地方政府缴纳部分保险资金全额纳入预算，不得留有资金缺口，不得将责任转嫁给学校或教师个人。其次，积极实施农村教师住房公积金制度和农村教师安居工程。地方政府要将农村教师住房公积金全额纳入地方财政预算，并保证和当地公务员享受的住房公积金待遇完全一致。不仅如此，有条件的县还要实施农村教师安居工程，将本地低收入家庭困难的教师纳入政策保障范围，努力争取教师住房享受国家安居工程、经济适用房工程等各项优惠政策，积极争取对建设教师住房进行专项补贴、减免土地费用和税费等政策，努力建立政府、学校和教师共同分担住房建

① 李文英：《战后日本振兴偏僻地区教育的措施及启示》，载《教育研究》2004年第2期。

② 池青山，金仁哲：《韩国教育研究》，东方出版社1995年版，第88页。

③ 赵中建主译：《全球教育发展的历史轨迹——国际教育大会60年建议》，教育科学出版社1999年版，第286页。

设资金机制。同时，在县城、乡镇政府所在地兴建教师公寓或教师生活小区，实现农村中小学教师生活城镇化，使他们安居乐教。

(3) 正确面对农村教育的现实，妥善解决农村代课教师的工资待遇问题。代课教师的存在是一个客观现实，要在短时间内取消我国教师队伍中这样一个特殊群体，既不可能，也不现实。因此，必须妥善解决农村中小学代课教师的工资待遇问题。第一，必须正视农村代课教师在一定时期内仍将存在的事实，尽快出台相应的政策和管理办法，及早制定农村代课教师的聘用标准、考核办法和辞退制度。第二，因地制宜，每年安排一定的教师编制，将多年在教学中兢兢业业、已取得大专学历和教师资格证的优秀农村代课教师直接转为公办教师，其余农村代课教师必须与其签订劳动合同，明确聘期、权利和待遇等。第三，将农村代课教师工资全额纳入政府财政预算，直接在农村税费改革固定性转移支付资金中列支，以解决农村中小学的后顾之忧，消除农村中小学教育乱收费的隐患。第四，努力提高农村代课教师的工资待遇，尽可能地与当地公办教师同工同酬，至少要达到当地最低工资标准。第五，应逐步将农村代课教师医疗、失业和养老保险等纳入社会保障范围，让他们安心从教。

4. 完善教职工绩效评价机制，建立公开透明的绩效评价体系

绩效考核是绩效工资分配的主要依据。绩效工资制度改革的目的，就是要通过发挥薪酬机制的激励约束作用来最大限度地调动教师的工作积极性、主动性和创造性。这就要求建立公开透明的绩效考核体系，对义务教育学校教职工进行定期考核，发现问题和不足，并提出相应的改进措施。

(1) 认真听取利益相关者的利益诉求，充分保证各方的切身利益。利益相关者是指一个组织存在各种关系的个人或团体，与义务教育学校绩效工资制度改革的利益相关者包括：校长、学校中层行政干部、班主任、普通教师、教辅人员和工勤人员等。他们的各自利益需要政府及其教育主管部门来引导和协调，他们的诉求应当有畅通的渠道得到充分表达。因此，在义务教育学校教师绩效考核的过程中，必须广泛听取利益相关者的利益诉求，耐心听取他们的意见和建议，最大限度地协调各方利益，尽可能减少绩效工资制度改革的摩擦成本，充分保证利益相关者的切身利益。

(2) 根据学校岗位的不同特点，实行分类考核。从学校工作性质上划分，学校岗位可分为教师岗位、管理岗位和服务岗位。根据教师、管理、工勤技能等岗位不同的特点，实行分类考核。对教师的绩效考核，主要应放在其履行岗位职责，完成学校规定的教育教学任务方面，重点考核工作实绩，包括师德、教育教学、班主任工作的实绩，要引导教师关爱每个学生，特别是要关爱学习上有困难或品行上有偏差的学生，要将学生进步作为考核教师教育教学工作绩效的一个重要依据。对管理人员的绩效考核，主要应侧重于目标达成、部门协调和服务质量等方面。对教辅人员和工勤人员等的绩效考核，主要应侧重于完成岗位职责、服务教学和服务育人等方面。不仅如此，对所有教职工的绩效考核都应注重团体协作精神。而教职工之间的合作互助，是构建和谐校园、促进学生全面、健康发展的重要条件，因为任何一个学生的成长都不能说是某一位或某几位教师劳动的结果，而是全体教师共同努力、形成合力、辛勤劳动的结果。所以，“给予团体绩效奖励鼓励了社区追寻学术的目标。它不会使老师之间处于相互竞争的状态，或者领导的功能局限于评判和发放奖金，从而替代了领导应有的社区领袖或者教练的功能。给予整体团体绩效奖励加强了学校社区的感情”①。

（3）重视教职工的积极参与，保证绩效评价公开、公正和透明。教职工是学校教育教学活动的主体，学校教育教学质量的高低，学校的正常运转都离不开教职工。同样，义务教育学校教师绩效评价也都离不开教职工的积极参与。因此，“义务教育学校管理者必须认识到并接受这样的事实：没有教师参与设计的改革方案，无论其形式多么完美，事实上是难以行得通的”②。让教职工积极参与绩效评价，一定程度上能消除他们的心理疑惑，激发他们参与绩效评价的热情，有利于绩效考核工作的顺利开展。同时，让教职工积极参与绩效考核和评价，可以保证教职工的切身利益，防止部分学校管理者暗箱操作，滥用权力，保证绩效评价公开、公正和透明，从而保证义务教育学校教师绩效工资制度改革的顺利进行。

总之，义务教育学校教师绩效工资制度改革，是一个复杂的系统工程，涉及的问题较多，但只要各级政府高度重视，社会各方共同努力，从一点一滴做起，改革定会取得成功。

① ［美］罗伯特·W·麦克米金，武向荣译：《教育发展的激励理论》，北京师范大学出版社2008年版，第128页。

② 刘邦祥：《美国部分学区实行教师工资改革的启示》，载《比较教育研究》2005年第6期。

义务教育均衡发展与农村教学点的建设①

【内容摘要】本文就义务教育均衡发展与农村教学点的建设问题进行了全面、深入的分析，指出从当前及今后一段时间在我国偏远农村地区教学点仍将是实施义务教育的一种重要组织形式，义务教育均衡发展决不能忽视农村教学点的建设，并就如何办好农村教学点，让偏远农村地区的孩子也能享受到较好的教育提出了若干对策建议。

【关键词】义务教育　均衡发展　教学点

20世纪末以来，伴随着我国经济社会的不断发展和人们教育观念的不断更新，特别是在我国义务教育阶段基本解决了"有学上"，而人们要求"上好学"的大背景下，社会对于教育资源特别是优质教育资源的需求越来越迫切，对教育公平问题的关注也越来越强烈。与此相适应，一种新的教育理念——义务教育均衡发展的思想日益成为人们关注的焦点和关系国家战略的重大问题。《国家中长期教育改革和发展规划纲要（2010—2020年）》（以下简称《规划纲要》）则将推进义务教育均衡发展提升为义务教育战略性任务的高度，要求建立健全义务教育均衡发展保障机制，均衡配置教师、设备、图书、校舍等各项资源，切实缩小校际差距，加快缩小城乡差距，努力缩小区域差距，到2020年基本实现区域内义务教育均衡发展。由此可见，促进义务教育均衡发展，已成为党和国家确立的我国在新的历史时期教育发展的战略方针，充分体现了党和国家对促进义务教育均衡发展的高度重视。那么，义务教育怎样才能实现均衡发展？围绕这一问题，应该说，政府、学术界和广大教育工作者已进行了大量研究和有益探索，提出了不少好的主张和建议。但现有研究也存在不足之处，即忽视了农村教学点的建设。为此，本文结合我们的研究经历和调查②，就义务教育

---

① 本文为教育部哲学社会科学研究重大课题攻关项目《我国义务教育均衡发展改革研究》（10JZD0036）的阶段性成果之一，发表于《教育研究》2011年第9期。本文第二作者为郭清扬、赵丹。

② 这些调研主要包括：2005年7月至2008年10月，对中西部地区的湖北、河南、广西、云南、陕西和内蒙古6个省（自治区）、38个县市农村中小学布局调整的调研；2009年5月对广东省韶关市清丰县农村教育的调研；2010年4月至12月，对我国中部地区的湖北、河南、江西、湖南4个省、32个县、60余所中小学教师绩效工资制度改革情况的调研。文中未注明出处的数据和资料均来自上述调研和访谈。

均衡发展与农村教学点的建设问题进行全面、深入的分析，指出从当前及今后一段时间在我国偏远农村地区教学点仍将是实施义务教育的一种重要组织形式，义务教育均衡发展决不能忽视农村教学点的建设。

一、农村教学点是实施义务教育的一种重要组织形式

农村教学点是适应我国农村地区，特别是人口稀少、居住分散的偏远地区的教育发展而设置的以复式教学为主的小规模不完全学校。就当前情况来看，农村教学点具有区别于一般学校的典型特征：第一，地处偏远；第二，规模小；第三，教学形式灵活；第四，办学条件差。但教学点又是学校教育的一种重要组织形式，为方便低年级学生就近入学，在我国一些偏远农村地区至今仍保留相当多的小规模学校和教学点。据统计，2008 年，全国小学学校总数为 300854 所，其中教学点数量达 79088 个，约占全国小学学校总数的 26.29%；全国农村小学数量为 253041 所，教学点数量为 77519 个，农村教学点数量占全部农村小学的比例为 30.63%①。我们对中西部地区的湖北、河南、广西、云南、陕西、内蒙 6 省（自治区）、38 个县（市）农村中小学布局调整的调研了解到的情况同样印证了这一点，特别是西部地区的云南、广西、内蒙古等省区教学点数量庞大，占农村学校比例分别为 96.54%、103.24%和 52.93%（见表 1）。可见，无论从绝对数量还是从相对数量来看，农村教学点的数量都是很大的，是我国农村义务教育学校的重要组成部分。这是因为，教学点是适应偏远农村地区特殊需要的，有其存在的必然性。

表 1　6 省（区）农村小学校数、教学点数及班级数

省区	学校数（所）	教学点数（个）	教学点所占比例（%）	班级数（个）	复式班（个）	复式班所占比例（%）
云南	18321	17688	96.54	130570	10704	8.20
广西	13703	14147	103.24 *	127973	8252	6.45
内蒙古	5649	2990	52.93	40470	2217	5.48
陕西	21677	1761	8.12	107714	11918	11.06
湖北	11733	2363	20.14	83306	2849	3.42
河南	31116	4103	13.19	218268	2489	1.14

* 个别省份之所以教学点占学校的比例超过了 100%，是因为有些农村乡镇在中心学校统一管理下设置了几个教学点。

① 中华人民共和国教育部发展规划司编：《中国教育统计年鉴（2008）》，人民教育出版社 2009 年版，第 155、525 页。

二、义务教育均衡发展决不能忽视农村教学点的建设

如前所述，农村教学点的存在是客观的，有其必然性，在当前及今后相当长时间内，仍然应当是实施义务教育的重要组织形式。它的最重要的作用在于：有助于偏远地区学生克服上学远上学难的困难，节省学生的上学成本，满足他们受教育的需求，促进义务教育均衡发展和教育公平。因此，义务教育均衡发展决不能忽视农村教学点的建设。但是，由于多方面的原因，特别是随着农村中小学布局的调整，不少地方在一定程度上却忽视了农村教学点的建设，致使农村教学点存在着这样或那样的问题。而这些问题如果得不到妥善解决，必然会影响到农村义务教育的均衡发展，必须引起社会的广泛关注和重视。

1. 经费短缺

按现行教育财政和管理体制，教学点是隶属本乡镇中心学校管理的。据我们调查，中心学校向所属各小学和教学点划拨经费的程序是，各个教学点根据学生数和自身需求向中心校提出经费申请，中心学校再考虑实际情况予以回复。以广东省新丰县丰城镇龙文教学点每学期的经费收支情况为例。按照广东省免除学杂费标准，每学期每个学生补助 144 元，龙文教学点每学期得到的补助费用应为 4896 元，加上学前班收取的学费 560 元，一共 5456 元。这笔仅有的学费补助和收入，是由其所属的丰城镇中心小学统筹管理，龙文教学点并没有支配权。而教学点每学期的支出项目种类较多，总支出金额最保守的估计也要 6300 元（见表 2），每笔支出都要由教学点向中心学校财务部门列出明细，提出申请，等待批复。而中心学校对教学点提出的经费申请往往审核条件苛刻，批复时间较长，并且难以得到满足。这样一来，教学点连日常基本运转都难以维持，根本谈不上改善办学条件。其实，中心学校也有自己的难处，目前大多数中心学校运转困难、负债运行，且还要负担教学点代课教师的工资，因此很难满足教学点的经费需求。如湖北省石首市花山镇共有 7 所小学和 3 个教学点，教师总数为 85 人，其中代课教师 31 人，占教师总数 36.5%，3 个教学点教师 90%以上是代课教师。据该镇中心学校校长介绍，教学点代课教师工资基本靠中心学校下拨的公用经费和部分勤工俭学收入来维持，中心学校根本不可能给教学点提供可自由支配的经费，导致教学点普遍存在经费短缺的问题，如校舍维修费得不到补充而不得不让学生在漏风漏雨的危房中上课，因缺少最基本的公用经费，学校往往连粉笔也买不起，更不用说图书、仪器设备了。

表 2　广东省新丰县丰城镇龙文教学点一学期办学经费情况

收　入		144 元/生（生均公用经费）×34 人（学生数）＋80 元×7 人（学前班人数）＝5456 元。统一上交中心学校管理
支出	办公用品	教师用书，粉笔等，共 3000 元
	招待上级领导检查	1000 元
	修缮校舍	300 元
	购买体育器材	300 元
	水电费	1200 元
	教研活动等	包括公开课，少先队活动等，500 元
	合计	6300 元

2. 教师整体素质低

世界著名教育学者菲利普·库姆斯（Philip Coombs）曾一针见血地指出：“发展中国家农村地区常常像半干旱的教育荒漠一样而没有教育质量可言，不但教师通常都是水平最低的，而且贫穷儿童的比例也很高，这些儿童真正需要最好的老师，然而他们却是最后才得到。”① 在我国农村，特别是偏远地区的学校，由于办学条件差，往往吸引不到优秀教师，在教学点任教的教师一般年龄老化。如广西兴安、南丹等六县的教学点教师平均年龄达 47 岁，最大 55 岁，最小也有 40 岁（见表 3）。教学点教师年龄老化问题不仅在“八山一水一分田”的广西较为普遍，在课题组调研的其他中西部地区也是如此。此外，教学点教师大多来源于本乡、本村，他们多为民办教师转正或是代课教师，没有接受过系统的教师教育，学历低，基础差，加之常年在偏远地区工作，信息闭塞，教学任务繁重，知识陈旧又难以更新，导致教学点教师整体素质偏低。

表 3　广西六县部分教学点教师年龄情况

	所隶属中心校	教师数量（人）	平均年龄（周岁）	最大年龄（周岁）	最小年龄（周岁）
兴安县华江乡同仁小学	兴安镇中心校	5	49	52	41
南丹县吾隘镇丹炉小学	昌里小学	1	45	——	——
荔浦县杜莫镇六部小学	龙珠小学	6	45	50	42
龙胜县瓢里乡上塘小学	瓢里乡中心校	4	51	55	40
那坡县坡荷善何异布小学	坡荷中心校	1	42	——	——
隆林县猪场乡半坡屯小学	猪场镇中心校	1	50	——	——

① ［美］菲利普·库姆斯著，赵宝恒、李环等译，王英杰校：《世界教育危机》，人民教育出版社 2001 年版，第 126 页。

3. 教师工资待遇低

大部分农村教学点是“一师一校”，多则也只有4～5位教师，这些教师中大多是代课教师或者少量“民转公”教师。据我们调查，教学点教师中代课教师平均工资在300～500元，并且没有纳入财政保障范围，只能由所在中心学校自行解决。如湖北省浠水县大吉岭教学点属该县巴驿镇中心小学管辖，现有学生180余名，其中1～4年级学生124名，幼儿园学生56名。因为地理位置偏僻，条件艰苦，加上该县师资一直十分紧张，该教学点一直没有公办教师到那里任教，只好聘用5名代课教师，实行包班上课。他们的收入是每月400元，由巴驿中心小学从每月的公用经费中解决。该县汪岗镇所属的几个教学点也存在类似的情况。据汪岗镇中心学校负责人潘干事介绍，该镇目前有1所初中，5所完小，5个教学点。现有学生5186人（其中小学生3168人，初中生2018人），正式在职教师206人，代课教师48人，接近1/4，其中5个教学点全部都是代课教师。代课教师的工资主要由中心学校从公用经费、学前班学杂费和收取少量的早餐费来解决。他们的收入也是每月400元左右。与公办教师相比，代课教师的工资不到公办教师工资的1/3。

4. 办学条件差

农村学校办学条件差一直是农村教育发展滞后的重要原因之一。近年来，在农村学校办学条件整体得到逐步改善的情况下，教学点的办学条件却没有得到任何改善，甚至还在不断恶化。调查中我们发现，大部分教学点都是由20世纪50年代至70年代盖建的校舍或者由寺庙、祠堂改建而成，如今大部分校舍已经成了危房。如广西南丹县吾隘镇丹炉小学是“一师一校”，学校与一个社庭相邻而建，历史久远，现在社庭里仍供奉一尊神像（社王），当地人将学校与社庭当作精神的寄托；该自治区隆林各族自治县猪场乡猪场村半坡屯教学点只有1个老师20个学生。学校几乎是最为原始的学校：一间小木房子，里面摆放了十几张桌子和一块黑板。再如陕西省石泉县迎丰镇三个教学点的校舍均为土木结构，目前危房面积几乎占到50%（见表4）。又如表5所示，教学点数量居全国前六位的省份，除贵州省外，农村小学危房面积均远远高于全国平均值。而且在这些地区，教学点危房比例在当地学校中几乎也是最高的。

表4　陕西省石泉县迎丰镇教学点基本情况

	教师数（人）	学生数（人）	占地面积（平方米）	建筑面积（平方米）			
				砖混	砖木	土木	危房
红花教学点	3	36	520	——	——	200	100
迎兴教学点	1	16	432	——	——	232	136
香炉沟教学点	1	16	335	——	——	265	120

资料来源：根据《石泉县迎丰镇小学布局调整实施方案一览表》整理所得。

表 5　教学点数量居全国前六位省份的农村小学办学条件（单位：平方米）

	全国平均	云南	广西	四川	湖南	贵州	河南
教学点数量（个）	2997	16977	12626	12096	5282	4827	4190
危房面积（m^2）	719102	3433369	1910364	1390647	988488	201755	1754423

资料来源：根据《中国教育统计年鉴（2008）》相关数据整理所得。

此外，教学点用房短缺。许多教学点教师宿舍中间用帘子隔开兼做办公室；年级多一些的教学点的实验室、少先队活动室、会议室等都是在同一间房子里，被当地老师称为“四部一室”；很多教学点没有食堂，甚至给学生热饭的厨房都是危房，中午学生只好蹲在教室门口吃饭。

三、农村教学点面临诸多问题的原因及对义务教育均衡发展的影响

农村教学点面临的这样或那样的问题，其原因是相当复杂的，其中，公共财政对农村义务教育的投入不足以及农村义务教育经费分配和管理方式不合理是最根本的原因之一。

公共财政是指在市场经济条件下国家提供公共产品或服务的分配活动或分配关系，是满足社会公共需要的政府收支模式或财政运行机制模式。公共财政的基本特征是它的公共性，即公共财政着眼于满足社会公共需要。在市场经济条件下，义务教育是广大人民群众最迫切的公共需要，满足社会公共需要的意义，在我国义务教育领域得到最集中的表现，即只有保障适龄儿童公平接受义务教育，才能最大限度地保证广大人民群众生存和发展方面的机会的公平和公正。正是基于此，近年来，我国政府不断加大了对农村包括义务教育在内的公共服务的财政投入，大大改善了基本公共服务的条件，提升了公共服务的品质。不过，也应当看到，由于受长期以来重城市轻农村的公共资源配置倾向的影响，我国基本公共服务的投入城乡之间仍有相当的差距。以公共教育为例，2009 年全国普通小学生均预算内事业费支出为 3357.92 元，比上年的 2757.53 元增长 21.77%。其中，农村普通小学生均预算内事业费支出为 3178.08 元，比上年的 2617.59 元增长 21.41%。农村小学生均预算内事业费水平及其增长幅度依然低于全国平均水平，更低于城市水平①。美国著名经济学家舒尔茨（Thodore W. Schults）曾一针见血地指出，农村教育之所以会出现数量不足和质量低劣的情

① 新华网：《教育部、财政部权威发布：2009 年全国教育经费执行情况统计公告》，2010 年 12 月 7 日，http://news.xinhuanet.com/edu/2010-12/07/c_12855698.htm。

况，最根本的原因是对农村学校的投资不足①。而教学点经费短缺直接源于公共财政对教育投入的不足和农村义务教育经费总量的短缺。

针对农村义务教育经费短缺的实际情况，我国政府在不断加大对义务教育投入的同时，根据农村中小学布局调整后出现的新情况，对农村义务教育管理体制进行了调整和改革，即普遍建立起了以乡镇中心小学为核心，完小带村小、教学点的新型管理体制。21世纪初我国各地都大力进行了农村中小学布局调整，通过布局调整对规模较小的学校进行合并，基本上形成了一镇（乡）一所中心学校或寄宿制学校、若干所完小、初小或教学点的格局。而中心学校一般处在乡镇所在地，是当地最好的学校，不仅对教学点和完小的日常教学进行管理，而且教学点和完小的资金划拨也被纳入其职责范围之内。县财政以中心学校为单位进行支出预算，主要包括基本支出（人员经费支出、公用经费支出、对个人和家庭的补助支出）和项目支出等，这些经费划拨后归中心学校统一分配和管理。由于中心学校处于教育决策中心，而且在经费划拨方面具有支配权，因此在获得教育经费方面具有天然优势。中心学校的管理者往往为了本校的建设和发展势必会忽视教学点或其他学校的建设。特别是教学点，规模小，少则几名，多则几十名学生，一般采用复式教学或一两名教师包班上课的方式教学，教师大都是代课教师或年龄较大的本地“民转公”教师。按照“定员定额”的拨款方式，教学点获得的公用经费补助很少，通常还要承担代课教师的工资，所以远远满足不了实际需要。按现行规定，农村中小学公用经费是指保证农村中小学正常运转、在教学活动和后勤服务等方面开支的费用，其开支范围只包括：教学业务与管理、教师培训、实验实习、文体活动、水电、取暖、交通差旅、邮电、仪器设备及图书资料等购置，房屋、建筑物及仪器设备的日常维修维护等，但不得用于人员经费、基本建设投资、偿还债务等方面的开支。用公用经费来支付代课教师的工资，必然会挤占教学点的办学经费。此外，在当地教育行政管理部门看来，教学点是财政投入的无底洞，如果按照一般学校的标准对教学点进行改造，需大量的经费投入，而所受益的学生群体又很少，将同样的经费投入到中心学校或寄宿制学校之中可以获得较好的效益，所以目前因特殊原因无法撤并的教学点只能维持现状，很难期望上级政府对其额外投入。由于资金短缺、办学条件差，很多教学点难以维持，而由此带来的后果就是教学点的学生不能享受到与中心学校学生同等质量的教育，影响农村义务教育的均衡发展。

① 转引自傅松涛：《美国农村社区基础教育现状与改革方略》，载《比较教育研究》2004年第9期。

第一，教学点学生不能公平享受同等质量的教育。“教育是成年一代向尚未为社会生活做好预备的那一代人施加的某种影响，其目的是要唤起或发展儿童身体、理智和道德方面的某些状态”①，简单地说，教育即培养人的活动。那么教学点作为农村学校的一种教学组织形式，自然承载着“培养人”这一神圣的使命。当前教学点面临的诸多问题必然会影响到教学点的学生公平接受教育。从义务教育的本质来看，义务教育是公共产品，是国家统一实施的所有适龄儿童、少年必须接受的教育，应确保所有的学生都能享受同等质量的教育。而教学点办学条件较差、师资水平低等因素均直接影响到教学点的教育质量，从整体上来说，相对于条件较好的中心学校，这里的学生享受不到同等质量的教育，这对教学点的学生是不公平的。联合国教科文组织的报告中也曾提到：“在这个教育世界里，不公平的现象仍然以各种不同的形式存在着……尤为不公平的是把教育设备集中于靠近城市中心，而不在贫民窟和其他贫苦地区，在那里缺乏像富裕地区那样的学校。”② 当前教学点面临的诸多问题正是多年前国际社会关注的问题，教学点学生享受不到与中心学校学生同等质量的教育，是有悖于义务教育均衡发展的。

第二，教学点教师的专业化发展受到影响。教师专业化是指教师个人成为教学专业的成员并且在教学中具有越来越成熟的作用这样一个转变过程，是教师不断接受新知识，增长专业能力的过程。1980 年《世界教育年报》提出教师专业化的目标之一就是“把教师视为提供教育教学服务的专业工作者，发展教师的教育教学知识和技能，提高教育教学水平”③。教师专业化直接关系到教育教学质量的提高。但当前我国教学点师资水平低，大多为民转公教师和代课教师且年龄老化、知识结构陈旧，缺乏培训机会。很多教学点教师教学负担重，不具备相关专业知识且身兼多门课程。这些问题均有碍于教学点教师的专业化发展，教学点教师专业化发展越迟缓，对教学点的教育教学越不利，学生接受义务教育的公平性就越难以得到保障，义务教育也很难得到均衡发展。

第三，农村学校之间的差距拉大。《义务教育法》明确规定：“县级以上人民政府及其教育行政部门应当促进学校均衡发展，缩小学校之间办学条件的差距，不得将学校分为重点学校和非重点学校。”④ 可见，学校均衡发展主要是指义务教育阶段同类学校之间在办学条件、师资等方面要尽量保持大致相同的水

① ［法］涂尔干：《教育的性质和任务》，见瞿葆奎主编：《教育学文集——教育与社会发展》，人民教育出版社 1989 年版，第 18 页。

② ［美］阿瑟·奥肯著，王奔洲等译：《平等与效率》，华夏出版社 1999 年版，第 73 页。

③ 教育部师范教育司：《教师专业化的理论与实践》，人民教育出版社 2001 年版，第 25～30 页。

④ 《中华人民共和国义务教育法》，载《中国教育报》2006 年 6 月 30 日。

平，以保证向所有适龄学生提供基本同质的教育，这符合义务教育的本质，也是教育公平的重要体现。而义务教育在现行管理体制下，全国范围内学校的均衡难以在短期内实现。目前最基本的学校均衡发展应是县域内学校的均衡，当前普遍受到关注的是县镇学校与农村学校之间的差距，而中心学校、完小、教学点之间的差距尚未引起更多重视。调查中我们发现，在农村教育资源依然相对短缺的情况下，各地在农村中小学布局调整过程中大多将资源集中到中心学校以保证中心校的办学条件和师资。而其他完小和教学点与中心学校之间存在差距，特别是教学点被认为“迟早要被撤并”，无论是办学条件还是师资队伍建设都得不到任何支持，处于最差的水平。因此，教学点与中心学校之间的差距与义务教育均衡发展的导向是相悖的。

四、办好农村教学点的若干对策建议

从当前及今后一段时间来看，在我国偏远农村地区，村小和教学点仍然是一种有效的教学组织形式。从教育教学方面来讲，教学点主要在于学校和班级规模小，教师在教学中容易根据学生的特点因材施教，对学生的辅导时间会相应增多，有利于教学活动的顺利开展。从学生生活方面来讲，教学点确实有助于解决学生上学远上学难的问题。偏远农村学生大多家庭贫困，他们最先关心的是自己的生活：上学成本问题，就近入学能节省相当数量的交通费和食宿费。因此，教学点“为改善山区、边远地区儿童接受基础教育困难的状况提供了条件”①。这不仅在我国是这样，而且在世界其他一些国家农村地区教育发展中小规模学校和教学点也都是极为重要的组织形式。据统计，2005 年全球大概有 30％的儿童是在小规模复式学校就读②，这种教学形式为普及基础教育作出了巨大贡献。由此可见，在一定的时期内，在某些偏远的农村地区，教学点仍将继续存在，并且仍将是实施义务教育的重要组织形式。因此，在实施义务教育均衡发展的过程中要正确解决小规模的村办小学、教学点与相对集中的中心小学之间的关系，不能采取一种非此即彼的做法，完全抛弃分散的教学点，更不能认为教学点和复式教学就是过时的、被淘汰的办学模式。考虑到未来学龄人口的波动与学生入学的实际困难，对我国广大的农村地区，尤其是学生居住较为分散的地区而言，村小和教学点这种办学模式仍然是有效的。现在的问题是

① 吕晓红：《复式教学在义务教育中的地位及前景》，载《教育评论》1999 年第 3 期。

② 资料来源：Little，Angela. （2008）Increasing Access through Multigrade Teaching and Learning. http：//www. create－rpc. org/pdf _ documents/Policy _ Brief _ 5. pdf. p1。

怎样把农村教学点办好，让偏远农村地区的孩子也能公平接受义务教育。根据农村教学点存在的问题，我们认为，关键是要做好以下几方面的工作：

1. 加大公共财政的投入力度，促进农村义务教育均等化

基本服务均等化是指一国范围内全体居民应当享有水平大致相当的基本公共服务。教育服务是政府提供公共服务的重要组成部分，提供均等化的教育服务是公共财政的基本职能，是公共财政“公共性”的重要表现，也是公共财政改革与发展的基本目标之一。对于一个城乡二元结构明显，农村人口仍占主体的发展中大国来说，农村义务教育均等化的重要性不言而喻。义务教育是农村最大的公共事业，公共产品供给均等化的意义，在我国农村义务教育领域得到最集中的表现，即只有保障教育公共产品供给均等化，才能最大限度保证广大农民生存和发展方面的机会的公平和公正。作为具有较强公共物品特性的农村义务教育，在我国全面建设小康社会，构建社会主义和谐社会中具有基础性、先导性和全局性的重要作用。巩固和普及农村义务教育，是实施科教兴国战略，推进义务教育均衡发展，建设社会主义新农村的重要举措；是推进教育公平和社会公平，使广大农民共享发展成果的重要举措；是强化政府对农村公共服务，扩大公共财政覆盖农村范围的必然要求。因此，面对农村教学点存在的种种问题，各级政府尤其是中央和省级政府必须加大对农村义务教育的投入。首先，各级政府要切实按照《规划纲要》的要求，确保在 2012 年国家财政性教育经费占 GDP 的比例达到 4%。其次，根据公共财政的基本要求，各级政府尤其是中央和省级政府应继续将农村义务教育作为公共财政支出的重点，继续将新增教育经费主要用于农村义务教育，逐步缩小农村义务教育的地区间和学校间的差异，促进农村义务教育均等化。

2. 改革经费分配与管理方式，保证农村教学点有独立的教育经费

鉴于我国农村中小学正在逐步实行“校财局管”的管理体制，可以考虑在县市教育局设立“农村义务教育经费管理中心”，取消学校银行账户，县市内农村中小学财务实行统一管理，所有的农村中小学（包括村小、教学点等）都单独进行部门预算，中心学校只是负责收集、汇总辖区内各学校的预算建议，然后上报县农村义务教育经费管理中心。农村义务教育经费管理中心将各中心学校汇总后上报的预算建议上交教育局审核审批，然后由财政部门采用“综合定额＋专项补助”的拨款方式，直接将农村义务教育经费划拨到各所学校和教学点。同时，全县农村中小学建立财务核算和国库支付网络，各学校利用网络进行日常财务处理，申报资金用款计划，财政和教育主管部门可以通过网络对学校用款计划进行适时监控。这样不仅能保证偏远地区包括教学点在内的所有农村学校都有独立的教育经费，还能对全县中小学财务进行有效的监管。

3. 实行农村教师特殊津贴制度，鼓励优秀教师到教学点任教

在我国，教学点大多位于中西部偏远地区，环境艰苦，交通不便，工作条件差，生活水平低，所以优秀教师不愿到农村薄弱学校和教学点任教情有可原。针对这种情况，必须大力改善农村薄弱学校和教学点教师的工资和收入状况。为此，国家应建立农村边远和艰苦地区中小学教师特殊津贴制度，并且应根据农村地区的偏远程度、人文环境、经济和财政状况设定一个系数，对那些越是在地理位置偏僻、自然条件艰苦地区教学点工作的农村教师，享受的特殊津贴应越高，以吸引和稳定优秀教师到该地区任教，改善农村薄弱学校和教学点师资状况，保证偏远农村地区的孩子也能享受到较好的教育。同时农村教师特殊津贴要全额纳入地方财政预算，优先安排。也可以借鉴国外的经验，根据农村地理环境和条件恶劣程度对农村教师补贴进行适当分类，对不同类型地区的农村教师给予高低不等的偏远地区教师津贴，鼓励优秀教师扎根农村偏远地区、献身农村义务教育事业。以日本和韩国为例，日本针对偏远地区教育落后的状况，实施了偏远地区教师津贴，积极鼓励教师到农村偏远地区任教。他们的具体做法是，各都、道、府、县必须以特殊的勤务津贴的方式为处于偏远地区的公立小学、初中的教师及职员发放偏远地区教师津贴。偏远地区津贴每月实际支付额度由工资和抚养补贴的月额之和乘以偏远地区的偏远级别率得出。偏远地区的级别分为五级，一级率为8%、二级率为12%、三级率为16%、四级率为20%、五级率为25%①。韩国为了改善教师待遇，提高教师地位，促进教育事业发展，1991年制定了为提高教师地位的特例法。该法律规定实行岛屿偏远地区教师津贴，凡是工作在岛屿、偏远地区的教员都可以享受，根据地理位置远近和偏远程度分为五类地区，A类地区教师每年可以享受23000韩元的岛屿偏远地区教师津贴，B类地区教师每年可以享受17000韩元，C类地区教师每年可以享受12000韩元，D类地区教师每年可以享受7000韩元②。借鉴国外的经验，省级政府可依据农村地理环境和条件恶劣程度对农村教师津贴进行适当分类，形成合理的等差梯度，建立全省统一分类标准的农村教师补贴。这样做的好处是：一方面可以平衡统一省域内义务教育阶段教师收入；另一方面因为条件越恶劣、距离越偏远的农村学校教师补贴越多，可以激励更多的优秀教师到农村偏远地区任教，从而促进城乡义务教育均衡发展。

---

① 李文英：《战后日本振兴偏僻地区教育的措施及启示》，载《教育研究》2004年第2期。

② 池青山，金仁哲：《韩国教育研究》，东方出版社1995年版，第88页。

4. 正确面对农村教育的现实，妥善解决教学点代课教师的工资待遇问题

代课教师是我国教师队伍中的一个特殊群体，特别是一些偏远农村地区的教学点主要由代课教师支撑。他们在极为艰苦的条件下坚守农村义务教育第一线，兢兢业业，任劳任怨，弥补了农村中小学师资的不足，缓解了广大农村特别是偏远、贫困地区义务教育师资的供求矛盾，实际上已成为支撑我国农村，特别是中西部农村贫困地区义务教育的重要力量。近年来，尽管国家采取了很多措施，试图逐步取消代课教师，但代课教师在我国中西部农村地区仍有相当的数量，据统计，到2007年底，全国中小学还有代课教师37.9万人①。所以，代课教师的存在是一个客观现实，要在短时间内取消我国教师队伍中这样一个特殊群体，既不可能，也不现实。因此，必须妥善解决农村中小学代课教师工资待遇问题。第一，正视农村代课教师在一定时期内仍将存在的事实，尽快出台相应的政策和管理办法，及早制定农村代课教师的聘用标准、考核办法和辞退制度；第二，因地制宜，每年安排一定的教师编制，将多年在教学中兢兢业业、已取得大专学历和教师资格证的优秀农村代课教师直接转为公办教师，其余农村代课教师必须与其签订劳动合同，明确聘期、权利和待遇等；第三，将农村代课教师工资全额纳入政府财政预算，直接在农村税费改革固定性转移支付资金中列支，以解决农村中小学的后顾之忧，消除农村中小学教育乱收费的隐患；第四，努力提高农村代课教师的工资待遇，尽可能地与当地公办教师同工同酬，至少要达到当地最低工资标准；第五，应逐步将农村代课教师医疗、失业和养老保险等纳入社会保障范围，让他们安心从教。

5. 千方百计改善教学点的办学条件，保证教育质量

在目前情况下，教学点隶属中心学校管理，在经费难以及时落实的情况下，中心学校对教学点办学条件的关注可能比经费保障更及时有效。也就是说，从长远来看，教学点应该有自己独立的经费来源，以保证办学条件；但从目前来看，中心学校必须及时对教学点改善办学条件的需求作出回应，这也是中心学校容易做到的事情。其一，在校舍方面，大多数教学点需要对校舍如教室或厨房进行修缮。调查中很多教学点教师反映校舍维修的费用并不高，一般几百元，主要用于买原料和雇当地工人施工。而主要的问题是上报中心学校之后得不到批复，一拖再拖。因此，这就需要中心学校相关负责人充分掌握其下属教学点的情况，对教学点校舍修缮之类的资金需求及时作出回应，并根据实际情况批复。其二，教育教学设备方面，很多教学点需要最基本的实验器材和体育器材

① 周济：《农村义务教育普及实现新跨越》，载《中国教育报》2008年2月26日。

如篮球、乒乓球等，这对中心校来说完全是有能力而且更有必要投入到教学点的。中心学校领导应时常到教学点做实质性的走访和调查，了解教学点的状况和实际困难，然后作出合理安排。办学条件的改善有助于保证教学点的教育质量，这也是义务教育均衡发展的题中之意：缩小不同地区的教育不平等，需要在不降低教育质量、入学机会和教学效果的前提下，把现在分给受惠地区的一部分资源拨给贫困地区①，用以改善村小和教学点的办学条件。

总之，农村教学点的建设，既是涉及偏远落后地区农村孩子能否上学的问题，又是关涉义务教育能否均衡发展的问题，如果不采取有效措施予以解决，就难以保证偏远农村地区的孩子都能享受到较好的教育。当然，农村教学点的建设是一个复杂的系统工程，不是一天两天就能见效的，但只要各级政府高度重视，社会各方共同努力，问题是不难解决的。

① ［美］菲利普·库姆斯著，赵宝恒、李环等译，王英杰校：《世界教育危机》，人民教育出版社 2001 年版，第 242 页。

第三部分

附　录

附录1：专著、译著、教材与论文

一、专著、译著与教材

1. 范先佐：《教育经济学》，人民教育出版社 1999 年版。

该书是由我国著名教育学家、华东师范大学瞿葆奎教授和全国著名教育专家、人民教育出版社常务副总编吕达教授主编的教育部“九五”规划重点图书《教育科学分支学科丛书》之一部专著。该书出版后在社会上引起了较大的反响，《中国大学教学》、《教育与经济》、《华中师范大学学报》（人文社会科学版）等刊物纷纷发文给予高度评价。全国不少高校纷纷将其作为教育学科和公共管理学科本科生和研究生的教材或作为硕士博士研究生考试的参考书籍，台湾地区的一些高校也将其作为学生的参考书籍或培训教材，人民教育出版社也几乎每年重印一次。该书先后荣获全国普通高等学校第三届优秀教材一等奖，第六届国家图书奖和第三届全国教育图书一等奖。

2. 范先佐：《教育经济学新编》，人民教育出版社 2010 年版。

该书被列入普通高等教育“十一五”国家级规划教材，在原《教育经济学》的基础上，按照教材规范化的要求，进行了重新编写。该教材出版后，《中国社会科学报》、《教育与经济》等报刊发文给予了高度评价。2011 年该书被教育部评为精品教材。

3. 杨葆焜、范先佐：《教育经济学新论》，江苏教育出版社 1995 年版。

该书是应江苏教育出版社之约，为我国著名教育学家、已故原华东师范大学校长刘佛年教授主编的《当代教育新理论丛书》撰写的一本探索性试作，由本人撰写。在这部著作中，作者围绕社会主义市场经济这一命题对当时我国教育与经济中的一些重大理论和现实问题进行了较为深刻的理论分析和新的探索。该书出版后，《中国教育报》、《教育与经济》等报刊相继予以报道和评价，出版后多次重印，1998 年该书获全国普通高等学校第二届人文社会科学研究成果三等奖。

4. 范先佐：《筹资兴教——教育投资体制改革的理论与实践问题研究》，华中师范大学 1999 年版。

该书为教育部人文社会科学跨世纪优秀人才培养计划基金资助项目的成果之一和教育部“九五”社科基金资助项目《教育投资体制改革的理论与实践问

题研究》的最终成果。该书是一部以我国教育投资体制改革为主线，全面回答和论述中国教育投资体制改革的理论与实践问题的专著。2001 年和 2002 年该书先后获全国优秀教育图书二等奖和全国普通高等学校第三届人文社会科学研究成果三等奖。

5. 范先佐:《教育投资体制改革的理论与实践问题研究》，华中师范大学出版社 2003 年版。

该书是为庆祝华中师范大学 100 年校庆，根据华中师范大学出版社的要求，在原书的基础上，进行了重新修订和补充，出版社将其列入华中师范大学学术文库《桂苑丛书》，2003 年出版。

6. 刘芹茂、范先佐等：《现代教育的经济价值》，华中师范大学出版社 2000 年版。

该书是全国教育科学规划办“八五”课题《现代教育的经济价值》的最终研究成果，2003 年获湖北省人民政府第三届人文社会科学优秀成果二等奖。

7. 范先佐:《教育财务与成本管理》，华东师范大学出版社 2003 年版。

该书是应华东师范大学赵中建教授之约，为其主编的《当代教育管理丛书》而撰写的一部专著。由范先佐主持撰写，各章执笔如下：范先佐（第一章)，范先佐、翟静丽（第二章)，王远伟、王一涛（第三章)，郭清扬（第四、五章)，范先佐、顾红（第六章)，叶忠（第七章)，徐文（第八章)，唐斌（第九、十章)。全书最后由范先佐修改定稿。

8. 范先佐:《教育经济学》，中国人民大学出版社 2007 年版。

该书是应中国人民大学出版社之约，为《21 世纪教育经济与管理系列教材》编写的一本教材。该教材由范先佐主持撰写，各章执笔如下：范先佐（第一章、第三章、第十一章)，扬明、范先佐（第二章)，翟静丽（第四章)，吴克明、范先佐（第五章)，叶忠、范先佐（第六章、第七章)，郭清扬、扬秀芹（第八章)，唐斌、郭清扬（第九章)，马永霞、王远伟（第十章)，全书最后由范先佐主编并修改定稿。2011 年由范先佐修订，中国人民大学出版社出版了该教材第二版。

9. 范先佐:《中国中西部地区农村中小学合理布局结构研究》，中国社会科学出版社 2009 年版。

该书是英国政府双边赠款“西部地区基础教育研究”项目、国家级研究课题“中国中西部地区农村中小学合理布局结构”的最终研究成果。该书由范先佐主持撰写，各章执笔人如下：范先佐、郭清扬（第一章)，周芬芬（第二章)，贾勇宏、范先佐（第三章)，贾勇宏（第四章)、郭清扬、王远伟（第五章)，郭清扬（第六章)，范先佐（第七章)，王远伟、范先佐（第八章)，郭清扬（第九章)，全书最后由范先佐修改定稿。

10. 范先佐：《人口流动背景下义务教育体制改革》，中国社会科学出版社2011年版。

该书是教育部人文社会科学研究基地重大项目《农村人口流动背景下义务教育体制改革研究》(05JJD880011) 的最终研究成果。该书由范先佐主持撰写，各章执笔人如下：范先佐、贾勇宏（第一章），郭清扬、张利萍（第二章），范先佐、贾勇宏（第三章），范先佐、冯帮（第四章），郭清扬、贾勇宏、范先佐（第五章），郭清扬、范先佐（第六章），范先佐、冯帮（第七章），贾勇宏、范先佐（第八章），全书最后由范先佐修改定稿。

11. 范先佐：《破解“进城务工人员子女义务教育问题”实践探索》，江苏教育出版社2011年版。

该书是应江苏教育出版社之约，为其《中国教育求变之路》系列丛书撰写的一部书。本书由范先佐执笔，华中师范大学教育学院郭清扬副教授、武汉理工大学教育学院贾勇宏副教授、湖北师范学院教育系冯帮博士分别参与了第一章、第三章、第六章的撰写。

12. 范先佐主编：《教师职业道德与专业发展》，东北师范大学出版社2010年版。

该书是受全国高等教育自学考试指导委员会委托，根据全国高等教育自学考试义务教育专业（本科）考试计划要求编写的教材，2010年1月经全国高等教育自学考试教育类专业委员会审定通过。该教材由范先佐主持编写，参与编写的有祝惠（第一章），郭清扬（第二章），谢瑶（第三章），苏仙（第四章），张雪艳（第五章），王婷婷（第六章），余艺（第七章），成丽格（第八章），莫诗瑶（第九章），张婧梅（第十章），肖军虎（第十一章），董世华（第十二章），付卫东（第十三章），范先佐（教师职业道德与专业发展考试大纲），全书最后由范先佐修改定稿。

13. 范先佐主编：《教师职业道德与专业发展自学辅导书》，东北师范大学出版社2010年版。

该书是受全国高等教育自学考试指导委员会委托，根据全国高等教育自学考试义务教育专业（本科）考试计划要求，为《教师职业道德与专业发展》编写的自学辅导书，2010年1月经全国高等教育自学考试教育类专业委员会审定通过。该辅导书由范先佐主持编写，参与编写的有祝惠（第一章），郭清扬（第二章），谢瑶（第三章），苏仙（第四章），张雪艳（第五章），王婷婷（第六章），余艺（第七章），成丽格（第八章），莫诗瑶（第九章），张婧梅（第十章），肖军虎（第十一章），董世华（第十二章），付卫东（第十三章），范先佐（综合练习），全书最后由范先佐修改定稿。

14. 范先佐，许谅芳译：《怎样使您的孩子健康成长》，华中师范大学出版社2008年版。

15. 范先佐主编:《生存教育》, 华中师范大学出版社 2004 年版。

该书是为全面推进素质教育和贯彻教育部《基础教育课程改革纲要》(教基[2001] 17 号) 精神, 受湖北省教育厅委托编写的九年义务教育小学教科书, 分第一册和第二册, 2004 年经湖北省中小学教材审定委员会审定通过, 其副主编有郎盛新、梁上启、张红梅, 成员包括: 尹玉岭、任文箐、陈小琳、李蓉、周柏青、徐宜汉、甘金福、陈翠荣、杨晓霞、杨秀芹。

16. 范先佐主编:《安全教育》, 华中师范大学出版社 2011 年版。

该书是为全面加强中小学生的安全教育, 为九年义务教育阶段学生编写的《安全教育》读本, 共 18 册。

17. 郭清扬、赵丹、范先佐:《中小学布局调整与教学点建设》, 人民教育出版社 2011 年版。

本书是英国政府双边赠款"西部地区基础教育研究"项目《中国中西部地区农村中小学合理布局结构研究》课题和全国教育科学规划国家青年基金项目《农村教学点问题研究》课题的研究成果之一。

二、论文(独撰和第一作者)

1. 范先佐、郭清扬、赵丹:《义务教育均衡发展与农村教学点的建设》,《教育研究》2011 年第 9 期。

2. 范先佐、郭清扬:《政府应义不容辞地承担进城务工人员子女义务教育的财政责任》,《河北师范大学学报》(教育科学版) 2011 年第 9 期。

3. 范先佐、付卫东:《义务教育学校教师绩效工资制度改革: 背景、成效、问题与对策》,《华中师范大学学报》(人文社会科学版) 2011 年第 6 期。

4. 范先佐:《教育公平与义务教育均衡发展》,《江苏教育》2011 年第 5 期。

5. 范先佐:《在国内和国外接受中学教育的孰优孰劣》,《环球》2011 年第 3 期。

6. 范先佐:《教育孩子决不要"非甲是乙"》,《环球》2011 年第 2 期。

7. 范先佐:《我国学生资助制度的回顾与反思》,《华中师范大学学报》(人文社会科学版) 2010 年第 6 期。

8. 范先佐:《县域教育均衡: 国家教育均衡发展的基础》,《江苏教育》2010 年第 6 期。

9. 范先佐、朱苏飞:《21 世纪以来我国农村义务教育新机制的改革和完善》,《河北师范大学学报》(教育科学版) 2010 年第 5 期,《新华文摘》2010 年第 17 期论点摘编①。

① 凡在前两部分已介绍过转载、摘载的文章, 在附录中不重复介绍转载、摘载的情况。

10. 范先佐：《关于教育领域公平与效率的抉择》，《江苏教育》2009 年第 5 期。

11. 范先佐、付卫东：《农村义务教育新机制：成效、问题与对策》，《华中师范大学学报》（人文社会科学版）2009 年第 4 期。

12. 范先佐、彭湃：《农民工子女义务教育经费保障机制构想》，《中国教育学刊》2009 年第 3 期，中国人民大学复印报刊资料《中小学教育》2009 年第 7 期全文转载。

13. 范先佐、郭清扬：《我国农村中小学布局调整的成效、问题及对策》，《教育研究》2009 年第 1 期。

14. 范先佐：《流动儿童融入城市不只是上学问题》，《中国教育报》2010 年 12 月 13 日。

15. 范先佐：《义务教育财政体制：从过度分权到适度集权》，《中国社会科学报》2009 年 12 月 8 日。

16. 范先佐：《要让教育经济学成为真正独立的交叉学科》，《中国社会科学报》2009 年 9 月 13 日。

17. 范先佐：《小学新生入学测试应当叫停》，《中国教育报》2009 年 7 月 1 日。

18. 范先佐：《当前基础教育的重心仍应当是“普九”》，《中国教育报》2009 年 2 月 9 日。

19. 范先佐：《农村中小学教师队伍建设刍议》，《当代教育论坛》2008 年第 10 期。

20. 范先佐：《农村中小学布局调整与教育均衡发展》，《教育发展研究》2008 年第 7 期，《新华文摘》2008 年第 7 期论点摘编。

21. 范先佐：《关于农村“留守儿童”教育公平问题的调查分析及政策建议》，《湖南师范大学学报》（教育科学版）2008 年第 6 期。

22. 范先佐：《农村义务教育公平与制度保障》，《今日中国论坛》2008 年第 5 期。

23. 范先佐、周芬芬、贾勇宏、郭清扬、王远伟、曾新等：《我国农村中小学布局调整的背景、目的和成就》，《华中师范大学学报》（人文社会科学版）2008 年第 4 期，《中国社会科学文摘》2008 年第 10 期、《高等学校文科学术文摘》2008 年第 5 期全文转载。

24. 范先佐撰，彭湃译：Educational equity and institutional safeguards Frontiers of Education in China 2008. 3（《教育公平与制度保障》（英文），《中国教育前沿》2008 年第 3 期）。

25. 范先佐、曾新：《农村中小学布局调整必须慎重处理的若干问题》，《河北师范大学学报》（教育科学版）2008 年第 1 期。

26. 范先佐：《增加投入就是推进教育公平》，《中国教育报》2008 年 11 月

20日。

27. 范先佐:《关于教育经济学教材建设之我见》,《现代教育报》2008 年5 月30 日。

28. 范先佐:《进城务工就业农民子女的教育公平与制度保障》,《教育发展研究》2007 年第 23 期,《新华文摘》2008 年第 7 期论点摘编。

29. 范先佐:《布局调整后的寄宿制学校建设问题》,《教育管理》2007 年第 6 期。

30. 范先佐:《关于农村贫困生资助之我见》,《教育与经济》2007 年第 4 期。

31. 范先佐:《教育乱收费的类型及其治理》,《华中师范大学学报》(人文社会科学版) 2007 年第 2 期。

32. 范先佐:《进城务工就业农民子女的教育公平与制度保障》,《河北师范大学学报》(教育科学版) 2007 年第 1 期, 中国人民大学复印报刊资料《中小学教育》2007 年第 9 期全文转载。

33. 范先佐:《高等学校的教育制度缺失与教育行为失范》,《高等教育管理》2007 年第 1 期。

34. 范先佐:《幼儿园"小学化"的危害及治理》,《现代教育报》2007 年10 月 3 日。

35. 范先佐:《农村中小学教师缺编的解困之道》,《湖北教育》2006 年第10 期,《中国教育报》2006 年 11 月 12 日全文转载。

36. 范先佐、吴宏超:《我国教育供求研究的回顾与反思》,《教育与经济》2006 年第 3 期。

37. 范先佐:《构建"以省为主"的农村义务教育财政体制》,《华中师范大学学报》(人文社会科学版) 2006 年第 2 期。

38. 范先佐:《教育资源配置, 政府应起基础性作用》, 河北师范大学学报(教育科学版) 2006 年第 2 期。

39. 范先佐:《农村中小学布局调整的原因、动力及方式选择》,《教育与经济》2006 年第 1 期。

40. 范先佐:《民工子弟学校存在的问题及对策》,《教育导刊》2006 年第 1 期。

41. 范先佐:《均衡发展解决垄断型教育乱收费》,《中国教育报》2006 年9 月11 日。

42. 范先佐:《明确各级政府责任, 完善公共财政体系》,《中国教育报》2006 年 3 月 9 日。

43. 范先佐:《要努力扩大优质教育的供给》,《中国教育学刊》2005 年第11 期。

44. 范先佐:《农村"留守儿童"教育面临的问题与对策》,《国家教育行政学院学报》2005年第7期。

45. 范先佐:《"流动儿童"教育面临的问题与对策》,《当代教育论坛》2005年第4期。

46. 范先佐:《教育乱收费的危害、成因及治理》,《教育导刊》2004年第11期。

47. 范先佐:《税费改革后农村义务教育面临的问题及对策》,《华中师范大学学报》(人文社会科学版)2004年第6期。

48. 范先佐:《构建"国家办学、分类承担"的农村义务教育财政体制》,《教育发展研究》2004年第4期。

49. 范先佐:《"流动儿童"教育面临的财政问题与对策》,《教育与经济》2004年第4期。

50. 范先佐、白正府:《在学校管理的复杂性中实现相关者利益》,《南阳师范学院学报》(社会科学版)2004年第1期。

51. 范先佐:《"培优"——都市教育之忧》,《武汉宣传》2003年第10期。

52. 范先佐:《我国基础教育财政体制改革的回顾与反思》,《华中师范大学学报》(人文社会科学版)2003年第5期。

53. 范先佐:《用历史和辩证的眼光观瞻21世纪的高等教育》,《中国高教研究》2002年第4期。

54. 范先佐:《教育的低效率与教育产权分析》,《华中师范大学学报》(人文社会科学版)2002年第3期。

55. 范先佐:《教育多元化与教育投资政策的选择》,《广州大学学报》(综合版)2001年第10期。中国人民大学复印报刊资料《教育学》2002年第5期转载。

56. 范先佐:《关键是搞好教育资源的合理配置》,《新华社内参》2001年第5期。

57. 范先佐:《俄罗斯中学的经济学教育》,《班主任之友》2001年第4期。

58. 范先佐、刘欣、翟静丽:《高等教育理念的内涵与建构》,《华中师范大学学报》(人文社会科学版)2000年第5期。

59. 范先佐:《关键是要增加高质量、高层次的教育供给——学习江泽民总书记关于教育问题的谈话》,《华中师范大学学报》(人文社会科学版)2000年第3期。

60. 范先佐:《知识经济与现代高等教育观念》,《江汉大学学报》2000年第3期。

61. 范先佐:《关于我国现行高等教育投资体制进一步改革与完善的设想》,《电子科技大学学报》2000年第3期,《四川日报》2001年1月22日转载。

62. 范先佐:《关于教育"产业化"的若干思考》,《广州大学学报》(综合版)2000年第2期,中国人民大学复印报刊资料《教育学》2000年第5期转载。

63. 范先佐:《关于政府的教育投资行为分析》,《河北师范大学学报》(教育科学版)2000年第2期。

64. 范先佐:《21世纪的中国教育是大有希望的》,《长江日报》2000年12月26日。

65. 范先佐:《自考校园文化建设的核心是学风建设》,《光明日报》2000年4月10日,湖北教育考试院编辑的《自考校园文化建设纵横谈》(湖北教育出版社2000年1月版)一书全文收录。

66. 范先佐:《我国教育经济学50年发展述要》,《湖北教育报》1999年10月25日。

67. 范先佐:《高度重视职业资格证书制度的意义和作用》,《职教论坛》1999年第3期,中国人民大学复印报刊资料《职业技术教育》1999年第4期转载。

68. 范先佐:《改革我国现行义务教育投资体制的设想》,《江汉大学学报》1999年第1期,中国人民大学复印报刊资料《中小学教育》1999年第6期转载。

69. 范先佐:《20世纪中国教育经济学发展的回顾与前瞻》,《华中师范大学学报》(人文社会科学版)1999年第1期。

70. 范先佐:《略论考试与经济社会发展》,《湖北招生考试》1999年第1期。

71. 范先佐:《我国教育经济学50年发展述要》,《湖北教育报》1999年10月25日。

72. 范先佐:《建立合理的教育成本分担机制》,《中国改革报》1999年6月28日,《教育文摘周报》1999年8月4日转载。

73. 范先佐:《要讲求教育资源利用效率》,《湖北教育》1998年第12期,该文是作者为《湖北教育》写的评论员文章,《教育文摘周报》1999年第1期全文转载。

74. 范先佐:《抓住机遇,迎接挑战》,《职教论坛》1998年第9期。

75. 范先佐:《发展职业技术教育与劳动就业》,《职教论坛》1998年第6期,高等教育出版社出版的《当代职业教育大趋势》(1999年11月版)一书全文收录。

76. 范先佐:《论教育与人力资本形成》,《江汉大学学报》1998年第4期。

77. 范先佐、周文良:《论教育成本的分担与补偿》,《华中师范大学学报》(人文社会科学版)1998年第1期。

78. 范先佐:《职业技术教育在劳动力资源配置中的作用》,《职教论坛》1997年第12期,中国人民大学复印报刊资料《职业技术教育》1998年第2期转载。

79. 范先佐:《论教育资源的合理配置与教育体制改革的关系》,《教育与经济》1997年第3期。

80. 范先佐:《关于中小学择校问题的原因探析》,《现代教育论丛》1997年第2期,《教育文摘周报》1997年4月3日摘载。

81. 范先佐:《深化文科教育改革 迎接21世纪的挑战》,《高等函授学报》1997年第2期。

82. 范先佐:《如何正确对待中等生》,《楚天周末》1997年4月25日。

83. 范先佐:《关于职业技术教育发展的动力问题探讨》,《职教论坛》1996年第9期。

84. 范先佐:《论教育在解决我国就业问题中的作用》,《华中师范大学学报》(人文社会科学版)1996年第6期。

85. 范先佐:《择校与教育机会均等》,《教育研究与实验》1996年第4期。

86. 范先佐:《择校与免费教育》,《教育与经济》1996年第4期,中国人民大学复印报刊资料《中小学教育》1997年第2期全文转载。

87. 范先佐:《试论教育、劳动力供求与经济发展的关系》,《江苏教育学院学报》1996年第3期。

88. 范先佐:《我国大学毕业生就业制度改革的障碍及对策》,《华中师范大学学报》(哲学社会科学版)1995年第4期,中国人民大学复印报刊资料《高等教育》1995年第9期全文转载,《文摘报》1995年第148期作为新观点予以介绍。

89. 范先佐:《论教育经济效益充分实现的外部条件》,《湖北教育科研》1995年第3期。

90. 范先佐:《试论教育微观办学机制的再造和创新》,《长春教育科研》1995年第3期。

91. 范先佐:《试论教育发展战略的选择及其所应遵循的原则》,《教育研究与实验》1995年第2期。

92. 范先佐:《个人对教育的选择与教育公平》,《教育研究与实验》1995年第1期。

93. 范先佐:《我国教育投资短缺的原因及对策》,《教育与经济》1994年第4期。

94. 范先佐:《关于社会主义市场经济与教育体制改革的几个问题》,《华中师范大学学报》(哲学社会科学版)1993年第4期,中国人民大学复印报刊资料料《教育学》1993年第9期全文转载，湖北省1993年度建设有中国特色社会主义理论优秀论文。

95. 范先佐:《原苏联学者关于教育经济效益的研究》,《教育与经济》1993年第1期。

96. 范先佐:《略论教育在科学技术成为第一生产力中的作用》,《长春教育科研》1992年第6期。

97. 范先佐:《论教育体制改革与教育发展战略的关系》,《教育与经济》1989年第2期。

三、论文集

1. 范先佐、付卫东:《义务教育均衡发展与省级统筹》,《城乡教育一体化国际学术会议论文集》,东北师范大学2011年。

2. 范先佐:《公共财政理论视角下的政府高等教育财政责任》,《中国教育经济评论》,教育科学出版社2011年版。

3. 范先佐:《改革开放以来我国教育投资体制的改革与完善》,《中国教育经济评论》,教育科学出版社2010年版。

4. 范先佐:《中国大陆农村中小学布局调整的背景、目的、方式、成效、问题及对策》,《海峡两岸乡村治理与农村发展论文集》,台湾政治大学2009年。

5. 范先佐:《我国农村中小学布局调整的相关问题研究》,储宏启主编《中国教育发展评论》(第2卷),教育科学出版社2009年版。

6. 范先佐:《农村中小学布局调整过程中的公平与效率问题》,袁振国主编:《中国教育政策评论——2008》,教育科学出版社2008年版。

7. 范先佐、吴宏超等:《关于教育供求关系研究的回顾与展望》,《中国教育科学规划回顾与展望》,教育科学出版社2006年版。

8. 范先佐:《社会变革:义务教育新问题》,湖北省教育厅:《走进义务教育新时代》,华中师范大学出版社2006年版。

9. 范先佐:《斯特鲁米林:生平简介·名篇选读·思想评介》,张人杰等编:《20世纪教育学名家名著》,广东高等教育出版社2002年版。

10. 范先佐:《高等教育大众化及其面临的主要问题》,《全国高等教育发展战略研讨会论文集》,武汉出版社2001年版。

11. 范先佐:《教育多元化与教育投资政策选择》,《2001年澳门"多元化教育及其政策选择"学术研讨论文集》,澳门特区政府和澳门大学2001年出版。

12. 范先佐:《建设经济强省,教育必须创新》,湖北省教育厅:《21世纪与湖北教授论文集》,华中师范大学出版社2000年版。

13. 范先佐:《教育创新与湖北教育的发展》,湖北省委宣传部编《知识经济与湖北经济社会发展》，湖北人民出版社2000年版。

14. 范先佐：《内地教育硕士专业学位课程结构探讨》，《香港与武汉教师教育工作者学术交流论文集》，香港教育学院2000年。

15. 范先佐：《关于“普高热”的经济学思考》，《汉港教育学术交流论文集》，香港教师中心出版，1999年5月。

16. 范先佐：《教育经济学》，周洪宇等主编：《迈向21世纪的中国教育科学》，华中师大出版社1998年版。

17. 范先佐：《论教育计划调节与市场调节的结合》（俄文），《国立莫斯科师范大学120周年校庆论文集》，国立莫斯科师范大学出版社1992年版，是当年唯一一篇入选的外国学者的论文。

四、论文（第二作者）

1. 董世华、范先佐：《我国县域义务教育均衡发展监测指标体系的构建——基于教育学理论的视角》，《教育发展研究》2011年第9期。

2. 沈有录、范先佐：《各地高中生均经费配置不平等状况分析》，《教育科学》2010年第4期。

3. 吴宏超、范先佐：《我国高等教育公平的成就、问题与反思》，《河北师范大学学报》（教育科学版）2008年第9期。

4. 吴开俊、范先佐：《高校学费依据教育培养成本收取的悖论》，《高等教育研究》2007年第1期。

5. 杨秀芹、范先佐：《试析高等学校内部的非配置低效率》，《辽宁教育研究》2006年第10期。

6. 杨秀芹、范先佐：《高等学校行为的博弈分析》，《高等教育研究》2006年第5期。

7. 吴宏超、范先佐：《我国教育供求研究的回顾与反思》，《教育与经济》2006年第3期。

8. 宋华明、范先佐：《高等教育规模扩展：问题与对策》，《教育科学》2006年第1期。

9. 宋华明、范先佐：《高等教育通向农村路不畅》，《中国国情国力》2005年第6期。

10. 宋华明、范先佐：《高校教育资源优化与办学经济效益》，《教育与经济》2005年第3期。

11. 马永霞、范先佐：《高等教育需求主体间的冲突与化解》，《清华大学教育研究》2005年第2期。

12. 叶忠、范先佐：《教育与个人就业关系走向不确定的内在根源》，《高等教育研究》2003年第1期。中国人民大学复印报刊资料《教育学》2003年第4期转载。

13. 崔民初、范先佐:《我国城市化进程中的教育问题及对策研究》,《教育科学》2003年第1期。

14. 廖平胜、范先佐:《关于马列主义理论中的文明概念问题》,《科社研究》1982年第3期。

15. 张建纯、范先佐:《苏联高等师范院校提高教育质量的一些做法》,《高教研究》1982年第3期。

五、论文集、论文翻译

1. [苏] M. 卡特哈诺夫撰,范先佐译:《科研工作在高等学校教师的培养和提高中的作用》,《辽宁教育研究》1987年第4期。

2. [苏] A. 波亚尔科瓦撰,范先佐译:《怎样确定高等教育的经济效率》,《教育与经济》1987年第4期。

3. [苏] B. 科尔恰钦撰,范先佐译:《社会的教育潜力》,《教育与经济》1986年第3期。

附录2：范先佐与教育经济学研究[①]

曾　新

【内容摘要】本文从十个方面对范先佐教授的教育经济学学术研究进行了归纳和总结，揭示和证明了范先佐对教育经济学的研究始终坚持从中国国情出发，密切联系我国经济和社会发展的实际，以事实为依据，作出自己的科学判断和理论概括，提供了不少有见解的研究成果和对策思路。

【关键词】范先佐　教育经济学　学术研究

范先佐长期从事教育经济、教育财政的教学和研究，并涉及农村教育和教育政策等领域，主攻教育经济学，取得了较为突出的成就，主要著作有《教育经济学新论》（江苏教育出版社，1995）、《教育经济学》（人民教育出版社，1999）、《筹资兴教——教育投资体制改革的理论与实践问题研究》（华中师范大学出版社，1999；2003年修订后改为《教育投资体制改革的理论与实践问题研究》，并列入华中师范大学学术文库《桂苑丛书》再版）、《教育财务与成本管理》（华东师范大学出版社，2004）、《中国中西部地区农村中小学合理布局结构研究》（中国社会科学出版社，2009）、《教育经济学新编》（人民教育出版社，2010）、《人口流动背景下的义务教育体制改革》（中国社会科学出版社，2010）等。

一、关于教育经济学学科建设

教育经济学是经济增长和经济发展中孕育出来的一门新兴交叉学科，教育经济学致力于经济增长和经济发展中的教育发展问题，阐释经济建设与教育发展两者之辅成关系，揭示现代经济发展中教育经济关系之运行规律，提供经济增长中的人力资源配置和教育发展中经济决策与管理技术。所以，教育经济学是集理论与实践研究于一体，兼容规范与实证研究方法论，开拓理论新领域与

① 本文原载于《华中师范大学学报》2010年第6期。

提供应用技术相结合的新兴学科。作为长期从事教育经济学教学和研究的学者，范先佐始终关注该学科的建设，其研究涉及学科性质的认定、研究对象和研究内容的确定等①。

作为一门新兴交叉学科，教育经济学是从研究教育与经济关系过程中逐步从经济学和教育学分化出来的，并在研究的过程中逐步确立了它的研究对象和方法。那么，教育经济学究竟是一门什么样的学科，即学科性质的认定问题，是研究和探讨教育经济学问题的前提，对学科性质的不同认识直接影响到对教育经济学中其他问题的认识。但教育经济学从其产生起，对其学科性质的认识就一直存在着诸多争议。从国内外学者对教育经济学学科归属存在的不同观点来看，大致可以分为从属学科、独立学科和边缘学科。从属学科又可分为经济学科和教育学科从属说。独立学科说是将学科性质问题与专业划分问题区分看待的，因为专业划分往往会受到多种因素的制约，并不一定能够准确地体现该学科的学科性质。边缘学科说强调的是学科间和学科前沿的研究区域。但不管教育经济学如何发展，怎样同其他学科进行交叉，根据自己长期的研究，范先佐认为，从学科性质来看，应当将教育经济学定位为教育学与经济学交叉学科。首先，从教育经济学发展历史来看，教育经济学是在经济和社会发展的基础上发展起来的；其次，从教育经济学的涵义来看，它是利用经济学的方法和手段来研究教育的一门学科，因此涉及教育学和经济学两大领域；再次，从教育经济学的理论基础和研究方法来看，教育经济学既要运用经济学理论与方法研究教育领域的有关问题，又要运用教育科学理论与方法来研究经济发展的智力开发等问题。简言之，教育经济学是教育学与经济学两门科学相交叉、渗透而形成的新兴学科。教育经济学并不是在产生，而是在发展中成为名符其实的交叉学科的。教育经济学向着经济学与教育学日益紧密结合的方向发展，使教育经济学真正成为一门既不从属于经济学科，也不从属于教育学科的独立学科，是21世纪教育经济学发展的必然走向。

至于教育经济学研究对象和具体问题的确定，范先佐认为，任何学科都有自己特定的研究对象，教育经济学作为一门独立的新兴学科，也有其特殊的研究对象，特殊的研究领域和研究内容。但是，由于教育经济学是一门新兴的尚在发展完善的学科，加之在其发展过程中各国面临的客观情况不同，人们的认识不同，对这一学科研究对象的认识和表达也不尽相同。归纳起来，对教育经济学研究对象大致有三种代表性的观点：其一，认为教育经济学是研究教育与经济相互关系的学科；其二，认为教育经济学是研究教育的投入与产出、成本

① 参见范先佐《教育经济学》，人民教育出版社1999年版，第36～41页；《教育经济学新编》，人民教育出版社2010年版，第1～20页。

与效益的学科；其三，认为教育经济学是研究稀缺的教育资源如何配置的学科。由于对教育经济学研究对象的不同认识，加之不同国家、同一国家不同时期面临的教育经济问题不同，教育经济学研究的具体问题和重点也不尽相同。根据教育经济学研究的对象，结合我国的国情，范先佐认为，我国教育经济学研究的基本内容或基本问题主要包括：教育经济学的研究对象和方法，教育经济学的形成和发展，教育与经济的相互关系，教育与人力资本的形成，教育的供给与需求，教育与就业，教育投资问题，教育资源的利用效率问题，教育成本，教育的经济效益，学生资助问题，教师的劳动与报酬，教育预测与规划等。

关于教育经济学的研究方法，范先佐认为，由于教育经济学研究的是教育与经济相关领域的重大理论问题和教育实践中提出的重大问题，因此，教育经济学的研究既不能只就经济谈教育，也不能只就教育谈经济，而应当联系历史、社会、政治、文化等方面，综合地进行探讨，即必须从社会经济发展的历史角度探根溯源，只有这样，才能从方法论上加强分析深度。具体来讲，在教育经济学的研究过程中，应将定性分析和定量分析、实证分析与规范分析、静态分析和动态分析、宏观分析和微观分析结合起来，以构成较完整的教育经济学研究的方法论体系。

二、关于教育供求矛盾的调节

教育供求问题是研究教育与经济关系的重要理论问题。教育是一种培养人的活动，从其本身来看，确实有别于纯粹的商业性活动。但在市场经济条件下，其产品是具有商品属性的。因而，教育同其他任何商品生产部门一样，都存在供给与需求的问题。教育需求是指社会、企业和个人对教育机会有支付能力的需要。教育供给是指一定社会为了培养各种熟练劳动力和专门人才，促进经济、社会和个体的发展，而由各级各类教育机构提供给学生受教育的机会。由于教育供求的主体不一样，因而教育供求矛盾是不可避免的。作为国内最早研究这一问题的学者，范先佐认为①，教育供求矛盾也就是指教育供求失衡，是指教育处于供给小于需求或是需求大于供给的状态，具体表现在数量上的失衡、质量上的失衡和结构上的失衡。由于教育供求既有总量上的矛盾，也有质量上的矛盾、结构上的矛盾，因而教育供求矛盾的调节，既要着眼于数量的均衡，也要着眼于质量、结构的均衡。

由于数量失衡的实质是社会在一定时期内教育供给数量与有支付能力的教育需求数量之间的失衡。因而他认为，教育供求总量矛盾调节的有效的思路应

① 参见范先佐《教育经济学》，人民教育出版社 1999 年版，第 132～153 页。

该是扩大教育供给，以满足社会和人们日益增长的教育需求，实现教育供求均衡发展。具体来讲：第一，应加大政府对教育的投资力度；第二，应完善多元化的教育投资体制；第三，应大力发展私立民办教育。而教育供求质量方面的矛盾，由于是教育供给质量与教育需求质量之间的失衡，因此，他认为，各级各类教育应确实保证教育质量，没有教育质量就没有教育供求的均衡。在其他条件不变的情况下，教育供求的均衡与各级各类学校的教育质量呈正比例。各级各类学校确实保证了教育目标的实现，教育供给才算是满足和适应了教育需求。具体来讲：第一，统筹城乡教育发展，逐步缩小城乡间教育的差距；第二，合理配置教育资源，促进城乡教育均衡发展；第三，加强对各级各类学校的监督，千方百计促使学校提高教育质量。由于教育供求结构矛盾是指教育供给过剩与供给不足两种情况同时存在，所以他认为，相对于教育供求总量矛盾，情况更为复杂，不能单纯地扩大供给或减少供给来实现供求均衡，而应着眼于“扩大短缺的供给”与“减少过剩的供给”同时并举的原则，采取相应措施来进行调节，以有效地实现供求均衡。具体措施是：第一，应面向社会需求，制订合理的招生计划；第二，运用价格机制，实行差别学费；第三，提供充分的信息，建立通畅的信息传递渠道；第四，建立财政转移支付制度，促进教育机会在地区间的相对均衡分配①。

三、关于教育与就业关系的探讨

关于教育与就业关系问题，是范先佐多年来一直关注和研究的领域之一。他认为，教育对经济发展的积极推动作用，是以教育培养的熟练劳动力或专门人才参与经济活动，并直接从事经济生产为前提条件的，也就是说，教育经济功能的大小有赖于教育培养的熟练劳动力或专门人才能否顺利就业，以及教育在解决就业问题中的作用大小。因此，教育与就业有着天然的密切联系②。

就业是指在一定年龄内的人们所从事的为获取报酬或为赚取利润所进行的活动。在当今时代，就业是绝大多数成年劳动者及其家庭得以生存和发展的重要基础，同时社会就业状况在一国国民经济和社会发展中具有十分重要的位置。因此，范先佐认为，就业问题不仅是个经济问题，也是一个敏感的政治问题和社会问题，在发达国家如此，在发展中国家亦如此。在我国更是一个不容忽视的社会问题。劳动就业事关亿万劳动群众的切身利益，处理不好就会出现影响全社会的大问题。所以，对就业问题应正确认识，正确对待，在承认就业问题存在的前提下，寻求一条解决就业问题的途径。而在现代经济条件下，要妥善

① 参见范先佐《教育经济学新编》，人民教育出版社 2010 年版，第 172～184 页。
② 参见范先佐《教育经济学》，人民教育出版社 1999 年版，第 162～178 页。

解决社会就业问题，范先佐认为，大力发展教育事业也是必不可少的重要途径。教育在解决一般性就业问题、结构性就业问题和个人职业选择性的就业问题中都起着十分重要的作用。然而，他又认为，这种作用只是“存在”而已，它并不确定性地展示给我们，因为无论是教育发展，还是劳动就业都要受到多种不确定因素的制约，无数的偶然，无数的可能，无数的作用方式，都有可能抵消这种积极作用，教育与就业之间的关系是复杂的，甚至是不确定的。

教育与就业关系的不确定性，是经济社会发展与教育发展等多种因素共同作用的必然结果，涉及社会的方方面面，既有个人家庭的就业期望问题，也有学校的人才培养问题，还有政府的就业政策问题以及社会用人单位的用人环境等问题。面对教育与就业关系的不确定性，应采取种种措施对其加以防范和控制，以趋利避害，尽力避免因教育与就业关系的不确定性而可能遭受的损失。由于教育与就业关系不确定性的形成涉及社会的方方面面，因而这一问题的解决，是一个系统工程，需要社会各方共同努力。具体而言：学生个人及其家庭应树立起正确的职业观和择业观；学校应将毕业生就业率的高低作为衡量办学水平高低的重要指标之一，不断提高办学质量；政府应积极营造健康的劳动就业政策环境，把解决大中专毕业生的就业问题作为政府工作的重要组成部分；社会用人单位应提供良好的用人环境，做到优才优用，优质优价①。

四、关于教育产业化的思考

曾经有段时间，随着广大人民群众对教育需求的不断膨胀，教育供求矛盾日益尖锐。如何缓解这一矛盾，受到了全社会的关注，成为人们议论的一个焦点。为此，我国许多专家、学者及社会各界的有关人士对这一问题殚精竭虑，在吸收外国有益经验的基础上，从改革着眼，进行了新的思考，提出了许多新的主张，其中有一种颇为流行的观点，即“教育产业化”。所谓“教育产业化”，其基本的含义就是要按照企业的运作来办教育，主张通过教育产业化、教育市场化，使教育产品成为一种可以购买的“消费”，妄图以此大幅度提高学费标准和大力发展高收费的民办教育，刺激教育消费与投资，形成教育投资与产出的良性循环，加快教育发展，尤其是高等教育的发展，满足广大人民群众日益增长的教育需求，缓解日益尖锐的教育供求矛盾，同时拉动经济增长。如何看待教育产业化、教育市场化，是一个涉及教育体制改革方向的重大理论和实践问题。早在2000年，范先佐就明确指出，教育是产业，但不能产业化。

产业是国民经济中按照一定的社会分工原则，为满足社会某种需要划分的、

① 参见范先佐《教育经济学新编》，人民教育出版社2010年版，第204～213页。

从事产品和劳务生产及经营的各个部门。它包括国民经济的各行各业，大至部门、行业，小至企业，从生产到流通、服务以及文化、教育等的各行各业都可称为“产业”。因此，产业是属于微观经济细胞（企业）与宏观经济单位（国民经济）之间的一个集合概念。相对于企业来说，它是同类企业的集合体；相对于国民经济来说，它是国民经济的一部分。一个产业是具有某种同一属性的经济活动的集合。在以科学技术为主要推动力的现代经济中，国家的综合国力和国际竞争能力将越来越取决于教育发展、科学技术和知识创新的水平，教育将始终是现代经济增长的重要因素。因此，范先佐认为，从这个意义上讲，教育是一个巨大的产业部门，无疑是正确的。这里的问题是，不在于教育是否是产业，也不在于教育在现代经济增长中的重要地位和作用，而在于教育是否能够“产业化”，教育产品是否可以成为一种可以购买的“消费品”，办教育是否应当盈利，或者说，在市场经济条件下，教育是否应通过市场交换方式来实现与其他产业和部门间的经济联系，教育的投入是否应通过市场销售它的产品而获得。

在现代市场经济条件下，各产业、各部门间，在投入和产出，在供给与需求上存在着密切的相互交换劳动的经济联系，甲的投入就是乙的产出，乙的投入就是甲的产出。而实现这种经济联系的基本方式，一是通过市场交换、即通过其产出的市场销售获得其维持和扩张所必需的投入，以盈利为目的的各经济部门就是如此，诸如工业、农业、商业、建筑业等就属于此类部门；二是通过国民收入再分配，主要是财政再分配实现，其投入是通过政府向纳税人征税和财政预算分配获得，一切由政府提供公共产品和公共服务的非盈利部门就是如此，诸如政府、国防、安全等部门，教育部门总的来讲也属于此类部门，也即是说，教育应主要是通过财政再分配，而不是通过市场交换来实现同其他部门的经济联系。这是因为：教育从性质来说属于非经济、非盈利的公共部门，教育产品属于“非卖品”，它不具备或不完全具备产业化的基本条件。所以，范先佐坚决反对将以盈利为目的的各经济部门的经济联系方式简单地、原封不动地移植到教育中来，推行教育产业化。他认为，就是走产业化、市场化之路，按企业机制来运作，完全由市场来调节，也是难以解决教育供求矛盾的。这是因为：教育产业化只考虑到让老百姓出钱，而忽视了发展教育事业是政府的基本职责；只考虑到老百姓对教育的投资意愿，但没考虑到居民的支付能力；只看到了价格在形成和调节供求中的作用，而忽视了教育供求显然不是由价格决定的客观事实。而解决教育供求矛盾，关键是要建立合理的教育成本分担机制，以及解决教育成本如何在政府、社会、企业团体、个人、家庭等社会各方之间合理分担并最终实现等问题①。

---

① 参见范先佐《关于教育产业化的思考》，载《广州大学学报》2000年第2期。

五、关于教育成本的分担与补偿

教育成本分担与补偿是随着教育观念的改进、人们投资意愿的增强、教育财政日益紧张而出现的。第二次世界大战以来，随着科学技术的迅速发展，教育的经济价值日益显露出来，教育投资生产观日益深入人心，个人投资教育的收益日益丰厚，但教育成本却在不断上升，教育完全由政府当作一项福利事业来兴办，既不合理，而且在日益膨胀的教育需求面前也不太可能。与此同时，随着居民收入的提高，居民对投资教育的意愿也日益增强，为教育成本的合理分担创造了良好的条件。问题是如何进行成本分担与补偿。

根据自己多年的研究，范先佐明确指出，对于不同类别的教育，由于各自具有不同的性质和特点，其成本的分担与补偿模式应当是不一样的①。

对于义务教育，无论是从其性质还是从公共产品的角度，或是从实现社会公平的角度，政府都应承担起全部财政责任。实施义务教育是政府的一项重要财政职能。

高级中等教育尽管世界各国都将其作为实现教育机会均等和教育民主化而努力追求和奋斗的目标，并且不少国家已把义务教育制度从初等教育延伸到整个中等教育，并基本保障了人人都能接受初等和中等教育，但由于受生产力发展水平的制约，一段时间内我国还没有能力把整个中等教育作为人人都能享受的免费教育来普及。中等教育对大多数人来讲，仍然是一种非义务和非免费的教育，因而仍是一种应由个人负担部分经费的教育活动。但是，若从高级中等教育的内部来看，一般而言，普通高中的公共属性（或收益的外在性）要大于职业技术教育的公共属性。因此，这两类教育投资分担与补偿的模式也应有所不同。普通高中尽管能给受教育者带来教育选择的权利和经济利益，但由于它传授的是一般文化知识，应用范围广泛，并具有较强的社会、文化功能，因此其社会收益大于个人收益。同时普通高中给个人所带来的收益并不是现时可以实现的，而只是一种间接的滞后的收益，投资风险较大。所以普通高中应实行以政府财政投入为主，包括个人在内的其他多种渠道筹措经费为辅的体制。与此同时，政府特别应当注意对那些家庭贫困、品学兼优、孤残学生、革命烈士子女、优抚家庭子女的高中学生提供资助，把普通高中学生纳入国家资助体系，使他们能够公平接受普通高中教育。各类职业技术教育都是为社会培养具有一定专门职业技能的熟练劳动者，因而其准公共产品特征十分突出，即它的外部效益十分明显。这就意味着政府应对这类职业技术教育负起责任。同时受过普

① 参见范先佐《教育经济学新编》，人民教育出版社 2010 年版，第 247～256 页。

通职业技术教育的职工，能更快地适应工作环境，缩短掌握使用机器的时间，并且，一般而言，其创新欲望和能力都较强，因而这些职工能给企业带来较高利润。这样，企业也应支付部分职业技术教育成本。而受教育者个人在接受这类职业技术教育后流动性加强，个人受益大幅度增加，因而也应负担一部分教育成本。但考虑到中等职业学校学生主要来自中低收入家庭，加之中等职业学校毕业生主要就业领域是加工制造、低端的服务行业以及技术含量不高的生产性单位，工资水平普遍不高，其分担成本的比重不宜太高，并且对于涉农等专业和家庭经济困难学生应逐步实行免费教育。

由于高等教育是作为一种终极性和专门性的教育活动，不同于以传授普通基础知识为主的初、中等教育，它是为整个社会经济活动直接服务的，是为了给社会培养和输送不同类型的高层次专门人才。这就决定了高等教育的发展，无论是在规模上还是在结构上，都必须以社会经济发展对各类高层次专门人才的需求为前提，必须适应和符合这种劳动力的再生产对不同知识和技能的直接需求。从这个角度上看，高等教育仍然可视为公共产品。但是，若从总体上看，高等教育基本上可视为一种收益内在化的“私人产品或服务”。与基础教育不同，高等教育所传授的知识与技能对个人讲是一种比较特殊的资本，即人力资本；这种特殊的人力资本不仅存在于受教育者人体内，为个人所直接拥有，而且能提高受教育者的收入，为受教育者带来种种收益或满足；而这种收益或满足除了客观上有利于他人及社会外，基本上主要由受教育者个人直接获得。因此，高等教育的成本应由个人家庭、政府、公司企业来共同分担，其中政府应是高等教育投资的主要负担者。

六、关于教育资源的合理配置

长期以来，教育经费短缺问题一直是制约我国教育发展的根本问题。如何解决这一问题，历来是社会各方十分关注和探讨的问题。范先佐认为，要解决这一问题，为我国教育发展提供充足的经费保障，除了要继续坚持多元化多渠道筹措教育经费外，关键是政府应在教育资源配置中起基础性作用。这是由教育产品的性质决定的。教育，总的来说，具有很高的外部经济效益，即由于教育既有很高的私人收益又能带来巨大的社会效益，私人企业或单个企业在市场机制的作用下，就会追求私人利益或个别利益，而忽视巨大的社会利益，从而给社会造成损失。因此，教育部门，通常被看作是公共部门或准公共部门，也就是市场失灵的部门。所以，教育一般只能作为一种社会或国家所追求的共同需要和公共利益，主要由代表公共利益的政府来满足和实现，政府在教育资源配置中应起基础性作用。而这种基础性作用在我国现阶段主要体现在：一是政府应依法承担义务教育的责任，提供义务教育经费，保证全体适龄儿童接受大致不相上下的教育；二是承担非义务教育的部分或大部分经费；三是建立学生资助制度，使有才华又有受教育意愿的贫困阶层子女不因家庭经济困难而失学。

根据我国的实际情况，借鉴其他国家的经验，要使政府在教育资源配置中真正起到基础性作用，必经进一步明确各级政府的教育财政责任。从我国财政收入分配的格局和多年的实践看，教育财政责任不能完全由基层政府承担。除发达地区外，基础教育的财政责任应从“以县为主”转变为以省负担为主，高等教育财政责任以省为主，省级政府应该成为最主要的教育财政责任承担者。这是因为：第一，从我国的现实国情来看，县级政府，除少数发达地区外，管理能力和所拥有的财力，对承担全部教育职能是不具备条件的，因而教育职能不宜下放到县乡基层政府。同时，由于我国地域辽阔，人口众多，教育资源配置上调到中央政府会存在信息不对称、决策成本过高的问题。第二，从财政结构的变化来看，我国实行分税制财政体制改革以来，财政结构已发生了重大变化，中央政府和省级政府财政收入占全国财政收入的比重大大提高，省级政府有能力成为最主要的教育财政责任承担者。第三，从缩小省内教育差距来看，省级地方高层政府有必要成为最主要的教育财政责任承担者，我国教育省内差距大于省际差距。导致这一问题的根本原因是，省级政府对教育的投入与责任不相称。因此，要解决省内教育差距大于省际教育差距的根本办法是，必须使省级政府成为最重要的教育财政责任承担者，使其更好地在全省范围内发挥应有的宏观调控能力，保证为全省不同地区提供大体相同的教育发展条件。第四，从世界范围来看，在当今世界，虽然各国财政体制差异很大，但是大部分国家在教育投资体制上选择了集中模式或相对集中模式，投资主体或是中央政府，或是高层地方政府，完全采取以基层地方政府作为投资主体的分散模式的国家却为数较少。当然，在省级政府成为最主要的教育财政责任承担者的同时，中央政府对教育也应承担相应的财政责任。这是因为，依据国际经验，政府间的财政收支结构呈现这样的情形：收入结构的划分以中央政府为主，支出结构的划分以地方政府为主，即在年度财政收支总量中，划归中央政府掌握的收入要超出其实质性职权范围的一定比例，而地方政府所承担的职权往往超过直接收入划分所拥有的财力。这种收入结构与支出结构的非对称性安排，主要出于两方面的考虑：一方面，绝大部分公共需求的受益范围具有区域性，各地企业与居民对公共服务的需求均有质和量的差别，由各地政府针对需求提供比中央政府提供更为便利，也更有利于降低成本，提高财政资金的使用效益；另一方面，中央政府拥有相对较多的财力，使地方政府在一定程度上依赖于中央政府的支持，同时中央政府也有能力予以支持，从而有利于保证中央政府在宏观调控中的主导地位，维护中央政府的权威性。

那么，中央政府怎样才能承担相应的教育财政责任呢？除了办好中央政府直接管理的学校外，主要是通过建立规范的政府间财政转移支付制度来实施。财政转移支付是中央政府为均衡各地方政府的财力状况，协调地区间的经济发展，对全国整体经济实施宏观调控，将中央掌握的一部分财力转移给地方政府使用的一种调节制度，是财政管理体制的重要组成部分。现代社会，在以分割税收为主要特征的分级财政管理体制下，政府间转移支付制度是协调中央政府与地方政府财政关系的一项重要配套制度。而教育财政转移支付是政府间财政转移支付的一个重要组成部分。规范分权的教育财政转移支付制度与规范的教育财政转移支付制度是联系在一起的。教育由省级以下的地方政府负责，中央政府之所以要提供财政补助，是因为：第一，对于绝大多数国家，尤其是像我们这样一个经济发展水平极不平衡的发展中大国，在分级财政体制下，由于地区之间财政能力和教育支出成本方面存在的差异，不可避免地造成地区间的教育能力往往相差悬殊和教育的非均衡发展。而教育是一个地区社会经济发展的基础，教育发展的不均衡往往又会进一步加剧地区间社会经济发展的不平衡，继而危及社会的稳定。因此，需要中央政府采取转移支付的方法来弥补地方政府间财政能力的差异，促进各地区间教育财政能力的均衡化。第二，由于地方政府提供的教育，尤其是基础教育，属于公共需要或公共服务，所产生的利益不仅为本辖区的居民所享受，而外溢到其他区域，如在本辖区内受过良好教育的中小学生，将来有可能在其他辖区内就业，客观上要求中央政府采取一定的形式对该地方政府予以补助，以鼓励其提供这种具有外溢性的公共服务。第三，在实行多级预算主体的国家，高层政府，特别是中央政府往往是将税基宽泛且具有流动性的税种及具有再分配效应的个人所得税划归中央政府，这一部分收入占全部财政收入的绝大部分，而把适应地方政府征收且不具有流动性的小税种留给地方政府。这样就使得地方政府可能根本就没有财政能力来承担教育的全部财政责任，出现教育财政纵向失衡。因此，为了弥补收支差额，增强其满足教育发展需要的财政能力，解决地方政府因事权与财权不对称所形成的财政纵向不平衡，也必然需要中央政府为地方教育发展提供财政补助。第四，中央政府通过对地方教育提供财政补助，对地方教育的发展实施调控，既可使其行为符合中央政府宏观教育政策的实施要求，又可较好地实现各地区教育的均衡发展。

由于教育的准公共产品性质和教育公平的需要，在市场经济基础上的公共教育财政体制中，强调政府应在教育资源配置中起基础性作用，但并不否定市场机制对教育的作用，相反，在坚持政府对教育资源配置起基础性作用的同时，可以利用市场机制增加教育供给，满足居民多样化的教育需求。因此，为了更加有效地动员社会资源，增加全社会的教育投资，需要通过进一步的制度创新来更充分地发挥市场机制的积极作用。首先，应积极鼓励提供优质和特色教育的义务教育阶段民办学校发展；其次，应大力发展非义务教育阶段民办学校，使之实现非义务教育数量的进一步扩张；最后，应逐步建立起对民办学校经费补助和奖励制度①。

七、关于中小学择校问题

中小学择校问题，是多年来困扰我国基础教育发展的难题，也是社会极为关注的教育热点和难点问题。早在20世纪90年代初，范先佐就开始研究这一问题②，认为中小学择校问题的产生，一个重要的原因是一些学校基本的教育质量得不到保证和学校之间差距的拉大所造成的。根据基础教育的性质，从全国来说，不论贫富，不论城乡，不论经济发达与不发达，各个地区都要保证基本的教育质量；从地区来说，各所学校都要达到基本的办学水准；从学校来说，要尊重每一个学生，创造条件因材施教，使所有学生均获得正常发展，达到教育质量的基本要求。但长期以来，国家及其教育行政管理部门一直有意或无意地把重点都放在重点学校上。这种做法本身并不是错误的，问题是它走到了极端，因为占绝大多数的一般学校特别是薄弱学校遭到了不同程度的忽视和排斥，使之与重点学校的差距就越来越大。因此，要解决中小学择校问题，就要依法办好每一所学校，全面提高所有学生的素质。这就要求政府及其教育主管部门要加大对薄弱学校的扶持和帮助力度，使之提高教学质量，为社会提供更多的接受高质量教育的机会。薄弱学校的问题解决了，学校之间的差距才会缩小，中小学择校问题才会得到根本解决。

那么，薄弱学校究竟“差”在哪里？范先佐认为，主要有这样几个方面：一是办学条件差，二是领导班子差，三是教师素质差。因此，要对薄弱学校进行扶持和帮助，主要应解决好以下几个问题：一是增加投入，改善办学条件。薄弱学校之所以差，与政府行为很有关。如长期以来，重点中小学可以得到政府更多的投入，具有良好的教学设施，可以择优招生，特别是相当长一段时间不少学校办学经费不足的部分要由学校创收解决，重点中小学招收择校生可以得到一笔可观收入，还可以得到社会的赞助。而薄弱学校则投入少、经费少、教学设备差，加之社会声誉低，创收能力差，对社会赞助者缺乏吸引力。因此，政府及其教育主管部门应加大对薄弱学校的教育投入，尽快改善其办学条件。二是选好校长，配好班子。改变薄弱学校的面貌只是增加投入是不行的，关键

① 参见范先佐《教育资源配置：政府应起基础性作用》，载《高等学校文科学术文摘》2006年第3期。

② 参见范先佐《中小学择校问题产生的原因探析》，载《现代教育论丛》1997年第2期；《教育投资体制改革的理论与实践问题研究》，华中师范大学出版社2003年版，第282～283页。

是选好校长，配好班子。班子强，校长的觉悟高、能力强，精神状态好，钱少可以想方设法去筹集，并改善办学条件；更能充分利用政府投入，提高教育质量。班子弱，校长的觉悟低、能力弱，精神状态不好，即使办学条件好，也不一定能提高教育质量。三是采取措施，提高教师素质。要改变薄弱学校的面貌，还必须尽最大努力提高学校教师素质。薄弱学校很难留住人才，骨干教师少。因此，要提高薄弱学校教师的素质，政府及其教育主管部门应从提高薄弱学校教师待遇、改善工作环境入手，采取倾斜政策，派好教师进校，同时要组织薄弱学校的教师，向好教师学习，向重点中小学教师学习，形成“一帮一”、“一带一”的态势，尽快提高薄弱学校教师的教学业务能力。总之，只要政府及其教育主管部门加大对薄弱学校的扶持和帮助力度，使之提高教育教学质量，就能为社会提供更多接受高质量教育的机会，高质量教育机会供给能力扩大了，人们的需求得到了满足，择校问题自然就会得到解决。

八、关于义务教育均衡发展

实现义务教育均衡发展，是多年来我国政府一直努力的目标，是建设社会主义和谐社会、促进社会公平正义的重要方面。教育均衡发展的最基本要求是在教育机构和教育群体之间，公平地配置教育资源，达到教育需求与教育供给的相对均衡，让所有适龄儿童都能享受到机会均等的受教育权利。

然而，范先佐通过多年的研究，认为要在像我们这样一个幅员辽阔、地区间经济发展差别巨大的发展中大国，实现义务教育均衡发展，要求一步到位是不现实的，短时间内也是不可能的，必须首先在一定的区域内实现义务教育均衡发展，然后再逐步缩小区域间、城乡间的差距。这个区域首先就是县域（城市的区）。在一个县域范围内，县级政府作为教育资源配置和行使教育行政权的基层行政单位，既负有推进县域内教育均衡发展的责任，又掌握推进教育均衡发展的权力和资源。国家有关教育的方针和政策，各级政府对教育的管理和要求，都要经过县级层面的实际操作才能落实。同理，义务教育均衡发展，也只有经由该层面的推进才能真正得以实现，没有县域内的教育均衡，国家教育均衡发展也就丧失了根基。而要推进县域内义务教育均衡发展，范先佐认为，关键是：

第一，准确预测学龄人口变动趋势，科学制定县域范围内教育发展规划。教育发展规划是指对县域范围内的教育作出的具有全局性、长远性和根本性的谋划与决策。要推进县域内教育均衡发展，规划的制定和执行必须严肃、准确和科学。当前我国正处于人口变动的社会历史时期，人口增长的速度和城乡人口分布较以往有很大的不同，这主要表现在：小学和初中阶段适龄人口总数会大幅下降，农村义务教育阶段学生数继续减少；同时，由于人口流动和城镇化程度的提高，城镇中小学阶段学生数将有所提高。因此，准确预测学龄人口变动趋势，科学制定县域范围内教育发展规划，是推进县域内教育均衡发展的前提。

第二，加大政府公共财政的投入力度，促进县域内城乡、乡域之间义务教育均衡发展。义务教育是农村最大的公共事业，县域内教育均衡发展就是要在一个县的范围内保证城乡之间、乡域之间的办学条件大体均衡，包括贫困儿童、孤残儿童、留守儿童、外来流动儿童等在内的所有儿童都能接受大致不差上下的教育，享有均等的受教育权利。为此，根据公共财政的基本要求，各级政府尤其是县级政府应继续将农村义务教育作为公共财政支出的重点，加大政府的投入力度，继续将新增教育经费主要用于农村义务教育，逐步缩小县域范围内城乡、乡域之间的教育差距，促进农村义务教育均衡发展。

第三，改进对学校的拨款制度，促进义务教育阶段学校间均衡发展。财政对县域内义务教育阶段学校的拨款制度是影响学校间均衡发展的重要条件，为缩小县域内义务教育阶段学校间发展的差别，应改进财政拨款制度。对县域内实施义务教育的学校，实行以在校学生为基础的均等化拨款制度，对县域内边远乡镇、贫困乡镇和办学条件差的学校倾斜，以改善农村整体教育质量，缩小学校间的差距。

第四，采取切实可行的措施，大力加强农村中小学师资队伍建设。教育均衡发展的关键是教师问题。没有一支数量充足和素质优良的教师队伍，就谈不上义务教育的均衡发展。但由于经济发展的差距和历史形成的体制、机制原因，虽然我国农村中小学师资队伍建设的情况不断得到加强，但从现状来看，其整体水平远远不能适应教育均衡发展的需要。因此，可以说采取切实可行的措施，优化教师队伍，提高教师素质，是推进县域内义务教育均衡发展的根本所在①。

九、关于流动人口子女的教育公平问题

20世纪80年代以来，尤其是进入21世纪以来，伴随着中国城市化进程的加快，越来越多的农村剩余劳动力流入城市。由此而产生的流动人口子女教育问题已成为中国社会转型期的一个独特的社会问题，引起了社会的广泛关注。保证流动人口子女公平接受教育，是范先佐近年来重点研究的领域，他根据多年来对流动人口子女教育问题的专门调查和研究，认为流动人口中的流动儿童和留守儿童的教育问题，既有其共性的地方，又有其各自面临的问题。流动儿童的教育问题主要表现为，一是部分流动儿童上不了学；二是大部分流动儿童

① 参见范先佐《县域教育均衡，义务教育均衡发展的基础》，载《江苏教育》2010年第5期。

上不了好学校；三是一部分流动儿童上不起学；四是流动儿童升入高一级学校难。留守儿童的教育问题主要表现为，基本的人身权利得不到完全保障；学业受到较大影响；品行发展缺乏监督；心理问题突出。

对于流动人口子女教育存在着这样或那样的问题，他认为，其原因是相当复杂的，既有经济社会发展差距的影响，又有历史形成的体制、机制方面的原因。其中，流动儿童教育问题产生的原因，是遭遇以户籍制度为核心的社会排斥。城市社会和社区对流动人口子女教育中的社会排斥，既包括制度排斥，也包括经济排斥，既包括文化排斥，也包括社会关系排斥。其中，最严重的排斥是制度排斥。而留守儿童教育问题产生的原因，是家庭、学校和社会缺乏实质性的关注。因此，要保证流动人口子女公平接受教育，政府和全社会都应义不容辞地承担起应有的责任。但是，由于流动儿童和留守儿童所面临的教育问题有所不同，所采取的策略也应当有所不同。对于流动儿童的教育，流入地政府应负主要责任，应以城市公办学校为主，与此同时，应积极鼓励和支持社会力量办学。对于农村留守儿童的教育，切实搞好农村寄宿制学校建设，充分发挥学校教育的主体作用；积极营造良好的家庭教育氛围，让留守儿童感受父母的关爱和家庭的温暖；调动社会各方面的力量，为留守儿童的教育创造良好的外部环境①。

十、农村中小学合理布局结构研究

20 世纪 90 年代中后期开始，随着计划生育政策的落实，农村学龄人口不断减少和城镇化水平不断提高，我国农村地区，特别是中西部农村地区不少中小学生源不足，学校布局分散，规模小，质量低的矛盾日益突出。为了解决这一问题，我国农村地区开始了新一轮中小学布局的大调整。实施农村中小学布局调整在国家层面上是具有战略性和全局性的政策导向，但由于我国各地区的具体情况千差万别，该政策又具有在不同环境、条件下的局部性和相对性，因而如何既能把握该政策在国家层面上的战略性和全局性，又能把握其在不同环境、条件下的局部性和相对性，是农村中小学布局调整过程中必须高度注意和慎重处理的问题。范先佐及其课题组受教育部财务司和外资利用贷款办公室的委托，在英国政府双边赠款“西部地区基础教育”项目的资助下，从 2005 年 7 月—2008 年 10 月，对中西部地区的湖北、河南、广西、云南、陕西和内蒙古等 6 个省（自治区）、38 个县市、177 个乡镇的中小学布局调整进行了深入、细致的调查研究。在调查中，范先佐及其课题组成员深入了解了我国农村中小学

① 参见范先佐《人口流动背景下义务教育体制改革》，中国社会科学出版社 2010 年版。

布局调整的背景、目的、方式、成效与问题，分析了存在问题的原因，并在此基础上提出了在农村中小学布局调整过程中必须坚持“集中办学与分散办学并举、方便学生就近入学与提高资源利用效率相结合、重点支持集中办学又适当照顾分散校点、注意区域内经济发达地区与边远贫困地区教育均衡发展”的原则①。

同时考虑到我国农村中小学教育存在严重的发展不均衡现象，表现为县域所在学校与乡村学校、乡镇中心学校与其他学校、教学点与非教学点在办学条件、教师水平、教育质量方面存在严重的不均衡，学校之间差异极为显著，要使农村中小学布局合理，就必须进行精心设计。在农村中小学合理布局的设计过程中，不同类型的学校，其覆盖范围、服务半径、服务人口、学校规模应该有所区别。小学布局调整应在坚持学生就近入学的前提下，重点调整村小和教学点。要打破村村办学的“小而全”的办学方式，除交通十分不便的地区继续保留必要的低年级教学点外，应有计划、有步骤地撤并一些村小和教学点，积极推动村与村按学区联合办完全小学，发展乡镇示范性中心小学。平原和交通方便的地区，要尽可能扩大小学的规模，山区和其他交通不便的地区要积极创造条件，在考虑群众经济承受能力的前提下，兴办寄宿制小学。通过布局调整，平原地区小学的服务半径一般为2～2.5公里，最远不应超过3.5公里；在偏远贫困山区，服务半径原则上为1.5～2公里，最远不应超过3公里。农村初中布局调整要充分考虑城镇化进程，以满足城镇人口增长对初中入学的需要。初中的布局调整主要是进一步扩大初中规模，加大对初中的基本建设投入，重点扶持规模较大，条件较好，质量较高的初中。按新的乡镇建设规划，原则上一个乡镇举办一所初中，人口特别多的地方可增办一所初中，人口稀少的地方由县按学区统筹布点，也可举办九年一贯制学校。要有计划、有步骤地撤并规模小、质量低、效益差的初中，扩大乡镇所在地的初中办学规模，对于规模小于12个班、条件差、潜力小的初中，有条件的可进一步扩大规模，满足适龄少年高峰期入学需要；交通不便地区的农村初中要积极创造条件，实行寄宿制；对初中适龄人口下降较快的地区和没有发展潜力的初中，应逐步撤并②。

此外，在教育与经济的相互关系、教育与人力资本的形成、教育资源的利用效率、教育成本、教育的经济效益、学生资助、教师的劳动与报酬等方面，范先佐都有很深入的研究和形成了自己独到的见解。

---

① 范先佐：《农村中小学布局调整过程中的公平与效率问题》，见袁振国主编《中国教育政策评论——2008》，教育科学出版社2008年12月版，第216～247页。

② 参见范先佐：《中国中西部地区农村中小学合理布局结构研究》，中国社会科学出版社2009年版，第230～241页。

综观范先佐对教育经济问题的研究，不难发现，他的研究始终坚持从中国国情出发，密切联系我国经济和社会发展的实际，以事实为依据，作出自己的科学判断和理论概括，提供了不少有见解的研究成果和对策思路。所以，他的研究成果不仅转载率、引用率高，获奖多，而且得到学术界、政府部门和实际工作者的高度评价。如他撰写的《教育经济学》，被学术界认为是一部具有中国特色的教育经济学，该书对中国教育经济问题的解答，“更接近问题的本质，解答的是更真实的问题，因而对我国教育改革和发展具有较强的指导意义”①。该书1999年出版后立即在社会上引起了较大的反响，全国不少高校纷纷将其作为教育学科和公共管理学科本科生和研究生的教材或作为硕士博士研究生考试的参考书籍，台湾地区的一些高校也将其作为学生的参考书籍或培训教材，人民教育出版社几乎每年重印一次，并先后荣获全国普通高等学校第三届优秀教材一等奖、第六届国家图书奖和第三届全国教育图书一等奖。他关于“国家办学，分类承担”的观点，被学术界称为国内对于义务教育转移支付制度的两种极具代表性的观点之一②。他关于流动人口子女教育问题的研究，被21世纪教育研究院等科研机构和社会公益组织评价为“提出的观点清晰，解决方案切实可行，并关注问题的持续性发展，大大深化了流动人口子女教育问题研究的深度”，其多篇论文被该院收入《“腾讯公益新公民创新奖”评选案例集》(2009年)③。他关于农村中小学合理布局结构的研究，被学术界认为是国内目前调研范围最广、样本量最大和最为深入的研究，并多次应中央电视台“东方时空”栏目、台湾政治大学和多个国际学术研讨会的邀请，作为特邀嘉宾做演讲或主题报告，产生了较为广泛的社会影响。

① 郭文安、叶忠：《中国教育经济问题的寻解——评范先佐教授著〈教育经济学〉》，载《华中师范大学学报》(人文社会科学) 2000年第4期。

② 王蓉：《我国义务教育财政问题研究：回顾与展望》，载《教育与经济》2004年第4期。

③ 21世纪教育研究院等：《“腾讯公益新公民创新奖”评选案例集》(2009年)，第96～98页。